山西经济普查年鉴 2018

Shanxi Economic Census Yearbook

第二产业卷|下

山西省第四次全国经济普查领导小组办公室
山　西　省　统　计　局　编著

中国统计出版社
China Statistics Press

图书在版编目（CIP）数据

山西经济普查年鉴. 2018. 第二产业卷. 下 / 山西省第四次全国经济普查领导小组办公室, 山西省统计局编著. -- 北京 : 中国统计出版社, 2020.11
ISBN 978-7-5037-9308-0

Ⅰ. ①山… Ⅱ. ①山… ②山… Ⅲ. ①地方经济－普查－山西－2018－年鉴②第二产业－产业经济－普查－山西－2018－年鉴 Ⅳ. ①F127.25-54②F427.52-54

中国版本图书馆 CIP 数据核字(2020)第 195464 号

山西经济普查年鉴—2018/第二产业卷（下）

作　　者/山西省第四次全国经济普查领导小组办公室　山西省统计局
责任编辑/冯燕玲
封面设计/黄俊杰　李雪燕
出版发行/中国统计出版社
通信地址/北京市丰台区西三环南路甲 6 号　邮政编码/100073
电　　话/邮购（010）63376909　书店（010）68783171
网　　址/http://www.zgtjcbs.com/
印　　刷/河北鑫兆源印刷有限公司
经　　销/新华书店
开　　本/880mm×1230mm　1/16
字　　数/964 千字
印　　张/30
版　　别/2020 年 11 月第 1 版
版　　次/2020 年 11 月第 1 次印刷
定　　价/880.00 元（全四册附光盘）

本书附同版本 CD-ROM 一张，光盘内容以书面文字为准。
如有印装差错，由本社发行部调换。

第二产业卷（下）　目录

第一篇　规模以上工业企业科技情况篇

第二篇 建筑业企业生产经营及财务状况篇

附　录

第1篇

规模以上工业企业科技情况篇

资料整理校对：徐永库　吴丹宁

A. 企业R&D及相关活动主要指标

1-A-1　企业R&D及相关活动主要指标

主要指标	单位	总计	大型	中型	小微型
基本情况					
有R&D活动的企业	个	445	84	122	239
有研发机构的企业	个	369	65	102	202
有新产品销售的企业	个	383	58	96	229
R&D人员情况					
R&D人员合计	人	45402	32716	8263	4423
#女性	人	8572	5541	2004	1027
#研究人员	人	17539	13611	2556	1372
#全时人员	人	31712	23142	5295	3275
R&D人员折合全时当量	人年	27228	19827	4780	2621
R&D经费情况					
R&D经费内部支出	万元	1312531.1	1041712.5	191606.9	79211.7
按支出用途分					
1.日常性支出	万元	1236836.7	991347.6	172757.3	72731.8
#人员劳务费	万元	306594.5	252730.7	35760.1	18103.7
2.资产性支出	万元	75694.4	50364.9	18849.6	6479.9
#仪器和设备	万元	72696.6	48255.4	18196.6	6244.6
按资金来源分					
政府资金	万元	42113.6	30664.2	7462.5	3986.9
企业资金	万元	1249028.2	992666.0	181592.8	74769.4
国外资金	万元	13616.4	13349.2	227.4	39.8
其他资金	万元	7772.9	5033.1	2324.2	415.6
R&D经费外部支出	万元	109762.7	81203.9	24355.4	4203.4
#对境内研究机构支出	万元	43388.2	26189.5	16904.4	294.3
对境内高等学校支出	万元	11975.8	8899.5	2408.2	668.1
对境外支出	万元	10024.6	8590.8	1409.2	24.6
R&D项目情况					
项目数	项	3243	1700	735	808
参加项目人员	人	42169	30527	7638	4004
项目人员折合全时当量	人年	25373	18552	4446	2376
项目经费内部支出	万元	1193660.8	934965.9	184340.2	74354.7

1-A-1　续表

主要指标	单位	总计	大型	中型	小微型
企业办研发机构情况					
机构数	个	398	73	106	219
机构人员数	人	27619	16664	6750	4205
#博士	人	358	167	112	79
硕士	人	3674	2268	1063	343
机构经费支出	万元	585454.5	333461.7	175863.3	76129.5
仪器和设备原价	万元	913126.3	498746.2	267412.3	146967.8
#进口	万元	96768.5	74973.0	20196.9	1598.6
新产品开发及生产情况					
新产品开发项目数	项	3913	1677	931	1305
新产品开发经费支出	万元	1354351.1	1011600.1	216651.1	126099.9
新产品销售收入	万元	19413024.6	15955677.7	2086887.1	1370459.8
#新产品出口	万元	2038312.7	1925887.6	75927.2	36497.9
自主知识产权及相关情况					
专利申请数	件	5423	2491	1760	1172
#发明专利	件	2416	1064	870	482
有效发明专利数	件	7917	3800	2114	2003
#境外授权	件	31	16	10	5
拥有注册商标数	件	3892	2390	569	933
#境外注册	件	159	138	11	10
形成国家或行业标准数	项	288	173	59	56
政府相关政策落实情况					
来自政府部门的研究开发经费	万元	71688.4	56824.3	8749.5	6114.6
研究开发费用加计扣除减免税	万元	81526.7	59638.6	9293.6	12594.5
高新技术企业减免税	万元	101201.7	82951.1	12048.2	6202.4
技术获取和技术改造情况					
引进技术经费支出	万元	32564.1	28622.4	3906.6	35.1
消化吸收经费支出	万元	5795.8	5415.8	380.0	
购买国内技术经费支出	万元	28967.8	20077.4	8567.1	323.0
技术改造经费支出	万元	475317.3	336139.0	124468.9	14709.4

1-A-2 分登记注册类型企业R&D

主要指标	单位	内资企业	国有企业	集体企业	股份合作企业
基本情况					
有R&D活动的企业	个	423	7		1
有研发机构的企业	个	359	5		
有新产品销售的企业	个	366	3	2	1
R&D人员情况					
R&D人员合计	人	41108	948		11
#女性	人	8044	283		2
#研究人员	人	16291	459		4
#全时人员	人	27950	329		10
R&D人员折合全时当量	人年	26609	558		11
R&D经费情况					
R&D经费内部支出	万元	1237891.6	14149.5		113.5
按支出用途分					
1.日常性支出	万元	1166825.6	9673.5		113.5
#人员劳务费	万元	276453.8	4418.5		43.2
2.资产性支出	万元	71066.0	4476.0		
#仪器和设备	万元	68078.6	4464.2		
按资金来源分					
政府资金	万元	40810.3	1209.7		
企业资金	万元	1175692.0	12846.8		113.5
国外资金	万元	13616.4			
其他资金	万元	7772.9	93.0		
R&D经费外部支出	万元	104814.4	8583.0		
#对境内研究机构支出	万元	38659.6	5843.7		
对境内高等学校支出	万元	11802.9	963.7		
对境外支出	万元	10005.5			
R&D项目情况					
项目数	项	3069	64		3
参加项目人员	人	38062	855		11
项目人员折合全时当量	人年	24793	486		11
项目经费内部支出	万元	1126527.5	13464.6		113.5

及相关活动主要指标

联营企业	有限责任公司	股份有限公司	私营企业	其他企业	港澳台商投资企业	外　商投资企业
	170	46	199		7	15
	142	45	167		4	6
	140	36	184		4	13
	28038	5803	6308		2561	1733
	5227	1229	1303		303	225
	11795	2442	1591		829	419
	18872	4585	4154		2264	1498
	18221	4546	3273		110	509
	929260.7	133280.0	161087.9		34640.8	39998.7
	872399.3	129014.8	155624.5		34215.6	35795.5
	203750.2	42516.0	25725.9		15484.2	14656.5
	56861.4	4265.2	5463.4		425.2	4203.2
	54400.0	4098.7	5115.7		425.2	4192.8
	35971.1	917.3	2712.2		1149.7	153.6
	873445.5	131978.6	157307.6		33491.1	39845.1
	13347.9	170.6	97.9			
	6496.2	213.5	970.2			
	81921.9	10256.0	4053.5		4747.7	200.6
	28981.4	3627.4	207.1		4728.6	
	8749.6	1344.6	745.0			172.9
	9544.9	436.0	24.6		19.1	
	1852	367	783		68	106
	26187	5285	5724		2533	1574
	17065	4191	3040		104	476
	832154.0	124924.9	155870.5		28891.0	38242.3

1-A-2 续表

主要指标	单位	内资企业	国有企业	集体企业	股份合作企业
企业办研发机构情况					
机构数	个	388	5		
机构人员数	人	27183	1432		
#博士	人	356	19		
硕士	人	3594	376		
机构经费支出	万元	563452.2	14010.5		
仪器和设备原价	万元	902269.1	41934.8		
#进口	万元	93370.6	4385.3		
新产品开发及生产情况					
新产品开发项目数	项	3748	90	1	4
新产品开发经费支出	万元	1290324.1	18011.2	22.0	147.9
新产品销售收入	万元	17837748.6	70599.9	4255.1	1550.0
#新产品出口	万元	1683106.8		2929.9	
自主知识产权及相关情况					
专利申请数	件	5331	489	2	
#发明专利	件	2388	298		
有效发明专利数	件	7778	898	7	7
#境外授权	件	31	8		
拥有注册商标数	件	3588	4	2	1
#境外注册	件	159			
形成国家或行业标准数	项	285	36		1
政府相关政策落实情况					
来自政府部门的研究开发经费	万元	69082.8	1209.7		
研究开发费用加计扣除减免税	万元	80917.8	309.8		11.4
高新技术企业减免税	万元	99219.7	323.1		
技术获取和技术改造情况					
引进技术经费支出	万元	32564.1	1076.0		
消化吸收经费支出	万元	5795.8			
购买国内技术经费支出	万元	27690.5			
技术改造经费支出	万元	454239.0	72952.0	112.0	

联营企业	有限责任公司	股份有限公司	私营企业	其他企业	港澳台商投资企业	外商投资企业
	155	47	181		4	6
	17504	3353	4894		174	262
	213	62	62		1	1
	2352	514	352		34	46
	366520.9	66846.4	116074.4		2371.1	19631.2
	612484.3	97852.5	149997.5		424.6	10432.6
	82984.1	5121.9	879.3			3397.9
	2186	392	1075		67	98
	1006924.0	82263.7	182955.3		34862.0	29165.0
	15176300.4	898655.0	1686388.2		344534.0	1230742.0
	1588588.9	11991.8	79596.2		227438.7	127767.2
	2813	568	1459		30	62
	1207	173	710		7	21
	4622	625	1619		19	120
	4	16	3			
	1813	1024	744		58	246
	95	44	20			
	194	10	44		2	1
	63066.0	813.6	3993.5		2381.1	224.5
	55322.5	9752.4	15521.7		499.3	109.6
	64571.3	26090.9	8234.4		1457.5	524.5
	31143.0		345.1			
	5795.8					
	27344.5	72.0	274.0		1277.3	
	328367.0	20868.6	31939.4		16011.6	5066.7

1-A-3 制造业企业R&D

主要指标	单位	制造业合计	农副食品加工业	食品制造业	酒、饮料和精制茶制造业	烟草制品业	纺织业
基本情况							
有R&D活动的企业	个	402	14	15	3	1	
有研发机构的企业	个	349	10	10	4	1	2
有新产品销售的企业	个	372	7	14	5	1	3
R&D人员情况							
R&D人员合计	人	33187	261	306	140	21	
#女性	人	7320	94	146	47	14	
#研究人员	人	12575	58	76	34	7	
#全时人员	人	24505	180	221	124	17	
R&D人员折合全时当量	人年	18326	67	151	88	13	
R&D经费情况							
R&D经费内部支出	万元	989329.1	3530.6	4801.4	1953.7	643.8	
按支出用途分							
1.日常性支出	万元	935827.9	3105.1	4346.6	1887.9	399.9	
#人员劳务费	万元	196301.5	624.5	1086.7	259.4	350.7	
2.资产性支出	万元	53501.2	425.5	454.8	65.8	243.9	
#仪器和设备	万元	51193.4	418.7	274.7	31.6	243.9	
按资金来源分							
政府资金	万元	39885.9	162.0	331.3			
企业资金	万元	932862.6	3368.6	4470.1	1953.7	643.8	
国外资金	万元	11197.9					
其他资金	万元	5382.7					
R&D经费外部支出	万元	50598.9	42.0	65.2	2.3		
#对境内研究机构支出	万元	23605.5	12.0	62.4	1.3		
对境内高等学校支出	万元	5195.8	30.0	0.3	1.0		
对境外支出	万元	790.8					
R&D项目情况							
项目数	项	2644	18	65	20	2	
参加项目人员	人	30399	244	285	112	20	
项目人员折合全时当量	人年	16738	58	138	76	12	
项目经费内部支出	万元	916242.8	3126.8	4349.7	1010.9	472.6	

及相关活动主要指标

纺织服装、服饰业	皮革、毛皮、羽毛及其制品和制鞋业	木材加工和木、竹、藤、棕、草制品业	家具制造业	造纸及纸制品业	印刷和记录媒介复制业	文教、工美、体育和娱乐用品制造业	石油、煤炭及其他燃料加工业	化学原料和化学制品制造业	医药制造业
1				2	2	2	12	51	42
2				2	1	2	7	43	39
1				1	3	2	3	41	25
65				33	51	96	944	3400	2750
35				1	5	26	111	1097	1076
6				3	25	27	127	1231	1136
59				21	36	76	588	2277	1602
1				23	38	80	480	1837	1671
412.2				2850.0	863.0	1052.2	33726.5	71256.1	40304.5
412.2				2821.9	855.1	1044.3	32702.8	68656.2	37643.0
286.0				304.1	483.3	416.8	3705.0	15091.0	12662.2
				28.1	7.9	7.9	1023.7	2599.9	2661.5
				28.1	7.9	7.9	863.9	2559.2	2381.7
				30.0				4612.1	745.6
412.2				2820.0	863.0	1052.2	33726.5	66644.0	39360.7
									198.2
							2450.1	3333.7	11961.4
							2415.1	1011.2	7778.6
							26.7	1750.3	532.5
							8.3	92.1	523.7
5				2	11	7	101	290	288
64				30	48	94	845	2992	2639
				21	36	79	456	1642	1601
349.2				2843.2	863.0	962.9	32533.4	68256.5	38763.3

1-A-3 续表 1

主要指标	单位	制造业合计	农副食品加工业	食品制造业	酒、饮料和精制茶制造业	烟草制品业	纺织业
企业办研发机构情况							
机构数	个	374	10	13	4	1	2
机构人员数	人	22859	131	251	1129	44	204
#博士	人	274	2	4	5	1	
硕士	人	2870	16	29	32	4	
机构经费支出	万元	535216.4	3427.7	3643.7	54389.8	87.0	1171.6
仪器和设备原价	万元	782605.5	12293.7	14772.6	9638.0	358.7	85.9
#进口	万元	86925.5			1222.6		
新产品开发及生产情况							
新产品开发项目数	项	3398	21	96	217	3	3
新产品开发经费支出	万元	1090932.2	3295.4	8299.2	56683.3	1334.4	1250.4
新产品销售收入	万元	16190296.7	23590.4	28651.7	416480.4	82.7	1611.0
#新产品出口	万元	2011202.7		14.0			40.6
自主知识产权及相关情况							
专利申请数	件	4155	7	98	51		1
#发明专利	件	1970	4	54	5		1
有效发明专利数	件	6488	24	74	77		10
#境外授权	件	18					
拥有注册商标数	件	3503	44	92	1080	42	3
#境外注册	件	159		11	74		
形成国家或行业标准数	项	242	1	2	3		
政府相关政策落实情况							
来自政府部门的研究开发经费	万元	69907.6	425.0	85.0			
研究开发费用加计扣除减免税	万元	64821.8		1076.4			
高新技术企业减免税	万元	81637.9	17.5	1174.7			
技术获取和技术改造情况							
引进技术经费支出	万元	8756.9		310.0			
消化吸收经费支出	万元	846.3					
购买国内技术经费支出	万元	15226.4					
技术改造经费支出	万元	233543.0	1224.2	108.4	1277.5	8908.9	727.2

纺织服装、服饰业	皮革、毛皮、羽毛及其制品和制鞋业	木材加工和木、竹、藤、棕、草制品业	家具制造业	造纸及纸制品业	印刷和记录媒介复制业	文教、工美、体育和娱乐用品制造业	石油、煤炭及其他燃料加工业	化学原料和化学制品制造业	医药制造业
2				2	1	2	7	51	43
250				46	10	110	686	2482	2373
1						2	3	24	44
2						3	12	221	305
712.8				5446.0	349.3	1171.5	26794.3	54880.0	60677.0
2968.4				37949.6	533.6	2262.8	11396.0	87416.9	54885.8
						110.4	542.9	2608.7	5775.0
10				3	11	12	29	286	406
1424.2				3396.5	1198.9	1326.4	12949.2	69208.9	47084.3
10878.1				2302.9	15781.2	11939.2	26815.1	692015.6	704400.4
					2372.6	259.1	1026.5	5218.9	79332.1
22				4	1	22	57	319	106
5				4		3	20	167	64
78				2	1	6	63	382	345
									13
3					2	12	3	408	1183
								15	52
11								15	7
		100.0						4369.9	1550.7
						65.0	3573.8	3009.6	2784.6
						103.7		2291.7	6516.2
								253.3	
								466.3	
60.0								1091.0	1544.0
					170.8		1405.0	74910.7	14495.6

1-A-3 续表 2

主要指标	单位	化学纤维制造业	橡胶和塑料制品业	非金属矿物制品业	黑色金属冶炼和压延加工业	有色金属冶炼和压延加工业	金属制品业
基本情况							
有R&D活动的企业	个	1	7	33	14	13	37
有研发机构的企业	个		8	32	12	16	25
有新产品销售的企业	个		8	34	14	14	32
R&D人员情况							
R&D人员合计	人	26	303	852	5132	673	2289
#女性	人	3	106	133	811	109	589
#研究人员	人	14	123	193	2118	178	1011
#全时人员	人	20	188	536	4400	456	1764
R&D人员折合全时当量	人年	6	141	487	4026	519	1608
R&D经费情况							
R&D经费内部支出	万元	155.3	2729.0	17790.9	381796.0	16375.4	54990.0
按支出用途分							
1.日常性支出	万元	155.3	2507.0	16575.4	358569.0	14978.1	48793.8
#人员劳务费	万元	71.5	749.6	3203.5	37273.1	3658.6	12479.3
2.资产性支出	万元		222.0	1215.5	23227.0	1397.3	6196.2
#仪器和设备	万元		222.0	1214.3	22027.4	1389.3	5986.2
按资金来源分							
政府资金	万元		21.8	797.8	2373.8	10.7	10467.5
企业资金	万元	155.3	2707.2	16577.5	374553.3	16364.7	44187.8
国外资金	万元				4868.9		7.5
其他资金	万元			415.6			327.2
R&D经费外部支出	万元	21.6		658.4	1137.9	248.3	5363.0
#对境内研究机构支出	万元	21.6		4.3	636.7	58.8	272.3
对境内高等学校支出	万元			28.1	361.2	86.8	566.9
对境外支出	万元						
R&D项目情况							
项目数	项	4	38	118	173	58	216
参加项目人员	人	17	274	748	4852	601	2047
项目人员折合全时当量	人年	4	128	430	3816	467	1419
项目经费内部支出	万元	154.4	2623.7	16783.3	365506.8	14376.3	49101.0

通用设备制造业	专用设备制造业	汽车制造业	铁路、船舶、航空航天和其他运输设备制造业	电气机械和器材制造业	计算机、通信和其他电子设备制造业	仪器仪表制造业	其他制造业	废弃资源综合利用业	金属制品、机械和设备修理业
29	43	18	8	16	21	12	3	1	1
28	39	17	7	18	13	8	3		
32	45	27	10	22	17	8	3		
989	3100	2131	1978	1756	5071	321	485	9	5
221	486	408	571	461	581	28	160	1	
406	1462	887	1082	626	1338	145	260	2	
684	1962	1444	1728	1247	4410	253	202	8	2
438	2042	1228	840	943	1010	235	346	9	2
18365.3	106295.6	46868.5	34341.2	37771.0	88050.3	4586.5	17279.8	530.3	10.0
17997.4	100789.7	44663.9	33117.8	36383.9	85522.9	4254.7	17160.3	473.7	10.0
4087.8	24160.0	13210.5	9624.2	8483.7	37844.9	2169.9	3943.6	64.9	6.7
367.9	5505.9	2204.6	1223.4	1387.1	2527.4	331.8	119.5	56.6	
367.8	5467.7	2082.4	1223.4	1387.1	2500.3	331.8	119.5	56.6	
704.3	5225.3	337.2	1582.0	1547.4	2276.6	598.6	8061.9		
17656.3	94693.1	43831.4	32431.6	36223.6	84991.5	3987.9	8646.3	530.3	10.0
4.7	6061.8	56.8							
	315.4	2643.1	327.6		782.2		571.6		
331.8	1953.6	14191.1	598.3	7104.4	147.5	172.8	815.5		
56.1	332.8	10617.2	132.1	193.0					
4.7	1000.2	185.2	358.9	201.4	56.8	4.8			
	144.1			3.5	19.1				
112	389	157	53	172	250	65	28	1	1
909	2900	1773	1667	1691	4814	310	410	8	5
409	1906	989	704	909	908	228	293	8	2
18023.6	85369.8	43495.5	30857.2	37609.6	80411.7	4440.1	13418.0	530.3	10.0

1-A-3 续表 3

主要指标	单位	化学纤维制造业	橡胶和塑料制品业	非金属矿物制品业	黑色金属冶炼和压延加工业	有色金属冶炼和压延加工业	金属制品业
企业办研发机构情况							
机构数	个		8	32	12	16	25
机构人员数	人		279	833	1192	847	2379
#博士	人		4	42	38	11	19
硕士	人		13	73	151	31	508
机构经费支出	万元		3477.6	21967.3	27649.0	17831.4	55389.1
仪器和设备原价	万元		6884.7	21656.7	164113.0	38725.9	77100.6
#进口	万元			619.0	19406.5	4373.0	25224.6
新产品开发及生产情况							
新产品开发项目数	项	4	42	179	170	71	309
新产品开发经费支出	万元	87.5	5243.3	28161.5	357527.8	25518.4	57312.6
新产品销售收入	万元		51031.7	276894.7	6611057.5	544028.7	679145.0
#新产品出口	万元		16856.2	12313.6	1196358.7		15607.4
自主知识产权及相关情况							
专利申请数	件		19	651	358	112	411
#发明专利	件		5	356	177	47	219
有效发明专利数	件		24	242	793	150	881
#境外授权	件			1			
拥有注册商标数	件		6	54	22	16	82
#境外注册	件			1	1		4
形成国家或行业标准数	项		1	12	8	6	17
政府相关政策落实情况							
来自政府部门的研究开发经费	万元		176.8	762.0	2343.8	30.7	10482.5
研究开发费用加计扣除减免税	万元		106.4	505.0	28661.6	1653.7	5444.5
高新技术企业减免税	万元		145.8	5717.1	40830.6	164.9	10504.9
技术获取和技术改造情况							
引进技术经费支出	万元						2520.6
消化吸收经费支出	万元						380.0
购买国内技术经费支出	万元						813.0
技术改造经费支出	万元			1768.5	56956.1	49269.1	8776.3

通用设备制造业	专用设备制造业	汽车制造业	铁路、船舶、航空航天和其他运输设备制造业	电气机械和器材制造业	计算机、通信和其他电子设备制造业	仪器仪表制造业	其他制造业	废弃资源综合利用业	金属制品、机械和设备修理业
32	39	17	7	18	19	8	3		
1002	2023	1859	1162	1167	1194	316	890		
9	8	12	9	20	13		3		
76	328	235	156	274	232	38	131		
18564.7	35966.8	42489.1	19092.5	58423.8	7471.4	5819.2	8323.8		
28673.9	40680.9	24085.0	29194.6	74275.9	17518.2	2819.0	22315.1		
2438.5	2834.8		11321.4	3917.4	4210.7		2320.0		
157	408	189	76	259	298	107	30	2	
17986.1	94038.1	64460.2	49912.6	55418.3	100295.4	8181.1	18607.6	730.6	
279544.1	902316.8	2065179.8	869279.2	816184.1	1041918.8	40351.0	78816.6		
3345.4	211619.6	65568.2	34121.7	133638.0	233510.1				
151	615	316	173	312	97	90	159		3
53	270	66	98	157	52	29	114		
460	1148	188	305	423	319	234	259		
	3				1				
34	49	27	6	41	27	266	1		
					1				
7	20	1	21	16	23		71		
2775.4	5341.2	27176.0	6641.0	2210.7	2984.1	523.9	1928.9		
723.2	4784.7	5949.9	1748.7	3187.3	287.1	682.2	423.8		154.3
432.6	1820.4	6414.2	959.8	3018.4	53.2	1370.1			102.1
35.1	102.0	4459.9			1076.0				
92.0	1056.0		10469.4	101.0					
665.1	9281.2	119.9	612.8	1012.0	1785.1	15.6	53.0		

1-A-4 分地区企业R&D

主要指标	单位	太原市	大同市	阳泉市	长治市
基本情况					
有R&D活动的企业	个	95	30	7	39
有研发机构的企业	个	81	29	11	28
有新产品销售的企业	个	91	23	11	32
R&D人员情况					
R&D人员合计	人	12907	2997	2217	5730
#女性	人	2499	837	38	853
#研究人员	人	5667	1400	1237	2319
#全时人员	人	9423	2284	75	3988
R&D人员折合全时当量	人年	8287	1422	1107	4112
R&D经费情况					
R&D经费内部支出	万元	519367.8	99797.5	22734.1	139897.3
按支出用途分					
1.日常性支出	万元	484083.2	96908.9	19839.6	129704.8
#人员劳务费	万元	99499.1	28401.3	13059.7	41765.8
2.资产性支出	万元	35284.6	2888.6	2894.5	10192.5
#仪器和设备	万元	33798.7	2829.9	2809.0	9777.8
按资金来源分					
政府资金	万元	26609.0	881.3	416.0	7272.6
企业资金	万元	480711.1	98600.6	21895.0	130694.0
国外资金	万元	7936.7		7.5	92.4
其他资金	万元	4111.0	315.6	415.6	1838.3
R&D经费外部支出	万元	16879.2	8120.9	28754.0	10760.8
#对境内研究机构支出	万元	7773.1	1540.7	4582.0	4751.5
对境内高等学校支出	万元	5322.6	2444.0	1105.3	1504.3
对境外支出	万元	162.4		8317.3	1417.2
R&D项目情况					
项目数	项	1019	168	166	346
参加项目人员	人	11921	2602	2160	5405
项目人员折合全时当量	人年	7638	1263	1078	3890
项目经费内部支出	万元	474316.9	79203.2	15910.5	129920.4

及相关活动主要指标

晋城市	朔州市	晋中市	运城市	忻州市	临汾市	吕梁市
37	10	73	75	29	28	22
27	6	55	59	29	24	20
29	8	62	62	22	28	15
7566	394	3549	5902	846	2011	1283
1182	49	689	1370	105	729	221
2408	146	1149	1984	239	668	322
6423	227	2157	4372	518	1301	944
3959	238	2193	3372	518	1270	748
159280.9	14841.6	84667.8	160810.1	17114.8	51293.4	42725.8
155822.8	13743.1	77377.1	152653.1	16496.8	48591.9	41615.4
54200.6	3246.4	13395.9	32644.8	3723.9	7877.5	8779.5
3458.1	1098.5	7290.7	8157.0	618.0	2701.5	1110.4
3281.0	1098.4	6861.1	7974.3	603.8	2591.6	1071.0
1667.2	21.1	1433.6	1547.5	740.0	1298.1	227.2
157556.9	14820.5	82801.2	154216.6	16374.8	49995.3	41362.2
56.8		105.8	4832.5			584.7
		327.2	213.5			551.7
9736.1	288.0	16156.8	13745.5	330.5	4935.2	55.7
5996.7	145.0	15527.3	2782.0	64.5	224.1	1.3
697.4	134.1	333.3	282.3		103.2	49.3
		12.7	30.9		84.1	
283	51	330	493	112	145	130
7422	334	3215	5261	768	1873	1208
3891	195	2024	3037	472	1177	708
133576.9	14824.2	83609.5	154908.2	16650.8	48816.3	41923.9

1-A-4 续表 1

主要指标	单位	太原市	大同市	阳泉市	长治市
企业办研发机构情况					
机构数	个	96	31	11	29
机构人员数	人	7870	2626	2318	3225
#博士	人	97	28	21	46
硕士	人	1802	159	255	496
机构经费支出	万元	179417.9	29001.6	17887.3	54106.1
仪器和设备原价	万元	259139.6	77515.2	21051.0	81533.7
#进口	万元	67737.7	10087.3	485.0	3255.4
新产品开发及生产情况					
新产品开发项目数	项	1263	401	91	239
新产品开发经费支出	万元	506713.6	173288.5	10010.6	79366.1
新产品销售收入	万元	8365496.4	2997051.8	112879.5	778005.1
#新产品出口	万元	1451417.7	80451.2	1193.6	3302.7
自主知识产权及相关情况					
专利申请数	件	1924	782	216	482
#发明专利	件	998	443	64	193
有效发明专利数	件	3879	555	99	631
#境外授权	件	12			2
拥有注册商标数	件	675	183	125	354
#境外注册	件	13		1	13
形成国家或行业标准数	项	96	17	17	80
政府相关政策落实情况					
来自政府部门的研究开发经费	万元	58371.9	3263.9	955.0	1987.5
研究开发费用加计扣除减免税	万元	42509.2	2887.8	1683.6	6989.7
高新技术企业减免税	万元	56836.9	4420.0	403.0	24922.9
技术获取和技术改造情况					
引进技术经费支出	万元	9479.8	21473.0		253.3
消化吸收经费支出	万元	1254.5	3224.0		466.3
购买国内技术经费支出	万元	14269.4	2654.0		7343.1
技术改造经费支出	万元	163161.5	38143.0	6902.3	11964.0

晋城市	朔州市	晋中市	运城市	忻州市	临汾市	吕梁市
27	6	58	61	29	24	26
1472	413	1912	3873	582	1562	1766
24	6	9	64	15	32	16
196	52	125	350	53	132	54
23079.0	8907.2	50275.2	105247.6	17740.6	12769.9	87022.1
28728.6	28368.0	81384.3	203599.5	15888.0	54031.3	61887.1
401.0		2997.4	5365.7		4436.8	2002.2
335	45	389	587	105	176	282
162263.2	4136.8	91670.3	181160.5	14386.3	62312.5	69042.7
1085404.4	18296.9	1739560.9	2845024.3	246155.9	471726.9	753422.5
253877.4	2945.4	61778.8	9038.0	4242.8	52112.7	117952.4
367	48	460	663	64	275	142
90	18	159	292	20	85	54
483	83	566	973	217	295	136
	6	3	8			
202	20	309	894	31	150	949
		10	44	4	4	70
4		24	34	1	11	4
719.3	776.0	1069.9	2108.6	770.1	1292.0	374.2
3795.8	2567.1	4006.8	7203.5	600.6	5275.1	4007.5
972.3	261.5	2731.5	7461.5	1335.4	1602.9	253.8
1358.0						
851.0						
2861.0	37.3	1240.0	463.0		100.0	
95566.3	8907.4	19953.0	99614.5	45.9	29781.9	1277.5

B. 基本情况

1-B-1　分登记注册类型企业基本情况

单位：个

登记注册类型	有R&D活动的企业	有研发机构的企业	有新产品销售的企业
总　计	**445**	**369**	**383**
内资企业	**423**	**359**	**366**
国有企业	7	5	3
集体企业			2
股份合作企业	1		1
联营企业			
国有联营企业			
集体联营企业			
国有与集体联营企业			
其他联营企业			
有限责任公司	170	142	140
国有独资公司	24	24	21
其他有限责任公司	146	118	119
股份有限公司	46	45	36
私营企业	199	167	184
私营独资企业	1		1
私营合伙企业			
私营有限责任公司	169	140	159
私营股份有限公司	29	27	24
其他企业			
港、澳、台商投资企业	**7**	**4**	**4**
合资经营企业	4	3	2
合作经营企业			
港、澳、台商独资经营企业	3	1	2
港、澳、台商投资股份有限公司			
其他港、澳、台投资企业			
外商投资企业	**15**	**6**	**13**
中外合资经营企业	11	5	9
中外合作经营企业			
外资企业	4	1	4
外商投资股份有限公司			
其他外商投资企业			

1-B-2　分登记注册类型大中型企业基本情况

单位：个

登记注册类型	有R&D活动的企业	有研发机构的企业	有新产品销售的企业
总　计	**206**	**167**	**154**
内资企业	**194**	**161**	**145**
国有企业	7	5	3
集体企业			1
股份合作企业			
联营企业			
国有联营企业			
集体联营企业			
国有与集体联营企业			
其他联营企业			
有限责任公司	111	87	82
国有独资公司	22	22	20
其他有限责任公司	89	65	62
股份有限公司	21	23	16
私营企业	55	46	43
私营独资企业			
私营合伙企业			
私营有限责任公司	45	37	36
私营股份有限公司	10	9	7
其他企业			
港、澳、台商投资企业	**4**	**2**	**2**
合资经营企业	1	1	
合作经营企业			
港、澳、台商独资经营企业	3	1	2
港、澳、台商投资股份有限公司			
其他港、澳、台投资企业			
外商投资企业	**8**	**4**	**7**
中外合资经营企业	6	4	5
中外合作经营企业			
外资企业	2		2
外商投资股份有限公司			
其他外商投资企业			

1-B-3 分行业企业基本情况

单位：个

行　业	有R&D活动的企业	有研发机构的企业	有新产品销售的企业
总　计	**445**	**369**	**383**
采矿业	**34**	**17**	**9**
煤炭开采和洗选业	28	13	7
烟煤和无烟煤开采洗选	28	13	7
褐煤开采洗选			
其他煤炭采选			
石油和天然气开采业	4	1	1
石油开采			
天然气开采	4	1	1
黑色金属矿采选业	1		
铁矿采选			
锰矿、铬矿采选	1		
其他黑色金属矿采选			
有色金属矿采选业		2	1
常用有色金属矿采选		1	1
贵金属矿采选		1	
稀有稀土金属矿采选			
非金属矿采选业	1	1	
土砂石开采	1	1	
化学矿开采			
采盐			
石棉及其他非金属矿采选			
开采专业及辅助性活动			
煤炭开采和洗选专业及辅助性活动			
石油和天然气开采专业及辅助性活动			
其他开采专业及辅助性活动			
其他采矿业			
其他采矿业			
制造业	**402**	**349**	**372**
农副食品加工业	14	10	7
谷物磨制	3	1	
饲料加工	3	4	2
植物油加工			
制糖业			
屠宰及肉类加工	4	2	1
水产品加工			
蔬菜、菌类、水果和坚果加工	3	2	3
其他农副食品加工	1	1	1
食品制造业	15	10	14
焙烤食品制造	2	1	2
糖果、巧克力及蜜饯制造			
方便食品制造		1	1
乳制品制造	2	1	2
罐头食品制造			
调味品、发酵制品制造	4	3	4
其他食品制造	7	4	5
酒、饮料和精制茶制造业	3	4	5
酒的制造	2	3	3
饮料制造	1	1	2
精制茶加工			

1-B-3　续表 1　　　　单位：个

行　　业	有R&D活动的企业	有研发机构的企业	有新产品销售的企业
烟草制品业	1	1	1
烟叶复烤			
卷烟制造	1	1	1
其他烟草制品制造			
纺织业		2	3
棉纺织及印染精加工		2	3
毛纺织及染整精加工			
麻纺织及染整精加工			
丝绢纺织及印染精加工			
化纤织造及印染精加工			
针织或钩针编织物及其制品制造			
家用纺织制成品制造			
产业用纺织制成品制造			
纺织服装、服饰业	1	2	1
机织服装制造		1	
针织或钩针编织服装制造			
服饰制造	1	1	1
皮革、毛皮、羽毛及其制品和制鞋业			
皮革鞣制加工			
皮革制品制造			
毛皮鞣制及制品加工			
羽毛(绒)加工及制品制造			
制鞋业			
木材加工和木、竹、藤、棕、草制品业			
木材加工			
人造板制造			
木质制品制造			
竹、藤、棕、草等制品制造			
家具制造业			
木质家具制造			
竹、藤家具制造			
金属家具制造			
塑料家具制造			
其他家具制造			
造纸和纸制品业	2	2	1
纸浆制造			
造纸	1	1	
纸制品制造	1	1	1
印刷和记录媒介复制业	2	1	3
印刷	2	1	3
装订及印刷相关服务			
记录媒介复制			
文教、工美、体育和娱乐用品制造业	2	2	2
文教办公用品制造			
乐器制造			
工艺美术及礼仪用品制造	1	1	1
体育用品制造	1	1	1
玩具制造			
游艺器材及娱乐用品制造			
石油、煤炭及其他燃料加工业	12	7	3

1-B-3 续表 2

单位：个

行　业	有R&D活动的企业	有研发机构的企业	有新产品销售的企业
精炼石油产品制造			
煤炭加工	12	7	3
核燃料加工			
生物质燃料加工			
化学原料和化学制品制造业	51	43	41
基础化学原料制造	12	6	6
肥料制造	8	9	7
农药制造	1		2
涂料、油墨、颜料及类似产品制造	6	5	4
合成材料制造	6	5	2
专用化学产品制造	13	12	13
炸药、火工及焰火产品制造	4	5	6
日用化学产品制造	1	1	1
医药制造业	42	39	25
化学药品原料药制造	6	4	3
化学药品制剂制造	17	16	11
中药饮片加工	1	1	
中成药生产	9	11	6
兽用药品制造	3	2	2
生物药品制品制造	2	2	1
卫生材料及医药用品制造	3	2	2
药用辅料及包装材料制造	1	1	
化学纤维制造业	1		
纤维素纤维原料及纤维制造			
合成纤维制造	1		
生物基材料制造			
橡胶和塑料制品业	7	8	8
橡胶制品业	3	4	4
塑料制品业	4	4	4
非金属矿物制品业	33	32	34
水泥、石灰和石膏制造	4	8	7
石膏、水泥制品及类似制品制造	2	1	4
砖瓦、石材等建筑材料制造	3	4	3
玻璃制造	1		
玻璃制品制造	4	3	4
玻璃纤维和玻璃纤维增强塑料制品制造			
陶瓷制品制造	2	1	3
耐火材料制品制造	3	6	3
石墨及其他非金属矿物制品制造	14	9	10
黑色金属冶炼和压延加工业	14	12	14
炼铁	2	4	5
炼钢	1		1
钢压延加工	8	6	7
铁合金冶炼	3	2	1
有色金属冶炼和压延加工业	13	16	14
常用有色金属冶炼	7	7	4
贵金属冶炼		1	
稀有稀土金属冶炼			1
有色金属合金制造	3	5	3
有色金属压延加工	3	3	6
金属制品业	37	25	32

1-B-3　续表 3　　　　单位：个

行　　业	有R&D活动的企业	有研发机构的企业	有新产品销售的企业
结构性金属制品制造	3	2	2
金属工具制造	1		1
集装箱及金属包装容器制造	1	1	1
金属丝绳及其制品制造	2	2	3
建筑、安全用金属制品制造	5	1	2
金属表面处理及热处理加工	1	1	1
搪瓷制品制造			
金属制日用品制造			
铸造及其他金属制品制造	24	18	22
通用设备制造业	29	28	32
锅炉及原动设备制造	4	7	7
金属加工机械制造	4	4	3
物料搬运设备制造	3	2	1
泵、阀门、压缩机及类似机械制造	10	8	11
轴承、齿轮和传动部件制造	1	1	1
烘炉、风机、包装等设备制造	2	2	5
文化、办公用机械制造	1	1	1
通用零部件制造	4	3	3
其他通用设备制造业			
专用设备制造业	43	39	45
采矿、冶金、建筑专用设备制造	27	24	24
化工、木材、非金属加工专用设备制造	1	2	1
食品、饮料、烟草及饲料生产专用设备制造			
印刷、制药、日化及日用品生产专用设备制造	1	1	1
纺织、服装和皮革加工专用设备制造	7	5	6
电子和电工机械专用设备制造	2	2	4
农、林、牧、渔专用机械制造	2	1	1
医疗仪器设备及器械制造			1
环保、邮政、社会公共服务及其他专用设备制造	3	4	7
汽车制造业	18	17	27
汽车整车制造	2	2	5
汽车用发动机制造		1	2
改装汽车制造	3	3	3
低速汽车制造			
电车制造	1		1
汽车车身、挂车制造	1	1	
汽车零部件及配件制造	11	10	16
铁路、船舶、航空航天和其他运输设备制造业	8	7	10
铁路运输设备制造	7	5	8
城市轨道交通设备制造			
船舶及相关装置制造			
航空、航天器及设备制造	1	2	2
摩托车制造			
自行车和残疾人座车制造			
助动车制造			
非公路休闲车及零配件制造			
潜水救捞及其他未列明运输设备制造			
电气机械和器材制造业	16	18	22
电机制造	1	3	4
输配电及控制设备制造	9	12	12
电线、电缆、光缆及电工器材制造	3	1	2

1-B-3 续表 4

单位：个

行　　业	有R&D活动的企业	有研发机构的企业	有新产品销售的企业
电池制造			
家用电力器具制造			
非电力家用器具制造	1		1
照明器具制造	1	1	2
其他电气机械及器材制造	1	1	1
计算机、通信和其他电子设备制造业	21	13	17
计算机制造	1	1	1
通信设备制造	6		4
广播电视设备制造			
雷达及配套设备制造			
非专业视听设备制造		1	
智能消费设备制造			
电子器件制造	8	2	6
电子元件及电子专用材料制造	5	6	5
其他电子设备制造	1	3	1
仪器仪表制造业	12	8	8
通用仪器仪表制造	8	5	6
专用仪器仪表制造	2	1	1
钟表与计时仪器制造			
光学仪器制造			
衡器制造	2	2	1
其他仪器仪表制造业			
其他制造业	3	3	3
日用杂品制造			
核辐射加工			
其他未列明制造业	3	3	3
废弃资源综合利用业	1		
金属废料和碎屑加工处理	1		
非金属废料和碎屑加工处理			
金属制品、机械和设备修理业	1		
金属制品修理			
通用设备修理			
专用设备修理	1		
铁路、船舶、航空航天等运输设备修理			
电气设备修理			
仪器仪表修理			
其他机械和设备修理业			
电力、热力、燃气及水生产和供应业	**9**	**3**	**2**
电力、热力生产和供应业	8	3	2
电力生产	5	1	1
电力供应	1	1	
热力生产和供应	2	1	1
燃气生产和供应业	1		
燃气生产和供应业	1		
生物质燃气生产和供应业			
水的生产和供应业			
自来水生产和供应			
污水处理及其再生利用			
海水淡化处理			
其他水的处理、利用与分配			

1-B-4　分行业大中型企业基本情况

单位：个

行　业	有R&D活动的企业	有研发机构的企业	有新产品销售的企业
总　计	**206**	**167**	**154**
采矿业	**31**	**14**	**7**
煤炭开采和洗选业	28	13	7
烟煤和无烟煤开采洗选	28	13	7
褐煤开采洗选			
其他煤炭采选			
石油和天然气开采业	2		
石油开采			
天然气开采	2		
黑色金属矿采选业	1		
铁矿采选			
锰矿、铬矿采选	1		
其他黑色金属矿采选			
有色金属矿采选业		1	
常用有色金属矿采选			
贵金属矿采选		1	
稀有稀土金属矿采选			
非金属矿采选业			
土砂石开采			
化学矿开采			
采盐			
石棉及其他非金属矿采选			
开采专业及辅助性活动			
煤炭开采和洗选专业及辅助性活动			
石油和天然气开采专业及辅助性活动			
其他开采专业及辅助性活动			
其他采矿业			
其他采矿业			
制造业	**169**	**151**	**147**
农副食品加工业	3	2	1
谷物磨制			
饲料加工			
植物油加工			
制糖业			
屠宰及肉类加工	3	2	1
水产品加工			
蔬菜、菌类、水果和坚果加工			
其他农副食品加工			
食品制造业	4	4	6
焙烤食品制造	1	1	2
糖果、巧克力及蜜饯制造			
方便食品制造			
乳制品制造	1	1	2
罐头食品制造			
调味品、发酵制品制造	2	2	2
其他食品制造			
酒、饮料和精制茶制造业	2	3	4
酒的制造	1	2	3
饮料制造	1	1	1
精制茶加工			

1-B-4 续表 1

单位：个

行　　业	有R&D活动的企业	有研发机构的企业	有新产品销售的企业
烟草制品业	1	1	1
烟叶复烤			
卷烟制造	1	1	1
其他烟草制品制造			
纺织业		1	2
棉纺织及印染精加工		1	2
毛纺织及染整精加工			
麻纺织及染整精加工			
丝绢纺织及印染精加工			
化纤织造及印染精加工			
针织或钩针编织物及其制品制造			
家用纺织制成品制造			
产业用纺织制成品制造			
纺织服装、服饰业	1	2	1
机织服装制造		1	
针织或钩针编织服装制造			
服饰制造	1	1	1
皮革、毛皮、羽毛及其制品和制鞋业			
皮革鞣制加工			
皮革制品制造			
毛皮鞣制及制品加工			
羽毛(绒)加工及制品制造			
制鞋业			
木材加工和木、竹、藤、棕、草制品业			
木材加工			
人造板制造			
木质制品制造			
竹、藤、棕、草等制品制造			
家具制造业			
木质家具制造			
竹、藤家具制造			
金属家具制造			
塑料家具制造			
其他家具制造			
造纸和纸制品业	1	1	
纸浆制造			
造纸	1	1	
纸制品制造			
印刷和记录媒介复制业	1		1
印刷	1		1
装订及印刷相关服务			
记录媒介复制			
文教、工美、体育和娱乐用品制造业	2	2	2
文教办公用品制造			
乐器制造			
工艺美术及礼仪用品制造	1	1	1
体育用品制造	1	1	1
玩具制造			
游艺器材及娱乐用品制造			
石油、煤炭及其他燃料加工业	12	6	2

1-B-4　续表 2　　单位：个

行　业	有R&D活动的企业	有研发机构的企业	有新产品销售的企业
精炼石油产品制造			
煤炭加工	12	6	2
核燃料加工			
生物质燃料加工			
化学原料和化学制品制造业	20	16	17
基础化学原料制造	4	2	3
肥料制造	4	4	3
农药制造			
涂料、油墨、颜料及类似产品制造		1	1
合成材料制造	4	2	2
专用化学产品制造	3	1	1
炸药、火工及焰火产品制造	4	5	6
日用化学产品制造	1	1	1
医药制造业	20	18	10
化学药品原料药制造	3	3	2
化学药品制剂制造	9	9	6
中药饮片加工			
中成药生产	6	5	1
兽用药品制造			
生物药品制品制造	1	1	1
卫生材料及医药用品制造	1		
药用辅料及包装材料制造			
化学纤维制造业	1		
纤维素纤维原料及纤维制造			
合成纤维制造	1		
生物基材料制造			
橡胶和塑料制品业	2	2	2
橡胶制品业	1	1	1
塑料制品业	1	1	1
非金属矿物制品业	9	14	10
水泥、石灰和石膏制造	1	6	4
石膏、水泥制品及类似制品制造			
砖瓦、石材等建筑材料制造			
玻璃制造	1		
玻璃制品制造	2	3	3
玻璃纤维和玻璃纤维增强塑料制品制造			
陶瓷制品制造			1
耐火材料制品制造		1	
石墨及其他非金属矿物制品制造	5	4	2
黑色金属冶炼和压延加工业	10	10	10
炼铁	2	4	4
炼钢	1		1
钢压延加工	6	5	5
铁合金冶炼	1	1	
有色金属冶炼和压延加工业	8	11	7
常用有色金属冶炼	4	5	3
贵金属冶炼		1	
稀有稀土金属冶炼			
有色金属合金制造	3	3	2
有色金属压延加工	1	2	2
金属制品业	16	8	12

1-B-4 续表 3

单位：个

行业	有R&D活动的企业	有研发机构的企业	有新产品销售的企业
结构性金属制品制造			
金属工具制造	1		1
集装箱及金属包装容器制造			
金属丝绳及其制品制造			
建筑、安全用金属制品制造	1		
金属表面处理及热处理加工			
搪瓷制品制造			
金属制日用品制造			
铸造及其他金属制品制造	14	8	11
通用设备制造业	6	6	7
锅炉及原动设备制造	2	3	3
金属加工机械制造			
物料搬运设备制造	1	1	1
泵、阀门、压缩机及类似机械制造	3	2	3
轴承、齿轮和传动部件制造			
烘炉、风机、包装等设备制造			
文化、办公用机械制造			
通用零部件制造			
其他通用设备制造业			
专用设备制造业	11	13	12
采矿、冶金、建筑专用设备制造	7	7	6
化工、木材、非金属加工专用设备制造	1	2	1
食品、饮料、烟草及饲料生产专用设备制造			
印刷、制药、日化及日用品生产专用设备制造			
纺织、服装和皮革加工专用设备制造	2	2	2
电子和电工机械专用设备制造	1	1	1
农、林、牧、渔专用机械制造		1	1
医疗仪器设备及器械制造			1
环保、邮政、社会公共服务及其他专用设备制造			
汽车制造业	10	11	13
汽车整车制造	2	2	3
汽车用发动机制造			
改装汽车制造	1	2	1
低速汽车制造			
电车制造			
汽车车身、挂车制造			
汽车零部件及配件制造	7	7	9
铁路、船舶、航空航天和其他运输设备制造业	6	6	8
铁路运输设备制造	6	5	7
城市轨道交通设备制造			
船舶及相关装置制造			
航空、航天器及设备制造		1	1
摩托车制造			
自行车和残疾人座车制造			
助动车制造			
非公路休闲车及零配件制造			
潜水救捞及其他未列明运输设备制造			
电气机械和器材制造业	5	6	6
电机制造	1	2	2
输配电及控制设备制造	3	3	3
电线、电缆、光缆及电工器材制造			

1-B-4　续表 4　　　　单位：个

行　　业	有R&D活动的企业	有研发机构的企业	有新产品销售的企业
电池制造			
家用电力器具制造			
非电力家用器具制造			
照明器具制造			
其他电气机械及器材制造	1	1	1
计算机、通信和其他电子设备制造业	15	4	10
计算机制造	1		
通信设备制造	6		4
广播电视设备制造			
雷达及配套设备制造			
非专业视听设备制造			
智能消费设备制造			
电子器件制造	6	2	5
电子元件及电子专用材料制造	2	2	1
其他电子设备制造			
仪器仪表制造业		1	
通用仪器仪表制造			
专用仪器仪表制造		1	
钟表与计时仪器制造			
光学仪器制造			
衡器制造			
其他仪器仪表制造业			
其他制造业	3	3	3
日用杂品制造			
核辐射加工			
其他未列明制造业	3	3	3
废弃资源综合利用业			
金属废料和碎屑加工处理			
非金属废料和碎屑加工处理			
金属制品、机械和设备修理业			
金属制品修理			
通用设备修理			
专用设备修理			
铁路、船舶、航空航天等运输设备修理			
电气设备修理			
仪器仪表修理			
其他机械和设备修理业			
电力、热力、燃气及水生产和供应业	**6**	**2**	
电力、热力生产和供应业	5	2	
电力生产	3	1	
电力供应	1	1	
热力生产和供应	1		
燃气生产和供应业	1		
燃气生产和供应业	1		
生物质燃气生产和供应业			
水的生产和供应业			
自来水生产和供应			
污水处理及其再生利用			
海水淡化处理			
其他水的处理、利用与分配			

1-B-5 分行业内资企业基本情况

单位：个

行　　业	有R&D活动的企业	有研发机构的企业	有新产品销售的企业
总　计	**423**	**359**	**366**
采矿业	**33**	**16**	**8**
煤炭开采和洗选业	27	13	7
烟煤和无烟煤开采洗选	27	13	7
褐煤开采洗选			
其他煤炭采选			
石油和天然气开采业	4		
石油开采			
天然气开采	4		
黑色金属矿采选业	1		
铁矿采选			
锰矿、铬矿采选	1		
其他黑色金属矿采选			
有色金属矿采选业		2	1
常用有色金属矿采选		1	1
贵金属矿采选		1	
稀有稀土金属矿采选			
非金属矿采选业	1	1	
土砂石开采	1	1	
化学矿开采			
采盐			
石棉及其他非金属矿采选			
开采专业及辅助性活动			
煤炭开采和洗选专业及辅助性活动			
石油和天然气开采专业及辅助性活动			
其他开采专业及辅助性活动			
其他采矿业			
其他采矿业			
制造业	**381**	**340**	**356**
农副食品加工业	14	10	7
谷物磨制	3	1	
饲料加工	3	4	2
植物油加工			
制糖业			
屠宰及肉类加工	4	2	1
水产品加工			
蔬菜、菌类、水果和坚果加工	3	2	3
其他农副食品加工	1	1	1
食品制造业	15	10	14
焙烤食品制造	2	1	2
糖果、巧克力及蜜饯制造			
方便食品制造		1	1
乳制品制造	2	1	2
罐头食品制造			
调味品、发酵制品制造	4	3	4
其他食品制造	7	4	5
酒、饮料和精制茶制造业	3	4	5
酒的制造	2	3	3
饮料制造	1	1	2
精制茶加工			

1-B-5　续表 1　　单位：个

行　　业	有R&D活动的企业	有研发机构的企业	有新产品销售的企业
烟草制品业	1	1	1
烟叶复烤			
卷烟制造	1	1	1
其他烟草制品制造			
纺织业		2	3
棉纺织及印染精加工		2	3
毛纺织及染整精加工			
麻纺织及染整精加工			
丝绢纺织及印染精加工			
化纤织造及印染精加工			
针织或钩针编织物及其制品制造			
家用纺织制成品制造			
产业用纺织制成品制造			
纺织服装、服饰业	1	2	1
机织服装制造		1	
针织或钩针编织服装制造			
服饰制造	1	1	1
皮革、毛皮、羽毛及其制品和制鞋业			
皮革鞣制加工			
皮革制品制造			
毛皮鞣制及制品加工			
羽毛(绒)加工及制品制造			
制鞋业			
木材加工和木、竹、藤、棕、草制品业			
木材加工			
人造板制造			
木质制品制造			
竹、藤、棕、草等制品制造			
家具制造业			
木质家具制造			
竹、藤家具制造			
金属家具制造			
塑料家具制造			
其他家具制造			
造纸和纸制品业	2	2	1
纸浆制造			
造纸	1	1	
纸制品制造	1	1	1
印刷和记录媒介复制业	2	1	3
印刷	2	1	3
装订及印刷相关服务			
记录媒介复制			
文教、工美、体育和娱乐用品制造业	2	2	2
文教办公用品制造			
乐器制造			
工艺美术及礼仪用品制造	1	1	1
体育用品制造	1	1	1
玩具制造			
游艺器材及娱乐用品制造			
石油、煤炭及其他燃料加工业	12	7	3

1-B-5 续表 2　　单位：个

行　业	有R&D活动的企业	有研发机构的企业	有新产品销售的企业
精炼石油产品制造			
煤炭加工	12	7	3
核燃料加工			
生物质燃料加工			
化学原料和化学制品制造业	48	42	39
基础化学原料制造	12	6	6
肥料制造	7	9	6
农药制造	1		2
涂料、油墨、颜料及类似产品制造	5	5	4
合成材料制造	5	4	1
专用化学产品制造	13	12	13
炸药、火工及焰火产品制造	4	5	6
日用化学产品制造	1	1	1
医药制造业	40	37	25
化学药品原料药制造	6	4	3
化学药品制剂制造	16	15	11
中药饮片加工	1	1	
中成药生产	9	11	6
兽用药品制造	3	2	2
生物药品制品制造	2	2	1
卫生材料及医药用品制造	3	2	2
药用辅料及包装材料制造			
化学纤维制造业	1		
纤维素纤维原料及纤维制造			
合成纤维制造	1		
生物基材料制造			
橡胶和塑料制品业	7	8	8
橡胶制品业	3	4	4
塑料制品业	4	4	4
非金属矿物制品业	33	32	34
水泥、石灰和石膏制造	4	8	7
石膏、水泥制品及类似制品制造	2	1	4
砖瓦、石材等建筑材料制造	3	4	3
玻璃制造	1		
玻璃制品制造	4	3	4
玻璃纤维和玻璃纤维增强塑料制品制造			
陶瓷制品制造	2	1	3
耐火材料制品制造	3	6	3
石墨及其他非金属矿物制品制造	14	9	10
黑色金属冶炼和压延加工业	14	12	14
炼铁	2	4	5
炼钢	1		1
钢压延加工	8	6	7
铁合金冶炼	3	2	1
有色金属冶炼和压延加工业	13	15	14
常用有色金属冶炼	7	6	4
贵金属冶炼		1	
稀有稀土金属冶炼			1
有色金属合金制造	3	5	3
有色金属压延加工	3	3	6
金属制品业	34	23	30

1-B-5　续表 3

单位：个

行　　业	有R&D活动的企业	有研发机构的企业	有新产品销售的企业
结构性金属制品制造	3	2	2
金属工具制造	1		1
集装箱及金属包装容器制造	1	1	1
金属丝绳及其制品制造	2	2	3
建筑、安全用金属制品制造	5	1	2
金属表面处理及热处理加工			
搪瓷制品制造			
金属制日用品制造			
铸造及其他金属制品制造	22	17	21
通用设备制造业	29	28	32
锅炉及原动设备制造	4	7	7
金属加工机械制造	4	4	3
物料搬运设备制造	3	2	1
泵、阀门、压缩机及类似机械制造	10	8	11
轴承、齿轮和传动部件制造	1	1	1
烘炉、风机、包装等设备制造	2	2	5
文化、办公用机械制造	1	1	1
通用零部件制造	4	3	3
其他通用设备制造业			
专用设备制造业	40	39	42
采矿、冶金、建筑专用设备制造	25	24	22
化工、木材、非金属加工专用设备制造	1	2	1
食品、饮料、烟草及饲料生产专用设备制造			
印刷、制药、日化及日用品生产专用设备制造	1	1	1
纺织、服装和皮革加工专用设备制造	7	5	6
电子和电工机械专用设备制造	2	2	4
农、林、牧、渔专用机械制造	2	1	1
医疗仪器设备及器械制造			1
环保、邮政、社会公共服务及其他专用设备制造	2	4	6
汽车制造业	17	17	25
汽车整车制造	2	2	5
汽车用发动机制造		1	2
改装汽车制造	3	3	3
低速汽车制造			
电车制造	1		1
汽车车身、挂车制造	1	1	
汽车零部件及配件制造	10	10	14
铁路、船舶、航空航天和其他运输设备制造业	8	6	9
铁路运输设备制造	7	4	7
城市轨道交通设备制造			
船舶及相关装置制造			
航空、航天器及设备制造	1	2	2
摩托车制造			
自行车和残疾人座车制造			
助动车制造			
非公路休闲车及零配件制造			
潜水救捞及其他未列明运输设备制造			
电气机械和器材制造业	14	16	20
电机制造	1	3	4
输配电及控制设备制造	8	11	11
电线、电缆、光缆及电工器材制造	3	1	2

1-B-5 续表 4

单位：个

行业	有R&D活动的企业	有研发机构的企业	有新产品销售的企业
电池制造			
家用电力器具制造			
非电力家用器具制造	1		1
照明器具制造			1
其他电气机械及器材制造	1	1	1
计算机、通信和其他电子设备制造业	16	13	13
计算机制造	1	1	1
通信设备制造	1		
广播电视设备制造			
雷达及配套设备制造			
非专业视听设备制造		1	
智能消费设备制造			
电子器件制造	8	2	6
电子元件及电子专用材料制造	5	6	5
其他电子设备制造	1	3	1
仪器仪表制造业	11	8	8
通用仪器仪表制造	7	5	6
专用仪器仪表制造	2	1	1
钟表与计时仪器制造			
光学仪器制造			
衡器制造	2	2	1
其他仪器仪表制造业			
其他制造业	3	3	3
日用杂品制造			
核辐射加工			
其他未列明制造业	3	3	3
废弃资源综合利用业			
金属废料和碎屑加工处理			
非金属废料和碎屑加工处理			
金属制品、机械和设备修理业	1		
金属制品修理			
通用设备修理			
专用设备修理	1		
铁路、船舶、航空航天等运输设备修理			
电气设备修理			
仪器仪表修理			
其他机械和设备修理业			
电力、热力、燃气及水生产和供应业	**9**	**3**	**2**
电力、热力生产和供应业	8	3	2
电力生产	5	1	1
电力供应	1	1	
热力生产和供应	2	1	1
燃气生产和供应业	1		
燃气生产和供应业	1		
生物质燃气生产和供应业			
水的生产和供应业			
自来水生产和供应			
污水处理及其再生利用			
海水淡化处理			
其他水的处理、利用与分配			

1-B-6　分行业港澳台商投资企业基本情况

单位：个

行　　业	有R&D活动的企业	有研发机构的企业	有新产品销售的企业
总　计	**7**	**4**	**4**
采矿业			
煤炭开采和洗选业			
烟煤和无烟煤开采洗选			
褐煤开采洗选			
其他煤炭采选			
石油和天然气开采业			
石油开采			
天然气开采			
黑色金属矿采选业			
铁矿采选			
锰矿、铬矿采选			
其他黑色金属矿采选			
有色金属矿采选业			
常用有色金属矿采选			
贵金属矿采选			
稀有稀土金属矿采选			
非金属矿采选业			
土砂石开采			
化学矿开采			
采盐			
石棉及其他非金属矿采选			
开采专业及辅助性活动			
煤炭开采和洗选专业及辅助性活动			
石油和天然气开采专业及辅助性活动			
其他开采专业及辅助性活动			
其他采矿业			
其他采矿业			
制造业	**7**	**4**	**4**
农副食品加工业			
谷物磨制			
饲料加工			
植物油加工			
制糖业			
屠宰及肉类加工			
水产品加工			
蔬菜、菌类、水果和坚果加工			
其他农副食品加工			
食品制造业			
焙烤食品制造			
糖果、巧克力及蜜饯制造			
方便食品制造			
乳制品制造			
罐头食品制造			
调味品、发酵制品制造			
其他食品制造			
酒、饮料和精制茶制造业			
酒的制造			
饮料制造			
精制茶加工			

1-B-6 续表 1

单位：个

行　业	有R&D活动的企业	有研发机构的企业	有新产品销售的企业
烟草制品业			
烟叶复烤			
卷烟制造			
其他烟草制品制造			
纺织业			
棉纺织及印染精加工			
毛纺织及染整精加工			
麻纺织及染整精加工			
丝绢纺织及印染精加工			
化纤织造及印染精加工			
针织或钩针编织物及其制品制造			
家用纺织制成品制造			
产业用纺织制成品制造			
纺织服装、服饰业			
机织服装制造			
针织或钩针编织服装制造			
服饰制造			
皮革、毛皮、羽毛及其制品和制鞋业			
皮革鞣制加工			
皮革制品制造			
毛皮鞣制及制品加工			
羽毛(绒)加工及制品制造			
制鞋业			
木材加工和木、竹、藤、棕、草制品业			
木材加工			
人造板制造			
木质制品制造			
竹、藤、棕、草等制品制造			
家具制造业			
木质家具制造			
竹、藤家具制造			
金属家具制造			
塑料家具制造			
其他家具制造			
造纸和纸制品业			
纸浆制造			
造纸			
纸制品制造			
印刷和记录媒介复制业			
印刷			
装订及印刷相关服务			
记录媒介复制			
文教、工美、体育和娱乐用品制造业			
文教办公用品制造			
乐器制造			
工艺美术及礼仪用品制造			
体育用品制造			
玩具制造			
游艺器材及娱乐用品制造			
石油、煤炭及其他燃料加工业			

1-B-6　续表 2

单位：个

行　　业	有R&D活动的企业	有研发机构的企业	有新产品销售的企业
精炼石油产品制造			
煤炭加工			
核燃料加工			
生物质燃料加工			
化学原料和化学制品制造业			
基础化学原料制造			
肥料制造			
农药制造			
涂料、油墨、颜料及类似产品制造			
合成材料制造			
专用化学产品制造			
炸药、火工及焰火产品制造			
日用化学产品制造			
医药制造业	1	1	
化学药品原料药制造			
化学药品制剂制造	1	1	
中药饮片加工			
中成药生产			
兽用药品制造			
生物药品制品制造			
卫生材料及医药用品制造			
药用辅料及包装材料制造			
化学纤维制造业			
纤维素纤维原料及纤维制造			
合成纤维制造			
生物基材料制造			
橡胶和塑料制品业			
橡胶制品业			
塑料制品业			
非金属矿物制品业			
水泥、石灰和石膏制造			
石膏、水泥制品及类似制品制造			
砖瓦、石材等建筑材料制造			
玻璃制造			
玻璃制品制造			
玻璃纤维和玻璃纤维增强塑料制品制造			
陶瓷制品制造			
耐火材料制品制造			
石墨及其他非金属矿物制品制造			
黑色金属冶炼和压延加工业			
炼铁			
炼钢			
钢压延加工			
铁合金冶炼			
有色金属冶炼和压延加工业		1	
常用有色金属冶炼		1	
贵金属冶炼			
稀有稀土金属冶炼			
有色金属合金制造			
有色金属压延加工			
金属制品业	1	1	1

1-B-6 续表 3

单位：个

行　业	有R&D活动的企业	有研发机构的企业	有新产品销售的企业
结构性金属制品制造			
金属工具制造			
集装箱及金属包装容器制造			
金属丝绳及其制品制造			
建筑、安全用金属制品制造			
金属表面处理及热处理加工	1	1	1
搪瓷制品制造			
金属制日用品制造			
铸造及其他金属制品制造			
通用设备制造业			
锅炉及原动设备制造			
金属加工机械制造			
物料搬运设备制造			
泵、阀门、压缩机及类似机械制造			
轴承、齿轮和传动部件制造			
烘炉、风机、包装等设备制造			
文化、办公用机械制造			
通用零部件制造			
其他通用设备制造业			
专用设备制造业			
采矿、冶金、建筑专用设备制造			
化工、木材、非金属加工专用设备制造			
食品、饮料、烟草及饲料生产专用设备制造			
印刷、制药、日化及日用品生产专用设备制造			
纺织、服装和皮革加工专用设备制造			
电子和电工机械专用设备制造			
农、林、牧、渔专用机械制造			
医疗仪器设备及器械制造			
环保、邮政、社会公共服务及其他专用设备制造			
汽车制造业			
汽车整车制造			
汽车用发动机制造			
改装汽车制造			
低速汽车制造			
电车制造			
汽车车身、挂车制造			
汽车零部件及配件制造			
铁路、船舶、航空航天和其他运输设备制造业			
铁路运输设备制造			
城市轨道交通设备制造			
船舶及相关装置制造			
航空、航天器及设备制造			
摩托车制造			
自行车和残疾人座车制造			
助动车制造			
非公路休闲车及零配件制造			
潜水救捞及其他未列明运输设备制造			
电气机械和器材制造业	1	1	1
电机制造			
输配电及控制设备制造			
电线、电缆、光缆及电工器材制造			

1-B-6 续表 4

单位：个

行 业	有R&D活动的企业	有研发机构的企业	有新产品销售的企业
电池制造			
家用电力器具制造			
非电力家用器具制造			
照明器具制造	1	1	1
其他电气机械及器材制造			
计算机、通信和其他电子设备制造业	3		2
计算机制造			
通信设备制造	3		2
广播电视设备制造			
雷达及配套设备制造			
非专业视听设备制造			
智能消费设备制造			
电子器件制造			
电子元件及电子专用材料制造			
其他电子设备制造			
仪器仪表制造业			
通用仪器仪表制造			
专用仪器仪表制造			
钟表与计时仪器制造			
光学仪器制造			
衡器制造			
其他仪器仪表制造业			
其他制造业			
日用杂品制造			
核辐射加工			
其他未列明制造业			
废弃资源综合利用业	1		
金属废料和碎屑加工处理	1		
非金属废料和碎屑加工处理			
金属制品、机械和设备修理业			
金属制品修理			
通用设备修理			
专用设备修理			
铁路、船舶、航空航天等运输设备修理			
电气设备修理			
仪器仪表修理			
其他机械和设备修理业			
电力、热力、燃气及水生产和供应业			
电力、热力生产和供应业			
电力生产			
电力供应			
热力生产和供应			
燃气生产和供应业			
燃气生产和供应业			
生物质燃气生产和供应业			
水的生产和供应业			
自来水生产和供应			
污水处理及其再生利用			
海水淡化处理			
其他水的处理、利用与分配			

1-B-7 分行业外商投资企业基本情况

单位：个

行　业	有R&D活动的企业	有研发机构的企业	有新产品销售的企业
总　计	**15**	**6**	**13**
采矿业	**1**	**1**	**1**
煤炭开采和洗选业	1		
烟煤和无烟煤开采洗选	1		
褐煤开采洗选			
其他煤炭采选			
石油和天然气开采业		1	1
石油开采			
天然气开采		1	1
黑色金属矿采选业			
铁矿采选			
锰矿、铬矿采选			
其他黑色金属矿采选			
有色金属矿采选业			
常用有色金属矿采选			
贵金属矿采选			
稀有稀土金属矿采选			
非金属矿采选业			
土砂石开采			
化学矿开采			
采盐			
石棉及其他非金属矿采选			
开采专业及辅助性活动			
煤炭开采和洗选专业及辅助性活动			
石油和天然气开采专业及辅助性活动			
其他开采专业及辅助性活动			
其他采矿业			
其他采矿业			
制造业	**14**	**5**	**12**
农副食品加工业			
谷物磨制			
饲料加工			
植物油加工			
制糖业			
屠宰及肉类加工			
水产品加工			
蔬菜、菌类、水果和坚果加工			
其他农副食品加工			
食品制造业			
焙烤食品制造			
糖果、巧克力及蜜饯制造			
方便食品制造			
乳制品制造			
罐头食品制造			
调味品、发酵制品制造			
其他食品制造			
酒、饮料和精制茶制造业			
酒的制造			
饮料制造			
精制茶加工			

1-B-7　续表 1　　单位：个

行　　业	有R&D活动的企业	有研发机构的企业	有新产品销售的企业
烟草制品业			
烟叶复烤			
卷烟制造			
其他烟草制品制造			
纺织业			
棉纺织及印染精加工			
毛纺织及染整精加工			
麻纺织及染整精加工			
丝绢纺织及印染精加工			
化纤织造及印染精加工			
针织或钩针编织物及其制品制造			
家用纺织制成品制造			
产业用纺织制成品制造			
纺织服装、服饰业			
机织服装制造			
针织或钩针编织服装制造			
服饰制造			
皮革、毛皮、羽毛及其制品和制鞋业			
皮革鞣制加工			
皮革制品制造			
毛皮鞣制及制品加工			
羽毛(绒)加工及制品制造			
制鞋业			
木材加工和木、竹、藤、棕、草制品业			
木材加工			
人造板制造			
木质制品制造			
竹、藤、棕、草等制品制造			
家具制造业			
木质家具制造			
竹、藤家具制造			
金属家具制造			
塑料家具制造			
其他家具制造			
造纸和纸制品业			
纸浆制造			
造纸			
纸制品制造			
印刷和记录媒介复制业			
印刷			
装订及印刷相关服务			
记录媒介复制			
文教、工美、体育和娱乐用品制造业			
文教办公用品制造			
乐器制造			
工艺美术及礼仪用品制造			
体育用品制造			
玩具制造			
游艺器材及娱乐用品制造			
石油、煤炭及其他燃料加工业			

1-B-7 续表 2 单位：个

行业	有R&D活动的企业	有研发机构的企业	有新产品销售的企业
精炼石油产品制造			
煤炭加工			
核燃料加工			
生物质燃料加工			
化学原料和化学制品制造业	3	1	2
基础化学原料制造			
肥料制造	1		1
农药制造			
涂料、油墨、颜料及类似产品制造	1		
合成材料制造	1	1	1
专用化学产品制造			
炸药、火工及焰火产品制造			
日用化学产品制造			
医药制造业	1	1	
化学药品原料药制造			
化学药品制剂制造			
中药饮片加工			
中成药生产			
兽用药品制造			
生物药品制品制造			
卫生材料及医药用品制造			
药用辅料及包装材料制造	1	1	
化学纤维制造业			
纤维素纤维原料及纤维制造			
合成纤维制造			
生物基材料制造			
橡胶和塑料制品业			
橡胶制品业			
塑料制品业			
非金属矿物制品业			
水泥、石灰和石膏制造			
石膏、水泥制品及类似制品制造			
砖瓦、石材等建筑材料制造			
玻璃制造			
玻璃制品制造			
玻璃纤维和玻璃纤维增强塑料制品制造			
陶瓷制品制造			
耐火材料制品制造			
石墨及其他非金属矿物制品制造			
黑色金属冶炼和压延加工业			
炼铁			
炼钢			
钢压延加工			
铁合金冶炼			
有色金属冶炼和压延加工业			
常用有色金属冶炼			
贵金属冶炼			
稀有稀土金属冶炼			
有色金属合金制造			
有色金属压延加工			
金属制品业	2	1	1

1-B-7　续表 3　　单位：个

行　　业	有R&D活动的企业	有研发机构的企业	有新产品销售的企业
结构性金属制品制造			
金属工具制造			
集装箱及金属包装容器制造			
金属丝绳及其制品制造			
建筑、安全用金属制品制造			
金属表面处理及热处理加工			
搪瓷制品制造			
金属制日用品制造			
铸造及其他金属制品制造	2	1	1
通用设备制造业			
锅炉及原动设备制造			
金属加工机械制造			
物料搬运设备制造			
泵、阀门、压缩机及类似机械制造			
轴承、齿轮和传动部件制造			
烘炉、风机、包装等设备制造			
文化、办公用机械制造			
通用零部件制造			
其他通用设备制造业			
专用设备制造业	3		3
采矿、冶金、建筑专用设备制造	2		2
化工、木材、非金属加工专用设备制造			
食品、饮料、烟草及饲料生产专用设备制造			
印刷、制药、日化及日用品生产专用设备制造			
纺织、服装和皮革加工专用设备制造			
电子和电工机械专用设备制造			
农、林、牧、渔专用机械制造			
医疗仪器设备及器械制造			
环保、邮政、社会公共服务及其他专用设备制造	1		1
汽车制造业	1		2
汽车整车制造			
汽车用发动机制造			
改装汽车制造			
低速汽车制造			
电车制造			
汽车车身、挂车制造			
汽车零部件及配件制造	1		2
铁路、船舶、航空航天和其他运输设备制造业		1	1
铁路运输设备制造		1	1
城市轨道交通设备制造			
船舶及相关装置制造			
航空、航天器及设备制造			
摩托车制造			
自行车和残疾人座车制造			
助动车制造			
非公路休闲车及零配件制造			
潜水救捞及其他未列明运输设备制造			
电气机械和器材制造业	1	1	1
电机制造			
输配电及控制设备制造	1	1	1
电线、电缆、光缆及电工器材制造			

1-B-7 续表 4

单位：个

行业	有R&D活动的企业	有研发机构的企业	有新产品销售的企业
电池制造			
家用电力器具制造			
非电力家用器具制造			
照明器具制造			
其他电气机械及器材制造			
计算机、通信和其他电子设备制造业	2		2
计算机制造			
通信设备制造	2		2
广播电视设备制造			
雷达及配套设备制造			
非专业视听设备制造			
智能消费设备制造			
电子器件制造			
电子元件及电子专用材料制造			
其他电子设备制造			
仪器仪表制造业	1		
通用仪器仪表制造	1		
专用仪器仪表制造			
钟表与计时仪器制造			
光学仪器制造			
衡器制造			
其他仪器仪表制造业			
其他制造业			
日用杂品制造			
核辐射加工			
其他未列明制造业			
废弃资源综合利用业			
金属废料和碎屑加工处理			
非金属废料和碎屑加工处理			
金属制品、机械和设备修理业			
金属制品修理			
通用设备修理			
专用设备修理			
铁路、船舶、航空航天等运输设备修理			
电气设备修理			
仪器仪表修理			
其他机械和设备修理业			
电力、热力、燃气及水生产和供应业			
电力、热力生产和供应业			
电力生产			
电力供应			
热力生产和供应			
燃气生产和供应业			
燃气生产和供应业			
生物质燃气生产和供应业			
水的生产和供应业			
自来水生产和供应			
污水处理及其再生利用			
海水淡化处理			
其他水的处理、利用与分配			

1-B-8　各地区企业基本情况

单位：个

地　区	有R&D活动的企业	有研发机构的企业	有新产品销售的企业
全　省	**445**	**369**	**383**
太原市	95	81	91
大同市	30	29	23
阳泉市	7	11	11
长治市	39	28	32
晋城市	37	27	29
朔州市	10	6	8
晋中市	73	55	62
运城市	75	59	62
忻州市	29	29	22
临汾市	28	24	28
吕梁市	22	20	15

1-B-9　各地区大中型企业基本情况

单位：个

地　区	有R&D活动的企业	有研发机构的企业	有新产品销售的企业
全　省	**206**	**167**	**154**
太原市	38	39	38
大同市	19	19	15
阳泉市	2	3	2
长治市	28	18	19
晋城市	23	16	17
朔州市	3	2	2
晋中市	26	16	14
运城市	31	23	24
忻州市	13	11	6
临汾市	12	12	12
吕梁市	11	8	5

1-B-10　各地区内资企业基本情况

单位：个

地　区	有R&D活动的企业	有研发机构的企业	有新产品销售的企业
全　省	**423**	**359**	**366**
太原市	90	80	89
大同市	28	28	21
阳泉市	7	11	11
长治市	39	28	32
晋城市	32	26	23
朔州市	9	5	8
晋中市	70	54	60
运城市	73	58	60
忻州市	29	29	22
临汾市	25	22	26
吕梁市	21	18	14

1-B-11　各地区港澳台商投资企业基本情况

单位：个

地　区	有R&D活动的企业	有研发机构的企业	有新产品销售的企业
全　省	**7**	**4**	**4**
太原市	2		
大同市			
阳泉市			
长治市			
晋城市	2		2
朔州市			
晋中市	1	1	
运城市			
忻州市			
临汾市	2	2	2
吕梁市		1	

1-B-12　各地区外商投资企业基本情况

单位：个

地　　区	有R&D活动的企业	有研发机构的企业	有新产品销售的企业
全　省	**15**	**6**	**13**
太原市	3	1	2
大同市	2	1	2
阳泉市			
长治市			
晋城市	3	1	4
朔州市	1	1	
晋中市	2		2
运城市	2	1	2
忻州市			
临汾市	1		
吕梁市	1	1	1

C. 企业R&D人员情况

1-C-1 分登记注册类型企业R&D人员情况

登记注册类型	R&D人员合计(人)	#女性	#研究人员	#全时人员	R&D人员折合全时当量(人年)
总 计	**45402**	**8572**	**17539**	**31712**	**27228**
内资企业	**41108**	**8044**	**16291**	**27950**	**26609**
国有企业	948	283	459	329	558
集体企业					
股份合作企业	11	2	4	10	11
联营企业					
国有联营企业					
集体联营企业					
国有与集体联营企业					
其他联营企业					
有限责任公司	28038	5227	11795	18872	18221
国有独资公司	9282	1942	4272	6705	6747
其他有限责任公司	18756	3285	7523	12167	11474
股份有限公司	5803	1229	2442	4585	4546
私营企业	6308	1303	1591	4154	3273
私营独资企业	6	1	1	3	2
私营合伙企业					
私营有限责任公司	4989	979	1224	3356	2620
私营股份有限公司	1313	323	366	795	651
其他企业					
港、澳、台商投资企业	**2561**	**303**	**829**	**2264**	**110**
合资经营企业	111	22	43	95	49
合作经营企业					
港、澳、台商独资经营企业	2450	281	786	2169	60
港、澳、台商投资股份有限公司					
其他港、澳、台投资企业					
外商投资企业	**1733**	**225**	**419**	**1498**	**509**
中外合资经营企业	497	54	153	410	133
中外合作经营企业					
外资企业	1236	171	266	1088	376
外商投资股份有限公司					
其他外商投资企业					

1-C-2　分登记注册类型大中型企业R&D人员情况

登记注册类型	R&D人员合计（人）	#女性	#研究人员	#全时人员	R&D人员折合全时当量（人年）
总　计	**40979**	**7545**	**16167**	**28437**	**24607**
内资企业	**36868**	**7048**	**14980**	**24802**	**24087**
国有企业	948	283	459	329	558
集体企业					
股份合作企业					
联营企业					
国有联营企业					
集体联营企业					
国有与集体联营企业					
其他联营企业					
有限责任公司	26732	4949	11350	17949	17436
国有独资公司	9238	1940	4248	6665	6703
其他有限责任公司	17494	3009	7102	11284	10733
股份有限公司	5339	1119	2292	4215	4255
私营企业	3849	697	879	2309	1838
私营独资企业					
私营合伙企业					
私营有限责任公司	2999	481	655	1860	1499
私营股份有限公司	850	216	224	449	339
其他企业					
港、澳、台商投资企业	**2517**	**295**	**817**	**2229**	**79**
合资经营企业	67	14	31	60	18
合作经营企业					
港、澳、台商独资经营企业	2450	281	786	2169	60
港、澳、台商投资股份有限公司					
其他港、澳、台投资企业					
外商投资企业	**1594**	**202**	**370**	**1406**	**442**
中外合资经营企业	437	43	128	364	93
中外合作经营企业					
外资企业	1157	159	242	1042	349
外商投资股份有限公司					
其他外商投资企业					

1-C-3 分行业企业R&D人员情况

行　　业	R&D人员合计（人）	#女性	#研究人员	#全时人员	R&D人员折合全时当量（人年）
总　计	**45402**	**8572**	**17539**	**31712**	**27228**
采矿业	**11398**	**1056**	**4586**	**7044**	**8454**
煤炭开采和洗选业	11270	1032	4514	7001	8410
烟煤和无烟煤开采洗选	11270	1032	4514	7001	8410
褐煤开采洗选					
其他煤炭采选					
石油和天然气开采业	113	22	65	38	35
石油开采					
天然气开采	113	22	65	38	35
黑色金属矿采选业	6		3	3	
铁矿采选					
锰矿、铬矿采选	6		3	3	
其他黑色金属矿采选					
有色金属矿采选业					
常用有色金属矿采选					
贵金属矿采选					
稀有稀土金属矿采选					
非金属矿采选业	9	2	4	2	9
土砂石开采	9	2	4	2	9
化学矿开采					
采盐					
石棉及其他非金属矿采选					
开采专业及辅助性活动					
煤炭开采和洗选专业及辅助性活动					
石油和天然气开采专业及辅助性活动					
其他开采专业及辅助性活动					
其他采矿业					
其他采矿业					
制造业	**33187**	**7320**	**12575**	**24505**	**18326**
农副食品加工业	261	94	58	180	67
谷物磨制	25	5	11	19	15
饲料加工	34	10	14	24	18
植物油加工					
制糖业					
屠宰及肉类加工	170	68	24	119	26
水产品加工					
蔬菜、菌类、水果和坚果加工	23	8	4	10	8
其他农副食品加工	9	3	5	8	1
食品制造业	306	146	76	221	151
焙烤食品制造	18	4	7	5	1
糖果、巧克力及蜜饯制造					
方便食品制造					
乳制品制造	6	1	2	6	5
罐头食品制造					
调味品、发酵制品制造	102	39	35	87	63
其他食品制造	180	102	32	123	82
酒、饮料和精制茶制造业	140	47	34	124	88
酒的制造	116	39	20	104	85
饮料制造	24	8	14	20	2
精制茶加工					

1-C-3　续表 1

行　　业	R&D人员合计(人)	#女性	#研究人员	#全时人员	R&D人员折合全时当量(人年)
烟草制品业	21	14	7	17	13
烟叶复烤					
卷烟制造	21	14	7	17	13
其他烟草制品制造					
纺织业					
棉纺织及印染精加工					
毛纺织及染整精加工					
麻纺织及染整精加工					
丝绢纺织及印染精加工					
化纤织造及印染精加工					
针织或钩针编织物及其制品制造					
家用纺织制成品制造					
产业用纺织制成品制造					
纺织服装、服饰业	65	35	6	59	1
机织服装制造					
针织或钩针编织服装制造					
服饰制造	65	35	6	59	1
皮革、毛皮、羽毛及其制品和制鞋业					
皮革鞣制加工					
皮革制品制造					
毛皮鞣制及制品加工					
羽毛(绒)加工及制品制造					
制鞋业					
木材加工和木、竹、藤、棕、草制品业					
木材加工					
人造板制造					
木质制品制造					
竹、藤、棕、草等制品制造					
家具制造业					
木质家具制造					
竹、藤家具制造					
金属家具制造					
塑料家具制造					
其他家具制造					
造纸和纸制品业	33	1	3	21	23
纸浆制造					
造纸	16		2	6	6
纸制品制造	17	1	1	15	17
印刷和记录媒介复制业	51	5	25	36	38
印刷	51	5	25	36	38
装订及印刷相关服务					
记录媒介复制					
文教、工美、体育和娱乐用品制造业	96	26	27	76	80
文教办公用品制造					
乐器制造					
工艺美术及礼仪用品制造	37	6	13	23	29
体育用品制造	59	20	14	53	51
玩具制造					
游艺器材及娱乐用品制造					
石油、煤炭及其他燃料加工业	944	111	127	588	480

1-C-3 续表 2

行业	R&D人员合计(人)	#女性	#研究人员	#全时人员	R&D人员折合全时当量(人年)
精炼石油产品制造					
煤炭加工	944	111	127	588	480
核燃料加工					
生物质燃料加工					
化学原料和化学制品制造业	3400	1097	1231	2277	1837
基础化学原料制造	210	42	46	151	89
肥料制造	1206	262	531	593	749
农药制造	2	1	1	2	1
涂料、油墨、颜料及类似产品制造	131	44	41	112	52
合成材料制造	535	352	168	423	405
专用化学产品制造	525	56	82	422	142
炸药、火工及焰火产品制造	612	244	283	422	272
日用化学产品制造	179	96	79	152	127
医药制造业	2750	1076	1136	1602	1671
化学药品原料药制造	480	167	162	391	360
化学药品制剂制造	1027	515	436	724	555
中药饮片加工	11	7	1	10	1
中成药生产	812	202	403	240	550
兽用药品制造	31	10	7	28	15
生物药品制品制造	153	89	84	128	96
卫生材料及医药用品制造	184	75	34	59	70
药用辅料及包装材料制造	52	11	9	22	24
化学纤维制造业	26	3	14	20	6
纤维素纤维原料及纤维制造					
合成纤维制造	26	3	14	20	6
生物基材料制造					
橡胶和塑料制品业	303	106	123	188	141
橡胶制品业	234	96	109	147	104
塑料制品业	69	10	14	41	37
非金属矿物制品业	852	133	193	536	487
水泥、石灰和石膏制造	55	9	9	27	8
石膏、水泥制品及类似制品制造	25	6	8	23	14
砖瓦、石材等建筑材料制造	48	7	16	21	16
玻璃制造	19		3	17	19
玻璃制品制造	101	26	31	72	77
玻璃纤维和玻璃纤维增强塑料制品制造					
陶瓷制品制造	34	11	7	21	21
耐火材料制品制造	34	7	13	20	19
石墨及其他非金属矿物制品制造	536	67	106	335	313
黑色金属冶炼和压延加工业	5132	811	2118	4400	4026
炼铁	103	18	49	79	94
炼钢	310	29	19	279	300
钢压延加工	4515	755	2024	3948	3548
铁合金冶炼	204	9	26	94	84
有色金属冶炼和压延加工业	673	109	178	456	519
常用有色金属冶炼	348	73	114	241	279
贵金属冶炼					
稀有稀土金属冶炼					
有色金属合金制造	235	25	36	172	178
有色金属压延加工	90	11	28	43	62
金属制品业	2289	589	1011	1764	1608

1-C-3　续表 3

行　　业	R&D人员合计(人)	#女性	#研究人员	#全时人员	R&D人员折合全时当量(人年)
结构性金属制品制造	32	6	13	29	23
金属工具制造	61	6	29	55	5
集装箱及金属包装容器制造	95	8	40	84	86
金属丝绳及其制品制造	26	3	7	12	13
建筑、安全用金属制品制造	103	16	34	92	90
金属表面处理及热处理加工	19	4	5	17	11
搪瓷制品制造					
金属制日用品制造					
铸造及其他金属制品制造	1953	546	883	1475	1380
通用设备制造业	989	221	406	684	438
锅炉及原动设备制造	429	97	204	244	177
金属加工机械制造	65	7	13	53	46
物料搬运设备制造	40	6	11	36	14
泵、阀门、压缩机及类似机械制造	324	98	141	266	151
轴承、齿轮和传动部件制造	24	2	7	18	21
烘炉、风机、包装等设备制造	31	4	12	12	3
文化、办公用机械制造	4	1	2	4	3
通用零部件制造	72	6	16	51	23
其他通用设备制造业					
专用设备制造业	3100	486	1462	1962	2042
采矿、冶金、建筑专用设备制造	2286	255	1130	1318	1389
化工、木材、非金属加工专用设备制造	111	19	44	71	77
食品、饮料、烟草及饲料生产专用设备制造					
印刷、制药、日化及日用品生产专用设备制造	16	2	3	14	15
纺织、服装和皮革加工专用设备制造	451	177	162	402	392
电子和电工机械专用设备制造	188	26	101	119	154
农、林、牧、渔专用机械制造	10	4	4	4	7
医疗仪器设备及器械制造					
环保、邮政、社会公共服务及其他专用设备制造	38	3	18	34	8
汽车制造业	2131	408	887	1444	1228
汽车整车制造	459	89	195	256	269
汽车用发动机制造					
改装汽车制造	847	87	397	761	600
低速汽车制造					
电车制造	8		5	7	8
汽车车身、挂车制造	9	1	1	3	3
汽车零部件及配件制造	808	231	289	417	347
铁路、船舶、航空航天和其他运输设备制造业	1978	571	1082	1728	840
铁路运输设备制造	1945	570	1063	1698	807
城市轨道交通设备制造					
船舶及相关装置制造					
航空、航天器及设备制造	33	1	19	30	33
摩托车制造					
自行车和残疾人座车制造					
助动车制造					
非公路休闲车及零配件制造					
潜水救捞及其他未列明运输设备制造					
电气机械和器材制造业	1756	461	626	1247	943
电机制造	957	284	360	601	684
输配电及控制设备制造	690	147	236	572	166
电线、电缆、光缆及电工器材制造	81	26	19	55	69

1-C-3 续表 4

行业	R&D人员合计(人)	#女性	#研究人员	#全时人员	R&D人员折合全时当量(人年)
电池制造					
家用电力器具制造					
非电力家用器具制造	6		3	5	6
照明器具制造	16	3	5	10	11
其他电气机械及器材制造	6	1	3	4	6
计算机、通信和其他电子设备制造业	5071	581	1338	4410	1010
计算机制造	27	9	15	24	25
通信设备制造	4362	436	1076	3927	575
广播电视设备制造					
雷达及配套设备制造					
非专业视听设备制造					
智能消费设备制造					
电子器件制造	360	58	91	193	115
电子元件及电子专用材料制造	320	77	155	264	294
其他电子设备制造	2	1	1	2	1
仪器仪表制造业	321	28	145	253	235
通用仪器仪表制造	208	16	88	150	160
专用仪器仪表制造	96	9	50	87	67
钟表与计时仪器制造					
光学仪器制造					
衡器制造	17	3	7	16	8
其他仪器仪表制造业					
其他制造业	485	160	260	202	346
日用杂品制造					
核辐射加工					
其他未列明制造业	485	160	260	202	346
废弃资源综合利用业	9	1	2	8	9
金属废料和碎屑加工处理	9	1	2	8	9
非金属废料和碎屑加工处理					
金属制品、机械和设备修理业	5			2	2
金属制品修理					
通用设备修理					
专用设备修理	5			2	2
铁路、船舶、航空航天等运输设备修理					
电气设备修理					
仪器仪表修理					
其他机械和设备修理业					
电力、热力、燃气及水生产和供应业	**817**	**196**	**378**	**163**	**448**
电力、热力生产和供应业	791	188	372	157	422
电力生产	116	2	27	23	35
电力供应	630	173	322	129	347
热力生产和供应	45	13	23	5	39
燃气生产和供应业	26	8	6	6	26
燃气生产和供应业	26	8	6	6	26
生物质燃气生产和供应业					
水的生产和供应业					
自来水生产和供应					
污水处理及其再生利用					
海水淡化处理					
其他水的处理、利用与分配					

1-C-4　分行业大中型企业R&D人员情况

行　业	R&D人员合计(人)	#女性	#研究人员	#全时人员	R&D人员折合全时当量(人年)
总　计	**40979**	**7545**	**16167**	**28437**	**24607**
采矿业	**11366**	**1048**	**4569**	**7021**	**8431**
煤炭开采和洗选业	11270	1032	4514	7001	8410
烟煤和无烟煤开采洗选	11270	1032	4514	7001	8410
褐煤开采洗选					
其他煤炭采选					
石油和天然气开采业	90	16	52	17	21
石油开采					
天然气开采	90	16	52	17	21
黑色金属矿采选业	6		3	3	
铁矿采选					
锰矿、铬矿采选	6		3	3	
其他黑色金属矿采选					
有色金属矿采选业					
常用有色金属矿采选					
贵金属矿采选					
稀有稀土金属矿采选					
非金属矿采选业					
土砂石开采					
化学矿开采					
采盐					
石棉及其他非金属矿采选					
开采专业及辅助性活动					
煤炭开采和洗选专业及辅助性活动					
石油和天然气开采专业及辅助性活动					
其他开采专业及辅助性活动					
其他采矿业					
其他采矿业					
制造业	**28841**	**6304**	**11238**	**21276**	**15744**
农副食品加工业	164	67	23	116	24
谷物磨制					
饲料加工					
植物油加工					
制糖业					
屠宰及肉类加工	164	67	23	116	24
水产品加工					
蔬菜、菌类、水果和坚果加工					
其他农副食品加工					
食品制造业	72	22	28	56	47
焙烤食品制造	10	1	6	4	1
糖果、巧克力及蜜饯制造					
方便食品制造					
乳制品制造	5	1	2	5	4
罐头食品制造					
调味品、发酵制品制造	57	20	20	47	42
其他食品制造					
酒、饮料和精制茶制造业	130	43	32	115	87
酒的制造	106	35	18	95	85
饮料制造	24	8	14	20	2
精制茶加工					

1-C-4 续表 1

行业	R&D人员合计(人)	#女性	#研究人员	#全时人员	R&D人员折合全时当量(人年)
烟草制品业	21	14	7	17	13
烟叶复烤					
卷烟制造	21	14	7	17	13
其他烟草制品制造					
纺织业					
棉纺织及印染精加工					
毛纺织及染整精加工					
麻纺织及染整精加工					
丝绢纺织及印染精加工					
化纤织造及印染精加工					
针织或钩针编织物及其制品制造					
家用纺织制成品制造					
产业用纺织制成品制造					
纺织服装、服饰业	65	35	6	59	1
机织服装制造					
针织或钩针编织服装制造					
服饰制造	65	35	6	59	1
皮革、毛皮、羽毛及其制品和制鞋业					
皮革鞣制加工					
皮革制品制造					
毛皮鞣制及制品加工					
羽毛(绒)加工及制品制造					
制鞋业					
木材加工和木、竹、藤、棕、草制品业					
木材加工					
人造板制造					
木质制品制造					
竹、藤、棕、草等制品制造					
家具制造业					
木质家具制造					
竹、藤家具制造					
金属家具制造					
塑料家具制造					
其他家具制造					
造纸和纸制品业	16		2	6	6
纸浆制造					
造纸	16		2	6	6
纸制品制造					
印刷和记录媒介复制业	47	4	24	34	35
印刷	47	4	24	34	35
装订及印刷相关服务					
记录媒介复制					
文教、工美、体育和娱乐用品制造业	96	26	27	76	80
文教办公用品制造					
乐器制造					
工艺美术及礼仪用品制造	37	6	13	23	29
体育用品制造	59	20	14	53	51
玩具制造					
游艺器材及娱乐用品制造					
石油、煤炭及其他燃料加工业	944	111	127	588	480

1-C-4 续表 2

行 业	R&D人员合计(人)	#女性	#研究人员	#全时人员	R&D人员折合全时当量(人年)
精炼石油产品制造					
煤炭加工	944	111	127	588	480
核燃料加工					
生物质燃料加工					
化学原料和化学制品制造业	2863	963	1072	1865	1633
基础化学原料制造	70	19	13	45	37
肥料制造	1180	257	525	578	741
农药制造					
涂料、油墨、颜料及类似产品制造					
合成材料制造	497	330	156	392	369
专用化学产品制造	325	17	16	276	87
炸药、火工及焰火产品制造	612	244	283	422	272
日用化学产品制造	179	96	79	152	127
医药制造业	2294	856	1003	1282	1433
化学药品原料药制造	392	146	124	332	295
化学药品制剂制造	881	422	402	615	484
中药饮片加工					
中成药生产	754	163	382	201	512
兽用药品制造					
生物药品制品制造	138	79	79	114	93
卫生材料及医药用品制造	129	46	16	20	50
药用辅料及包装材料制造					
化学纤维制造业	26	3	14	20	6
纤维素纤维原料及纤维制造					
合成纤维制造	26	3	14	20	6
生物基材料制造					
橡胶和塑料制品业	238	88	105	130	110
橡胶制品业	198	86	100	114	87
塑料制品业	40	2	5	16	23
非金属矿物制品业	468	59	101	274	267
水泥、石灰和石膏制造	22	5	3	9	2
石膏、水泥制品及类似制品制造					
砖瓦、石材等建筑材料制造					
玻璃制造	19		3	17	19
玻璃制品制造	79	23	24	58	73
玻璃纤维和玻璃纤维增强塑料制品制造					
陶瓷制品制造					
耐火材料制品制造					
石墨及其他非金属矿物制品制造	348	31	71	190	173
黑色金属冶炼和压延加工业	5030	805	2100	4362	3966
炼铁	103	18	49	79	94
炼钢	310	29	19	279	300
钢压延加工	4442	750	2014	3933	3510
铁合金冶炼	175	8	18	71	63
有色金属冶炼和压延加工业	588	96	158	410	484
常用有色金属冶炼	297	63	106	203	255
贵金属冶炼					
稀有稀土金属冶炼					
有色金属合金制造	235	25	36	172	178
有色金属压延加工	56	8	16	35	52
金属制品业	1859	530	875	1421	1302

1-C-4 续表 3

行 业	R&D人员合计(人)	#女性	#研究人员	#全时人员	R&D人员折合全时当量(人年)
结构性金属制品制造					
金属工具制造	61	6	29	55	5
集装箱及金属包装容器制造					
金属丝绳及其制品制造					
建筑、安全用金属制品制造	15	2	3	14	14
金属表面处理及热处理加工					
搪瓷制品制造					
金属制日用品制造					
铸造及其他金属制品制造	1783	522	843	1352	1283
通用设备制造业	600	165	296	388	220
锅炉及原动设备制造	398	95	192	216	169
金属加工机械制造					
物料搬运设备制造	4	1	2	4	3
泵、阀门、压缩机及类似机械制造	198	69	102	168	49
轴承、齿轮和传动部件制造					
烘炉、风机、包装等设备制造					
文化、办公用机械制造					
通用零部件制造					
其他通用设备制造业					
专用设备制造业	2602	391	1282	1557	1726
采矿、冶金、建筑专用设备制造	1949	201	1015	1049	1178
化工、木材、非金属加工专用设备制造	111	19	44	71	77
食品、饮料、烟草及饲料生产专用设备制造					
印刷、制药、日化及日用品生产专用设备制造					
纺织、服装和皮革加工专用设备制造	362	145	126	325	324
电子和电工机械专用设备制造	180	26	97	112	148
农、林、牧、渔专用机械制造					
医疗仪器设备及器械制造					
环保、邮政、社会公共服务及其他专用设备制造					
汽车制造业	1914	374	808	1254	1083
汽车整车制造	459	89	195	256	269
汽车用发动机制造					
改装汽车制造	714	74	352	641	489
低速汽车制造					
电车制造					
汽车车身、挂车制造					
汽车零部件及配件制造	741	211	261	357	325
铁路、船舶、航空航天和其他运输设备制造业	1930	569	1058	1686	796
铁路运输设备制造	1930	569	1058	1686	796
城市轨道交通设备制造					
船舶及相关装置制造					
航空、航天器及设备制造					
摩托车制造					
自行车和残疾人座车制造					
助动车制造					
非公路休闲车及零配件制造					
潜水救捞及其他未列明运输设备制造					
电气机械和器材制造业	1497	398	555	1086	750
电机制造	957	284	360	601	684
输配电及控制设备制造	534	113	192	481	59
电线、电缆、光缆及电工器材制造					

1-C-4 续表 4

行 业	R&D人员合计(人)	#女性	#研究人员	#全时人员	R&D人员折合全时当量(人年)
电池制造					
家用电力器具制造					
非电力家用器具制造					
照明器具制造					
其他电气机械及器材制造	6	1	3	4	6
计算机、通信和其他电子设备制造业	4892	525	1275	4272	848
计算机制造	27	9	15	24	25
通信设备制造	4362	436	1076	3927	575
广播电视设备制造					
雷达及配套设备制造					
非专业视听设备制造					
智能消费设备制造					
电子器件制造	320	48	80	157	82
电子元件及电子专用材料制造	183	32	104	164	166
其他电子设备制造					
仪器仪表制造业					
通用仪器仪表制造					
专用仪器仪表制造					
钟表与计时仪器制造					
光学仪器制造					
衡器制造					
其他仪器仪表制造业					
其他制造业	485	160	260	202	346
日用杂品制造					
核辐射加工					
其他未列明制造业	485	160	260	202	346
废弃资源综合利用业					
金属废料和碎屑加工处理					
非金属废料和碎屑加工处理					
金属制品、机械和设备修理业					
金属制品修理					
通用设备修理					
专用设备修理					
铁路、船舶、航空航天等运输设备修理					
电气设备修理					
仪器仪表修理					
其他机械和设备修理业					
电力、热力、燃气及水生产和供应业	**772**	**193**	**360**	**140**	**432**
电力、热力生产和供应业	746	185	354	134	406
电力生产	77		12	5	24
电力供应	630	173	322	129	347
热力生产和供应	39	12	20		35
燃气生产和供应业	26	8	6	6	26
燃气生产和供应业	26	8	6	6	26
生物质燃气生产和供应业					
水的生产和供应业					
自来水生产和供应					
污水处理及其再生利用					
海水淡化处理					
其他水的处理、利用与分配					

1-C-5　分行业内资企业R&D人员情况

行　业	R&D人员合计（人）	#女性	#研究人员	#全时人员	R&D人员折合全时当量（人年）
总　计	**41108**	**8044**	**16291**	**27950**	**26609**
采矿业	**11217**	**1045**	**4542**	**6881**	**8451**
煤炭开采和洗选业	11089	1021	4470	6838	8407
烟煤和无烟煤开采洗选	11089	1021	4470	6838	8407
褐煤开采洗选					
其他煤炭采选					
石油和天然气开采业	113	22	65	38	35
石油开采					
天然气开采	113	22	65	38	35
黑色金属矿采选业	6		3	3	
铁矿采选					
锰矿、铬矿采选	6		3	3	
其他黑色金属矿采选					
有色金属矿采选业					
常用有色金属矿采选					
贵金属矿采选					
稀有稀土金属矿采选					
非金属矿采选业	9	2	4	2	9
土砂石开采	9	2	4	2	9
化学矿开采					
采盐					
石棉及其他非金属矿采选					
开采专业及辅助性活动					
煤炭开采和洗选专业及辅助性活动					
石油和天然气开采专业及辅助性活动					
其他开采专业及辅助性活动					
其他采矿业					
其他采矿业					
制造业	**29074**	**6803**	**11371**	**20906**	**17710**
农副食品加工业	261	94	58	180	67
谷物磨制	25	5	11	19	15
饲料加工	34	10	14	24	18
植物油加工					
制糖业					
屠宰及肉类加工	170	68	24	119	26
水产品加工					
蔬菜、菌类、水果和坚果加工	23	8	4	10	8
其他农副食品加工	9	3	5	8	1
食品制造业	306	146	76	221	151
焙烤食品制造	18	4	7	5	1
糖果、巧克力及蜜饯制造					
方便食品制造					
乳制品制造	6	1	2	6	5
罐头食品制造					
调味品、发酵制品制造	102	39	35	87	63
其他食品制造	180	102	32	123	82
酒、饮料和精制茶制造业	140	47	34	124	88
酒的制造	116	39	20	104	85
饮料制造	24	8	14	20	2
精制茶加工					

1-C-5　续表 1

行　业	R&D人员合计(人)	#女性	#研究人员	#全时人员	R&D人员折合全时当量(人年)
烟草制品业	21	14	7	17	13
烟叶复烤					
卷烟制造	21	14	7	17	13
其他烟草制品制造					
纺织业					
棉纺织及印染精加工					
毛纺织及染整精加工					
麻纺织及染整精加工					
丝绢纺织及印染精加工					
化纤织造及印染精加工					
针织或钩针编织物及其制品制造					
家用纺织制成品制造					
产业用纺织制成品制造					
纺织服装、服饰业	65	35	6	59	1
机织服装制造					
针织或钩针编织服装制造					
服饰制造	65	35	6	59	1
皮革、毛皮、羽毛及其制品和制鞋业					
皮革鞣制加工					
皮革制品制造					
毛皮鞣制及制品加工					
羽毛(绒)加工及制品制造					
制鞋业					
木材加工和木、竹、藤、棕、草制品业					
木材加工					
人造板制造					
木质制品制造					
竹、藤、棕、草等制品制造					
家具制造业					
木质家具制造					
竹、藤家具制造					
金属家具制造					
塑料家具制造					
其他家具制造					
造纸和纸制品业	33	1	3	21	23
纸浆制造					
造纸	16		2	6	6
纸制品制造	17	1	1	15	17
印刷和记录媒介复制业	51	5	25	36	38
印刷	51	5	25	36	38
装订及印刷相关服务					
记录媒介复制					
文教、工美、体育和娱乐用品制造业	96	26	27	76	80
文教办公用品制造					
乐器制造					
工艺美术及礼仪用品制造	37	6	13	23	29
体育用品制造	59	20	14	53	51
玩具制造					
游艺器材及娱乐用品制造					
石油、煤炭及其他燃料加工业	944	111	127	588	480

1-C-5 续表 2

行 业	R&D人员合计(人)	#女性	#研究人员	#全时人员	R&D人员折合全时当量(人年)
精炼石油产品制造					
煤炭加工	944	111	127	588	480
核燃料加工					
生物质燃料加工					
化学原料和化学制品制造业	3319	1087	1194	2220	1812
基础化学原料制造	210	42	46	151	89
肥料制造	1169	255	519	566	728
农药制造	2	1	1	2	1
涂料、油墨、颜料及类似产品制造	126	43	38	109	51
合成材料制造	496	350	146	396	402
专用化学产品制造	525	56	82	422	142
炸药、火工及焰火产品制造	612	244	283	422	272
日用化学产品制造	179	96	79	152	127
医药制造业	2604	997	1093	1532	1618
化学药品原料药制造	480	167	162	391	360
化学药品制剂制造	933	447	402	676	526
中药饮片加工	11	7	1	10	1
中成药生产	812	202	403	240	550
兽用药品制造	31	10	7	28	15
生物药品制品制造	153	89	84	128	96
卫生材料及医药用品制造	184	75	34	59	70
药用辅料及包装材料制造					
化学纤维制造业	26	3	14	20	6
纤维素纤维原料及纤维制造					
合成纤维制造	26	3	14	20	6
生物基材料制造					
橡胶和塑料制品业	303	106	123	188	141
橡胶制品业	234	96	109	147	104
塑料制品业	69	10	14	41	37
非金属矿物制品业	852	133	193	536	487
水泥、石灰和石膏制造	55	9	9	27	8
石膏、水泥制品及类似制品制造	25	6	8	23	14
砖瓦、石材等建筑材料制造	48	7	16	21	16
玻璃制造	19		3	17	19
玻璃制品制造	101	26	31	72	77
玻璃纤维和玻璃纤维增强塑料制品制造					
陶瓷制品制造	34	11	7	21	21
耐火材料制品制造	34	7	13	20	19
石墨及其他非金属矿物制品制造	536	67	106	335	313
黑色金属冶炼和压延加工业	5132	811	2118	4400	4026
炼铁	103	18	49	79	94
炼钢	310	29	19	279	300
钢压延加工	4515	755	2024	3948	3548
铁合金冶炼	204	9	26	94	84
有色金属冶炼和压延加工业	673	109	178	456	519
常用有色金属冶炼	348	73	114	241	279
贵金属冶炼					
稀有稀土金属冶炼					
有色金属合金制造	235	25	36	172	178
有色金属压延加工	90	11	28	43	62
金属制品业	2144	570	976	1649	1576

1-C-5　续表 3

行　业	R&D人员合计(人)	#女性	#研究人员	#全时人员	R&D人员折合全时当量(人年)
结构性金属制品制造	32	6	13	29	23
金属工具制造	61	6	29	55	5
集装箱及金属包装容器制造	95	8	40	84	86
金属丝绳及其制品制造	26	3	7	12	13
建筑、安全用金属制品制造	103	16	34	92	90
金属表面处理及热处理加工					
搪瓷制品制造					
金属制日用品制造					
铸造及其他金属制品制造	1827	531	853	1377	1358
通用设备制造业	989	221	406	684	438
锅炉及原动设备制造	429	97	204	244	177
金属加工机械制造	65	7	13	53	46
物料搬运设备制造	40	6	11	36	14
泵、阀门、压缩机及类似机械制造	324	98	141	266	151
轴承、齿轮和传动部件制造	24	2	7	18	21
烘炉、风机、包装等设备制造	31	4	12	12	3
文化、办公用机械制造	4	1	2	4	3
通用零部件制造	72	6	16	51	23
其他通用设备制造业					
专用设备制造业	3064	485	1441	1930	2036
采矿、冶金、建筑专用设备制造	2277	255	1124	1310	1387
化工、木材、非金属加工专用设备制造	111	19	44	71	77
食品、饮料、烟草及饲料生产专用设备制造					
印刷、制药、日化及日用品生产专用设备制造	16	2	3	14	15
纺织、服装和皮革加工专用设备制造	451	177	162	402	392
电子和电工机械专用设备制造	188	26	101	119	154
农、林、牧、渔专用机械制造	10	4	4	4	7
医疗仪器设备及器械制造					
环保、邮政、社会公共服务及其他专用设备制造	11	2	3	10	4
汽车制造业	2108	405	877	1423	1213
汽车整车制造	459	89	195	256	269
汽车用发动机制造					
改装汽车制造	847	87	397	761	600
低速汽车制造					
电车制造	8		5	7	8
汽车车身、挂车制造	9	1	1	3	3
汽车零部件及配件制造	785	228	279	396	333
铁路、船舶、航空航天和其他运输设备制造业	1978	571	1082	1728	840
铁路运输设备制造	1945	570	1063	1698	807
城市轨道交通设备制造					
船舶及相关装置制造					
航空、航天器及设备制造	33	1	19	30	33
摩托车制造					
自行车和残疾人座车制造					
助动车制造					
非公路休闲车及零配件制造					
潜水救捞及其他未列明运输设备制造					
电气机械和器材制造业	1686	450	601	1188	887
电机制造	957	284	360	601	684
输配电及控制设备制造	636	139	216	523	122
电线、电缆、光缆及电工器材制造	81	26	19	55	69

1-C-5 续表 4

行　业	R&D人员合计（人）	#女性	#研究人员	#全时人员	R&D人员折合全时当量（人年）
电池制造					
家用电力器具制造					
非电力家用器具制造	6		3	5	6
照明器具制造					
其他电气机械及器材制造	6	1	3	4	6
计算机、通信和其他电子设备制造业	1491	195	313	1187	612
计算机制造	27	9	15	24	25
通信设备制造	782	50	51	704	177
广播电视设备制造					
雷达及配套设备制造					
非专业视听设备制造					
智能消费设备制造					
电子器件制造	360	58	91	193	115
电子元件及电子专用材料制造	320	77	155	264	294
其他电子设备制造	2	1	1	2	1
仪器仪表制造业	298	21	139	239	212
通用仪器仪表制造	185	9	82	136	137
专用仪器仪表制造	96	9	50	87	67
钟表与计时仪器制造					
光学仪器制造					
衡器制造	17	3	7	16	8
其他仪器仪表制造业					
其他制造业	485	160	260	202	346
日用杂品制造					
核辐射加工					
其他未列明制造业	485	160	260	202	346
废弃资源综合利用业					
金属废料和碎屑加工处理					
非金属废料和碎屑加工处理					
金属制品、机械和设备修理业	5			2	2
金属制品修理					
通用设备修理					
专用设备修理	5			2	2
铁路、船舶、航空航天等运输设备修理					
电气设备修理					
仪器仪表修理					
其他机械和设备修理业					
电力、热力、燃气及水生产和供应业	**817**	**196**	**378**	**163**	**448**
电力、热力生产和供应业	791	188	372	157	422
电力生产	116	2	27	23	35
电力供应	630	173	322	129	347
热力生产和供应	45	13	23	5	39
燃气生产和供应业	26	8	6	6	26
燃气生产和供应业	26	8	6	6	26
生物质燃气生产和供应业					
水的生产和供应业					
自来水生产和供应					
污水处理及其再生利用					
海水淡化处理					
其他水的处理、利用与分配					

1-C-6　分行业港澳台商投资企业R&D人员情况

行　业	R&D人员合计(人)	#女性	#研究人员	#全时人员	R&D人员折合全时当量(人年)
总　计	**2561**	**303**	**829**	**2264**	**110**
采矿业					
煤炭开采和洗选业					
烟煤和无烟煤开采洗选					
褐煤开采洗选					
其他煤炭采选					
石油和天然气开采业					
石油开采					
天然气开采					
黑色金属矿采选业					
铁矿采选					
锰矿、铬矿采选					
其他黑色金属矿采选					
有色金属矿采选业					
常用有色金属矿采选					
贵金属矿采选					
稀有稀土金属矿采选					
非金属矿采选业					
土砂石开采					
化学矿开采					
采盐					
石棉及其他非金属矿采选					
开采专业及辅助性活动					
煤炭开采和洗选专业及辅助性活动					
石油和天然气开采专业及辅助性活动					
其他开采专业及辅助性活动					
其他采矿业					
其他采矿业					
制造业	**2561**	**303**	**829**	**2264**	**110**
农副食品加工业					
谷物磨制					
饲料加工					
植物油加工					
制糖业					
屠宰及肉类加工					
水产品加工					
蔬菜、菌类、水果和坚果加工					
其他农副食品加工					
食品制造业					
焙烤食品制造					
糖果、巧克力及蜜饯制造					
方便食品制造					
乳制品制造					
罐头食品制造					
调味品、发酵制品制造					
其他食品制造					
酒、饮料和精制茶制造业					
酒的制造					
饮料制造					
精制茶加工					

1-C-6 续表 1

行　　业	R&D人员合计（人）	#女性	#研究人员	#全时人员	R&D人员折合全时当量（人年）
烟草制品业					
烟叶复烤					
卷烟制造					
其他烟草制品制造					
纺织业					
棉纺织及印染精加工					
毛纺织及染整精加工					
麻纺织及染整精加工					
丝绢纺织及印染精加工					
化纤织造及印染精加工					
针织或钩针编织物及其制品制造					
家用纺织制成品制造					
产业用纺织制成品制造					
纺织服装、服饰业					
机织服装制造					
针织或钩针编织服装制造					
服饰制造					
皮革、毛皮、羽毛及其制品和制鞋业					
皮革鞣制加工					
皮革制品制造					
毛皮鞣制及制品加工					
羽毛(绒)加工及制品制造					
制鞋业					
木材加工和木、竹、藤、棕、草制品业					
木材加工					
人造板制造					
木质制品制造					
竹、藤、棕、草等制品制造					
家具制造业					
木质家具制造					
竹、藤家具制造					
金属家具制造					
塑料家具制造					
其他家具制造					
造纸和纸制品业					
纸浆制造					
造纸					
纸制品制造					
印刷和记录媒介复制业					
印刷					
装订及印刷相关服务					
记录媒介复制					
文教、工美、体育和娱乐用品制造业					
文教办公用品制造					
乐器制造					
工艺美术及礼仪用品制造					
体育用品制造					
玩具制造					
游艺器材及娱乐用品制造					
石油、煤炭及其他燃料加工业					

1-C-6 续表 2

行 业	R&D人员合计(人)	#女性	#研究人员	#全时人员	R&D人员折合全时当量(人年)
精炼石油产品制造					
煤炭加工					
核燃料加工					
生物质燃料加工					
化学原料和化学制品制造业					
基础化学原料制造					
肥料制造					
农药制造					
涂料、油墨、颜料及类似产品制造					
合成材料制造					
专用化学产品制造					
炸药、火工及焰火产品制造					
日用化学产品制造					
医药制造业	94	68	34	48	29
化学药品原料药制造					
化学药品制剂制造	94	68	34	48	29
中药饮片加工					
中成药生产					
兽用药品制造					
生物药品制品制造					
卫生材料及医药用品制造					
药用辅料及包装材料制造					
化学纤维制造业					
纤维素纤维原料及纤维制造					
合成纤维制造					
生物基材料制造					
橡胶和塑料制品业					
橡胶制品业					
塑料制品业					
非金属矿物制品业					
水泥、石灰和石膏制造					
石膏、水泥制品及类似制品制造					
砖瓦、石材等建筑材料制造					
玻璃制造					
玻璃制品制造					
玻璃纤维和玻璃纤维增强塑料制品制造					
陶瓷制品制造					
耐火材料制品制造					
石墨及其他非金属矿物制品制造					
黑色金属冶炼和压延加工业					
炼铁					
炼钢					
钢压延加工					
铁合金冶炼					
有色金属冶炼和压延加工业					
常用有色金属冶炼					
贵金属冶炼					
稀有稀土金属冶炼					
有色金属合金制造					
有色金属压延加工					
金属制品业	19	4	5	17	11

1-C-6 续表 3

行 业	R&D人员合计（人）	#女性	#研究人员	#全时人员	R&D人员折合全时当量（人年）
结构性金属制品制造					
金属工具制造					
集装箱及金属包装容器制造					
金属丝绳及其制品制造					
建筑、安全用金属制品制造					
金属表面处理及热处理加工	19	4	5	17	11
搪瓷制品制造					
金属制日用品制造					
铸造及其他金属制品制造					
通用设备制造业					
锅炉及原动设备制造					
金属加工机械制造					
物料搬运设备制造					
泵、阀门、压缩机及类似机械制造					
轴承、齿轮和传动部件制造					
烘炉、风机、包装等设备制造					
文化、办公用机械制造					
通用零部件制造					
其他通用设备制造业					
专用设备制造业					
采矿、冶金、建筑专用设备制造					
化工、木材、非金属加工专用设备制造					
食品、饮料、烟草及饲料生产专用设备制造					
印刷、制药、日化及日用品生产专用设备制造					
纺织、服装和皮革加工专用设备制造					
电子和电工机械专用设备制造					
农、林、牧、渔专用机械制造					
医疗仪器设备及器械制造					
环保、邮政、社会公共服务及其他专用设备制造					
汽车制造业					
汽车整车制造					
汽车用发动机制造					
改装汽车制造					
低速汽车制造					
电车制造					
汽车车身、挂车制造					
汽车零部件及配件制造					
铁路、船舶、航空航天和其他运输设备制造业					
铁路运输设备制造					
城市轨道交通设备制造					
船舶及相关装置制造					
航空、航天器及设备制造					
摩托车制造					
自行车和残疾人座车制造					
助动车制造					
非公路休闲车及零配件制造					
潜水救捞及其他未列明运输设备制造					
电气机械和器材制造业	16	3	5	10	11
电机制造					
输配电及控制设备制造					
电线、电缆、光缆及电工器材制造					

1-C-6　续表 4

行　业	R&D人员合计(人)	#女性	#研究人员	#全时人员	R&D人员折合全时当量(人年)
电池制造					
家用电力器具制造					
非电力家用器具制造					
照明器具制造	16	3	5	10	11
其他电气机械及器材制造					
计算机、通信和其他电子设备制造业	2423	227	783	2181	49
计算机制造					
通信设备制造	2423	227	783	2181	49
广播电视设备制造					
雷达及配套设备制造					
非专业视听设备制造					
智能消费设备制造					
电子器件制造					
电子元件及电子专用材料制造					
其他电子设备制造					
仪器仪表制造业					
通用仪器仪表制造					
专用仪器仪表制造					
钟表与计时仪器制造					
光学仪器制造					
衡器制造					
其他仪器仪表制造业					
其他制造业					
日用杂品制造					
核辐射加工					
其他未列明制造业					
废弃资源综合利用业	9	1	2	8	9
金属废料和碎屑加工处理	9	1	2	8	9
非金属废料和碎屑加工处理					
金属制品、机械和设备修理业					
金属制品修理					
通用设备修理					
专用设备修理					
铁路、船舶、航空航天等运输设备修理					
电气设备修理					
仪器仪表修理					
其他机械和设备修理业					
电力、热力、燃气及水生产和供应业					
电力、热力生产和供应业					
电力生产					
电力供应					
热力生产和供应					
燃气生产和供应业					
燃气生产和供应业					
生物质燃气生产和供应业					
水的生产和供应业					
自来水生产和供应					
污水处理及其再生利用					
海水淡化处理					
其他水的处理、利用与分配					

1-C-7 分行业外商投资企业R&D人员情况

行业	R&D人员合计（人）	#女性	#研究人员	#全时人员	R&D人员折合全时当量（人年）
总 计	**1733**	**225**	**419**	**1498**	**509**
采矿业	**181**	**11**	**44**	**163**	**3**
煤炭开采和洗选业	181	11	44	163	3
烟煤和无烟煤开采洗选	181	11	44	163	3
褐煤开采洗选					
其他煤炭采选					
石油和天然气开采业					
石油开采					
天然气开采					
黑色金属矿采选业					
铁矿采选					
锰矿、铬矿采选					
其他黑色金属矿采选					
有色金属矿采选业					
常用有色金属矿采选					
贵金属矿采选					
稀有稀土金属矿采选					
非金属矿采选业					
土砂石开采					
化学矿开采					
采盐					
石棉及其他非金属矿采选					
开采专业及辅助性活动					
煤炭开采和洗选专业及辅助性活动					
石油和天然气开采专业及辅助性活动					
其他开采专业及辅助性活动					
其他采矿业					
其他采矿业					
制造业	**1552**	**214**	**375**	**1335**	**506**
农副食品加工业					
谷物磨制					
饲料加工					
植物油加工					
制糖业					
屠宰及肉类加工					
水产品加工					
蔬菜、菌类、水果和坚果加工					
其他农副食品加工					
食品制造业					
焙烤食品制造					
糖果、巧克力及蜜饯制造					
方便食品制造					
乳制品制造					
罐头食品制造					
调味品、发酵制品制造					
其他食品制造					
酒、饮料和精制茶制造业					
酒的制造					
饮料制造					
精制茶加工					

1-C-7　续表 1

行　业	R&D人员合计(人)	#女性	#研究人员	#全时人员	R&D人员折合全时当量(人年)
烟草制品业					
烟叶复烤					
卷烟制造					
其他烟草制品制造					
纺织业					
棉纺织及印染精加工					
毛纺织及染整精加工					
麻纺织及染整精加工					
丝绢纺织及印染精加工					
化纤织造及印染精加工					
针织或钩针编织物及其制品制造					
家用纺织制成品制造					
产业用纺织制成品制造					
纺织服装、服饰业					
机织服装制造					
针织或钩针编织服装制造					
服饰制造					
皮革、毛皮、羽毛及其制品和制鞋业					
皮革鞣制加工					
皮革制品制造					
毛皮鞣制及制品加工					
羽毛(绒)加工及制品制造					
制鞋业					
木材加工和木、竹、藤、棕、草制品业					
木材加工					
人造板制造					
木质制品制造					
竹、藤、棕、草等制品制造					
家具制造业					
木质家具制造					
竹、藤家具制造					
金属家具制造					
塑料家具制造					
其他家具制造					
造纸和纸制品业					
纸浆制造					
造纸					
纸制品制造					
印刷和记录媒介复制业					
印刷					
装订及印刷相关服务					
记录媒介复制					
文教、工美、体育和娱乐用品制造业					
文教办公用品制造					
乐器制造					
工艺美术及礼仪用品制造					
体育用品制造					
玩具制造					
游艺器材及娱乐用品制造					
石油、煤炭及其他燃料加工业					

1-C-7 续表 2

行业	R&D人员合计（人）	#女性	#研究人员	#全时人员	R&D人员折合全时当量（人年）
精炼石油产品制造					
煤炭加工					
核燃料加工					
生物质燃料加工					
化学原料和化学制品制造业	81	10	37	57	25
基础化学原料制造					
肥料制造	37	7	12	27	21
农药制造					
涂料、油墨、颜料及类似产品制造	5	1	3	3	1
合成材料制造	39	2	22	27	3
专用化学产品制造					
炸药、火工及焰火产品制造					
日用化学产品制造					
医药制造业	52	11	9	22	24
化学药品原料药制造					
化学药品制剂制造					
中药饮片加工					
中成药生产					
兽用药品制造					
生物药品制品制造					
卫生材料及医药用品制造					
药用辅料及包装材料制造	52	11	9	22	24
化学纤维制造业					
纤维素纤维原料及纤维制造					
合成纤维制造					
生物基材料制造					
橡胶和塑料制品业					
橡胶制品业					
塑料制品业					
非金属矿物制品业					
水泥、石灰和石膏制造					
石膏、水泥制品及类似制品制造					
砖瓦、石材等建筑材料制造					
玻璃制造					
玻璃制品制造					
玻璃纤维和玻璃纤维增强塑料制品制造					
陶瓷制品制造					
耐火材料制品制造					
石墨及其他非金属矿物制品制造					
黑色金属冶炼和压延加工业					
炼铁					
炼钢					
钢压延加工					
铁合金冶炼					
有色金属冶炼和压延加工业					
常用有色金属冶炼					
贵金属冶炼					
稀有稀土金属冶炼					
有色金属合金制造					
有色金属压延加工					
金属制品业	126	15	30	98	21

1-C-7　续表 3

行　　业	R&D人员合计（人）	#女性	#研究人员	#全时人员	R&D人员折合全时当量（人年）
结构性金属制品制造					
金属工具制造					
集装箱及金属包装容器制造					
金属丝绳及其制品制造					
建筑、安全用金属制品制造					
金属表面处理及热处理加工					
搪瓷制品制造					
金属制日用品制造					
铸造及其他金属制品制造	126	15	30	98	21
通用设备制造业					
锅炉及原动设备制造					
金属加工机械制造					
物料搬运设备制造					
泵、阀门、压缩机及类似机械制造					
轴承、齿轮和传动部件制造					
烘炉、风机、包装等设备制造					
文化、办公用机械制造					
通用零部件制造					
其他通用设备制造业					
专用设备制造业	36	1	21	32	6
采矿、冶金、建筑专用设备制造	9		6	8	2
化工、木材、非金属加工专用设备制造					
食品、饮料、烟草及饲料生产专用设备制造					
印刷、制药、日化及日用品生产专用设备制造					
纺织、服装和皮革加工专用设备制造					
电子和电工机械专用设备制造					
农、林、牧、渔专用机械制造					
医疗仪器设备及器械制造					
环保、邮政、社会公共服务及其他专用设备制造	27	1	15	24	4
汽车制造业	23	3	10	21	14
汽车整车制造					
汽车用发动机制造					
改装汽车制造					
低速汽车制造					
电车制造					
汽车车身、挂车制造					
汽车零部件及配件制造	23	3	10	21	14
铁路、船舶、航空航天和其他运输设备制造业					
铁路运输设备制造					
城市轨道交通设备制造					
船舶及相关装置制造					
航空、航天器及设备制造					
摩托车制造					
自行车和残疾人座车制造					
助动车制造					
非公路休闲车及零配件制造					
潜水救捞及其他未列明运输设备制造					
电气机械和器材制造业	54	8	20	49	45
电机制造					
输配电及控制设备制造	54	8	20	49	45
电线、电缆、光缆及电工器材制造					

1-C-7 续表 4

行　业	R&D人员合计（人）	#女性	#研究人员	#全时人员	R&D人员折合全时当量（人年）
电池制造					
家用电力器具制造					
非电力家用器具制造					
照明器具制造					
其他电气机械及器材制造					
计算机、通信和其他电子设备制造业	1157	159	242	1042	349
计算机制造					
通信设备制造	1157	159	242	1042	349
广播电视设备制造					
雷达及配套设备制造					
非专业视听设备制造					
智能消费设备制造					
电子器件制造					
电子元件及电子专用材料制造					
其他电子设备制造					
仪器仪表制造业	23	7	6	14	23
通用仪器仪表制造	23	7	6	14	23
专用仪器仪表制造					
钟表与计时仪器制造					
光学仪器制造					
衡器制造					
其他仪器仪表制造业					
其他制造业					
日用杂品制造					
核辐射加工					
其他未列明制造业					
废弃资源综合利用业					
金属废料和碎屑加工处理					
非金属废料和碎屑加工处理					
金属制品、机械和设备修理业					
金属制品修理					
通用设备修理					
专用设备修理					
铁路、船舶、航空航天等运输设备修理					
电气设备修理					
仪器仪表修理					
其他机械和设备修理业					
电力、热力、燃气及水生产和供应业					
电力、热力生产和供应业					
电力生产					
电力供应					
热力生产和供应					
燃气生产和供应业					
燃气生产和供应业					
生物质燃气生产和供应业					
水的生产和供应业					
自来水生产和供应					
污水处理及其再生利用					
海水淡化处理					
其他水的处理、利用与分配					

1-C-8　各地区企业R&D人员情况

地　区	R&D人员合计（人）	#女性	#研究人员	#全时人员	R&D人员折合全时当量（人年）
全　省	**45402**	**8572**	**17539**	**31712**	**27228**
太原市	12907	2499	5667	9423	8287
大同市	2997	837	1400	2284	1422
阳泉市	2217	38	1237	75	1107
长治市	5730	853	2319	3988	4112
晋城市	7566	1182	2408	6423	3959
朔州市	394	49	146	227	238
晋中市	3549	689	1149	2157	2193
运城市	5902	1370	1984	4372	3372
忻州市	846	105	239	518	518
临汾市	2011	729	668	1301	1270
吕梁市	1283	221	322	944	748

1-C-9　各地区大中型企业R&D人员情况

地　区	R&D人员合计（人）	#女性	#研究人员	#全时人员	R&D人员折合全时当量（人年）
全　省	**40979**	**7545**	**16167**	**28437**	**24607**
太原市	11829	2330	5265	8692	7665
大同市	2846	788	1363	2160	1318
阳泉市	2127	21	1212	20	1062
长治市	5521	800	2256	3806	3980
晋城市	7354	1139	2345	6286	3887
朔州市	241	8	102	134	154
晋中市	2653	490	897	1434	1534
运城市	4988	1117	1663	3668	2857
忻州市	617	61	175	351	398
临汾市	1703	632	611	1076	1104
吕梁市	1100	159	278	810	649

1-C-10 各地区内资企业R&D人员情况

地　区	R&D人员合计(人)	#女性	#研究人员	#全时人员	R&D人员折合全时当量(人年)
全　省	**41108**	**8044**	**16291**	**27950**	**26609**
太原市	11831	2335	5453	8463	7897
大同市	2950	835	1373	2250	1418
阳泉市	2217	38	1237	75	1107
长治市	5730	853	2319	3988	4112
晋城市	4997	950	1570	4110	3914
朔州市	342	38	137	205	214
晋中市	3251	607	1061	1925	2147
运城市	5819	1360	1954	4319	3343
忻州市	846	105	239	518	518
临汾市	1896	710	646	1202	1235
吕梁市	1229	213	302	895	703

1-C-11 各地区港澳台商投资企业R&D人员情况

地　区	R&D人员合计(人)	#女性	#研究人员	#全时人员	R&D人员折合全时当量(人年)
全　省	**2561**	**303**	**829**	**2264**	**110**
太原市	76	15	33	68	27
大同市					
阳泉市					
长治市					
晋城市	2356	213	752	2121	31
朔州市					
晋中市	94	68	34	48	29
运城市					
忻州市					
临汾市	35	7	10	27	22
吕梁市					

1-C-12　各地区外商投资企业R&D人员情况

地　区	R&D人员合计（人）	#女性	#研究人员	#全时人员	R&D人员折合全时当量（人年）
全　省	**1733**	**225**	**419**	**1498**	**509**
太原市	1000	149	181	892	363
大同市	47	2	27	34	5
阳泉市					
长治市					
晋城市	213	19	86	192	14
朔州市	52	11	9	22	24
晋中市	204	14	54	184	17
运城市	83	10	30	53	29
忻州市					
临汾市	80	12	12	72	13
吕梁市	54	8	20	49	45

D. 企业R&D经费支出情况

1-D-1.1 分登记注册类型企业R&D经费内部支出情况

单位：万元

登记注册类型	R&D经费内部支出	日常性支出	#人员劳务费	资产性支出	#仪器和设备	#政府资金	#企业资金
总计	**1312531.1**	**1236836.7**	**306594.5**	**75694.4**	**72696.6**	**42113.6**	**1249028.2**
内资企业	**1237891.6**	**1166825.6**	**276453.8**	**71066.0**	**68078.6**	**40810.3**	**1175692.0**
国有企业	14149.5	9673.5	4418.5	4476.0	4464.2	1209.7	12846.8
集体企业							
股份合作企业	113.5	113.5	43.2				113.5
联营企业							
国有联营企业							
集体联营企业							
国有与集体联营企业							
其他联营企业							
有限责任公司	929260.7	872399.3	203750.2	56861.4	54400.0	35971.1	873445.5
国有独资公司	426147.7	390532.5	63456.0	35615.2	33918.7	23919.2	395594.9
其他有限责任公司	503113.0	481866.8	140294.2	21246.2	20481.3	12051.9	477850.6
股份有限公司	133280.0	129014.8	42516.0	4265.2	4098.7	917.3	131978.6
私营企业	161087.9	155624.5	25725.9	5463.4	5115.7	2712.2	157307.6
私营独资企业	131.0	116.5	19.2	14.5	14.4		131.0
私营合伙企业							
私营有限责任公司	136495.2	131299.1	20024.4	5196.1	4848.5	1763.8	133663.3
私营股份有限公司	24461.7	24208.9	5682.3	252.8	252.8	948.4	23513.3
其他企业							
港、澳、台商投资企业	**34640.8**	**34215.6**	**15484.2**	**425.2**	**425.2**	**1149.7**	**33491.1**
合资经营企业	1940.8	1597.1	658.0	343.7	343.7	1149.7	791.1
合作经营企业							
港、澳、台商独资经营企业	32700.0	32618.5	14826.2	81.5	81.5		32700.0
港、澳、台商投资股份有限公司							
其他港、澳、台投资企业							
外商投资企业	**39998.7**	**35795.5**	**14656.5**	**4203.2**	**4192.8**	**153.6**	**39845.1**
中外合资经营企业	19697.0	15515.5	2494.7	4181.5	4171.2	153.6	19543.4
中外合作经营企业							
外资企业	20301.7	20280.0	12161.8	21.7	21.6		20301.7
外商投资股份有限公司							
其他外商投资企业							

1-D-1.2　分登记注册类型大中型企业R&D经费内部支出情况

单位：万元

登记注册类型	R&D经费内部支出	日常性支出	#人员劳务费	资产性支出	#仪器和设备	#政府资金	#企业资金
总　计	**1233319.4**	**1164104.9**	**288490.8**	**69214.5**	**66452.0**	**38126.7**	**1174258.8**
内资企业	**1161506.6**	**1096722.7**	**259263.3**	**64783.9**	**62031.7**	**37015.1**	**1103557.6**
国有企业	14149.5	9673.5	4418.5	4476.0	4464.2	1209.7	12846.8
集体企业							
股份合作企业							
联营企业							
国有联营企业							
集体联营企业							
国有与集体联营企业							
其他联营企业							
有限责任公司	899396.8	846117.3	197969.9	53279.5	50880.7	34856.6	845146.8
国有独资公司	425097.7	389482.5	63100.7	35615.2	33918.7	23658.8	394805.3
其他有限责任公司	474299.1	456634.8	134869.2	17664.3	16962.0	11197.8	450341.5
股份有限公司	125007.1	121426.5	40287.3	3580.6	3535.8	486.2	124136.8
私营企业	122953.2	119505.4	16587.6	3447.8	3151.0	462.6	121427.2
私营独资企业							
私营合伙企业							
私营有限责任公司	106368.2	103117.9	13049.3	3250.3	2953.5	373.2	104931.6
私营股份有限公司	16585.0	16387.5	3538.3	197.5	197.5	89.4	16495.6
其他企业							
港、澳、台商投资企业	**33771.6**	**33403.0**	**15319.3**	**368.6**	**368.6**	**1071.6**	**32700.0**
合资经营企业	1071.6	784.5	493.1	287.1	287.1	1071.6	
合作经营企业							
港、澳、台商独资经营企业	32700.0	32618.5	14826.2	81.5	81.5		32700.0
港、澳、台商投资股份有限公司							
其他港、澳、台投资企业							
外商投资企业	**38041.2**	**33979.2**	**13908.2**	**4062.0**	**4051.7**	**40.0**	**38001.2**
中外合资经营企业	18883.3	14821.3	2296.7	4062.0	4051.7	40.0	18843.3
中外合作经营企业							
外资企业	19157.9	19157.9	11611.5				19157.9
外商投资股份有限公司							
其他外商投资企业							

1-D-1.3 分行业企业R&D经费内部支出情况

单位：万元

行业	R&D经费内部支出	日常性支出	#人员劳务费	资产性支出	#仪器和设备	#政府资金	#企业资金
总计	**1312531.1**	**1236836.7**	**306594.5**	**75694.4**	**72696.6**	**42113.6**	**1249028.2**
采矿业	**316006.3**	**296536.1**	**106793.1**	**19470.2**	**18780.2**	**2072.9**	**309124.7**
煤炭开采和洗选业	311637.3	292618.5	106408.1	19018.8	18328.9	1121.0	305707.6
烟煤和无烟煤开采洗选	311637.3	292618.5	106408.1	19018.8	18328.9	1121.0	305707.6
褐煤开采洗选							
其他煤炭采选							
石油和天然气开采业	3572.5	3572.5	345.5			926.9	2645.6
石油开采							
天然气开采	3572.5	3572.5	345.5			926.9	2645.6
黑色金属矿采选业	40.0	40.0	6.7				40.0
铁矿采选							
锰矿、铬矿采选	40.0	40.0	6.7				40.0
其他黑色金属矿采选							
有色金属矿采选业							
常用有色金属矿采选							
贵金属矿采选							
稀有稀土金属矿采选							
非金属矿采选业	756.5	305.1	32.8	451.4	451.3	25.0	731.5
土砂石开采	756.5	305.1	32.8	451.4	451.3	25.0	731.5
化学矿开采							
采盐							
石棉及其他非金属矿采选							
开采专业及辅助性活动							
煤炭开采和洗选专业及辅助性活动							
石油和天然气开采专业及辅助性活动							
其他开采专业及辅助性活动							
其他采矿业							
其他采矿业							
制造业	**989329.1**	**935827.9**	**196301.5**	**53501.2**	**51193.4**	**39885.9**	**932862.6**
农副食品加工业	3530.6	3105.1	624.5	425.5	418.7	162.0	3368.6
谷物磨制	135.7	135.7	62.0				135.7
饲料加工	1133.7	1133.7	101.0			5.0	1128.7
植物油加工							
制糖业							
屠宰及肉类加工	1781.9	1460.5	404.9	321.4	314.6		1781.9
水产品加工							
蔬菜、菌类、水果和坚果加工	319.3	240.2	42.3	79.1	79.1	107.0	212.3
其他农副食品加工	160.0	135.0	14.3	25.0	25.0	50.0	110.0
食品制造业	4801.4	4346.6	1086.7	454.8	274.7	331.3	4470.1
焙烤食品制造	1371.5	1326.2	191.0	45.3		250.0	1121.5
糖果、巧克力及蜜饯制造							

1-D-1.3　续表 1

单位：万元

行　业	R&D经费内部支出	日常性支出	#人员劳务费	资产性支出	#仪器和设备	#政府资金	#企业资金
方便食品制造							
乳制品制造	835.5	835.5	45.8				835.5
罐头食品制造							
调味品、发酵制品制造	1023.4	1006.8	415.0	16.6	14.4	81.3	942.1
其他食品制造	1571.0	1178.1	434.9	392.9	260.3		1571.0
酒、饮料和精制茶制造业	1953.7	1887.9	259.4	65.8	31.6		1953.7
酒的制造	414.2	410.7	115.2	3.5	3.5		414.2
饮料制造	1539.5	1477.2	144.2	62.3	28.1		1539.5
精制茶加工							
烟草制品业	643.8	399.9	350.7	243.9	243.9		643.8
烟叶复烤							
卷烟制造	643.8	399.9	350.7	243.9	243.9		643.8
其他烟草制品制造							
纺织业							
棉纺织及印染精加工							
毛纺织及染整精加工							
麻纺织及染整精加工							
丝绢纺织及印染精加工							
化纤织造及印染精加工							
针织或钩针编织物及其制品制造							
家用纺织制成品制造							
产业用纺织制成品制造							
纺织服装、服饰业	412.2	412.2	286.0				412.2
机织服装制造							
针织或钩针编织服装制造							
服饰制造	412.2	412.2	286.0				412.2
皮革、毛皮、羽毛及其制品和制鞋业							
皮革鞣制加工							
皮革制品制造							
毛皮鞣制及制品加工							
羽毛(绒)加工及制品制造							
制鞋业							
木材加工和木、竹、藤、棕、草制品业							
木材加工							
人造板制造							
木质制品制造							
竹、藤、棕、草等制品制造							
家具制造业							
木质家具制造							
竹、藤家具制造							
金属家具制造							
塑料家具制造							
其他家具制造							

1-D-1.3 续表 2

单位：万元

行业	R&D经费内部支出	日常性支出	#人员劳务费	资产性支出	#仪器和设备	#政府资金	#企业资金
造纸和纸制品业	2850.0	2821.9	304.1	28.1	28.1	30.0	2820.0
纸浆制造							
造纸	2678.7	2678.7	240.1			30.0	2648.7
纸制品制造	171.3	143.2	64.0	28.1	28.1		171.3
印刷和记录媒介复制业	863.0	855.1	483.3	7.9	7.9		863.0
印刷	863.0	855.1	483.3	7.9	7.9		863.0
装订及印刷相关服务							
记录媒介复制							
文教、工美、体育和娱乐用品制造业	1052.2	1044.3	416.8	7.9	7.9		1052.2
文教办公用品制造							
乐器制造							
工艺美术及礼仪用品制造	327.0	319.1	184.3	7.9	7.9		327.0
体育用品制造	725.2	725.2	232.5				725.2
玩具制造							
游艺器材及娱乐用品制造							
石油、煤炭及其他燃料加工业	33726.5	32702.8	3705.0	1023.7	863.9		33726.5
精炼石油产品制造							
煤炭加工	33726.5	32702.8	3705.0	1023.7	863.9		33726.5
核燃料加工							
生物质燃料加工							
化学原料和化学制品制造业	71256.1	68656.2	15091.0	2599.9	2559.2	4612.1	66644.0
基础化学原料制造	4931.8	4337.6	972.2	594.2	592.1	31.7	4900.1
肥料制造	19311.3	18669.9	5844.4	641.4	626.1	7.0	19304.3
农药制造	36.0	30.8	20.0	5.2	3.4		36.0
涂料、油墨、颜料及类似产品制造	2321.8	2291.0	518.3	30.8	30.0	111.4	2210.4
合成材料制造	6984.1	6102.1	1838.4	882.0	871.7		6984.1
专用化学产品制造	24321.1	24286.8	1585.1	34.3	34.1	224.6	24096.5
炸药、火工及焰火产品制造	11387.8	11252.0	3299.3	135.8	132.3	4226.4	7161.4
日用化学产品制造	1962.2	1686.0	1013.3	276.2	269.5	11.0	1951.2
医药制造业	40304.5	37643.0	12662.2	2661.5	2381.7	745.6	39360.7
化学药品原料药制造	7478.4	7119.0	2219.0	359.4	331.2	106.9	7371.5
化学药品制剂制造	16622.7	15647.4	5102.7	975.3	974.5	382.1	16213.0
中药饮片加工	80.0	50.0	19.0	30.0	30.0		80.0
中成药生产	6917.3	5919.4	3084.4	997.9	765.9	25.0	6827.5
兽用药品制造	437.9	435.1	188.8	2.8	2.8		437.9
生物药品制品制造	6740.2	6537.2	1588.6	203.0	203.0	191.6	6548.6
卫生材料及医药用品制造	1553.8	1482.4	220.1	71.4	52.7	40.0	1408.0
药用辅料及包装材料制造	474.2	452.5	239.6	21.7	21.6		474.2
化学纤维制造业	155.3	155.3	71.5				155.3
纤维素纤维原料及纤维制造							
合成纤维制造	155.3	155.3	71.5				155.3
生物基材料制造							

1-D-1.3　续表 3

单位：万元

行　业	R&D经费内部支出	日常性支出	#人员劳务费	资产性支出	#仪器和设备	#政府资金	#企业资金
橡胶和塑料制品业	2729.0	2507.0	749.6	222.0	222.0	21.8	2707.2
橡胶制品业	2441.9	2220.7	592.6	221.2	221.2		2441.9
塑料制品业	287.1	286.3	157.0	0.8	0.8	21.8	265.3
非金属矿物制品业	17790.9	16575.4	3203.5	1215.5	1214.3	797.8	16577.5
水泥、石灰和石膏制造	1183.8	817.0	126.5	366.8	366.8		1183.8
石膏、水泥制品及类似制品制造	857.6	231.6	139.7	626.0	626.0	30.0	827.6
砖瓦、石材等建筑材料制造	546.2	545.1	133.4	1.1	1.1		546.2
玻璃制造	262.2	262.2	48.8				262.2
玻璃制品制造	1637.3	1637.3	499.8				1637.3
玻璃纤维和玻璃纤维增强塑料制品制造							
陶瓷制品制造	574.7	525.5	312.4	49.2	48.0		574.7
耐火材料制品制造	2508.9	2508.9	74.3			86.8	2422.1
石墨及其他非金属矿物制品制造	10220.2	10047.8	1868.6	172.4	172.4	681.0	9123.6
黑色金属冶炼和压延加工业	381796.0	358569.0	37273.1	23227.0	22027.4	2373.8	374553.3
炼铁	7026.3	7026.3	839.7			30.0	6996.3
炼钢	28682.2	28389.2	2076.4	293.0	293.0		28682.2
钢压延加工	340073.4	317196.9	33590.3	22876.5	21687.4	2223.8	332980.7
铁合金冶炼	6014.1	5956.6	766.7	57.5	47.0	120.0	5894.1
有色金属冶炼和压延加工业	16375.4	14978.1	3658.6	1397.3	1389.3	10.7	16364.7
常用有色金属冶炼	7116.8	6761.4	1805.4	355.4	347.4		7116.8
贵金属冶炼							
稀有稀土金属冶炼							
有色金属合金制造	7137.8	6120.9	1376.4	1016.9	1016.9		7137.8
有色金属压延加工	2120.8	2095.8	476.8	25.0	25.0	10.7	2110.1
金属制品业	54990.0	48793.8	12479.3	6196.2	5986.2	10467.5	44187.8
结构性金属制品制造	314.5	299.5	112.4	15.0	15.0	15.0	299.5
金属工具制造	1837.8	1837.8	535.5				1837.8
集装箱及金属包装容器制造	1158.5	1158.5	595.3			56.3	1102.2
金属丝绳及其制品制造	578.1	578.1	119.5				578.1
建筑、安全用金属制品制造	1674.9	1613.9	323.5	61.0	61.0	50.0	1624.9
金属表面处理及热处理加工	235.2	235.2	41.2				235.2
搪瓷制品制造							
金属制日用品制造							
铸造及其他金属制品制造	49191.0	43070.8	10751.9	6120.2	5910.2	10346.2	38510.1
通用设备制造业	18365.3	17997.4	4087.8	367.9	367.8	704.3	17656.3
锅炉及原动设备制造	8634.1	8531.7	1935.7	102.4	102.4	19.7	8614.4
金属加工机械制造	692.1	688.9	233.2	3.2	3.2	195.4	496.7
物料搬运设备制造	413.3	409.2	164.9	4.1	4.0	50.0	363.3
泵、阀门、压缩机及类似机械制造	6695.9	6536.1	1165.3	159.8	159.8	382.2	6313.7
轴承、齿轮和传动部件制造	325.6	325.6	120.3				325.6
烘炉、风机、包装等设备制造	720.5	720.5	254.1			10.0	705.8
文化、办公用机械制造	92.0	67.6	26.4	24.4	24.4	7.0	85.0

1-D-1.3 续表 4

单位：万元

行业	R&D经费内部支出	日常性支出	#人员劳务费	资产性支出	#仪器和设备	#政府资金	#企业资金
通用零部件制造	791.8	717.8	187.9	74.0	74.0	40.0	751.8
其他通用设备制造业							
专用设备制造业	106295.6	100789.7	24160.0	5505.9	5467.7	5225.3	94693.1
采矿、冶金、建筑专用设备制造	90275.0	86428.8	20386.0	3846.2	3808.6	5067.1	78830.7
化工、木材、非金属加工专用设备制造	5702.7	5702.7	865.4				5702.7
食品、饮料、烟草及饲料生产专用设备制造							
印刷、制药、日化及日用品生产专用设备制造	180.4	180.4	132.1				180.4
纺织、服装和皮革加工专用设备制造	6566.2	4958.2	2231.7	1608.0	1608.0	73.8	6492.4
电子和电工机械专用设备制造	2350.7	2346.7	154.0	4.0	3.4		2350.7
农、林、牧、渔专用机械制造	297.5	297.5	39.8			39.4	258.1
医疗仪器设备及器械制造							
环保、邮政、社会公共服务及其他专用设备制造	923.1	875.4	351.0	47.7	47.7	45.0	878.1
汽车制造业	46868.5	44663.9	13210.5	2204.6	2082.4	337.2	43831.4
汽车整车制造	6606.6	6594.8	1982.3	11.8		260.0	3917.0
汽车用发动机制造							
改装汽车制造	18598.9	17061.8	5777.2	1537.1	1537.1	20.0	18365.4
低速汽车制造							
电车制造	54.3	54.3	33.1			20.0	34.3
汽车车身、挂车制造	104.3	104.3	27.2				104.3
汽车零部件及配件制造	21504.4	20848.7	5390.7	655.7	545.3	37.2	21410.4
铁路、船舶、航空航天和其他运输设备制造业	34341.2	33117.8	9624.2	1223.4	1223.4	1582.0	32431.6
铁路运输设备制造	33800.5	32577.1	9521.9	1223.4	1223.4	1582.0	31890.9
城市轨道交通设备制造							
船舶及相关装置制造							
航空、航天器及设备制造	540.7	540.7	102.3				540.7
摩托车制造							
自行车和残疾人座车制造							
助动车制造							
非公路休闲车及零配件制造							
潜水救捞及其他未列明运输设备制造							
电气机械和器材制造业	37771.0	36383.9	8483.7	1387.1	1387.1	1547.4	36223.6
电机制造	16212.3	15493.4	4571.6	718.9	718.9	849.9	15362.4
输配电及控制设备制造	19619.3	18993.9	3324.2	625.4	625.4	437.4	19181.9
电线、电缆、光缆及电工器材制造	1537.8	1495.6	391.4	42.2	42.2	24.0	1513.8
电池制造							
家用电力器具制造							
非电力家用器具制造	131.7	131.7	53.9				131.7
照明器具制造	103.7	103.7	58.8			78.1	25.6
其他电气机械及器材制造	166.2	165.6	83.8	0.6	0.6	158.0	8.2
计算机、通信和其他电子设备制造业	88050.3	85522.9	37844.9	2527.4	2500.3	2276.6	84991.5
计算机制造	1531.5	1470.2	144.4	61.3	43.7		842.3
通信设备制造	76154.1	75867.0	35252.0	287.1	287.1	1071.6	75082.5

1-D-1.3　续表 5

单位：万元

行　业	R&D经费内部支出	日常性支出	#人员劳务费	资产性支出	#仪器和设备	#政府资金	#企业资金
广播电视设备制造							
雷达及配套设备制造							
非专业视听设备制造							
智能消费设备制造							
电子器件制造	5292.1	4529.1	1637.8	763.0	753.5		5292.1
电子元件及电子专用材料制造	5053.4	3637.4	796.1	1416.0	1416.0	1205.0	3755.4
其他电子设备制造	19.2	19.2	14.6				19.2
仪器仪表制造业	4586.5	4254.7	2169.9	331.8	331.8	598.6	3987.9
通用仪器仪表制造	2635.9	2326.2	1447.9	309.7	309.7	497.2	2138.7
专用仪器仪表制造	1363.1	1363.1	586.9				1363.1
钟表与计时仪器制造							
光学仪器制造							
衡器制造	587.5	565.4	135.1	22.1	22.1	101.4	486.1
其他仪器仪表制造业							
其他制造业	17279.8	17160.3	3943.6	119.5	119.5	8061.9	8646.3
日用杂品制造							
核辐射加工							
其他未列明制造业	17279.8	17160.3	3943.6	119.5	119.5	8061.9	8646.3
废弃资源综合利用业	530.3	473.7	64.9	56.6	56.6		530.3
金属废料和碎屑加工处理	530.3	473.7	64.9	56.6	56.6		530.3
非金属废料和碎屑加工处理							
金属制品、机械和设备修理业	10.0	10.0	6.7				10.0
金属制品修理							
通用设备修理							
专用设备修理	10.0	10.0	6.7				10.0
铁路、船舶、航空航天等运输设备修理							
电气设备修理							
仪器仪表修理							
其他机械和设备修理业							
电力、热力、燃气及水生产和供应业	**7195.7**	**4472.7**	**3499.9**	**2723.0**	**2723.0**	**154.8**	**7040.9**
电力、热力生产和供应业	6967.5	4244.5	3367.3	2723.0	2723.0	154.8	6812.7
电力生产	2448.2	681.2	335.7	1767.0	1767.0	153.8	2294.4
电力供应	3164.9	3164.9	3006.7				3164.9
热力生产和供应	1354.4	398.4	24.9	956.0	956.0	1.0	1353.4
燃气生产和供应业	228.2	228.2	132.6				228.2
燃气生产和供应业	228.2	228.2	132.6				228.2
生物质燃气生产和供应业							
水的生产和供应业							
自来水生产和供应							
污水处理及其再生利用							
海水淡化处理							
其他水的处理、利用与分配							

1-D-1.4 分行业大中型企业R&D经费内部支出情况

单位：万元

行业	R&D经费内部支出	日常性支出	#人员劳务费	资产性支出	#仪器和设备	#政府资金	#企业资金
总计	**1233319.4**	**1164104.9**	**288490.8**	**69214.5**	**66452.0**	**38126.7**	**1174258.8**
采矿业	**313711.2**	**294692.4**	**106546.1**	**19018.8**	**18328.9**	**2047.9**	**306854.6**
煤炭开采和洗选业	311637.3	292618.5	106408.1	19018.8	18328.9	1121.0	305707.6
烟煤和无烟煤开采洗选	311637.3	292618.5	106408.1	19018.8	18328.9	1121.0	305707.6
褐煤开采洗选							
其他煤炭采选							
石油和天然气开采业	2033.9	2033.9	131.3			926.9	1107.0
石油开采							
天然气开采	2033.9	2033.9	131.3			926.9	1107.0
黑色金属矿采选业	40.0	40.0	6.7				40.0
铁矿采选							
锰矿、铬矿采选	40.0	40.0	6.7				40.0
其他黑色金属矿采选							
有色金属矿采选业							
常用有色金属矿采选							
贵金属矿采选							
稀有稀土金属矿采选							
非金属矿采选业							
土砂石开采							
化学矿开采							
采盐							
石棉及其他非金属矿采选							
开采专业及辅助性活动							
煤炭开采和洗选专业及辅助性活动							
石油和天然气开采专业及辅助性活动							
其他开采专业及辅助性活动							
其他采矿业							
其他采矿业							
制造业	**914205.1**	**865776.4**	**178720.7**	**48428.7**	**46356.1**	**35987.8**	**862092.1**
农副食品加工业	1650.9	1344.0	385.7	306.9	300.2		1650.9
谷物磨制							
饲料加工							
植物油加工							
制糖业							
屠宰及肉类加工	1650.9	1344.0	385.7	306.9	300.2		1650.9
水产品加工							
蔬菜、菌类、水果和坚果加工							
其他农副食品加工							
食品制造业	2415.3	2353.4	506.6	61.9	14.4	310.0	2105.3
焙烤食品制造	1344.8	1299.5	179.8	45.3		230.0	1114.8
糖果、巧克力及蜜饯制造							

1-D-1.4　续表 1　　　　单位：万元

行　　业	R&D经费内部支出	日常性支出	#人员劳务费	资产性支出	#仪器和设备	#政府资金	#企业资金
方便食品制造							
乳制品制造	343.4	343.4	43.3				343.4
罐头食品制造							
调味品、发酵制品制造	727.1	710.5	283.5	16.6	14.4	80.0	647.1
其他食品制造							
酒、饮料和精制茶制造业	1852.7	1786.9	176.6	65.8	31.6		1852.7
酒的制造	313.2	309.7	32.4	3.5	3.5		313.2
饮料制造	1539.5	1477.2	144.2	62.3	28.1		1539.5
精制茶加工							
烟草制品业	643.8	399.9	350.7	243.9	243.9		643.8
烟叶复烤							
卷烟制造	643.8	399.9	350.7	243.9	243.9		643.8
其他烟草制品制造							
纺织业							
棉纺织及印染精加工							
毛纺织及染整精加工							
麻纺织及染整精加工							
丝绢纺织及印染精加工							
化纤织造及印染精加工							
针织或钩针编织物及其制品制造							
家用纺织制成品制造							
产业用纺织制成品制造							
纺织服装、服饰业	412.2	412.2	286.0				412.2
机织服装制造							
针织或钩针编织服装制造							
服饰制造	412.2	412.2	286.0				412.2
皮革、毛皮、羽毛及其制品和制鞋业							
皮革鞣制加工							
皮革制品制造							
毛皮鞣制及制品加工							
羽毛(绒)加工及制品制造							
制鞋业							
木材加工和木、竹、藤、棕、草制品业							
木材加工							
人造板制造							
木质制品制造							
竹、藤、棕、草等制品制造							
家具制造业							
木质家具制造							
竹、藤家具制造							
金属家具制造							
塑料家具制造							
其他家具制造							

1-D-1.4 续表 2

单位：万元

行业	R&D经费内部支出	日常性支出	#人员劳务费	资产性支出	#仪器和设备	#政府资金	#企业资金
造纸和纸制品业	2678.7	2678.7	240.1			30.0	2648.7
纸浆制造							
造纸	2678.7	2678.7	240.1			30.0	2648.7
纸制品制造							
印刷和记录媒介复制业	813.5	813.5	473.6				813.5
印刷	813.5	813.5	473.6				813.5
装订及印刷相关服务							
记录媒介复制							
文教、工美、体育和娱乐用品制造业	1052.2	1044.3	416.8	7.9	7.9		1052.2
文教办公用品制造							
乐器制造							
工艺美术及礼仪用品制造	327.0	319.1	184.3	7.9	7.9		327.0
体育用品制造	725.2	725.2	232.5				725.2
玩具制造							
游艺器材及娱乐用品制造							
石油、煤炭及其他燃料加工业	33726.5	32702.8	3705.0	1023.7	863.9		33726.5
精炼石油产品制造							
煤炭加工	33726.5	32702.8	3705.0	1023.7	863.9		33726.5
核燃料加工							
生物质燃料加工							
化学原料和化学制品制造业	59979.4	58293.9	13286.4	1685.5	1649.7	4269.1	55710.3
基础化学原料制造	862.5	854.9	342.9	7.6	7.6	31.7	830.8
肥料制造	18648.1	18078.8	5765.8	569.3	554.0		18648.1
农药制造							
涂料、油墨、颜料及类似产品制造							
合成材料制造	6054.6	5358.0	1707.7	696.6	686.3		6054.6
专用化学产品制造	21064.2	21064.2	1157.4				21064.2
炸药、火工及焰火产品制造	11387.8	11252.0	3299.3	135.8	132.3	4226.4	7161.4
日用化学产品制造	1962.2	1686.0	1013.3	276.2	269.5	11.0	1951.2
医药制造业	35387.0	33257.9	11090.7	2129.1	1896.8	519.4	34697.0
化学药品原料药制造	6021.5	5844.0	1829.1	177.5	177.5	15.7	6005.8
化学药品制剂制造	15137.8	14359.1	4718.6	778.7	778.4	312.1	14825.7
中药饮片加工							
中成药生产	6507.3	5537.4	2914.6	969.9	737.9		6442.5
兽用药品制造							
生物药品制品制造	6662.8	6459.8	1532.3	203.0	203.0	191.6	6471.2
卫生材料及医药用品制造	1057.6	1057.6	96.1				951.8
药用辅料及包装材料制造							
化学纤维制造业	155.3	155.3	71.5				155.3
纤维素纤维原料及纤维制造							
合成纤维制造	155.3	155.3	71.5				155.3
生物基材料制造							

1-D-1.4　续表 3　　　　单位：万元

行　业	R&D经费内部支出	日常性支出	#人员劳务费	资产性支出	#仪器和设备	#政府资金	#企业资金
橡胶和塑料制品业	1772.1	1602.6	374.6	169.5	169.5		1772.1
橡胶制品业	1659.3	1489.8	318.4	169.5	169.5		1659.3
塑料制品业	112.8	112.8	56.2				112.8
非金属矿物制品业	8698.9	8163.3	1776.4	535.6	535.6	525.0	8173.9
水泥、石灰和石膏制造	1088.2	725.0	66.3	363.2	363.2		1088.2
石膏、水泥制品及类似制品制造							
砖瓦、石材等建筑材料制造							
玻璃制造	262.2	262.2	48.8				262.2
玻璃制品制造	1168.3	1168.3	411.7				1168.3
玻璃纤维和玻璃纤维增强塑料制品制造							
陶瓷制品制造							
耐火材料制品制造							
石墨及其他非金属矿物制品制造	6180.2	6007.8	1249.6	172.4	172.4	525.0	5655.2
黑色金属冶炼和压延加工业	378523.8	355354.3	36847.0	23169.5	21980.4	2253.8	371401.1
炼铁	7026.3	7026.3	839.7			30.0	6996.3
炼钢	28682.2	28389.2	2076.4	293.0	293.0		28682.2
钢压延加工	337932.1	315055.6	33428.2	22876.5	21687.4	2223.8	330839.4
铁合金冶炼	4883.2	4883.2	502.7				4883.2
有色金属冶炼和压延加工业	14784.6	13596.9	3150.7	1187.7	1181.3	10.7	14773.9
常用有色金属冶炼	6283.5	6112.7	1616.2	170.8	164.4		6283.5
贵金属冶炼							
稀有稀土金属冶炼							
有色金属合金制造	7137.8	6120.9	1376.4	1016.9	1016.9		7137.8
有色金属压延加工	1363.3	1363.3	158.1			10.7	1352.6
金属制品业	48630.7	42583.5	10718.1	6047.2	5837.2	10181.2	38122.3
结构性金属制品制造							
金属工具制造	1837.8	1837.8	535.5				1837.8
集装箱及金属包装容器制造							
金属丝绳及其制品制造							
建筑、安全用金属制品制造	352.3	352.3	73.0				352.3
金属表面处理及热处理加工							
搪瓷制品制造							
金属制日用品制造							
铸造及其他金属制品制造	46440.6	40393.4	10109.6	6047.2	5837.2	10181.2	35932.2
通用设备制造业	13663.3	13504.7	2632.7	158.6	158.5	209.8	13453.5
锅炉及原动设备制造	8054.7	8003.2	1830.0	51.5	51.5		8054.7
金属加工机械制造							
物料搬运设备制造	14.1	10.0	3.4	4.1	4.0		14.1
泵、阀门、压缩机及类似机械制造	5594.5	5491.5	799.3	103.0	103.0	209.8	5384.7
轴承、齿轮和传动部件制造							
烘炉、风机、包装等设备制造							
文化、办公用机械制造							

1-D-1.4 续表 4 单位：万元

行业	R&D经费内部支出	日常性支出	#人员劳务费	资产性支出	#仪器和设备	#政府资金	#企业资金
通用零部件制造							
其他通用设备制造业							
专用设备制造业	96540.1	91216.8	21678.9	5323.3	5312.9	4159.9	86003.0
采矿、冶金、建筑专用设备制造	82829.8	79112.5	18715.3	3717.3	3706.9	4111.1	72341.5
化工、木材、非金属加工专用设备制造	5702.7	5702.7	865.4				5702.7
食品、饮料、烟草及饲料生产专用设备制造							
印刷、制药、日化及日用品生产专用设备制造							
纺织、服装和皮革加工专用设备制造	5724.2	4118.2	1983.7	1606.0	1606.0	48.8	5675.4
电子和电工机械专用设备制造	2283.4	2283.4	114.5				2283.4
农、林、牧、渔专用机械制造							
医疗仪器设备及器械制造							
环保、邮政、社会公共服务及其他专用设备制造							
汽车制造业	44927.6	42842.5	12539.4	2085.1	1962.9	290.5	41937.2
汽车整车制造	6606.6	6594.8	1982.3	11.8		260.0	3917.0
汽车用发动机制造							
改装汽车制造	17880.9	16343.8	5534.0	1537.1	1537.1		17667.4
低速汽车制造							
电车制造							
汽车车身、挂车制造							
汽车零部件及配件制造	20440.1	19903.9	5023.1	536.2	425.8	30.5	20352.8
铁路、船舶、航空航天和其他运输设备制造业	33463.2	32239.8	9431.9	1223.4	1223.4	1582.0	31553.6
铁路运输设备制造	33463.2	32239.8	9431.9	1223.4	1223.4	1582.0	31553.6
城市轨道交通设备制造							
船舶及相关装置制造							
航空、航天器及设备制造							
摩托车制造							
自行车和残疾人座车制造							
助动车制造							
非公路休闲车及零配件制造							
潜水救捞及其他未列明运输设备制造							
电气机械和器材制造业	30605.8	29810.6	7389.4	795.2	795.2	1307.9	29297.9
电机制造	16212.3	15493.4	4571.6	718.9	718.9	849.9	15362.4
输配电及控制设备制造	14227.3	14151.6	2734.0	75.7	75.7	300.0	13927.3
电线、电缆、光缆及电工器材制造							
电池制造							
家用电力器具制造							
非电力家用器具制造							
照明器具制造							
其他电气机械及器材制造	166.2	165.6	83.8	0.6	0.6	158.0	8.2
计算机、通信和其他电子设备制造业	84547.7	82458.3	37248.3	2089.4	2071.3	2276.6	81488.9
计算机制造	1531.5	1470.2	144.4	61.3	43.7		842.3
通信设备制造	76154.1	75867.0	35252.0	287.1	287.1	1071.6	75082.5

1-D-1.4　续表 5　　单位：万元

行　业	R&D经费内部支出	日常性支出	#人员劳务费	资产性支出	#仪器和设备	#政府资金	#企业资金
广播电视设备制造							
雷达及配套设备制造							
非专业视听设备制造							
智能消费设备制造							
电子器件制造	3999.4	3670.4	1417.2	329.0	328.5		3999.4
电子元件及电子专用材料制造	2862.7	1450.7	434.7	1412.0	1412.0	1205.0	1564.7
其他电子设备制造							
仪器仪表制造业							
通用仪器仪表制造							
专用仪器仪表制造							
钟表与计时仪器制造							
光学仪器制造							
衡器制造							
其他仪器仪表制造业							
其他制造业	17279.8	17160.3	3943.6	119.5	119.5	8061.9	8646.3
日用杂品制造							
核辐射加工							
其他未列明制造业	17279.8	17160.3	3943.6	119.5	119.5	8061.9	8646.3
废弃资源综合利用业							
金属废料和碎屑加工处理							
非金属废料和碎屑加工处理							
金属制品、机械和设备修理业							
金属制品修理							
通用设备修理							
专用设备修理							
铁路、船舶、航空航天等运输设备修理							
电气设备修理							
仪器仪表修理							
其他机械和设备修理业							
电力、热力、燃气及水生产和供应业	**5403.1**	**3636.1**	**3224.0**	**1767.0**	**1767.0**	**91.0**	**5312.1**
电力、热力生产和供应业	5174.9	3407.9	3091.4	1767.0	1767.0	91.0	5083.9
电力生产	2009.0	242.0	83.7	1767.0	1767.0	90.0	1919.0
电力供应	3164.9	3164.9	3006.7				3164.9
热力生产和供应	1.0	1.0	1.0			1.0	
燃气生产和供应业	228.2	228.2	132.6				228.2
燃气生产和供应业	228.2	228.2	132.6				228.2
生物质燃气生产和供应业							
水的生产和供应业							
自来水生产和供应							
污水处理及其再生利用							
海水淡化处理							
其他水的处理、利用与分配							

1-D-1.5 分行业内资企业R&D经费内部支出情况

单位：万元

行业	R&D经费内部支出	日常性支出	#人员劳务费	资产性支出	#仪器和设备	#政府资金	#企业资金
总　计	**1237891.6**	**1166825.6**	**276453.8**	**71066.0**	**68078.6**	**40810.3**	**1175692.0**
采矿业	**309285.3**	**293052.5**	**106555.9**	**16232.8**	**15542.8**	**2072.9**	**302403.7**
煤炭开采和洗选业	304916.3	289134.9	106170.9	15781.4	15091.5	1121.0	298986.6
烟煤和无烟煤开采洗选	304916.3	289134.9	106170.9	15781.4	15091.5	1121.0	298986.6
褐煤开采洗选							
其他煤炭采选							
石油和天然气开采业	3572.5	3572.5	345.5			926.9	2645.6
石油开采							
天然气开采	3572.5	3572.5	345.5			926.9	2645.6
黑色金属矿采选业	40.0	40.0	6.7				40.0
铁矿采选							
锰矿、铬矿采选	40.0	40.0	6.7				40.0
其他黑色金属矿采选							
有色金属矿采选业							
常用有色金属矿采选							
贵金属矿采选							
稀有稀土金属矿采选							
非金属矿采选业	756.5	305.1	32.8	451.4	451.3	25.0	731.5
土砂石开采	756.5	305.1	32.8	451.4	451.3	25.0	731.5
化学矿开采							
采盐							
石棉及其他非金属矿采选							
开采专业及辅助性活动							
煤炭开采和洗选专业及辅助性活动							
石油和天然气开采专业及辅助性活动							
其他开采专业及辅助性活动							
其他采矿业							
其他采矿业							
制造业	**921410.6**	**869300.4**	**166398.0**	**52110.2**	**49812.8**	**38582.6**	**866247.4**
农副食品加工业	3530.6	3105.1	624.5	425.5	418.7	162.0	3368.6
谷物磨制	135.7	135.7	62.0				135.7
饲料加工	1133.7	1133.7	101.0			5.0	1128.7
植物油加工							
制糖业							
屠宰及肉类加工	1781.9	1460.5	404.9	321.4	314.6		1781.9
水产品加工							
蔬菜、菌类、水果和坚果加工	319.3	240.2	42.3	79.1	79.1	107.0	212.3
其他农副食品加工	160.0	135.0	14.3	25.0	25.0	50.0	110.0
食品制造业	4801.4	4346.6	1086.7	454.8	274.7	331.3	4470.1
焙烤食品制造	1371.5	1326.2	191.0	45.3		250.0	1121.5
糖果、巧克力及蜜饯制造							

1-D-1.5　续表 1　　单位：万元

行　业	R&D经费内部支出	日常性支出	#人员劳务费	资产性支出	#仪器和设备	#政府资金	#企业资金
方便食品制造							
乳制品制造	835.5	835.5	45.8				835.5
罐头食品制造							
调味品、发酵制品制造	1023.4	1006.8	415.0	16.6	14.4	81.3	942.1
其他食品制造	1571.0	1178.1	434.9	392.9	260.3		1571.0
酒、饮料和精制茶制造业	1953.7	1887.9	259.4	65.8	31.6		1953.7
酒的制造	414.2	410.7	115.2	3.5	3.5		414.2
饮料制造	1539.5	1477.2	144.2	62.3	28.1		1539.5
精制茶加工							
烟草制品业	643.8	399.9	350.7	243.9	243.9		643.8
烟叶复烤							
卷烟制造	643.8	399.9	350.7	243.9	243.9		643.8
其他烟草制品制造							
纺织业							
棉纺织及印染精加工							
毛纺织及染整精加工							
麻纺织及染整精加工							
丝绢纺织及印染精加工							
化纤织造及印染精加工							
针织或钩针编织物及其制品制造							
家用纺织制成品制造							
产业用纺织制成品制造							
纺织服装、服饰业	412.2	412.2	286.0				412.2
机织服装制造							
针织或钩针编织服装制造							
服饰制造	412.2	412.2	286.0				412.2
皮革、毛皮、羽毛及其制品和制鞋业							
皮革鞣制加工							
皮革制品制造							
毛皮鞣制及制品加工							
羽毛(绒)加工及制品制造							
制鞋业							
木材加工和木、竹、藤、棕、草制品业							
木材加工							
人造板制造							
木质制品制造							
竹、藤、棕、草等制品制造							
家具制造业							
木质家具制造							
竹、藤家具制造							
金属家具制造							
塑料家具制造							
其他家具制造							

1-D-1.5 续表 2

单位：万元

行业	R&D经费内部支出	日常性支出	#人员劳务费	资产性支出	#仪器和设备	#政府资金	#企业资金
造纸和纸制品业	2850.0	2821.9	304.1	28.1	28.1	30.0	2820.0
纸浆制造							
造纸	2678.7	2678.7	240.1			30.0	2648.7
纸制品制造	171.3	143.2	64.0	28.1	28.1		171.3
印刷和记录媒介复制业	863.0	855.1	483.3	7.9	7.9		863.0
印刷	863.0	855.1	483.3	7.9	7.9		863.0
装订及印刷相关服务							
记录媒介复制							
文教、工美、体育和娱乐用品制造业	1052.2	1044.3	416.8	7.9	7.9		1052.2
文教办公用品制造							
乐器制造							
工艺美术及礼仪用品制造	327.0	319.1	184.3	7.9	7.9		327.0
体育用品制造	725.2	725.2	232.5				725.2
玩具制造							
游艺器材及娱乐用品制造							
石油、煤炭及其他燃料加工业	33726.5	32702.8	3705.0	1023.7	863.9		33726.5
精炼石油产品制造							
煤炭加工	33726.5	32702.8	3705.0	1023.7	863.9		33726.5
核燃料加工							
生物质燃料加工							
化学原料和化学制品制造业	67398.5	65495.2	14084.1	1903.3	1872.9	4575.2	62823.3
基础化学原料制造	4931.8	4337.6	972.2	594.2	592.1	31.7	4900.1
肥料制造	18261.4	17620.0	5734.0	641.4	626.1	7.0	18254.4
农药制造	36.0	30.8	20.0	5.2	3.4		36.0
涂料、油墨、颜料及类似产品制造	2284.9	2254.1	483.2	30.8	30.0	74.5	2210.4
合成材料制造	4213.3	4027.9	977.0	185.4	185.4		4213.3
专用化学产品制造	24321.1	24286.8	1585.1	34.3	34.1	224.6	24096.5
炸药、火工及焰火产品制造	11387.8	11252.0	3299.3	135.8	132.3	4226.4	7161.4
日用化学产品制造	1962.2	1686.0	1013.3	276.2	269.5	11.0	1951.2
医药制造业	38473.8	35915.5	11844.1	2558.3	2278.6	745.6	37530.0
化学药品原料药制造	7478.4	7119.0	2219.0	359.4	331.2	106.9	7371.5
化学药品制剂制造	15266.2	14372.4	4524.2	893.8	893.0	382.1	14856.5
中药饮片加工	80.0	50.0	19.0	30.0	30.0		80.0
中成药生产	6917.3	5919.4	3084.4	997.9	765.9	25.0	6827.5
兽用药品制造	437.9	435.1	188.8	2.8	2.8		437.9
生物药品制品制造	6740.2	6537.2	1588.6	203.0	203.0	191.6	6548.6
卫生材料及医药用品制造	1553.8	1482.4	220.1	71.4	52.7	40.0	1408.0
药用辅料及包装材料制造							
化学纤维制造业	155.3	155.3	71.5				155.3
纤维素纤维原料及纤维制造							
合成纤维制造	155.3	155.3	71.5				155.3
生物基材料制造							
橡胶和塑料制品业	2729.0	2507.0	749.6	222.0	222.0	21.8	2707.2

1-D-1.5　续表 3　　　　单位：万元

行　业	R&D经费内部支出	日常性支出	#人员劳务费	资产性支出	#仪器和设备	#政府资金	#企业资金
橡胶制品业	2441.9	2220.7	592.6	221.2	221.2		2441.9
塑料制品业	287.1	286.3	157.0	0.8	0.8	21.8	265.3
非金属矿物制品业	17790.9	16575.4	3203.5	1215.5	1214.3	797.8	16577.5
水泥、石灰和石膏制造	1183.8	817.0	126.5	366.8	366.8		1183.8
石膏、水泥制品及类似制品制造	857.6	231.6	139.7	626.0	626.0	30.0	827.6
砖瓦、石材等建筑材料制造	546.2	545.1	133.4	1.1	1.1		546.2
玻璃制造	262.2	262.2	48.8				262.2
玻璃制品制造	1637.3	1637.3	499.8				1637.3
玻璃纤维和玻璃纤维增强塑料制品制造							
陶瓷制品制造	574.7	525.5	312.4	49.2	48.0		574.7
耐火材料制品制造	2508.9	2508.9	74.3			86.8	2422.1
石墨及其他非金属矿物制品制造	10220.2	10047.8	1868.6	172.4	172.4	681.0	9123.6
黑色金属冶炼和压延加工业	381796.0	358569.0	37273.1	23227.0	22027.4	2373.8	374553.3
炼铁	7026.3	7026.3	839.7			30.0	6996.3
炼钢	28682.2	28389.2	2076.4	293.0	293.0		28682.2
钢压延加工	340073.4	317196.9	33590.3	22876.5	21687.4	2223.8	332980.7
铁合金冶炼	6014.1	5956.6	766.7	57.5	47.0	120.0	5894.1
有色金属冶炼和压延加工业	16375.4	14978.1	3658.6	1397.3	1389.3	10.7	16364.7
常用有色金属冶炼	7116.8	6761.4	1805.4	355.4	347.4		7116.8
贵金属冶炼							
稀有稀土金属冶炼							
有色金属合金制造	7137.8	6120.9	1376.4	1016.9	1016.9		7137.8
有色金属压延加工	2120.8	2095.8	476.8	25.0	25.0	10.7	2110.1
金属制品业	52681.9	46613.7	12062.9	6068.2	5858.2	10467.5	41879.7
结构性金属制品制造	314.5	299.5	112.4	15.0	15.0	15.0	299.5
金属工具制造	1837.8	1837.8	535.5				1837.8
集装箱及金属包装容器制造	1158.5	1158.5	595.3			56.3	1102.2
金属丝绳及其制品制造	578.1	578.1	119.5				578.1
建筑、安全用金属制品制造	1674.9	1613.9	323.5	61.0	61.0	50.0	1624.9
金属表面处理及热处理加工							
搪瓷制品制造							
金属制日用品制造							
铸造及其他金属制品制造	47118.1	41125.9	10376.7	5992.2	5782.2	10346.2	36437.2
通用设备制造业	18365.3	17997.4	4087.8	367.9	367.8	704.3	17656.3
锅炉及原动设备制造	8634.1	8531.7	1935.7	102.4	102.4	19.7	8614.4
金属加工机械制造	692.1	688.9	233.2	3.2	3.2	195.4	496.7
物料搬运设备制造	413.3	409.2	164.9	4.1	4.0	50.0	363.3
泵、阀门、压缩机及类似机械制造	6695.9	6536.1	1165.3	159.8	159.8	382.2	6313.7
轴承、齿轮和传动部件制造	325.6	325.6	120.3				325.6
烘炉、风机、包装等设备制造	720.5	720.5	254.1			10.0	705.8
文化、办公用机械制造	92.0	67.6	26.4	24.4	24.4	7.0	85.0
通用零部件制造	791.8	717.8	187.9	74.0	74.0	40.0	751.8
其他通用设备制造业							

1-D-1.5 续表 4 单位：万元

行业	R&D经费内部支出	日常性支出	#人员劳务费	资产性支出	#仪器和设备	#政府资金	#企业资金
专用设备制造业	105414.5	99908.6	23772.1	5505.9	5467.7	5155.3	93882.0
采矿、冶金、建筑专用设备制造	90063.5	86217.3	20308.8	3846.2	3808.6	4997.1	78689.2
化工、木材、非金属加工专用设备制造	5702.7	5702.7	865.4				5702.7
食品、饮料、烟草及饲料生产专用设备制造							
印刷、制药、日化及日用品生产专用设备制造	180.4	180.4	132.1				180.4
纺织、服装和皮革加工专用设备制造	6566.2	4958.2	2231.7	1608.0	1608.0	73.8	6492.4
电子和电工机械专用设备制造	2350.7	2346.7	154.0	4.0	3.4		2350.7
农、林、牧、渔专用机械制造	297.5	297.5	39.8			39.4	258.1
医疗仪器设备及器械制造							
环保、邮政、社会公共服务及其他专用设备制造	253.5	205.8	40.3	47.7	47.7	45.0	208.5
汽车制造业	46354.4	44269.3	13150.5	2085.1	1962.9	330.5	43324.0
汽车整车制造	6606.6	6594.8	1982.3	11.8		260.0	3917.0
汽车用发动机制造							
改装汽车制造	18598.9	17061.8	5777.2	1537.1	1537.1	20.0	18365.4
低速汽车制造							
电车制造	54.3	54.3	33.1			20.0	34.3
汽车车身、挂车制造	104.3	104.3	27.2				104.3
汽车零部件及配件制造	20990.3	20454.1	5330.7	536.2	425.8	30.5	20903.0
铁路、船舶、航空航天和其他运输设备制造业	34341.2	33117.8	9624.2	1223.4	1223.4	1582.0	32431.6
铁路运输设备制造	33800.5	32577.1	9521.9	1223.4	1223.4	1582.0	31890.9
城市轨道交通设备制造							
船舶及相关装置制造							
航空、航天器及设备制造	540.7	540.7	102.3				540.7
摩托车制造							
自行车和残疾人座车制造							
助动车制造							
非公路休闲车及零配件制造							
潜水救捞及其他未列明运输设备制造							
电气机械和器材制造业	31398.6	30011.5	7712.4	1387.1	1387.1	1429.3	29969.3
电机制造	16212.3	15493.4	4571.6	718.9	718.9	849.9	15362.4
输配电及控制设备制造	13350.6	12725.2	2611.7	625.4	625.4	397.4	12953.2
电线、电缆、光缆及电工器材制造	1537.8	1495.6	391.4	42.2	42.2	24.0	1513.8
电池制造							
家用电力器具制造							
非电力家用器具制造	131.7	131.7	53.9				131.7
照明器具制造							
其他电气机械及器材制造	166.2	165.6	83.8	0.6	0.6	158.0	8.2
计算机、通信和其他电子设备制造业	36477.3	34237.0	11492.6	2240.3	2213.2	1205.0	34490.1
计算机制造	1531.5	1470.2	144.4	61.3	43.7		842.3
通信设备制造	24581.1	24581.1	8899.7				24581.1
广播电视设备制造							

1-D-1.5　续表 5

单位：万元

行　　业	R&D经费内部支出	日常性支　出	#人　员劳务费	资产性支　出	#仪器和设　备	#政府资金	#企业资金
雷达及配套设备制造							
非专业视听设备制造							
智能消费设备制造							
电子器件制造	5292.1	4529.1	1637.8	763.0	753.5		5292.1
电子元件及电子专用材料制造	5053.4	3637.4	796.1	1416.0	1416.0	1205.0	3755.4
其他电子设备制造	19.2	19.2	14.6				19.2
仪器仪表制造业	4535.3	4203.5	2144.2	331.8	331.8	598.6	3936.7
通用仪器仪表制造	2584.7	2275.0	1422.2	309.7	309.7	497.2	2087.5
专用仪器仪表制造	1363.1	1363.1	586.9				1363.1
钟表与计时仪器制造							
光学仪器制造							
衡器制造	587.5	565.4	135.1	22.1	22.1	101.4	486.1
其他仪器仪表制造业							
其他制造业	17279.8	17160.3	3943.6	119.5	119.5	8061.9	8646.3
日用杂品制造							
核辐射加工							
其他未列明制造业	17279.8	17160.3	3943.6	119.5	119.5	8061.9	8646.3
废弃资源综合利用业							
金属废料和碎屑加工处理							
非金属废料和碎屑加工处理							
金属制品、机械和设备修理业	10.0	10.0	6.7				10.0
金属制品修理							
通用设备修理							
专用设备修理	10.0	10.0	6.7				10.0
铁路、船舶、航空航天等运输设备修理							
电气设备修理							
仪器仪表修理							
其他机械和设备修理业							
电力、热力、燃气及水生产和供应业	**7195.7**	**4472.7**	**3499.9**	**2723.0**	**2723.0**	**154.8**	**7040.9**
电力、热力生产和供应业	6967.5	4244.5	3367.3	2723.0	2723.0	154.8	6812.7
电力生产	2448.2	681.2	335.7	1767.0	1767.0	153.8	2294.4
电力供应	3164.9	3164.9	3006.7				3164.9
热力生产和供应	1354.4	398.4	24.9	956.0	956.0	1.0	1353.4
燃气生产和供应业	228.2	228.2	132.6				228.2
燃气生产和供应业	228.2	228.2	132.6				228.2
生物质燃气生产和供应业							
水的生产和供应业							
自来水生产和供应							
污水处理及其再生利用							
海水淡化处理							
其他水的处理、利用与分配							

1-D-1.6 分行业港澳台商投资企业R&D经费内部支出情况

单位：万元

行业	R&D经费内部支出	日常性支出	#人员劳务费	资产性支出	#仪器和设备	#政府资金	#企业资金
总计	**34640.8**	**34215.6**	**15484.2**	**425.2**	**425.2**	**1149.7**	**33491.1**
采矿业							
煤炭开采和洗选业							
烟煤和无烟煤开采洗选							
褐煤开采洗选							
其他煤炭采选							
石油和天然气开采业							
石油开采							
天然气开采							
黑色金属矿采选业							
铁矿采选							
锰矿、铬矿采选							
其他黑色金属矿采选							
有色金属矿采选业							
常用有色金属矿采选							
贵金属矿采选							
稀有稀土金属矿采选							
非金属矿采选业							
土砂石开采							
化学矿开采							
采盐							
石棉及其他非金属矿采选							
开采专业及辅助性活动							
煤炭开采和洗选专业及辅助性活动							
石油和天然气开采专业及辅助性活动							
其他开采专业及辅助性活动							
其他采矿业							
其他采矿业							
制造业	**34640.8**	**34215.6**	**15484.2**	**425.2**	**425.2**	**1149.7**	**33491.1**
农副食品加工业							
谷物磨制							
饲料加工							
植物油加工							
制糖业							
屠宰及肉类加工							
水产品加工							
蔬菜、菌类、水果和坚果加工							
其他农副食品加工							
食品制造业							
焙烤食品制造							
糖果、巧克力及蜜饯制造							

1-D-1.6　续表 1

单位：万元

行　业	R&D经费内部支出	日常性支出	#人员劳务费	资产性支出	#仪器和设备	#政府资金	#企业资金
方便食品制造							
乳制品制造							
罐头食品制造							
调味品、发酵制品制造							
其他食品制造							
酒、饮料和精制茶制造业							
酒的制造							
饮料制造							
精制茶加工							
烟草制品业							
烟叶复烤							
卷烟制造							
其他烟草制品制造							
纺织业							
棉纺织及印染精加工							
毛纺织及染整精加工							
麻纺织及染整精加工							
丝绢纺织及印染精加工							
化纤织造及印染精加工							
针织或钩针编织物及其制品制造							
家用纺织制成品制造							
产业用纺织制成品制造							
纺织服装、服饰业							
机织服装制造							
针织或钩针编织服装制造							
服饰制造							
皮革、毛皮、羽毛及其制品和制鞋业							
皮革鞣制加工							
皮革制品制造							
毛皮鞣制及制品加工							
羽毛(绒)加工及制品制造							
制鞋业							
木材加工和木、竹、藤、棕、草制品业							
木材加工							
人造板制造							
木质制品制造							
竹、藤、棕、草等制品制造							
家具制造业							
木质家具制造							
竹、藤家具制造							
金属家具制造							
塑料家具制造							
其他家具制造							

1-D-1.6 续表 2

单位：万元

行业	R&D经费内部支出	日常性支出	#人员劳务费	资产性支出	#仪器和设备	#政府资金	#企业资金
造纸和纸制品业							
纸浆制造							
造纸							
纸制品制造							
印刷和记录媒介复制业							
印刷							
装订及印刷相关服务							
记录媒介复制							
文教、工美、体育和娱乐用品制造业							
文教办公用品制造							
乐器制造							
工艺美术及礼仪用品制造							
体育用品制造							
玩具制造							
游艺器材及娱乐用品制造							
石油、煤炭及其他燃料加工业							
精炼石油产品制造							
煤炭加工							
核燃料加工							
生物质燃料加工							
化学原料和化学制品制造业							
基础化学原料制造							
肥料制造							
农药制造							
涂料、油墨、颜料及类似产品制造							
合成材料制造							
专用化学产品制造							
炸药、火工及焰火产品制造							
日用化学产品制造							
医药制造业	1356.5	1275.0	578.5	81.5	81.5		1356.5
化学药品原料药制造							
化学药品制剂制造	1356.5	1275.0	578.5	81.5	81.5		1356.5
中药饮片加工							
中成药生产							
兽用药品制造							
生物药品制品制造							
卫生材料及医药用品制造							
药用辅料及包装材料制造							
化学纤维制造业							
纤维素纤维原料及纤维制造							
合成纤维制造							
生物基材料制造							
橡胶和塑料制品业							

1-D-1.6　续表 3

单位：万元

行　　业	R&D经费内部支出	日常性支出	#人员劳务费	资产性支出	#仪器和设备	#政府资金	#企业资金
橡胶制品业							
塑料制品业							
非金属矿物制品业							
水泥、石灰和石膏制造							
石膏、水泥制品及类似制品制造							
砖瓦、石材等建筑材料制造							
玻璃制造							
玻璃制品制造							
玻璃纤维和玻璃纤维增强塑料制品制造							
陶瓷制品制造							
耐火材料制品制造							
石墨及其他非金属矿物制品制造							
黑色金属冶炼和压延加工业							
炼铁							
炼钢							
钢压延加工							
铁合金冶炼							
有色金属冶炼和压延加工业							
常用有色金属冶炼							
贵金属冶炼							
稀有稀土金属冶炼							
有色金属合金制造							
有色金属压延加工							
金属制品业	235.2	235.2	41.2				235.2
结构性金属制品制造							
金属工具制造							
集装箱及金属包装容器制造							
金属丝绳及其制品制造							
建筑、安全用金属制品制造							
金属表面处理及热处理加工	235.2	235.2	41.2				235.2
搪瓷制品制造							
金属制日用品制造							
铸造及其他金属制品制造							
通用设备制造业							
锅炉及原动设备制造							
金属加工机械制造							
物料搬运设备制造							
泵、阀门、压缩机及类似机械制造							
轴承、齿轮和传动部件制造							
烘炉、风机、包装等设备制造							
文化、办公用机械制造							
通用零部件制造							
其他通用设备制造业							

1-D-1.6 续表 4

单位：万元

行业	R&D经费内部支出	日常性支出	#人员劳务费	资产性支出	#仪器和设备	#政府资金	#企业资金
专用设备制造业							
采矿、冶金、建筑专用设备制造							
化工、木材、非金属加工专用设备制造							
食品、饮料、烟草及饲料生产专用设备制造							
印刷、制药、日化及日用品生产专用设备制造							
纺织、服装和皮革加工专用设备制造							
电子和电工机械专用设备制造							
农、林、牧、渔专用机械制造							
医疗仪器设备及器械制造							
环保、邮政、社会公共服务及其他专用设备制造							
汽车制造业							
汽车整车制造							
汽车用发动机制造							
改装汽车制造							
低速汽车制造							
电车制造							
汽车车身、挂车制造							
汽车零部件及配件制造							
铁路、船舶、航空航天和其他运输设备制造业							
铁路运输设备制造							
城市轨道交通设备制造							
船舶及相关装置制造							
航空、航天器及设备制造							
摩托车制造							
自行车和残疾人座车制造							
助动车制造							
非公路休闲车及零配件制造							
潜水救捞及其他未列明运输设备制造							
电气机械和器材制造业	103.7	103.7	58.8			78.1	25.6
电机制造							
输配电及控制设备制造							
电线、电缆、光缆及电工器材制造							
电池制造							
家用电力器具制造							
非电力家用器具制造							
照明器具制造	103.7	103.7	58.8			78.1	25.6
其他电气机械及器材制造							
计算机、通信和其他电子设备制造业	32415.1	32128.0	14740.8	287.1	287.1	1071.6	31343.5
计算机制造							
通信设备制造	32415.1	32128.0	14740.8	287.1	287.1	1071.6	31343.5
广播电视设备制造							

1-D-1.6　续表 5　　单位：万元

行　　业	R&D经费内部支出	日常性支出	#人员劳务费	资产性支出	#仪器和设备	#政府资金	#企业资金
雷达及配套设备制造							
非专业视听设备制造							
智能消费设备制造							
电子器件制造							
电子元件及电子专用材料制造							
其他电子设备制造							
仪器仪表制造业							
通用仪器仪表制造							
专用仪器仪表制造							
钟表与计时仪器制造							
光学仪器制造							
衡器制造							
其他仪器仪表制造业							
其他制造业							
日用杂品制造							
核辐射加工							
其他未列明制造业							
废弃资源综合利用业	530.3	473.7	64.9	56.6	56.6		530.3
金属废料和碎屑加工处理	530.3	473.7	64.9	56.6	56.6		530.3
非金属废料和碎屑加工处理							
金属制品、机械和设备修理业							
金属制品修理							
通用设备修理							
专用设备修理							
铁路、船舶、航空航天等运输设备修理							
电气设备修理							
仪器仪表修理							
其他机械和设备修理业							
电力、热力、燃气及水生产和供应业							
电力、热力生产和供应业							
电力生产							
电力供应							
热力生产和供应							
燃气生产和供应业							
燃气生产和供应业							
生物质燃气生产和供应业							
水的生产和供应业							
自来水生产和供应							
污水处理及其再生利用							
海水淡化处理							
其他水的处理、利用与分配							

1-D-1.7 分行业外商投资企业R&D经费内部支出情况

单位：万元

行业	R&D经费内部支出	日常性支出	#人员劳务费	资产性支出	#仪器和设备	#政府资金	#企业资金
总计	**39998.7**	**35795.5**	**14656.5**	**4203.2**	**4192.8**	**153.6**	**39845.1**
采矿业	**6721.0**	**3483.6**	**237.2**	**3237.4**	**3237.4**		**6721.0**
煤炭开采和洗选业	6721.0	3483.6	237.2	3237.4	3237.4		6721.0
烟煤和无烟煤开采洗选	6721.0	3483.6	237.2	3237.4	3237.4		6721.0
褐煤开采洗选							
其他煤炭采选							
石油和天然气开采业							
石油开采							
天然气开采							
黑色金属矿采选业							
铁矿采选							
锰矿、铬矿采选							
其他黑色金属矿采选							
有色金属矿采选业							
常用有色金属矿采选							
贵金属矿采选							
稀有稀土金属矿采选							
非金属矿采选业							
土砂石开采							
化学矿开采							
采盐							
石棉及其他非金属矿采选							
开采专业及辅助性活动							
煤炭开采和洗选专业及辅助性活动							
石油和天然气开采专业及辅助性活动							
其他开采专业及辅助性活动							
其他采矿业							
其他采矿业							
制造业	**33277.7**	**32311.9**	**14419.3**	**965.8**	**955.4**	**153.6**	**33124.1**
农副食品加工业							
谷物磨制							
饲料加工							
植物油加工							
制糖业							
屠宰及肉类加工							
水产品加工							
蔬菜、菌类、水果和坚果加工							
其他农副食品加工							
食品制造业							
焙烤食品制造							
糖果、巧克力及蜜饯制造							

1-D-1.7　续表 1　　　　单位：万元

行　业	R&D经费内部支出	日常性支出	#人员劳务费	资产性支出	#仪器和设备	#政府资金	#企业资金
方便食品制造							
乳制品制造							
罐头食品制造							
调味品、发酵制品制造							
其他食品制造							
酒、饮料和精制茶制造业							
酒的制造							
饮料制造							
精制茶加工							
烟草制品业							
烟叶复烤							
卷烟制造							
其他烟草制品制造							
纺织业							
棉纺织及印染精加工							
毛纺织及染整精加工							
麻纺织及染整精加工							
丝绢纺织及印染精加工							
化纤织造及印染精加工							
针织或钩针编织物及其制品制造							
家用纺织制成品制造							
产业用纺织制成品制造							
纺织服装、服饰业							
机织服装制造							
针织或钩针编织服装制造							
服饰制造							
皮革、毛皮、羽毛及其制品和制鞋业							
皮革鞣制加工							
皮革制品制造							
毛皮鞣制及制品加工							
羽毛(绒)加工及制品制造							
制鞋业							
木材加工和木、竹、藤、棕、草制品业							
木材加工							
人造板制造							
木质制品制造							
竹、藤、棕、草等制品制造							
家具制造业							
木质家具制造							
竹、藤家具制造							
金属家具制造							
塑料家具制造							
其他家具制造							

1-D-1.7 续表 2

单位：万元

行业	R&D经费内部支出	日常性支出	#人员劳务费	资产性支出	#仪器和设备	#政府资金	#企业资金
造纸和纸制品业							
纸浆制造							
造纸							
纸制品制造							
印刷和记录媒介复制业							
印刷							
装订及印刷相关服务							
记录媒介复制							
文教、工美、体育和娱乐用品制造业							
文教办公用品制造							
乐器制造							
工艺美术及礼仪用品制造							
体育用品制造							
玩具制造							
游艺器材及娱乐用品制造							
石油、煤炭及其他燃料加工业							
精炼石油产品制造							
煤炭加工							
核燃料加工							
生物质燃料加工							
化学原料和化学制品制造业	3857.6	3161.0	1006.9	696.6	686.3	36.9	3820.7
基础化学原料制造							
肥料制造	1049.9	1049.9	110.4				1049.9
农药制造							
涂料、油墨、颜料及类似产品制造	36.9	36.9	35.1			36.9	
合成材料制造	2770.8	2074.2	861.4	696.6	686.3		2770.8
专用化学产品制造							
炸药、火工及焰火产品制造							
日用化学产品制造							
医药制造业	474.2	452.5	239.6	21.7	21.6		474.2
化学药品原料药制造							
化学药品制剂制造							
中药饮片加工							
中成药生产							
兽用药品制造							
生物药品制品制造							
卫生材料及医药用品制造							
药用辅料及包装材料制造	474.2	452.5	239.6	21.7	21.6		474.2
化学纤维制造业							
纤维素纤维原料及纤维制造							
合成纤维制造							
生物基材料制造							
橡胶和塑料制品业							

1-D-1.7　续表 3　　单位：万元

行　业	R&D经费内部支出	日常性支出	#人员劳务费	资产性支出	#仪器和设备	#政府资金	#企业资金
橡胶制品业							
塑料制品业							
非金属矿物制品业							
水泥、石灰和石膏制造							
石膏、水泥制品及类似制品制造							
砖瓦、石材等建筑材料制造							
玻璃制造							
玻璃制品制造							
玻璃纤维和玻璃纤维增强塑料制品制造							
陶瓷制品制造							
耐火材料制品制造							
石墨及其他非金属矿物制品制造							
黑色金属冶炼和压延加工业							
炼铁							
炼钢							
钢压延加工							
铁合金冶炼							
有色金属冶炼和压延加工业							
常用有色金属冶炼							
贵金属冶炼							
稀有稀土金属冶炼							
有色金属合金制造							
有色金属压延加工							
金属制品业	2072.9	1944.9	375.2	128.0	128.0		2072.9
结构性金属制品制造							
金属工具制造							
集装箱及金属包装容器制造							
金属丝绳及其制品制造							
建筑、安全用金属制品制造							
金属表面处理及热处理加工							
搪瓷制品制造							
金属制日用品制造							
铸造及其他金属制品制造	2072.9	1944.9	375.2	128.0	128.0		2072.9
通用设备制造业							
锅炉及原动设备制造							
金属加工机械制造							
物料搬运设备制造							
泵、阀门、压缩机及类似机械制造							
轴承、齿轮和传动部件制造							
烘炉、风机、包装等设备制造							
文化、办公用机械制造							
通用零部件制造							
其他通用设备制造业							

1-D-1.7 续表 4

单位：万元

行业	R&D经费内部支出	日常性支出	#人员劳务费	资产性支出	#仪器和设备	#政府资金	#企业资金
专用设备制造业	881.1	881.1	387.9			70.0	811.1
采矿、冶金、建筑专用设备制造	211.5	211.5	77.2			70.0	141.5
化工、木材、非金属加工专用设备制造							
食品、饮料、烟草及饲料生产专用设备制造							
印刷、制药、日化及日用品生产专用设备制造							
纺织、服装和皮革加工专用设备制造							
电子和电工机械专用设备制造							
农、林、牧、渔专用机械制造							
医疗仪器设备及器械制造							
环保、邮政、社会公共服务及其他专用设备制造	669.6	669.6	310.7				669.6
汽车制造业	514.1	394.6	60.0	119.5	119.5	6.7	507.4
汽车整车制造							
汽车用发动机制造							
改装汽车制造							
低速汽车制造							
电车制造							
汽车车身、挂车制造							
汽车零部件及配件制造	514.1	394.6	60.0	119.5	119.5	6.7	507.4
铁路、船舶、航空航天和其他运输设备制造业							
铁路运输设备制造							
城市轨道交通设备制造							
船舶及相关装置制造							
航空、航天器及设备制造							
摩托车制造							
自行车和残疾人座车制造							
助动车制造							
非公路休闲车及零配件制造							
潜水救捞及其他未列明运输设备制造							
电气机械和器材制造业	6268.7	6268.7	712.5			40.0	6228.7
电机制造							
输配电及控制设备制造	6268.7	6268.7	712.5			40.0	6228.7
电线、电缆、光缆及电工器材制造							
电池制造							
家用电力器具制造							
非电力家用器具制造							
照明器具制造							
其他电气机械及器材制造							
计算机、通信和其他电子设备制造业	19157.9	19157.9	11611.5				19157.9
计算机制造							
通信设备制造	19157.9	19157.9	11611.5				19157.9
广播电视设备制造							

1-D-1.7　续表 5　　　　单位：万元

行　　业	R&D经费内部支出	日常性支出	#人员劳务费	资产性支出	#仪器和设备	#政府资金	#企业资金
雷达及配套设备制造							
非专业视听设备制造							
智能消费设备制造							
电子器件制造							
电子元件及电子专用材料制造							
其他电子设备制造							
仪器仪表制造业	51.2	51.2	25.7				51.2
通用仪器仪表制造	51.2	51.2	25.7				51.2
专用仪器仪表制造							
钟表与计时仪器制造							
光学仪器制造							
衡器制造							
其他仪器仪表制造业							
其他制造业							
日用杂品制造							
核辐射加工							
其他未列明制造业							
废弃资源综合利用业							
金属废料和碎屑加工处理							
非金属废料和碎屑加工处理							
金属制品、机械和设备修理业							
金属制品修理							
通用设备修理							
专用设备修理							
铁路、船舶、航空航天等运输设备修理							
电气设备修理							
仪器仪表修理							
其他机械和设备修理业							
电力、热力、燃气及水生产和供应业							
电力、热力生产和供应业							
电力生产							
电力供应							
热力生产和供应							
燃气生产和供应业							
燃气生产和供应业							
生物质燃气生产和供应业							
水的生产和供应业							
自来水生产和供应							
污水处理及其再生利用							
海水淡化处理							
其他水的处理、利用与分配							

1-D-1.8 各地区企业R&D经费内部支出情况

单位：万元

地区	R&D经费内部支出	日常性支出	#人员劳务费	资产性支出	#仪器和设备	#政府资金	#企业资金
全 省	**1312531.1**	**1236836.7**	**306594.5**	**75694.4**	**72696.6**	**42113.6**	**1249028.2**
太原市	519367.8	484083.2	99499.1	35284.6	33798.7	26609.0	480711.1
大同市	99797.5	96908.9	28401.3	2888.6	2829.9	881.3	98600.6
阳泉市	22734.1	19839.6	13059.7	2894.5	2809.0	416.0	21895.0
长治市	139897.3	129704.8	41765.8	10192.5	9777.8	7272.6	130694.0
晋城市	159280.9	155822.8	54200.6	3458.1	3281.0	1667.2	157556.9
朔州市	14841.6	13743.1	3246.4	1098.5	1098.4	21.1	14820.5
晋中市	84667.8	77377.1	13395.9	7290.7	6861.1	1433.6	82801.2
运城市	160810.1	152653.1	32644.8	8157.0	7974.3	1547.5	154216.6
忻州市	17114.8	16496.8	3723.9	618.0	603.8	740.0	16374.8
临汾市	51293.4	48591.9	7877.5	2701.5	2591.6	1298.1	49995.3
吕梁市	42725.8	41615.4	8779.5	1110.4	1071.0	227.2	41362.2

1-D-1.9 各地区大中型企业R&D经费内部支出情况

单位：万元

地区	R&D经费内部支出	日常性支出	#人员劳务费	资产性支出	#仪器和设备	#政府资金	#企业资金
全 省	**1233319.4**	**1164104.9**	**288490.8**	**69214.5**	**66452.0**	**38126.7**	**1174258.8**
太原市	494860.1	460964.8	93676.6	33895.3	32436.8	24866.7	457950.4
大同市	96169.7	94252.1	27799.3	1917.6	1858.9	750.3	95103.8
阳泉市	21166.5	18340.0	12703.9	2826.5	2741.0	195.0	20971.5
长治市	136941.2	127295.3	40961.8	9645.9	9240.7	7132.6	127905.5
晋城市	154272.1	151362.2	52951.9	2909.9	2736.1	1437.9	152777.4
朔州市	12966.0	11895.4	2772.5	1070.6	1070.6		12966.0
晋中市	72206.9	65744.7	10732.5	6462.2	6052.5	940.1	70833.8
运城市	144225.0	136739.5	28944.6	7485.5	7439.0	1117.4	138061.6
忻州市	12716.0	12300.1	2790.0	415.9	412.3	510.0	12206.0
临汾市	48258.2	46121.1	7047.6	2137.1	2027.3	1136.7	47121.5
吕梁市	39537.7	39089.7	8110.1	448.0	436.8	40.0	38361.3

1-D-1.10　各地区内资企业R&D经费内部支出情况

单位：万元

地　　区	R&D经费内部支出	日常性支出	#人员劳务费	资产性支出	#仪器和设备	#政府资金	#企业资金
全　省	**1237891.6**	**1166825.6**	**276453.8**	**71066.0**	**68078.6**	**40810.3**	**1175692.0**
太原市	501040.9	466100.0	88790.3	34940.9	33455.0	25500.5	463492.7
大同市	96842.4	94650.4	27465.9	2192.0	2143.6	811.3	95715.5
阳泉市	22734.1	19839.6	13059.7	2894.5	2809.0	416.0	21895.0
长治市	139897.3	129704.8	41765.8	10192.5	9777.8	7272.6	130694.0
晋城市	124719.6	121261.5	38117.5	3458.1	3281.0	1667.2	122995.6
朔州市	14367.4	13290.6	3006.8	1076.8	1076.8	21.1	14346.3
晋中市	76076.2	72223.9	12520.2	3852.3	3422.7	1426.9	74216.3
运城市	159142.9	151113.9	32234.8	8029.0	7846.3	1547.5	152549.4
忻州市	17114.8	16496.8	3723.9	618.0	603.8	740.0	16374.8
临汾市	49498.9	46797.4	7701.9	2701.5	2591.6	1220.0	48278.9
吕梁市	36457.1	35346.7	8067.0	1110.4	1071.0	187.2	35133.5

1-D-1.11　各地区港澳台商投资企业R&D经费内部支出情况

单位：万元

地　　区	R&D经费内部支出	日常性支出	#人员劳务费	资产性支出	#仪器和设备	#政府资金	#企业资金
全　省	**34640.8**	**34215.6**	**15484.2**	**425.2**	**425.2**	**1149.7**	**33491.1**
太原市	1601.9	1258.2	558.0	343.7	343.7	1071.6	530.3
大同市							
阳泉市							
长治市							
晋城市	31343.5	31343.5	14247.7				31343.5
朔州市							
晋中市	1356.5	1275.0	578.5	81.5	81.5		1356.5
运城市							
忻州市							
临汾市	338.9	338.9	100.0			78.1	260.8
吕梁市							

1-D-1.12 各地区外商投资企业R&D经费内部支出情况

单位：万元

地 区	R&D经费内部支出	日常性支出	#人员劳务费	资产性支出	#仪器和设备	#政府资金	#企业资金
全 省	**39998.7**	**35795.5**	**14656.5**	**4203.2**	**4192.8**	**153.6**	**39845.1**
太原市	16725.0	16725.0	10150.8			36.9	16688.1
大同市	2955.1	2258.5	935.4	696.6	686.3	70.0	2885.1
阳泉市							
长治市							
晋城市	3217.8	3217.8	1835.4				3217.8
朔州市	474.2	452.5	239.6	21.7	21.6		474.2
晋中市	7235.1	3878.2	297.2	3356.9	3356.9	6.7	7228.4
运城市	1667.2	1539.2	410.0	128.0	128.0		1667.2
忻州市							
临汾市	1455.6	1455.6	75.6				1455.6
吕梁市	6268.7	6268.7	712.5			40.0	6228.7

1-D-2.1　分登记注册类型企业R&D经费外部支出情况

单位：万元

登记注册类型	R&D经费外部支出	#对境内研究机构支出	#对境内高等学校支出
总　计	**109762.7**	**43388.2**	**11975.8**
内资企业	**104814.4**	**38659.6**	**11802.9**
国有企业	8583.0	5843.7	963.7
集体企业			
股份合作企业			
联营企业			
国有联营企业			
集体联营企业			
国有与集体联营企业			
其他联营企业			
有限责任公司	81921.9	28981.4	8749.6
国有独资公司	19428.8	2009.4	3521.1
其他有限责任公司	62493.1	26972.0	5228.5
股份有限公司	10256.0	3627.4	1344.6
私营企业	4053.5	207.1	745.0
私营独资企业			
私营合伙企业			
私营有限责任公司	3476.7	196.5	364.8
私营股份有限公司	576.8	10.6	380.2
其他企业			
港、澳、台商投资企业	**4747.7**	**4728.6**	
合资经营企业	19.1		
合作经营企业			
港、澳、台商独资经营企业	4728.6	4728.6	
港、澳、台商投资股份有限公司			
其他港、澳、台投资企业			
外商投资企业	**200.6**		**172.9**
中外合资经营企业	200.6		172.9
中外合作经营企业			
外资企业			
外商投资股份有限公司			
其他外商投资企业			

1-D-2.2　分登记注册类型大中型企业R&D经费外部支出情况

单位：万元

登记注册类型	R&D经费外部支出	#对境内研究机构支出	#对境内高等学校支出
总　计	**105559.3**	**43093.9**	**11307.7**
内资企业	**100640.0**	**38365.3**	**11136.1**
国有企业	8583.0	5843.7	963.7
集体企业			
股份合作企业			
联营企业			
国有联营企业			
集体联营企业			
国有与集体联营企业			
其他联营企业			
有限责任公司	81053.5	28906.5	8700.1
国有独资公司	19408.6	1992.7	3517.6
其他有限责任公司	61644.9	26913.8	5182.5
股份有限公司	10030.3	3552.3	1229.8
私营企业	973.2	62.8	242.5
私营独资企业			
私营合伙企业			
私营有限责任公司	907.3	52.2	242.5
私营股份有限公司	65.9	10.6	
其他企业			
港、澳、台商投资企业	**4747.7**	**4728.6**	
合资经营企业	19.1		
合作经营企业			
港、澳、台商独资经营企业	4728.6	4728.6	
港、澳、台商投资股份有限公司			
其他港、澳、台投资企业			
外商投资企业	**171.6**		**171.6**
中外合资经营企业	171.6		171.6
中外合作经营企业			
外资企业			
外商投资股份有限公司			
其他外商投资企业			

1-D-2.3　分行业企业R&D经费外部支出情况

单位：万元

行　业	R&D经费外部支出	#对境内研究机构支出	#对境内高等学校支出
总　计	**109762.7**	**43388.2**	**11975.8**
采矿业	**50323.0**	**13967.8**	**5713.5**
煤炭开采和洗选业	49197.0	13355.2	5713.5
烟煤和无烟煤开采洗选	49197.0	13355.2	5713.5
褐煤开采洗选			
其他煤炭采选			
石油和天然气开采业	1126.0	612.6	
石油开采			
天然气开采	1126.0	612.6	
黑色金属矿采选业			
铁矿采选			
锰矿、铬矿采选			
其他黑色金属矿采选			
有色金属矿采选业			
常用有色金属矿采选			
贵金属矿采选			
稀有稀土金属矿采选			
非金属矿采选业			
土砂石开采			
化学矿开采			
采盐			
石棉及其他非金属矿采选			
开采专业及辅助性活动			
煤炭开采和洗选专业及辅助性活动			
石油和天然气开采专业及辅助性活动			
其他开采专业及辅助性活动			
其他采矿业			
其他采矿业			
制造业	**50598.9**	**23605.5**	**5195.8**
农副食品加工业	42.0	12.0	30.0
谷物磨制	32.0	12.0	20.0
饲料加工			
植物油加工			
制糖业			
屠宰及肉类加工			
水产品加工			
蔬菜、菌类、水果和坚果加工	10.0		10.0
其他农副食品加工			
食品制造业	65.2	62.4	0.3
焙烤食品制造			
糖果、巧克力及蜜饯制造			
方便食品制造			
乳制品制造	8.9	8.9	
罐头食品制造			
调味品、发酵制品制造			
其他食品制造	56.3	53.5	0.3
酒、饮料和精制茶制造业	2.3	1.3	1.0
酒的制造	2.3	1.3	1.0
饮料制造			
精制茶加工			

1-D-2.3 续表 1

单位：万元

行　业	R&D经费外部支出	#对境内研究机构支出	#对境内高等学校支出
烟草制品业			
烟叶复烤			
卷烟制造			
其他烟草制品制造			
纺织业			
棉纺织及印染精加工			
毛纺织及染整精加工			
麻纺织及染整精加工			
丝绢纺织及印染精加工			
化纤织造及印染精加工			
针织或钩针编织物及其制品制造			
家用纺织制成品制造			
产业用纺织制成品制造			
纺织服装、服饰业			
机织服装制造			
针织或钩针编织服装制造			
服饰制造			
皮革、毛皮、羽毛及其制品和制鞋业			
皮革鞣制加工			
皮革制品制造			
毛皮鞣制及制品加工			
羽毛(绒)加工及制品制造			
制鞋业			
木材加工和木、竹、藤、棕、草制品业			
木材加工			
人造板制造			
木质制品制造			
竹、藤、棕、草等制品制造			
家具制造业			
木质家具制造			
竹、藤家具制造			
金属家具制造			
塑料家具制造			
其他家具制造			
造纸和纸制品业			
纸浆制造			
造纸			
纸制品制造			
印刷和记录媒介复制业			
印刷			
装订及印刷相关服务			
记录媒介复制			
文教、工美、体育和娱乐用品制造业			
文教办公用品制造			
乐器制造			
工艺美术及礼仪用品制造			
体育用品制造			
玩具制造			
游艺器材及娱乐用品制造			
石油、煤炭及其他燃料加工业	2450.1	2415.1	26.7

1-D-2.3　续表 2

单位：万元

行　业	R&D经费外部支出	#对境内研究机构支出	#对境内高等学校支出
精炼石油产品制造			
煤炭加工	2450.1	2415.1	26.7
核燃料加工			
生物质燃料加工			
化学原料和化学制品制造业	3333.7	1011.2	1750.3
基础化学原料制造	0.9	0.9	
肥料制造	1371.8	751.8	219.8
农药制造	3.2	2.0	1.2
涂料、油墨、颜料及类似产品制造	14.6	14.6	
合成材料制造			
专用化学产品制造	47.6		47.6
炸药、火工及焰火产品制造	1672.0	196.0	1476.0
日用化学产品制造	223.6	45.9	5.7
医药制造业	11961.4	7778.6	532.5
化学药品原料药制造	28.5	18.5	10.0
化学药品制剂制造	8300.3	5745.0	120.2
中药饮片加工			
中成药生产	1213.1	86.3	42.3
兽用药品制造	0.6		0.6
生物药品制品制造	1928.8	1928.8	
卫生材料及医药用品制造	490.1		359.4
药用辅料及包装材料制造			
化学纤维制造业	21.6	21.6	
纤维素纤维原料及纤维制造			
合成纤维制造	21.6	21.6	
生物基材料制造			
橡胶和塑料制品业			
橡胶制品业			
塑料制品业			
非金属矿物制品业	658.4	4.3	28.1
水泥、石灰和石膏制造	6.4	4.3	2.1
石膏、水泥制品及类似制品制造	626.0		
砖瓦、石材等建筑材料制造			
玻璃制造			
玻璃制品制造			
玻璃纤维和玻璃纤维增强塑料制品制造			
陶瓷制品制造			
耐火材料制品制造	26.0		26.0
石墨及其他非金属矿物制品制造			
黑色金属冶炼和压延加工业	1137.9	636.7	361.2
炼铁	54.5		54.5
炼钢			
钢压延加工	1083.4	636.7	306.7
铁合金冶炼			
有色金属冶炼和压延加工业	248.3	58.8	86.8
常用有色金属冶炼	119.1	30.0	46.4
贵金属冶炼			
稀有稀土金属冶炼			
有色金属合金制造			
有色金属压延加工	129.2	28.8	40.4
金属制品业	5363.0	272.3	566.9

1-D-2.3 续表 3

单位：万元

行 业	R&D经费外部支出	#对境内研究机构支出	#对境内高等学校支出
结构性金属制品制造			
金属工具制造			
集装箱及金属包装容器制造	10.3		10.3
金属丝绳及其制品制造	18.0		18.0
建筑、安全用金属制品制造			
金属表面处理及热处理加工			
搪瓷制品制造			
金属制日用品制造			
铸造及其他金属制品制造	5334.7	272.3	538.6
通用设备制造业	331.8	56.1	4.7
锅炉及原动设备制造	318.2	52.2	
金属加工机械制造			
物料搬运设备制造			
泵、阀门、压缩机及类似机械制造	5.0		
轴承、齿轮和传动部件制造	4.7		4.7
烘炉、风机、包装等设备制造	3.9	3.9	
文化、办公用机械制造			
通用零部件制造			
其他通用设备制造业			
专用设备制造业	1953.6	332.8	1000.2
采矿、冶金、建筑专用设备制造	1870.0	332.8	998.8
化工、木材、非金属加工专用设备制造			
食品、饮料、烟草及饲料生产专用设备制造			
印刷、制药、日化及日用品生产专用设备制造			
纺织、服装和皮革加工专用设备制造	47.8		1.4
电子和电工机械专用设备制造			
农、林、牧、渔专用机械制造			
医疗仪器设备及器械制造			
环保、邮政、社会公共服务及其他专用设备制造	35.8		
汽车制造业	14191.1	10617.2	185.2
汽车整车制造	10617.2	10617.2	
汽车用发动机制造			
改装汽车制造	3267.9		2.4
低速汽车制造			
电车制造			
汽车车身、挂车制造			
汽车零部件及配件制造	306.0		182.8
铁路、船舶、航空航天和其他运输设备制造业	598.3	132.1	358.9
铁路运输设备制造	598.3	132.1	358.9
城市轨道交通设备制造			
船舶及相关装置制造			
航空、航天器及设备制造			
摩托车制造			
自行车和残疾人座车制造			
助动车制造			
非公路休闲车及零配件制造			
潜水救捞及其他未列明运输设备制造			
电气机械和器材制造业	7104.4	193.0	201.4
电机制造	7021.1	181.7	129.7
输配电及控制设备制造	79.3	11.3	67.7
电线、电缆、光缆及电工器材制造	3.4		3.4

1-D-2.3 续表 4

单位：万元

行业	R&D经费外部支出	#对境内研究机构支出	#对境内高等学校支出
电池制造			
家用电力器具制造			
非电力家用器具制造			
照明器具制造			
其他电气机械及器材制造	0.6		0.6
计算机、通信和其他电子设备制造业	147.5		56.8
计算机制造	40.0		40.0
通信设备制造	19.1		
广播电视设备制造			
雷达及配套设备制造			
非专业视听设备制造			
智能消费设备制造			
电子器件制造			
电子元件及电子专用材料制造	72.1		16.8
其他电子设备制造	16.3		
仪器仪表制造业	172.8		4.8
通用仪器仪表制造	172.8		4.8
专用仪器仪表制造			
钟表与计时仪器制造			
光学仪器制造			
衡器制造			
其他仪器仪表制造业			
其他制造业	815.5		
日用杂品制造			
核辐射加工			
其他未列明制造业	815.5		
废弃资源综合利用业			
金属废料和碎屑加工处理			
非金属废料和碎屑加工处理			
金属制品、机械和设备修理业			
金属制品修理			
通用设备修理			
专用设备修理			
铁路、船舶、航空航天等运输设备修理			
电气设备修理			
仪器仪表修理			
其他机械和设备修理业			
电力、热力、燃气及水生产和供应业	**8840.8**	**5814.9**	**1066.5**
电力、热力生产和供应业	8840.8	5814.9	1066.5
电力生产	190.0		
电力供应	8490.8	5814.9	906.5
热力生产和供应	160.0		160.0
燃气生产和供应业			
燃气生产和供应业			
生物质燃气生产和供应业			
水的生产和供应业			
自来水生产和供应			
污水处理及其再生利用			
海水淡化处理			
其他水的处理、利用与分配			

1-D-2.4 分行业大中型企业R&D经费外部支出情况

单位：万元

行业	R&D经费外部支出	#对境内研究机构支出	#对境内高等学校支出
总　计	**105559.3**	**43093.9**	**11307.7**
采矿业	**50323.0**	**13967.8**	**5713.5**
煤炭开采和洗选业	49197.0	13355.2	5713.5
烟煤和无烟煤开采洗选	49197.0	13355.2	5713.5
褐煤开采洗选			
其他煤炭采选			
石油和天然气开采业	1126.0	612.6	
石油开采			
天然气开采	1126.0	612.6	
黑色金属矿采选业			
铁矿采选			
锰矿、铬矿采选			
其他黑色金属矿采选			
有色金属矿采选业			
常用有色金属矿采选			
贵金属矿采选			
稀有稀土金属矿采选			
非金属矿采选业			
土砂石开采			
化学矿开采			
采盐			
石棉及其他非金属矿采选			
开采专业及辅助性活动			
煤炭开采和洗选专业及辅助性活动			
石油和天然气开采专业及辅助性活动			
其他开采专业及辅助性活动			
其他采矿业			
其他采矿业			
制造业	**46585.5**	**23311.2**	**4527.7**
农副食品加工业			
谷物磨制			
饲料加工			
植物油加工			
制糖业			
屠宰及肉类加工			
水产品加工			
蔬菜、菌类、水果和坚果加工			
其他农副食品加工			
食品制造业			
焙烤食品制造			
糖果、巧克力及蜜饯制造			
方便食品制造			
乳制品制造			
罐头食品制造			
调味品、发酵制品制造			
其他食品制造			
酒、饮料和精制茶制造业	2.3	1.3	1.0
酒的制造	2.3	1.3	1.0
饮料制造			
精制茶加工			

1-D-2.4　续表 1　　　　单位：万元

行　业	R&D经费外部支出	#对境内研究机构支出	#对境内高等学校支出
烟草制品业			
烟叶复烤			
卷烟制造			
其他烟草制品制造			
纺织业			
棉纺织及印染精加工			
毛纺织及染整精加工			
麻纺织及染整精加工			
丝绢纺织及印染精加工			
化纤织造及印染精加工			
针织或钩针编织物及其制品制造			
家用纺织制成品制造			
产业用纺织制成品制造			
纺织服装、服饰业			
机织服装制造			
针织或钩针编织服装制造			
服饰制造			
皮革、毛皮、羽毛及其制品和制鞋业			
皮革鞣制加工			
皮革制品制造			
毛皮鞣制及制品加工			
羽毛(绒)加工及制品制造			
制鞋业			
木材加工和木、竹、藤、棕、草制品业			
木材加工			
人造板制造			
木质制品制造			
竹、藤、棕、草等制品制造			
家具制造业			
木质家具制造			
竹、藤家具制造			
金属家具制造			
塑料家具制造			
其他家具制造			
造纸和纸制品业			
纸浆制造			
造纸			
纸制品制造			
印刷和记录媒介复制业			
印刷			
装订及印刷相关服务			
记录媒介复制			
文教、工美、体育和娱乐用品制造业			
文教办公用品制造			
乐器制造			
工艺美术及礼仪用品制造			
体育用品制造			
玩具制造			
游艺器材及娱乐用品制造			
石油、煤炭及其他燃料加工业	2450.1	2415.1	26.7

1-D-2.4 续表 2 单位：万元

行 业	R&D经费外部支出	#对境内研究机构支出	#对境内高等学校支出
精炼石油产品制造			
煤炭加工	2450.1	2415.1	26.7
核燃料加工			
生物质燃料加工			
化学原料和化学制品制造业	3259.3	994.6	1701.5
基础化学原料制造	0.9	0.9	
肥料制造	1362.8	751.8	219.8
农药制造			
涂料、油墨、颜料及类似产品制造			
合成材料制造			
专用化学产品制造			
炸药、火工及焰火产品制造	1672.0	196.0	1476.0
日用化学产品制造	223.6	45.9	5.7
医药制造业	9493.2	7667.7	38.0
化学药品原料药制造	18.5	18.5	
化学药品制剂制造	6439.7	5634.1	
中药饮片加工			
中成药生产	1106.2	86.3	38.0
兽用药品制造			
生物药品制品制造	1928.8	1928.8	
卫生材料及医药用品制造			
药用辅料及包装材料制造			
化学纤维制造业	21.6	21.6	
纤维素纤维原料及纤维制造			
合成纤维制造	21.6	21.6	
生物基材料制造			
橡胶和塑料制品业			
橡胶制品业			
塑料制品业			
非金属矿物制品业			
水泥、石灰和石膏制造			
石膏、水泥制品及类似制品制造			
砖瓦、石材等建筑材料制造			
玻璃制造			
玻璃制品制造			
玻璃纤维和玻璃纤维增强塑料制品制造			
陶瓷制品制造			
耐火材料制品制造			
石墨及其他非金属矿物制品制造			
黑色金属冶炼和压延加工业	1137.9	636.7	361.2
炼铁	54.5		54.5
炼钢			
钢压延加工	1083.4	636.7	306.7
铁合金冶炼			
有色金属冶炼和压延加工业	178.3	58.8	76.8
常用有色金属冶炼	109.1	30.0	36.4
贵金属冶炼			
稀有稀土金属冶炼			
有色金属合金制造			
有色金属压延加工	69.2	28.8	40.4
金属制品业	5322.5	265.3	537.6

1-D-2.4　续表 3　　　　单位：万元

行　业	R&D经费外部支出	#对境内研究机构支出	#对境内高等学校支出
结构性金属制品制造			
金属工具制造			
集装箱及金属包装容器制造			
金属丝绳及其制品制造			
建筑、安全用金属制品制造			
金属表面处理及热处理加工			
搪瓷制品制造			
金属制日用品制造			
铸造及其他金属制品制造	5322.5	265.3	537.6
通用设备制造业	318.2	52.2	
锅炉及原动设备制造	318.2	52.2	
金属加工机械制造			
物料搬运设备制造			
泵、阀门、压缩机及类似机械制造			
轴承、齿轮和传动部件制造			
烘炉、风机、包装等设备制造			
文化、办公用机械制造			
通用零部件制造			
其他通用设备制造业			
专用设备制造业	1670.5	257.6	988.4
采矿、冶金、建筑专用设备制造	1670.5	257.6	988.4
化工、木材、非金属加工专用设备制造			
食品、饮料、烟草及饲料生产专用设备制造			
印刷、制药、日化及日用品生产专用设备制造			
纺织、服装和皮革加工专用设备制造			
电子和电工机械专用设备制造			
农、林、牧、渔专用机械制造			
医疗仪器设备及器械制造			
环保、邮政、社会公共服务及其他专用设备制造			
汽车制造业	14087.9	10617.2	182.8
汽车整车制造	10617.2	10617.2	
汽车用发动机制造			
改装汽车制造	3247.8		
低速汽车制造			
电车制造			
汽车车身、挂车制造			
汽车零部件及配件制造	222.9		182.8
铁路、船舶、航空航天和其他运输设备制造业	598.3	132.1	358.9
铁路运输设备制造	598.3	132.1	358.9
城市轨道交通设备制造			
船舶及相关装置制造			
航空、航天器及设备制造			
摩托车制造			
自行车和残疾人座车制造			
助动车制造			
非公路休闲车及零配件制造			
潜水救捞及其他未列明运输设备制造			
电气机械和器材制造业	7098.7	191.0	198.0
电机制造	7021.1	181.7	129.7
输配电及控制设备制造	77.0	9.3	67.7
电线、电缆、光缆及电工器材制造			

1-D-2.4 续表 4

单位：万元

行　业	R&D经费外部支出	#对境内研究机构支出	#对境内高等学校支出
电池制造			
家用电力器具制造			
非电力家用器具制造			
照明器具制造			
其他电气机械及器材制造	0.6		0.6
计算机、通信和其他电子设备制造业	131.2		56.8
计算机制造	40.0		40.0
通信设备制造	19.1		
广播电视设备制造			
雷达及配套设备制造			
非专业视听设备制造			
智能消费设备制造			
电子器件制造			
电子元件及电子专用材料制造	72.1		16.8
其他电子设备制造			
仪器仪表制造业			
通用仪器仪表制造			
专用仪器仪表制造			
钟表与计时仪器制造			
光学仪器制造			
衡器制造			
其他仪器仪表制造业			
其他制造业	815.5		
日用杂品制造			
核辐射加工			
其他未列明制造业	815.5		
废弃资源综合利用业			
金属废料和碎屑加工处理			
非金属废料和碎屑加工处理			
金属制品、机械和设备修理业			
金属制品修理			
通用设备修理			
专用设备修理			
铁路、船舶、航空航天等运输设备修理			
电气设备修理			
仪器仪表修理			
其他机械和设备修理业			
电力、热力、燃气及水生产和供应业	**8650.8**	**5814.9**	**1066.5**
电力、热力生产和供应业	8650.8	5814.9	1066.5
电力生产			
电力供应	8490.8	5814.9	906.5
热力生产和供应	160.0		160.0
燃气生产和供应业			
燃气生产和供应业			
生物质燃气生产和供应业			
水的生产和供应业			
自来水生产和供应			
污水处理及其再生利用			
海水淡化处理			
其他水的处理、利用与分配			

1-D-2.5　分行业内资企业R&D经费外部支出情况

单位：万元

行　　业	R&D经费外部支出	#对境内研究机构支出	#对境内高等学校支出
总　计	**104814.4**	**38659.6**	**11802.9**
采矿业	**50199.7**	**13967.8**	**5590.2**
煤炭开采和洗选业	49073.7	13355.2	5590.2
烟煤和无烟煤开采洗选	49073.7	13355.2	5590.2
褐煤开采洗选			
其他煤炭采选			
石油和天然气开采业	1126.0	612.6	
石油开采			
天然气开采	1126.0	612.6	
黑色金属矿采选业			
铁矿采选			
锰矿、铬矿采选			
其他黑色金属矿采选			
有色金属矿采选业			
常用有色金属矿采选			
贵金属矿采选			
稀有稀土金属矿采选			
非金属矿采选业			
土砂石开采			
化学矿开采			
采盐			
石棉及其他非金属矿采选			
开采专业及辅助性活动			
煤炭开采和洗选专业及辅助性活动			
石油和天然气开采专业及辅助性活动			
其他开采专业及辅助性活动			
其他采矿业			
其他采矿业			
制造业	**45773.9**	**18876.9**	**5146.2**
农副食品加工业	42.0	12.0	30.0
谷物磨制	32.0	12.0	20.0
饲料加工			
植物油加工			
制糖业			
屠宰及肉类加工			
水产品加工			
蔬菜、菌类、水果和坚果加工	10.0		10.0
其他农副食品加工			
食品制造业	65.2	62.4	0.3
焙烤食品制造			
糖果、巧克力及蜜饯制造			
方便食品制造			
乳制品制造	8.9	8.9	
罐头食品制造			
调味品、发酵制品制造			
其他食品制造	56.3	53.5	0.3
酒、饮料和精制茶制造业	2.3	1.3	1.0
酒的制造	2.3	1.3	1.0
饮料制造			
精制茶加工			

1-D-2.5 续表 1　　　　单位：万元

行　业	R&D经费外部支出	#对境内研究机构支出	#对境内高等学校支出
烟草制品业			
烟叶复烤			
卷烟制造			
其他烟草制品制造			
纺织业			
棉纺织及印染精加工			
毛纺织及染整精加工			
麻纺织及染整精加工			
丝绢纺织及印染精加工			
化纤织造及印染精加工			
针织或钩针编织物及其制品制造			
家用纺织制成品制造			
产业用纺织制成品制造			
纺织服装、服饰业			
机织服装制造			
针织或钩针编织服装制造			
服饰制造			
皮革、毛皮、羽毛及其制品和制鞋业			
皮革鞣制加工			
皮革制品制造			
毛皮鞣制及制品加工			
羽毛(绒)加工及制品制造			
制鞋业			
木材加工和木、竹、藤、棕、草制品业			
木材加工			
人造板制造			
木质制品制造			
竹、藤、棕、草等制品制造			
家具制造业			
木质家具制造			
竹、藤家具制造			
金属家具制造			
塑料家具制造			
其他家具制造			
造纸和纸制品业			
纸浆制造			
造纸			
纸制品制造			
印刷和记录媒介复制业			
印刷			
装订及印刷相关服务			
记录媒介复制			
文教、工美、体育和娱乐用品制造业			
文教办公用品制造			
乐器制造			
工艺美术及礼仪用品制造			
体育用品制造			
玩具制造			
游艺器材及娱乐用品制造			
石油、煤炭及其他燃料加工业	2450.1	2415.1	26.7

1-D-2.5 续表 2

单位：万元

行 业	R&D经费外部支出	#对境内研究机构支出	#对境内高等学校支出
精炼石油产品制造			
煤炭加工	2450.1	2415.1	26.7
核燃料加工			
生物质燃料加工			
化学原料和化学制品制造业	3333.7	1011.2	1750.3
基础化学原料制造	0.9	0.9	
肥料制造	1371.8	751.8	219.8
农药制造	3.2	2.0	1.2
涂料、油墨、颜料及类似产品制造	14.6	14.6	
合成材料制造			
专用化学产品制造	47.6		47.6
炸药、火工及焰火产品制造	1672.0	196.0	1476.0
日用化学产品制造	223.6	45.9	5.7
医药制造业	7232.8	3050.0	532.5
化学药品原料药制造	28.5	18.5	10.0
化学药品制剂制造	3571.7	1016.4	120.2
中药饮片加工			
中成药生产	1213.1	86.3	42.3
兽用药品制造	0.6		0.6
生物药品制品制造	1928.8	1928.8	
卫生材料及医药用品制造	490.1		359.4
药用辅料及包装材料制造			
化学纤维制造业	21.6	21.6	
纤维素纤维原料及纤维制造			
合成纤维制造	21.6	21.6	
生物基材料制造			
橡胶和塑料制品业			
橡胶制品业			
塑料制品业			
非金属矿物制品业	658.4	4.3	28.1
水泥、石灰和石膏制造	6.4	4.3	2.1
石膏、水泥制品及类似制品制造	626.0		
砖瓦、石材等建筑材料制造			
玻璃制造			
玻璃制品制造			
玻璃纤维和玻璃纤维增强塑料制品制造			
陶瓷制品制造			
耐火材料制品制造	26.0		26.0
石墨及其他非金属矿物制品制造			
黑色金属冶炼和压延加工业	1137.9	636.7	361.2
炼铁	54.5		54.5
炼钢			
钢压延加工	1083.4	636.7	306.7
铁合金冶炼			
有色金属冶炼和压延加工业	248.3	58.8	86.8
常用有色金属冶炼	119.1	30.0	46.4
贵金属冶炼			
稀有稀土金属冶炼			
有色金属合金制造			
有色金属压延加工	129.2	28.8	40.4
金属制品业	5363.0	272.3	566.9

1-D-2.5 续表 3

单位：万元

行　业	R&D经费外部支出	#对境内研究机构支出	#对境内高等学校支出
结构性金属制品制造			
金属工具制造			
集装箱及金属包装容器制造	10.3		10.3
金属丝绳及其制品制造	18.0		18.0
建筑、安全用金属制品制造			
金属表面处理及热处理加工			
搪瓷制品制造			
金属制日用品制造			
铸造及其他金属制品制造	5334.7	272.3	538.6
通用设备制造业	331.8	56.1	4.7
锅炉及原动设备制造	318.2	52.2	
金属加工机械制造			
物料搬运设备制造			
泵、阀门、压缩机及类似机械制造	5.0		
轴承、齿轮和传动部件制造	4.7		4.7
烘炉、风机、包装等设备制造	3.9	3.9	
文化、办公用机械制造			
通用零部件制造			
其他通用设备制造业			
专用设备制造业	1952.3	332.8	998.9
采矿、冶金、建筑专用设备制造	1868.7	332.8	997.5
化工、木材、非金属加工专用设备制造			
食品、饮料、烟草及饲料生产专用设备制造			
印刷、制药、日化及日用品生产专用设备制造			
纺织、服装和皮革加工专用设备制造	47.8		1.4
电子和电工机械专用设备制造			
农、林、牧、渔专用机械制造			
医疗仪器设备及器械制造			
环保、邮政、社会公共服务及其他专用设备制造	35.8		
汽车制造业	14191.1	10617.2	185.2
汽车整车制造	10617.2	10617.2	
汽车用发动机制造			
改装汽车制造	3267.9		2.4
低速汽车制造			
电车制造			
汽车车身、挂车制造			
汽车零部件及配件制造	306.0		182.8
铁路、船舶、航空航天和其他运输设备制造业	598.3	132.1	358.9
铁路运输设备制造	598.3	132.1	358.9
城市轨道交通设备制造			
船舶及相关装置制造			
航空、航天器及设备制造			
摩托车制造			
自行车和残疾人座车制造			
助动车制造			
非公路休闲车及零配件制造			
潜水救捞及其他未列明运输设备制造			
电气机械和器材制造业	7056.1	193.0	153.1
电机制造	7021.1	181.7	129.7
输配电及控制设备制造	31.0	11.3	19.4
电线、电缆、光缆及电工器材制造	3.4		3.4

1-D-2.5　续表 4

单位：万元

行　　业	R&D经费外部支出	#对境内研究机构支出	#对境内高等学校支出
电池制造			
家用电力器具制造			
非电力家用器具制造			
照明器具制造			
其他电气机械及器材制造	0.6		0.6
计算机、通信和其他电子设备制造业	128.4		56.8
计算机制造	40.0		40.0
通信设备制造			
广播电视设备制造			
雷达及配套设备制造			
非专业视听设备制造			
智能消费设备制造			
电子器件制造			
电子元件及电子专用材料制造	72.1		16.8
其他电子设备制造	16.3		
仪器仪表制造业	145.1		4.8
通用仪器仪表制造	145.1		4.8
专用仪器仪表制造			
钟表与计时仪器制造			
光学仪器制造			
衡器制造			
其他仪器仪表制造业			
其他制造业	815.5		
日用杂品制造			
核辐射加工			
其他未列明制造业	815.5		
废弃资源综合利用业			
金属废料和碎屑加工处理			
非金属废料和碎屑加工处理			
金属制品、机械和设备修理业			
金属制品修理			
通用设备修理			
专用设备修理			
铁路、船舶、航空航天等运输设备修理			
电气设备修理			
仪器仪表修理			
其他机械和设备修理业			
电力、热力、燃气及水生产和供应业	**8840.8**	**5814.9**	**1066.5**
电力、热力生产和供应业	8840.8	5814.9	1066.5
电力生产	190.0		
电力供应	8490.8	5814.9	906.5
热力生产和供应	160.0		160.0
燃气生产和供应业			
燃气生产和供应业			
生物质燃气生产和供应业			
水的生产和供应业			
自来水生产和供应			
污水处理及其再生利用			
海水淡化处理			
其他水的处理、利用与分配			

1-D-2.6 分行业港澳台商投资企业R&D经费外部支出情况

单位：万元

行业	R&D经费外部支出	#对境内研究机构支出	#对境内高等学校支出
总 计	**4747.7**	**4728.6**	
采矿业			
煤炭开采和洗选业			
烟煤和无烟煤开采洗选			
褐煤开采洗选			
其他煤炭采选			
石油和天然气开采业			
石油开采			
天然气开采			
黑色金属矿采选业			
铁矿采选			
锰矿、铬矿采选			
其他黑色金属矿采选			
有色金属矿采选业			
常用有色金属矿采选			
贵金属矿采选			
稀有稀土金属矿采选			
非金属矿采选业			
土砂石开采			
化学矿开采			
采盐			
石棉及其他非金属矿采选			
开采专业及辅助性活动			
煤炭开采和洗选专业及辅助性活动			
石油和天然气开采专业及辅助性活动			
其他开采专业及辅助性活动			
其他采矿业			
其他采矿业			
制造业	**4747.7**	**4728.6**	
农副食品加工业			
谷物磨制			
饲料加工			
植物油加工			
制糖业			
屠宰及肉类加工			
水产品加工			
蔬菜、菌类、水果和坚果加工			
其他农副食品加工			
食品制造业			
焙烤食品制造			
糖果、巧克力及蜜饯制造			
方便食品制造			
乳制品制造			
罐头食品制造			
调味品、发酵制品制造			
其他食品制造			
酒、饮料和精制茶制造业			
酒的制造			
饮料制造			
精制茶加工			

1-D-2.6　续表 1

单位：万元

行　　业	R&D经费外部支出	#对境内研究机构支出	#对境内高等学校支出
烟草制品业			
烟叶复烤			
卷烟制造			
其他烟草制品制造			
纺织业			
棉纺织及印染精加工			
毛纺织及染整精加工			
麻纺织及染整精加工			
丝绢纺织及印染精加工			
化纤织造及印染精加工			
针织或钩针编织物及其制品制造			
家用纺织制成品制造			
产业用纺织制成品制造			
纺织服装、服饰业			
机织服装制造			
针织或钩针编织服装制造			
服饰制造			
皮革、毛皮、羽毛及其制品和制鞋业			
皮革鞣制加工			
皮革制品制造			
毛皮鞣制及制品加工			
羽毛(绒)加工及制品制造			
制鞋业			
木材加工和木、竹、藤、棕、草制品业			
木材加工			
人造板制造			
木质制品制造			
竹、藤、棕、草等制品制造			
家具制造业			
木质家具制造			
竹、藤家具制造			
金属家具制造			
塑料家具制造			
其他家具制造			
造纸和纸制品业			
纸浆制造			
造纸			
纸制品制造			
印刷和记录媒介复制业			
印刷			
装订及印刷相关服务			
记录媒介复制			
文教、工美、体育和娱乐用品制造业			
文教办公用品制造			
乐器制造			
工艺美术及礼仪用品制造			
体育用品制造			
玩具制造			
游艺器材及娱乐用品制造			
石油、煤炭及其他燃料加工业			

1-D-2.6 续表 2

单位：万元

行 业	R&D经费外部支出	#对境内研究机构支出	#对境内高等学校支出
精炼石油产品制造			
煤炭加工			
核燃料加工			
生物质燃料加工			
化学原料和化学制品制造业			
基础化学原料制造			
肥料制造			
农药制造			
涂料、油墨、颜料及类似产品制造			
合成材料制造			
专用化学产品制造			
炸药、火工及焰火产品制造			
日用化学产品制造			
医药制造业	4728.6	4728.6	
化学药品原料药制造			
化学药品制剂制造	4728.6	4728.6	
中药饮片加工			
中成药生产			
兽用药品制造			
生物药品制品制造			
卫生材料及医药用品制造			
药用辅料及包装材料制造			
化学纤维制造业			
纤维素纤维原料及纤维制造			
合成纤维制造			
生物基材料制造			
橡胶和塑料制品业			
橡胶制品业			
塑料制品业			
非金属矿物制品业			
水泥、石灰和石膏制造			
石膏、水泥制品及类似制品制造			
砖瓦、石材等建筑材料制造			
玻璃制造			
玻璃制品制造			
玻璃纤维和玻璃纤维增强塑料制品制造			
陶瓷制品制造			
耐火材料制品制造			
石墨及其他非金属矿物制品制造			
黑色金属冶炼和压延加工业			
炼铁			
炼钢			
钢压延加工			
铁合金冶炼			
有色金属冶炼和压延加工业			
常用有色金属冶炼			
贵金属冶炼			
稀有稀土金属冶炼			
有色金属合金制造			
有色金属压延加工			
金属制品业			

1-D-2.6　续表 3　　　　单位：万元

行　业	R&D经费外部支出	#对境内研究机构支出	#对境内高等学校支出
结构性金属制品制造			
金属工具制造			
集装箱及金属包装容器制造			
金属丝绳及其制品制造			
建筑、安全用金属制品制造			
金属表面处理及热处理加工			
搪瓷制品制造			
金属制日用品制造			
铸造及其他金属制品制造			
通用设备制造业			
锅炉及原动设备制造			
金属加工机械制造			
物料搬运设备制造			
泵、阀门、压缩机及类似机械制造			
轴承、齿轮和传动部件制造			
烘炉、风机、包装等设备制造			
文化、办公用机械制造			
通用零部件制造			
其他通用设备制造业			
专用设备制造业			
采矿、冶金、建筑专用设备制造			
化工、木材、非金属加工专用设备制造			
食品、饮料、烟草及饲料生产专用设备制造			
印刷、制药、日化及日用品生产专用设备制造			
纺织、服装和皮革加工专用设备制造			
电子和电工机械专用设备制造			
农、林、牧、渔专用机械制造			
医疗仪器设备及器械制造			
环保、邮政、社会公共服务及其他专用设备制造			
汽车制造业			
汽车整车制造			
汽车用发动机制造			
改装汽车制造			
低速汽车制造			
电车制造			
汽车车身、挂车制造			
汽车零部件及配件制造			
铁路、船舶、航空航天和其他运输设备制造业			
铁路运输设备制造			
城市轨道交通设备制造			
船舶及相关装置制造			
航空、航天器及设备制造			
摩托车制造			
自行车和残疾人座车制造			
助动车制造			
非公路休闲车及零配件制造			
潜水救捞及其他未列明运输设备制造			
电气机械和器材制造业			
电机制造			
输配电及控制设备制造			
电线、电缆、光缆及电工器材制造			

1-D-2.6 续表 4

单位：万元

行　　业	R&D经费外部支出	#对境内研究机构支出	#对境内高等学校支出
电池制造			
家用电力器具制造			
非电力家用器具制造			
照明器具制造			
其他电气机械及器材制造			
计算机、通信和其他电子设备制造业	19.1		
计算机制造			
通信设备制造	19.1		
广播电视设备制造			
雷达及配套设备制造			
非专业视听设备制造			
智能消费设备制造			
电子器件制造			
电子元件及电子专用材料制造			
其他电子设备制造			
仪器仪表制造业			
通用仪器仪表制造			
专用仪器仪表制造			
钟表与计时仪器制造			
光学仪器制造			
衡器制造			
其他仪器仪表制造业			
其他制造业			
日用杂品制造			
核辐射加工			
其他未列明制造业			
废弃资源综合利用业			
金属废料和碎屑加工处理			
非金属废料和碎屑加工处理			
金属制品、机械和设备修理业			
金属制品修理			
通用设备修理			
专用设备修理			
铁路、船舶、航空航天等运输设备修理			
电气设备修理			
仪器仪表修理			
其他机械和设备修理业			
电力、热力、燃气及水生产和供应业			
电力、热力生产和供应业			
电力生产			
电力供应			
热力生产和供应			
燃气生产和供应业			
燃气生产和供应业			
生物质燃气生产和供应业			
水的生产和供应业			
自来水生产和供应			
污水处理及其再生利用			
海水淡化处理			
其他水的处理、利用与分配			

1-D-2.7　分行业外商投资企业R&D经费外部支出情况

单位：万元

行　业	R&D经费外部支出	#对境内研究机构支出	#对境内高等学校支出
总　计	**200.6**		**172.9**
采矿业	**123.3**		**123.3**
煤炭开采和洗选业	123.3		123.3
烟煤和无烟煤开采洗选	123.3		123.3
褐煤开采洗选			
其他煤炭采选			
石油和天然气开采业			
石油开采			
天然气开采			
黑色金属矿采选业			
铁矿采选			
锰矿、铬矿采选			
其他黑色金属矿采选			
有色金属矿采选业			
常用有色金属矿采选			
贵金属矿采选			
稀有稀土金属矿采选			
非金属矿采选业			
土砂石开采			
化学矿开采			
采盐			
石棉及其他非金属矿采选			
开采专业及辅助性活动			
煤炭开采和洗选专业及辅助性活动			
石油和天然气开采专业及辅助性活动			
其他开采专业及辅助性活动			
其他采矿业			
其他采矿业			
制造业	**77.3**		**49.6**
农副食品加工业			
谷物磨制			
饲料加工			
植物油加工			
制糖业			
屠宰及肉类加工			
水产品加工			
蔬菜、菌类、水果和坚果加工			
其他农副食品加工			
食品制造业			
焙烤食品制造			
糖果、巧克力及蜜饯制造			
方便食品制造			
乳制品制造			
罐头食品制造			
调味品、发酵制品制造			
其他食品制造			
酒、饮料和精制茶制造业			
酒的制造			
饮料制造			
精制茶加工			

1-D-2.7 续表 1

单位：万元

行　业	R&D经费外部支出	#对境内研究机构支出	#对境内高等学校支出
烟草制品业			
烟叶复烤			
卷烟制造			
其他烟草制品制造			
纺织业			
棉纺织及印染精加工			
毛纺织及染整精加工			
麻纺织及染整精加工			
丝绢纺织及印染精加工			
化纤织造及印染精加工			
针织或钩针编织物及其制品制造			
家用纺织制成品制造			
产业用纺织制成品制造			
纺织服装、服饰业			
机织服装制造			
针织或钩针编织服装制造			
服饰制造			
皮革、毛皮、羽毛及其制品和制鞋业			
皮革鞣制加工			
皮革制品制造			
毛皮鞣制及制品加工			
羽毛(绒)加工及制品制造			
制鞋业			
木材加工和木、竹、藤、棕、草制品业			
木材加工			
人造板制造			
木质制品制造			
竹、藤、棕、草等制品制造			
家具制造业			
木质家具制造			
竹、藤家具制造			
金属家具制造			
塑料家具制造			
其他家具制造			
造纸和纸制品业			
纸浆制造			
造纸			
纸制品制造			
印刷和记录媒介复制业			
印刷			
装订及印刷相关服务			
记录媒介复制			
文教、工美、体育和娱乐用品制造业			
文教办公用品制造			
乐器制造			
工艺美术及礼仪用品制造			
体育用品制造			
玩具制造			
游艺器材及娱乐用品制造			
石油、煤炭及其他燃料加工业			

1-D-2.7　续表 2　　　　单位：万元

行　　业	R&D经费外部支出	#对境内研究机构支出	#对境内高等学校支出
精炼石油产品制造			
煤炭加工			
核燃料加工			
生物质燃料加工			
化学原料和化学制品制造业			
基础化学原料制造			
肥料制造			
农药制造			
涂料、油墨、颜料及类似产品制造			
合成材料制造			
专用化学产品制造			
炸药、火工及焰火产品制造			
日用化学产品制造			
医药制造业			
化学药品原料药制造			
化学药品制剂制造			
中药饮片加工			
中成药生产			
兽用药品制造			
生物药品制品制造			
卫生材料及医药用品制造			
药用辅料及包装材料制造			
化学纤维制造业			
纤维素纤维原料及纤维制造			
合成纤维制造			
生物基材料制造			
橡胶和塑料制品业			
橡胶制品业			
塑料制品业			
非金属矿物制品业			
水泥、石灰和石膏制造			
石膏、水泥制品及类似制品制造			
砖瓦、石材等建筑材料制造			
玻璃制造			
玻璃制品制造			
玻璃纤维和玻璃纤维增强塑料制品制造			
陶瓷制品制造			
耐火材料制品制造			
石墨及其他非金属矿物制品制造			
黑色金属冶炼和压延加工业			
炼铁			
炼钢			
钢压延加工			
铁合金冶炼			
有色金属冶炼和压延加工业			
常用有色金属冶炼			
贵金属冶炼			
稀有稀土金属冶炼			
有色金属合金制造			
有色金属压延加工			
金属制品业			

1-D-2.7 续表 3

单位：万元

行　　业	R&D经费外部支出	#对境内研究机构支出	#对境内高等学校支出
结构性金属制品制造			
金属工具制造			
集装箱及金属包装容器制造			
金属丝绳及其制品制造			
建筑、安全用金属制品制造			
金属表面处理及热处理加工			
搪瓷制品制造			
金属制日用品制造			
铸造及其他金属制品制造			
通用设备制造业			
锅炉及原动设备制造			
金属加工机械制造			
物料搬运设备制造			
泵、阀门、压缩机及类似机械制造			
轴承、齿轮和传动部件制造			
烘炉、风机、包装等设备制造			
文化、办公用机械制造			
通用零部件制造			
其他通用设备制造业			
专用设备制造业	1.3		1.3
采矿、冶金、建筑专用设备制造	1.3		1.3
化工、木材、非金属加工专用设备制造			
食品、饮料、烟草及饲料生产专用设备制造			
印刷、制药、日化及日用品生产专用设备制造			
纺织、服装和皮革加工专用设备制造			
电子和电工机械专用设备制造			
农、林、牧、渔专用机械制造			
医疗仪器设备及器械制造			
环保、邮政、社会公共服务及其他专用设备制造			
汽车制造业			
汽车整车制造			
汽车用发动机制造			
改装汽车制造			
低速汽车制造			
电车制造			
汽车车身、挂车制造			
汽车零部件及配件制造			
铁路、船舶、航空航天和其他运输设备制造业			
铁路运输设备制造			
城市轨道交通设备制造			
船舶及相关装置制造			
航空、航天器及设备制造			
摩托车制造			
自行车和残疾人座车制造			
助动车制造			
非公路休闲车及零配件制造			
潜水救捞及其他未列明运输设备制造			
电气机械和器材制造业	48.3		48.3
电机制造			
输配电及控制设备制造	48.3		48.3
电线、电缆、光缆及电工器材制造			

1-D-2.7　续表 4　　单位：万元

行　业	R&D经费外部支出	#对境内研究机构支出	#对境内高等学校支出
电池制造			
家用电力器具制造			
非电力家用器具制造			
照明器具制造			
其他电气机械及器材制造			
计算机、通信和其他电子设备制造业			
计算机制造			
通信设备制造			
广播电视设备制造			
雷达及配套设备制造			
非专业视听设备制造			
智能消费设备制造			
电子器件制造			
电子元件及电子专用材料制造			
其他电子设备制造			
仪器仪表制造业	27.7		
通用仪器仪表制造	27.7		
专用仪器仪表制造			
钟表与计时仪器制造			
光学仪器制造			
衡器制造			
其他仪器仪表制造业			
其他制造业			
日用杂品制造			
核辐射加工			
其他未列明制造业			
废弃资源综合利用业			
金属废料和碎屑加工处理			
非金属废料和碎屑加工处理			
金属制品、机械和设备修理业			
金属制品修理			
通用设备修理			
专用设备修理			
铁路、船舶、航空航天等运输设备修理			
电气设备修理			
仪器仪表修理			
其他机械和设备修理业			
电力、热力、燃气及水生产和供应业			
电力、热力生产和供应业			
电力生产			
电力供应			
热力生产和供应			
燃气生产和供应业			
燃气生产和供应业			
生物质燃气生产和供应业			
水的生产和供应业			
自来水生产和供应			
污水处理及其再生利用			
海水淡化处理			
其他水的处理、利用与分配			

1-D-2.8 各地区企业R&D经费外部支出情况

单位：万元

地 区	R&D经费外部支出	#对境内研究机构支出	#对境内高等学校支出
全 省	**109762.7**	**43388.2**	**11975.8**
太原市	16879.2	7773.1	5322.6
大同市	8120.9	1540.7	2444.0
阳泉市	28754.0	4582.0	1105.3
长治市	10760.8	4751.5	1504.3
晋城市	9736.1	5996.7	697.4
朔州市	288.0	145.0	134.1
晋中市	16156.8	15527.3	333.3
运城市	13745.5	2782.0	282.3
忻州市	330.5	64.5	
临汾市	4935.2	224.1	103.2
吕梁市	55.7	1.3	49.3

1-D-2.9 各地区大中型企业R&D经费外部支出情况

单位：万元

地 区	R&D经费外部支出	#对境内研究机构支出	#对境内高等学校支出
全 省	**105559.3**	**43093.9**	**11307.7**
太原市	15376.2	7679.4	4907.9
大同市	6360.3	1540.7	2429.7
阳泉市	28754.0	4582.0	1105.3
长治市	10558.8	4739.5	1504.3
晋城市	9620.0	5996.7	581.3
朔州市	187.6	46.7	132.0
晋中市	15792.0	15455.4	296.5
运城市	13606.1	2774.9	199.8
忻州市	326.2	60.2	
临汾市	4922.4	217.1	101.6
吕梁市	55.7	1.3	49.3

1-D-2.10　各地区内资企业R&D经费外部支出情况

单位：万元

地　区	R&D经费外部支出	#对境内研究机构支出	#对境内高等学校支出
全　省	**104814.4**	**38659.6**	**11802.9**
太原市	16832.4	7773.1	5322.6
大同市	8120.9	1540.7	2444.0
阳泉市	28754.0	4582.0	1105.3
长治市	10760.8	4751.5	1504.3
晋城市	9734.8	5996.7	696.1
朔州市	288.0	145.0	134.1
晋中市	11304.9	10798.7	210.0
运城市	13745.5	2782.0	282.3
忻州市	330.5	64.5	
临汾市	4935.2	224.1	103.2
吕梁市	7.4	1.3	1.0

1-D-2.11　各地区港澳台商投资企业R&D经费外部支出情况

单位：万元

地　区	R&D经费外部支出	#对境内研究机构支出	#对境内高等学校支出
全　省	**4747.7**	**4728.6**	
太原市	19.1		
大同市			
阳泉市			
长治市			
晋城市			
朔州市			
晋中市	4728.6	4728.6	
运城市			
忻州市			
临汾市			
吕梁市			

1-D-2.12 各地区外商投资企业R&D经费外部支出情况

单位：万元

地　区	R&D经费外部支出	#对境内研究机构支出	#对境内高等学校支出
全　省	**200.6**		**172.9**
太原市	27.7		
大同市			
阳泉市			
长治市			
晋城市	1.3		1.3
朔州市			
晋中市	123.3		123.3
运城市			
忻州市			
临汾市			
吕梁市	48.3		48.3

E. 企业R&D项目情况

1-E-1　分登记注册类型企业全部R&D项目情况

登记注册类型	项目数(项)	参加项目人员(人)	项目人员折合全时当量(人年)	项目经费内部支出(万元)
总　计	**3243**	**42169**	**25373**	**1193660.8**
内资企业	**3069**	**38062**	**24793**	**1126527.5**
国有企业	64	855	486	13464.6
集体企业				
股份合作企业	3	11	11	113.5
联营企业				
国有联营企业				
集体联营企业				
国有与集体联营企业				
其他联营企业				
有限责任公司	1852	26187	17065	832154.0
国有独资公司	612	8695	6313	384992.9
其他有限责任公司	1240	17492	10752	447161.1
股份有限公司	367	5285	4191	124924.9
私营企业	783	5724	3040	155870.5
私营独资企业	1	6	2	94.3
私营合伙企业				
私营有限责任公司	584	4487	2420	131716.0
私营股份有限公司	198	1231	618	24060.2
其他企业				
港、澳、台商投资企业	**68**	**2533**	**104**	**28891.0**
合资经营企业	17	102	46	1729.0
合作经营企业				
港、澳、台商独资经营企业	51	2431	58	27162.0
港、澳、台商投资股份有限公司				
其他港、澳、台投资企业				
外商投资企业	**106**	**1574**	**476**	**38242.3**
中外合资经营企业	40	412	125	18208.7
中外合作经营企业				
外资企业	66	1162	352	20033.6
外商投资股份有限公司				
其他外商投资企业				

1-E-2 分登记注册类型大中型企业全部R&D项目情况

登记注册类型	项目数 （项）	参加项目人员 （人）	项目人员折合全时当量 （人年）	项目经费内部支出 （万元）
总计	**2435**	**38165**	**22998**	**1119306.1**
内资企业	**2295**	**34232**	**22512**	**1054729.3**
国有企业	64	855	486	13464.6
集体企业				
股份合作企业				
联营企业				
国有联营企业				
集体联营企业				
国有与集体联营企业				
其他联营企业				
有限责任公司	1618	25025	16376	804632.2
国有独资公司	608	8662	6280	383943.7
其他有限责任公司	1010	16363	10097	420688.5
股份有限公司	292	4878	3936	117114.2
私营企业	321	3474	1713	119518.3
私营独资企业				
私营合伙企业				
私营有限责任公司	222	2673	1388	103320.2
私营股份有限公司	99	801	325	16198.1
其他企业				
港、澳、台商投资企业	**60**	**2491**	**75**	**28233.5**
合资经营企业	9	60	16	1071.5
合作经营企业				
港、澳、台商独资经营企业	51	2431	58	27162.0
港、澳、台商投资股份有限公司				
其他港、澳、台投资企业				
外商投资企业	**80**	**1442**	**411**	**36343.3**
中外合资经营企业	26	355	86	17397.4
中外合作经营企业				
外资企业	54	1087	325	18945.9
外商投资股份有限公司				
其他外商投资企业				

1-E-3　分行业企业全部R&D项目情况

行　业	项目数 (项)	参加项目 人　员 (人)	项目人员折合 全时当量 (人年)	项目经费 内部支出 (万元)
总　计	**3243**	**42169**	**25373**	**1193660.8**
采矿业	**538**	**10985**	**8205**	**270298.8**
煤炭开采和洗选业	520	10865	8162	265930.1
烟煤和无烟煤开采洗选	520	10865	8162	265930.1
褐煤开采洗选				
其他煤炭采选				
石油和天然气开采业	16	107	33	3572.3
石油开采				
天然气开采	16	107	33	3572.3
黑色金属矿采选业	1	4		40.0
铁矿采选				
锰矿、铬矿采选	1	4		40.0
其他黑色金属矿采选				
有色金属矿采选业				
常用有色金属矿采选				
贵金属矿采选				
稀有稀土金属矿采选				
非金属矿采选业	1	9	9	756.4
土砂石开采	1	9	9	756.4
化学矿开采				
采盐				
石棉及其他非金属矿采选				
开采专业及辅助性活动				
煤炭开采和洗选专业及辅助性活动				
石油和天然气开采专业及辅助性活动				
其他开采专业及辅助性活动				
其他采矿业				
其他采矿业				
制造业	**2644**	**30399**	**16738**	**916242.8**
农副食品加工业	18	244	58	3126.8
谷物磨制	3	20	11	98.7
饲料加工	4	30	15	1122.7
植物油加工				
制糖业				
屠宰及肉类加工	7	163	25	1427.2
水产品加工				
蔬菜、菌类、水果和坚果加工	3	22	7	318.2
其他农副食品加工	1	9	1	160.0
食品制造业	65	285	138	4349.7
焙烤食品制造	2	16	1	1326.2
糖果、巧克力及蜜饯制造				
方便食品制造				
乳制品制造	5	5	4	832.9
罐头食品制造				
调味品、发酵制品制造	31	92	55	781.3
其他食品制造	27	172	78	1409.3
酒、饮料和精制茶制造业	20	112	76	1010.9
酒的制造	19	104	76	305.9
饮料制造	1	8	1	705.0
精制茶加工				

1-E-3 续表 1

行　　业	项目数（项）	参加项目人员（人）	项目人员折合全时当量（人年）	项目经费内部支出（万元）
烟草制品业	2	20	12	472.6
烟叶复烤				
卷烟制造	2	20	12	472.6
其他烟草制品制造				
纺织业				
棉纺织及印染精加工				
毛纺织及染整精加工				
麻纺织及染整精加工				
丝绢纺织及印染精加工				
化纤织造及印染精加工				
针织或钩针编织物及其制品制造				
家用纺织制成品制造				
产业用纺织制成品制造				
纺织服装、服饰业	5	64		349.2
机织服装制造				
针织或钩针编织服装制造				
服饰制造	5	64		349.2
皮革、毛皮、羽毛及其制品和制鞋业				
皮革鞣制加工				
皮革制品制造				
毛皮鞣制及制品加工				
羽毛(绒)加工及制品制造				
制鞋业				
木材加工和木、竹、藤、棕、草制品业				
木材加工				
人造板制造				
木质制品制造				
竹、藤、棕、草等制品制造				
家具制造业				
木质家具制造				
竹、藤家具制造				
金属家具制造				
塑料家具制造				
其他家具制造				
造纸和纸制品业	2	30	21	2843.2
纸浆制造				
造纸	1	14	5	2678.6
纸制品制造	1	16	16	164.6
印刷和记录媒介复制业	11	48	36	863.0
印刷	11	48	36	863.0
装订及印刷相关服务				
记录媒介复制				
文教、工美、体育和娱乐用品制造业	7	94	79	962.9
文教办公用品制造				
乐器制造				
工艺美术及礼仪用品制造	2	36	28	327.0
体育用品制造	5	58	50	635.9
玩具制造				
游艺器材及娱乐用品制造				
石油、煤炭及其他燃料加工业	101	845	456	32533.4

1-E-3　续表 2

行　　业	项目数(项)	参加项目人员(人)	项目人员折合全时当量(人年)	项目经费内部支出(万元)
精炼石油产品制造				
煤炭加工	101	845	456	32533.4
核燃料加工				
生物质燃料加工				
化学原料和化学制品制造业	290	2992	1642	68256.5
基础化学原料制造	21	184	80	4161.1
肥料制造	111	1121	696	19009.7
农药制造	1	2	1	11.2
涂料、油墨、颜料及类似产品制造	16	124	48	2315.8
合成材料制造	45	470	373	5427.0
专用化学产品制造	48	431	128	24277.0
炸药、火工及焰火产品制造	22	492	197	11336.2
日用化学产品制造	26	168	119	1718.5
医药制造业	288	2639	1601	38763.3
化学药品原料药制造	60	467	351	7268.5
化学药品制剂制造	107	967	515	15989.6
中药饮片加工	1	10	1	80.0
中成药生产	61	789	537	6564.3
兽用药品制造	7	29	14	433.1
生物药品制品制造	23	147	93	6721.7
卫生材料及医药用品制造	24	180	69	1232.0
药用辅料及包装材料制造	5	50	23	474.1
化学纤维制造业	4	17	4	154.4
纤维素纤维原料及纤维制造				
合成纤维制造	4	17	4	154.4
生物基材料制造				
橡胶和塑料制品业	38	274	128	2623.7
橡胶制品业	30	207	92	2401.2
塑料制品业	8	67	36	222.5
非金属矿物制品业	118	748	430	16783.3
水泥、石灰和石膏制造	11	50	8	1172.5
石膏、水泥制品及类似制品制造	6	17	11	134.6
砖瓦、石材等建筑材料制造	15	42	14	546.2
玻璃制造	2	13	13	262.2
玻璃制品制造	15	96	74	1585.1
玻璃纤维和玻璃纤维增强塑料制品制造				
陶瓷制品制造	2	26	15	442.3
耐火材料制品制造	7	30	17	2508.9
石墨及其他非金属矿物制品制造	60	474	279	10131.5
黑色金属冶炼和压延加工业	173	4852	3816	365506.8
炼铁	3	95	87	6849.3
炼钢	12	309	299	28682.2
钢压延加工	147	4256	3351	324046.1
铁合金冶炼	11	192	79	5929.2
有色金属冶炼和压延加工业	58	601	467	14376.3
常用有色金属冶炼	31	309	246	5400.6
贵金属冶炼				
稀有稀土金属冶炼				
有色金属合金制造	14	210	162	7137.7
有色金属压延加工	13	82	58	1838.0
金属制品业	216	2047	1419	49101.0

1-E-3 续表 3

行　　业	项目数(项)	参加项目人员(人)	项目人员折合全时当量(人年)	项目经费内部支出(万元)
结构性金属制品制造	9	28	21	314.5
金属工具制造	5	59	5	1588.0
集装箱及金属包装容器制造	5	93	84	1158.5
金属丝绳及其制品制造	13	22	11	577.9
建筑、安全用金属制品制造	17	98	86	1674.8
金属表面处理及热处理加工	4	18	11	23.5
搪瓷制品制造				
金属制日用品制造				
铸造及其他金属制品制造	163	1729	1201	43763.8
通用设备制造业	112	909	409	18023.6
锅炉及原动设备制造	23	402	169	8373.7
金属加工机械制造	15	55	39	630.7
物料搬运设备制造	14	31	12	413.2
泵、阀门、压缩机及类似机械制造	43	303	143	6690.8
轴承、齿轮和传动部件制造	4	23	21	325.5
烘炉、风机、包装等设备制造	3	27	2	705.9
文化、办公用机械制造	1	4	3	92.0
通用零部件制造	9	64	21	791.8
其他通用设备制造业				
专用设备制造业	389	2900	1906	85369.8
采矿、冶金、建筑专用设备制造	302	2157	1310	69429.6
化工、木材、非金属加工专用设备制造	10	108	75	5702.7
食品、饮料、烟草及饲料生产专用设备制造				
印刷、制药、日化及日用品生产专用设备制造	5	15	14	180.4
纺织、服装和皮革加工专用设备制造	47	392	344	6563.7
电子和电工机械专用设备制造	9	182	149	2350.2
农、林、牧、渔专用机械制造	4	10	7	286.7
医疗仪器设备及器械制造				
环保、邮政、社会公共服务及其他专用设备制造	12	36	8	856.5
汽车制造业	157	1773	989	43495.5
汽车整车制造	5	416	247	6594.8
汽车用发动机制造				
改装汽车制造	46	602	426	16771.1
低速汽车制造				
电车制造	1	8	8	54.3
汽车车身、挂车制造	1	7	2	14.9
汽车零部件及配件制造	104	740	306	20060.4
铁路、船舶、航空航天和其他运输设备制造业	53	1667	704	30857.2
铁路运输设备制造	50	1644	681	30316.5
城市轨道交通设备制造				
船舶及相关装置制造				
航空、航天器及设备制造	3	23	23	540.7
摩托车制造				
自行车和残疾人座车制造				
助动车制造				
非公路休闲车及零配件制造				
潜水救捞及其他未列明运输设备制造				
电气机械和器材制造业	172	1691	909	37609.6
电机制造	120	929	664	16211.9
输配电及控制设备制造	36	660	159	19462.6
电线、电缆、光缆及电工器材制造	9	75	64	1537.8

1-E-3　续表 4

行　　业	项目数（项）	参加项目人　员（人）	项目人员折合全时当量（人年）	项目经费内部支出（万元）
电池制造				
家用电力器具制造				
非电力家用器具制造	2	6	6	131.7
照明器具制造	3	16	11	103.7
其他电气机械及器材制造	2	5	5	161.9
计算机、通信和其他电子设备制造业	250	4814	908	80411.7
计算机制造	2	25	24	1513.9
通信设备制造	151	4207	535	70414.4
广播电视设备制造				
雷达及配套设备制造				
非专业视听设备制造				
智能消费设备制造				
电子器件制造	40	310	104	3841.6
电子元件及电子专用材料制造	56	270	245	4625.1
其他电子设备制造	1	2	1	16.7
仪器仪表制造业	65	310	228	4440.1
通用仪器仪表制造	30	200	155	2629.5
专用仪器仪表制造	30	94	66	1228.0
钟表与计时仪器制造				
光学仪器制造				
衡器制造	5	16	7	582.6
其他仪器仪表制造业				
其他制造业	28	410	293	13418.0
日用杂品制造				
核辐射加工				
其他未列明制造业	28	410	293	13418.0
废弃资源综合利用业	1	8	8	530.3
金属废料和碎屑加工处理	1	8	8	530.3
非金属废料和碎屑加工处理				
金属制品、机械和设备修理业	1	5	2	10.0
金属制品修理				
通用设备修理				
专用设备修理	1	5	2	10.0
铁路、船舶、航空航天等运输设备修理				
电气设备修理				
仪器仪表修理				
其他机械和设备修理业				
电力、热力、燃气及水生产和供应业	**61**	**785**	**430**	**7119.2**
电力、热力生产和供应业	60	759	404	6891.0
电力生产	23	111	34	2371.6
电力供应	35	606	334	3165.0
热力生产和供应	2	42	37	1354.4
燃气生产和供应业	1	26	26	228.2
燃气生产和供应业	1	26	26	228.2
生物质燃气生产和供应业				
水的生产和供应业				
自来水生产和供应				
污水处理及其再生利用				
海水淡化处理				
其他水的处理、利用与分配				

1-E-4　分行业大中型企业全部R&D项目情况

行　业	项目数(项)	参加项目人员(人)	项目人员折合全时当量(人年)	项目经费内部支出(万元)
总　计	**2435**	**38165**	**22998**	**1119306.1**
采矿业	**528**	**10954**	**8182**	**268003.9**
煤炭开采和洗选业	520	10865	8162	265930.1
烟煤和无烟煤开采洗选	520	10865	8162	265930.1
褐煤开采洗选				
其他煤炭采选				
石油和天然气开采业	7	85	20	2033.8
石油开采				
天然气开采	7	85	20	2033.8
黑色金属矿采选业	1	4		40.0
铁矿采选				
锰矿、铬矿采选	1	4		40.0
其他黑色金属矿采选				
有色金属矿采选业				
常用有色金属矿采选				
贵金属矿采选				
稀有稀土金属矿采选				
非金属矿采选业				
土砂石开采				
化学矿开采				
采盐				
石棉及其他非金属矿采选				
开采专业及辅助性活动				
煤炭开采和洗选专业及辅助性活动				
石油和天然气开采专业及辅助性活动				
其他开采专业及辅助性活动				
其他采矿业				
其他采矿业				
制造业	**1861**	**26467**	**14399**	**845902.4**
农副食品加工业	6	157	23	1332.9
谷物磨制				
饲料加工				
植物油加工				
制糖业				
屠宰及肉类加工	6	157	23	1332.9
水产品加工				
蔬菜、菌类、水果和坚果加工				
其他农副食品加工				
食品制造业	15	64	42	2127.8
焙烤食品制造	1	8	1	1299.5
糖果、巧克力及蜜饯制造				
方便食品制造				
乳制品制造	4	4	3	343.4
罐头食品制造				
调味品、发酵制品制造	10	52	38	484.9
其他食品制造				
酒、饮料和精制茶制造业	19	102	76	995.5
酒的制造	18	94	75	290.5
饮料制造	1	8	1	705.0
精制茶加工				

1-E-4　续表 1

行　　业	项目数(项)	参加项目人员(人)	项目人员折合全时当量(人年)	项目经费内部支出(万元)
烟草制品业	2	20	12	472.6
烟叶复烤				
卷烟制造	2	20	12	472.6
其他烟草制品制造				
纺织业				
棉纺织及印染精加工				
毛纺织及染整精加工				
麻纺织及染整精加工				
丝绢纺织及印染精加工				
化纤织造及印染精加工				
针织或钩针编织物及其制品制造				
家用纺织制成品制造				
产业用纺织制成品制造				
纺织服装、服饰业	5	64		349.2
机织服装制造				
针织或钩针编织服装制造				
服饰制造	5	64		349.2
皮革、毛皮、羽毛及其制品和制鞋业				
皮革鞣制加工				
皮革制品制造				
毛皮鞣制及制品加工				
羽毛(绒)加工及制品制造				
制鞋业				
木材加工和木、竹、藤、棕、草制品业				
木材加工				
人造板制造				
木质制品制造				
竹、藤、棕、草等制品制造				
家具制造业				
木质家具制造				
竹、藤家具制造				
金属家具制造				
塑料家具制造				
其他家具制造				
造纸和纸制品业	1	14	5	2678.6
纸浆制造				
造纸	1	14	5	2678.6
纸制品制造				
印刷和记录媒介复制业	8	45	34	813.6
印刷	8	45	34	813.6
装订及印刷相关服务				
记录媒介复制				
文教、工美、体育和娱乐用品制造业	7	94	79	962.9
文教办公用品制造				
乐器制造				
工艺美术及礼仪用品制造	2	36	28	327.0
体育用品制造	5	58	50	635.9
玩具制造				
游艺器材及娱乐用品制造				
石油、煤炭及其他燃料加工业	101	845	456	32533.4

1-E-4 续表 2

行　　业	项目数(项)	参加项目人　　员(人)	项目人员折合全时当量(人年)	项目经费内部支出(万元)
精炼石油产品制造				
煤炭加工	101	845	456	32533.4
核燃料加工				
生物质燃料加工				
化学原料和化学制品制造业	211	2512	1457	58100.3
基础化学原料制造	8	63	34	780.1
肥料制造	100	1097	689	18508.4
农药制造				
涂料、油墨、颜料及类似产品制造				
合成材料制造	39	434	339	4692.8
专用化学产品制造	16	258	79	21064.3
炸药、火工及焰火产品制造	22	492	197	11336.2
日用化学产品制造	26	168	119	1718.5
医药制造业	207	2207	1374	34333.2
化学药品原料药制造	49	383	288	5839.9
化学药品制剂制造	79	830	448	14700.4
中药饮片加工				
中成药生产	53	733	500	6163.6
兽用药品制造				
生物药品制品制造	20	133	90	6644.3
卫生材料及医药用品制造	6	128	49	985.0
药用辅料及包装材料制造				
化学纤维制造业	4	17	4	154.4
纤维素纤维原料及纤维制造				
合成纤维制造	4	17	4	154.4
生物基材料制造				
橡胶和塑料制品业	25	212	98	1727.9
橡胶制品业	20	173	76	1618.6
塑料制品业	5	39	22	109.3
非金属矿物制品业	48	421	244	8584.3
水泥、石灰和石膏制造	7	21	2	1088.2
石膏、水泥制品及类似制品制造				
砖瓦、石材等建筑材料制造				
玻璃制造	2	13	13	262.2
玻璃制品制造	6	77	72	1116.1
玻璃纤维和玻璃纤维增强塑料制品制造				
陶瓷制品制造				
耐火材料制品制造				
石墨及其他非金属矿物制品制造	33	310	158	6117.8
黑色金属冶炼和压延加工业	159	4758	3762	362319.7
炼铁	3	95	87	6849.3
炼钢	12	309	299	28682.2
钢压延加工	138	4188	3317	321905.0
铁合金冶炼	6	166	59	4883.2
有色金属冶炼和压延加工业	43	524	434	13107.8
常用有色金属冶炼	25	260	223	4607.2
贵金属冶炼				
稀有稀土金属冶炼				
有色金属合金制造	14	210	162	7137.7
有色金属压延加工	4	54	50	1362.9
金属制品业	142	1654	1133	42955.5

1-E-4　续表 3

行　业	项目数（项）	参加项目人员（人）	项目人员折合全时当量（人年）	项目经费内部支出（万元）
结构性金属制品制造				
金属工具制造	5	59	5	1588.0
集装箱及金属包装容器制造				
金属丝绳及其制品制造				
建筑、安全用金属制品制造	2	14	13	352.3
金属表面处理及热处理加工				
搪瓷制品制造				
金属制日用品制造				
铸造及其他金属制品制造	135	1581	1115	41015.2
通用设备制造业	42	562	211	13397.6
锅炉及原动设备制造	17	373	162	7794.4
金属加工机械制造				
物料搬运设备制造	2	4	3	14.0
泵、阀门、压缩机及类似机械制造	23	185	47	5589.2
轴承、齿轮和传动部件制造				
烘炉、风机、包装等设备制造				
文化、办公用机械制造				
通用零部件制造				
其他通用设备制造业				
专用设备制造业	273	2468	1633	76196.5
采矿、冶金、建筑专用设备制造	228	1868	1131	62485.9
化工、木材、非金属加工专用设备制造	10	108	75	5702.7
食品、饮料、烟草及饲料生产专用设备制造				
印刷、制药、日化及日用品生产专用设备制造				
纺织、服装和皮革加工专用设备制造	27	318	285	5724.4
电子和电工机械专用设备制造	8	174	143	2283.5
农、林、牧、渔专用机械制造				
医疗仪器设备及器械制造				
环保、邮政、社会公共服务及其他专用设备制造				
汽车制造业	118	1590	874	41834.5
汽车整车制造	5	416	247	6594.8
汽车用发动机制造				
改装汽车制造	27	498	341	16053.0
低速汽车制造				
电车制造				
汽车车身、挂车制造				
汽车零部件及配件制造	86	676	286	19186.7
铁路、船舶、航空航天和其他运输设备制造业	44	1630	671	29979.0
铁路运输设备制造	44	1630	671	29979.0
城市轨道交通设备制造				
船舶及相关装置制造				
航空、航天器及设备制造				
摩托车制造				
自行车和残疾人座车制造				
助动车制造				
非公路休闲车及零配件制造				
潜水救捞及其他未列明运输设备制造				
电气机械和器材制造业	131	1448	726	30581.8
电机制造	120	929	664	16211.9
输配电及控制设备制造	9	514	57	14208.0
电线、电缆、光缆及电工器材制造				

1-E-4 续表 4

行业	项目数(项)	参加项目人员(人)	项目人员折合全时当量(人年)	项目经费内部支出(万元)
电池制造				
家用电力器具制造				
非电力家用器具制造				
照明器具制造				
其他电气机械及器材制造	2	5	5	161.9
计算机、通信和其他电子设备制造业	222	4649	759	76945.4
计算机制造	2	25	24	1513.9
通信设备制造	151	4207	535	70414.4
广播电视设备制造				
雷达及配套设备制造				
非专业视听设备制造				
智能消费设备制造				
电子器件制造	29	273	74	2582.6
电子元件及电子专用材料制造	40	144	127	2434.5
其他电子设备制造				
仪器仪表制造业				
通用仪器仪表制造				
专用仪器仪表制造				
钟表与计时仪器制造				
光学仪器制造				
衡器制造				
其他仪器仪表制造业				
其他制造业	28	410	293	13418.0
日用杂品制造				
核辐射加工				
其他未列明制造业	28	410	293	13418.0
废弃资源综合利用业				
金属废料和碎屑加工处理				
非金属废料和碎屑加工处理				
金属制品、机械和设备修理业				
金属制品修理				
通用设备修理				
专用设备修理				
铁路、船舶、航空航天等运输设备修理				
电气设备修理				
仪器仪表修理				
其他机械和设备修理业				
电力、热力、燃气及水生产和供应业	**46**	**744**	**416**	**5399.8**
电力、热力生产和供应业	45	718	390	5171.6
电力生产	9	76	24	2005.6
电力供应	35	606	334	3165.0
热力生产和供应	1	36	32	1.0
燃气生产和供应业	1	26	26	228.2
燃气生产和供应业	1	26	26	228.2
生物质燃气生产和供应业				
水的生产和供应业				
自来水生产和供应				
污水处理及其再生利用				
海水淡化处理				
其他水的处理、利用与分配				

1-E-5　分行业内资企业全部R&D项目情况

行　　业	项目数(项)	参加项目人员(人)	项目人员折合全时当量(人年)	项目经费内部支出(万元)
总　计	**3069**	**38062**	**24793**	**1126527.5**
采矿业	**534**	**10849**	**8202**	**263577.8**
煤炭开采和洗选业	516	10729	8160	259209.1
烟煤和无烟煤开采洗选	516	10729	8160	259209.1
褐煤开采洗选				
其他煤炭采选				
石油和天然气开采业	16	107	33	3572.3
石油开采				
天然气开采	16	107	33	3572.3
黑色金属矿采选业	1	4		40.0
铁矿采选				
锰矿、铬矿采选	1	4		40.0
其他黑色金属矿采选				
有色金属矿采选业				
常用有色金属矿采选				
贵金属矿采选				
稀有稀土金属矿采选				
非金属矿采选业	1	9	9	756.4
土砂石开采	1	9	9	756.4
化学矿开采				
采盐				
石棉及其他非金属矿采选				
开采专业及辅助性活动				
煤炭开采和洗选专业及辅助性活动				
石油和天然气开采专业及辅助性活动				
其他开采专业及辅助性活动				
其他采矿业				
其他采矿业				
制造业	**2474**	**26428**	**16160**	**855830.5**
农副食品加工业	18	244	58	3126.8
谷物磨制	3	20	11	98.7
饲料加工	4	30	15	1122.7
植物油加工				
制糖业				
屠宰及肉类加工	7	163	25	1427.2
水产品加工				
蔬菜、菌类、水果和坚果加工	3	22	7	318.2
其他农副食品加工	1	9	1	160.0
食品制造业	65	285	138	4349.7
焙烤食品制造	2	16	1	1326.2
糖果、巧克力及蜜饯制造				
方便食品制造				
乳制品制造	5	5	4	832.9
罐头食品制造				
调味品、发酵制品制造	31	92	55	781.3
其他食品制造	27	172	78	1409.3
酒、饮料和精制茶制造业	20	112	76	1010.9
酒的制造	19	104	76	305.9
饮料制造	1	8	1	705.0
精制茶加工				

1-E-5 续表 1

行　　业	项目数（项）	参加项目人员（人）	项目人员折合全时当量（人年）	项目经费内部支出（万元）
烟草制品业	2	20	12	472.6
烟叶复烤				
卷烟制造	2	20	12	472.6
其他烟草制品制造				
纺织业				
棉纺织及印染精加工				
毛纺织及染整精加工				
麻纺织及染整精加工				
丝绢纺织及印染精加工				
化纤织造及印染精加工				
针织或钩针编织物及其制品制造				
家用纺织制成品制造				
产业用纺织制成品制造				
纺织服装、服饰业	5	64		349.2
机织服装制造				
针织或钩针编织服装制造				
服饰制造	5	64		349.2
皮革、毛皮、羽毛及其制品和制鞋业				
皮革鞣制加工				
皮革制品制造				
毛皮鞣制及制品加工				
羽毛(绒)加工及制品制造				
制鞋业				
木材加工和木、竹、藤、棕、草制品业				
木材加工				
人造板制造				
木质制品制造				
竹、藤、棕、草等制品制造				
家具制造业				
木质家具制造				
竹、藤家具制造				
金属家具制造				
塑料家具制造				
其他家具制造				
造纸和纸制品业	2	30	21	2843.2
纸浆制造				
造纸	1	14	5	2678.6
纸制品制造	1	16	16	164.6
印刷和记录媒介复制业	11	48	36	863.0
印刷	11	48	36	863.0
装订及印刷相关服务				
记录媒介复制				
文教、工美、体育和娱乐用品制造业	7	94	79	962.9
文教办公用品制造				
乐器制造				
工艺美术及礼仪用品制造	2	36	28	327.0
体育用品制造	5	58	50	635.9
玩具制造				
游艺器材及娱乐用品制造				
石油、煤炭及其他燃料加工业	101	845	456	32533.4

1-E-5　续表 2

行　　业	项目数（项）	参加项目人员（人）	项目人员折合全时当量（人年）	项目经费内部支出（万元）
精炼石油产品制造				
煤炭加工	101	845	456	32533.4
核燃料加工				
生物质燃料加工				
化学原料和化学制品制造业	282	2942	1621	65884.9
基础化学原料制造	21	184	80	4161.1
肥料制造	108	1087	677	18084.0
农药制造	1	2	1	11.2
涂料、油墨、颜料及类似产品制造	15	119	47	2278.9
合成材料制造	41	459	372	4018.0
专用化学产品制造	48	431	128	24277.0
炸药、火工及焰火产品制造	22	492	197	11336.2
日用化学产品制造	26	168	119	1718.5
医药制造业	276	2500	1550	36943.1
化学药品原料药制造	60	467	351	7268.5
化学药品制剂制造	100	878	487	14643.5
中药饮片加工	1	10	1	80.0
中成药生产	61	789	537	6564.3
兽用药品制造	7	29	14	433.1
生物药品制品制造	23	147	93	6721.7
卫生材料及医药用品制造	24	180	69	1232.0
药用辅料及包装材料制造				
化学纤维制造业	4	17	4	154.4
纤维素纤维原料及纤维制造				
合成纤维制造	4	17	4	154.4
生物基材料制造				
橡胶和塑料制品业	38	274	128	2623.7
橡胶制品业	30	207	92	2401.2
塑料制品业	8	67	36	222.5
非金属矿物制品业	118	748	430	16783.3
水泥、石灰和石膏制造	11	50	8	1172.5
石膏、水泥制品及类似制品制造	6	17	11	134.6
砖瓦、石材等建筑材料制造	15	42	14	546.2
玻璃制造	2	13	13	262.2
玻璃制品制造	15	96	74	1585.1
玻璃纤维和玻璃纤维增强塑料制品制造				
陶瓷制品制造	2	26	15	442.3
耐火材料制品制造	7	30	17	2508.9
石墨及其他非金属矿物制品制造	60	474	279	10131.5
黑色金属冶炼和压延加工业	173	4852	3816	365506.8
炼铁	3	95	87	6849.3
炼钢	12	309	299	28682.2
钢压延加工	147	4256	3351	324046.1
铁合金冶炼	11	192	79	5929.2
有色金属冶炼和压延加工业	58	601	467	14376.3
常用有色金属冶炼	31	309	246	5400.6
贵金属冶炼				
稀有稀土金属冶炼				
有色金属合金制造	14	210	162	7137.7
有色金属压延加工	13	82	58	1838.0
金属制品业	199	1907	1387	47004.6

1-E-5 续表 3

行　　业	项目数(项)	参加项目人员(人)	项目人员折合全时当量(人年)	项目经费内部支出(万元)
结构性金属制品制造	9	28	21	314.5
金属工具制造	5	59	5	1588.0
集装箱及金属包装容器制造	5	93	84	1158.5
金属丝绳及其制品制造	13	22	11	577.9
建筑、安全用金属制品制造	17	98	86	1674.8
金属表面处理及热处理加工				
搪瓷制品制造				
金属制日用品制造				
铸造及其他金属制品制造	150	1607	1180	41690.9
通用设备制造业	112	909	409	18023.6
锅炉及原动设备制造	23	402	169	8373.7
金属加工机械制造	15	55	39	630.7
物料搬运设备制造	14	31	12	413.2
泵、阀门、压缩机及类似机械制造	43	303	143	6690.8
轴承、齿轮和传动部件制造	4	23	21	325.5
烘炉、风机、包装等设备制造	3	27	2	705.9
文化、办公用机械制造	1	4	3	92.0
通用零部件制造	9	64	21	791.8
其他通用设备制造业				
专用设备制造业	378	2867	1900	84544.8
采矿、冶金、建筑专用设备制造	298	2149	1308	69218.2
化工、木材、非金属加工专用设备制造	10	108	75	5702.7
食品、饮料、烟草及饲料生产专用设备制造				
印刷、制药、日化及日用品生产专用设备制造	5	15	14	180.4
纺织、服装和皮革加工专用设备制造	47	392	344	6563.7
电子和电工机械专用设备制造	9	182	149	2350.2
农、林、牧、渔专用机械制造	4	10	7	286.7
医疗仪器设备及器械制造				
环保、邮政、社会公共服务及其他专用设备制造	5	11	4	242.9
汽车制造业	152	1751	976	42981.4
汽车整车制造	5	416	247	6594.8
汽车用发动机制造				
改装汽车制造	46	602	426	16771.1
低速汽车制造				
电车制造	1	8	8	54.3
汽车车身、挂车制造	1	7	2	14.9
汽车零部件及配件制造	99	718	293	19546.3
铁路、船舶、航空航天和其他运输设备制造业	53	1667	704	30857.2
铁路运输设备制造	50	1644	681	30316.5
城市轨道交通设备制造				
船舶及相关装置制造				
航空、航天器及设备制造	3	23	23	540.7
摩托车制造				
自行车和残疾人座车制造				
助动车制造				
非公路休闲车及零配件制造				
潜水救捞及其他未列明运输设备制造				
电气机械和器材制造业	167	1623	855	31237.1
电机制造	120	929	664	16211.9
输配电及控制设备制造	34	608	116	13193.8
电线、电缆、光缆及电工器材制造	9	75	64	1537.8

1-E-5　续表 4

行　业	项目数（项）	参加项目人员（人）	项目人员折合全时当量（人年）	项目经费内部支出（万元）
电池制造				
家用电力器具制造				
非电力家用器具制造	2	6	6	131.7
照明器具制造				
其他电气机械及器材制造	2	5	5	161.9
计算机、通信和其他电子设备制造业	143	1325	536	34578.4
计算机制造	2	25	24	1513.9
通信设备制造	44	718	162	24581.1
广播电视设备制造				
雷达及配套设备制造				
非专业视听设备制造				
智能消费设备制造				
电子器件制造	40	310	104	3841.6
电子元件及电子专用材料制造	56	270	245	4625.1
其他电子设备制造	1	2	1	16.7
仪器仪表制造业	61	288	206	4391.2
通用仪器仪表制造	26	178	133	2580.6
专用仪器仪表制造	30	94	66	1228.0
钟表与计时仪器制造				
光学仪器制造				
衡器制造	5	16	7	582.6
其他仪器仪表制造业				
其他制造业	28	410	293	13418.0
日用杂品制造				
核辐射加工				
其他未列明制造业	28	410	293	13418.0
废弃资源综合利用业				
金属废料和碎屑加工处理				
非金属废料和碎屑加工处理				
金属制品、机械和设备修理业	1	5	2	10.0
金属制品修理				
通用设备修理				
专用设备修理	1	5	2	10.0
铁路、船舶、航空航天等运输设备修理				
电气设备修理				
仪器仪表修理				
其他机械和设备修理业				
电力、热力、燃气及水生产和供应业	**61**	**785**	**430**	**7119.2**
电力、热力生产和供应业	60	759	404	6891.0
电力生产	23	111	34	2371.6
电力供应	35	606	334	3165.0
热力生产和供应	2	42	37	1354.4
燃气生产和供应业	1	26	26	228.2
燃气生产和供应业	1	26	26	228.2
生物质燃气生产和供应业				
水的生产和供应业				
自来水生产和供应				
污水处理及其再生利用				
海水淡化处理				
其他水的处理、利用与分配				

1-E-6 分行业港澳台商投资企业全部R&D项目情况

行业	项目数（项）	参加项目人员（人）	项目人员折合全时当量（人年）	项目经费内部支出（万元）
总计	**68**	**2533**	**104**	**28891.0**
采矿业				
煤炭开采和洗选业				
烟煤和无烟煤开采洗选				
褐煤开采洗选				
其他煤炭采选				
石油和天然气开采业				
石油开采				
天然气开采				
黑色金属矿采选业				
铁矿采选				
锰矿、铬矿采选				
其他黑色金属矿采选				
有色金属矿采选业				
常用有色金属矿采选				
贵金属矿采选				
稀有稀土金属矿采选				
非金属矿采选业				
土砂石开采				
化学矿开采				
采盐				
石棉及其他非金属矿采选				
开采专业及辅助性活动				
煤炭开采和洗选专业及辅助性活动				
石油和天然气开采专业及辅助性活动				
其他开采专业及辅助性活动				
其他采矿业				
其他采矿业				
制造业	**68**	**2533**	**104**	**28891.0**
农副食品加工业				
谷物磨制				
饲料加工				
植物油加工				
制糖业				
屠宰及肉类加工				
水产品加工				
蔬菜、菌类、水果和坚果加工				
其他农副食品加工				
食品制造业				
焙烤食品制造				
糖果、巧克力及蜜饯制造				
方便食品制造				
乳制品制造				
罐头食品制造				
调味品、发酵制品制造				
其他食品制造				
酒、饮料和精制茶制造业				
酒的制造				
饮料制造				
精制茶加工				

1-E-6　续表 1

行　业	项目数 (项)	参加项目人员 (人)	项目人员折合全时当量 (人年)	项目经费内部支出 (万元)
烟草制品业				
烟叶复烤				
卷烟制造				
其他烟草制品制造				
纺织业				
棉纺织及印染精加工				
毛纺织及染整精加工				
麻纺织及染整精加工				
丝绢纺织及印染精加工				
化纤织造及印染精加工				
针织或钩针编织物及其制品制造				
家用纺织制成品制造				
产业用纺织制成品制造				
纺织服装、服饰业				
机织服装制造				
针织或钩针编织服装制造				
服饰制造				
皮革、毛皮、羽毛及其制品和制鞋业				
皮革鞣制加工				
皮革制品制造				
毛皮鞣制及制品加工				
羽毛(绒)加工及制品制造				
制鞋业				
木材加工和木、竹、藤、棕、草制品业				
木材加工				
人造板制造				
木质制品制造				
竹、藤、棕、草等制品制造				
家具制造业				
木质家具制造				
竹、藤家具制造				
金属家具制造				
塑料家具制造				
其他家具制造				
造纸和纸制品业				
纸浆制造				
造纸				
纸制品制造				
印刷和记录媒介复制业				
印刷				
装订及印刷相关服务				
记录媒介复制				
文教、工美、体育和娱乐用品制造业				
文教办公用品制造				
乐器制造				
工艺美术及礼仪用品制造				
体育用品制造				
玩具制造				
游艺器材及娱乐用品制造				
石油、煤炭及其他燃料加工业				

1-E-6 续表 2

行业	项目数(项)	参加项目人员(人)	项目人员折合全时当量(人年)	项目经费内部支出(万元)
精炼石油产品制造				
煤炭加工				
核燃料加工				
生物质燃料加工				
化学原料和化学制品制造业				
基础化学原料制造				
肥料制造				
农药制造				
涂料、油墨、颜料及类似产品制造				
合成材料制造				
专用化学产品制造				
炸药、火工及焰火产品制造				
日用化学产品制造				
医药制造业	7	89	27	1346.1
化学药品原料药制造				
化学药品制剂制造	7	89	27	1346.1
中药饮片加工				
中成药生产				
兽用药品制造				
生物药品制品制造				
卫生材料及医药用品制造				
药用辅料及包装材料制造				
化学纤维制造业				
纤维素纤维原料及纤维制造				
合成纤维制造				
生物基材料制造				
橡胶和塑料制品业				
橡胶制品业				
塑料制品业				
非金属矿物制品业				
水泥、石灰和石膏制造				
石膏、水泥制品及类似制品制造				
砖瓦、石材等建筑材料制造				
玻璃制造				
玻璃制品制造				
玻璃纤维和玻璃纤维增强塑料制品制造				
陶瓷制品制造				
耐火材料制品制造				
石墨及其他非金属矿物制品制造				
黑色金属冶炼和压延加工业				
炼铁				
炼钢				
钢压延加工				
铁合金冶炼				
有色金属冶炼和压延加工业				
常用有色金属冶炼				
贵金属冶炼				
稀有稀土金属冶炼				
有色金属合金制造				
有色金属压延加工				
金属制品业	4	18	11	23.5

1-E-6　续表 3

行　业	项目数(项)	参加项目人员(人)	项目人员折合全时当量(人年)	项目经费内部支出(万元)
结构性金属制品制造				
金属工具制造				
集装箱及金属包装容器制造				
金属丝绳及其制品制造				
建筑、安全用金属制品制造				
金属表面处理及热处理加工	4	18	11	23.5
搪瓷制品制造				
金属制日用品制造				
铸造及其他金属制品制造				
通用设备制造业				
锅炉及原动设备制造				
金属加工机械制造				
物料搬运设备制造				
泵、阀门、压缩机及类似机械制造				
轴承、齿轮和传动部件制造				
烘炉、风机、包装等设备制造				
文化、办公用机械制造				
通用零部件制造				
其他通用设备制造业				
专用设备制造业				
采矿、冶金、建筑专用设备制造				
化工、木材、非金属加工专用设备制造				
食品、饮料、烟草及饲料生产专用设备制造				
印刷、制药、日化及日用品生产专用设备制造				
纺织、服装和皮革加工专用设备制造				
电子和电工机械专用设备制造				
农、林、牧、渔专用机械制造				
医疗仪器设备及器械制造				
环保、邮政、社会公共服务及其他专用设备制造				
汽车制造业				
汽车整车制造				
汽车用发动机制造				
改装汽车制造				
低速汽车制造				
电车制造				
汽车车身、挂车制造				
汽车零部件及配件制造				
铁路、船舶、航空航天和其他运输设备制造业				
铁路运输设备制造				
城市轨道交通设备制造				
船舶及相关装置制造				
航空、航天器及设备制造				
摩托车制造				
自行车和残疾人座车制造				
助动车制造				
非公路休闲车及零配件制造				
潜水救捞及其他未列明运输设备制造				
电气机械和器材制造业	3	16	11	103.7
电机制造				
输配电及控制设备制造				
电线、电缆、光缆及电工器材制造				

1-E-6 续表 4

行　业	项目数(项)	参加项目人　员(人)	项目人员折合全时当量(人年)	项目经费内部支出(万元)
电池制造				
家用电力器具制造				
非电力家用器具制造				
照明器具制造	3	16	11	103.7
其他电气机械及器材制造				
计算机、通信和其他电子设备制造业	53	2402	47	26887.4
计算机制造				
通信设备制造	53	2402	47	26887.4
广播电视设备制造				
雷达及配套设备制造				
非专业视听设备制造				
智能消费设备制造				
电子器件制造				
电子元件及电子专用材料制造				
其他电子设备制造				
仪器仪表制造业				
通用仪器仪表制造				
专用仪器仪表制造				
钟表与计时仪器制造				
光学仪器制造				
衡器制造				
其他仪器仪表制造业				
其他制造业				
日用杂品制造				
核辐射加工				
其他未列明制造业				
废弃资源综合利用业	1	8	8	530.3
金属废料和碎屑加工处理	1	8	8	530.3
非金属废料和碎屑加工处理				
金属制品、机械和设备修理业				
金属制品修理				
通用设备修理				
专用设备修理				
铁路、船舶、航空航天等运输设备修理				
电气设备修理				
仪器仪表修理				
其他机械和设备修理业				
电力、热力、燃气及水生产和供应业				
电力、热力生产和供应业				
电力生产				
电力供应				
热力生产和供应				
燃气生产和供应业				
燃气生产和供应业				
生物质燃气生产和供应业				
水的生产和供应业				
自来水生产和供应				
污水处理及其再生利用				
海水淡化处理				
其他水的处理、利用与分配				

1-E-7　分行业外商投资企业全部R&D项目情况

行　业	项目数(项)	参加项目人员(人)	项目人员折合全时当量(人年)	项目经费内部支出(万元)
总　计	**106**	**1574**	**476**	**38242.3**
采矿业	**4**	**136**	**2**	**6721.0**
煤炭开采和洗选业	4	136	2	6721.0
烟煤和无烟煤开采洗选	4	136	2	6721.0
褐煤开采洗选				
其他煤炭采选				
石油和天然气开采业				
石油开采				
天然气开采				
黑色金属矿采选业				
铁矿采选				
锰矿、铬矿采选				
其他黑色金属矿采选				
有色金属矿采选业				
常用有色金属矿采选				
贵金属矿采选				
稀有稀土金属矿采选				
非金属矿采选业				
土砂石开采				
化学矿开采				
采盐				
石棉及其他非金属矿采选				
开采专业及辅助性活动				
煤炭开采和洗选专业及辅助性活动				
石油和天然气开采专业及辅助性活动				
其他开采专业及辅助性活动				
其他采矿业				
其他采矿业				
制造业	**102**	**1438**	**474**	**31521.3**
农副食品加工业				
谷物磨制				
饲料加工				
植物油加工				
制糖业				
屠宰及肉类加工				
水产品加工				
蔬菜、菌类、水果和坚果加工				
其他农副食品加工				
食品制造业				
焙烤食品制造				
糖果、巧克力及蜜饯制造				
方便食品制造				
乳制品制造				
罐头食品制造				
调味品、发酵制品制造				
其他食品制造				
酒、饮料和精制茶制造业				
酒的制造				
饮料制造				
精制茶加工				

1-E-7 续表 1

行　业	项目数（项）	参加项目人员（人）	项目人员折合全时当量（人年）	项目经费内部支出（万元）
烟草制品业				
烟叶复烤				
卷烟制造				
其他烟草制品制造				
纺织业				
棉纺织及印染精加工				
毛纺织及染整精加工				
麻纺织及染整精加工				
丝绢纺织及印染精加工				
化纤织造及印染精加工				
针织或钩针编织物及其制品制造				
家用纺织制成品制造				
产业用纺织制成品制造				
纺织服装、服饰业				
机织服装制造				
针织或钩针编织服装制造				
服饰制造				
皮革、毛皮、羽毛及其制品和制鞋业				
皮革鞣制加工				
皮革制品制造				
毛皮鞣制及制品加工				
羽毛(绒)加工及制品制造				
制鞋业				
木材加工和木、竹、藤、棕、草制品业				
木材加工				
人造板制造				
木质制品制造				
竹、藤、棕、草等制品制造				
家具制造业				
木质家具制造				
竹、藤家具制造				
金属家具制造				
塑料家具制造				
其他家具制造				
造纸和纸制品业				
纸浆制造				
造纸				
纸制品制造				
印刷和记录媒介复制业				
印刷				
装订及印刷相关服务				
记录媒介复制				
文教、工美、体育和娱乐用品制造业				
文教办公用品制造				
乐器制造				
工艺美术及礼仪用品制造				
体育用品制造				
玩具制造				
游艺器材及娱乐用品制造				
石油、煤炭及其他燃料加工业				

1-E-7　续表 2

行　　业	项目数（项）	参加项目人员（人）	项目人员折合全时当量（人年）	项目经费内部支出（万元）
精炼石油产品制造				
煤炭加工				
核燃料加工				
生物质燃料加工				
化学原料和化学制品制造业	8	50	21	2371.6
基础化学原料制造				
肥料制造	3	34	19	925.7
农药制造				
涂料、油墨、颜料及类似产品制造	1	5	1	36.9
合成材料制造	4	11	1	1409.0
专用化学产品制造				
炸药、火工及焰火产品制造				
日用化学产品制造				
医药制造业	5	50	23	474.1
化学药品原料药制造				
化学药品制剂制造				
中药饮片加工				
中成药生产				
兽用药品制造				
生物药品制品制造				
卫生材料及医药用品制造				
药用辅料及包装材料制造	5	50	23	474.1
化学纤维制造业				
纤维素纤维原料及纤维制造				
合成纤维制造				
生物基材料制造				
橡胶和塑料制品业				
橡胶制品业				
塑料制品业				
非金属矿物制品业				
水泥、石灰和石膏制造				
石膏、水泥制品及类似制品制造				
砖瓦、石材等建筑材料制造				
玻璃制造				
玻璃制品制造				
玻璃纤维和玻璃纤维增强塑料制品制造				
陶瓷制品制造				
耐火材料制品制造				
石墨及其他非金属矿物制品制造				
黑色金属冶炼和压延加工业				
炼铁				
炼钢				
钢压延加工				
铁合金冶炼				
有色金属冶炼和压延加工业				
常用有色金属冶炼				
贵金属冶炼				
稀有稀土金属冶炼				
有色金属合金制造				
有色金属压延加工				
金属制品业	13	122	21	2072.9

1-E-7 续表 3

行　　业	项目数（项）	参加项目人员（人）	项目人员折合全时当量（人年）	项目经费内部支出（万元）
结构性金属制品制造				
金属工具制造				
集装箱及金属包装容器制造				
金属丝绳及其制品制造				
建筑、安全用金属制品制造				
金属表面处理及热处理加工				
搪瓷制品制造				
金属制日用品制造				
铸造及其他金属制品制造	13	122	21	2072.9
通用设备制造业				
锅炉及原动设备制造				
金属加工机械制造				
物料搬运设备制造				
泵、阀门、压缩机及类似机械制造				
轴承、齿轮和传动部件制造				
烘炉、风机、包装等设备制造				
文化、办公用机械制造				
通用零部件制造				
其他通用设备制造业				
专用设备制造业	11	33	6	825.0
采矿、冶金、建筑专用设备制造	4	8	2	211.4
化工、木材、非金属加工专用设备制造				
食品、饮料、烟草及饲料生产专用设备制造				
印刷、制药、日化及日用品生产专用设备制造				
纺织、服装和皮革加工专用设备制造				
电子和电工机械专用设备制造				
农、林、牧、渔专用机械制造				
医疗仪器设备及器械制造				
环保、邮政、社会公共服务及其他专用设备制造	7	25	3	613.6
汽车制造业	5	22	14	514.1
汽车整车制造				
汽车用发动机制造				
改装汽车制造				
低速汽车制造				
电车制造				
汽车车身、挂车制造				
汽车零部件及配件制造	5	22	14	514.1
铁路、船舶、航空航天和其他运输设备制造业				
铁路运输设备制造				
城市轨道交通设备制造				
船舶及相关装置制造				
航空、航天器及设备制造				
摩托车制造				
自行车和残疾人座车制造				
助动车制造				
非公路休闲车及零配件制造				
潜水救捞及其他未列明运输设备制造				
电气机械和器材制造业	2	52	43	6268.8
电机制造				
输配电及控制设备制造	2	52	43	6268.8
电线、电缆、光缆及电工器材制造				

1-E-7 续表 4

行 业	项目数(项)	参加项目人 员(人)	项目人员折合全时当量(人年)	项目经费内部支出(万元)
电池制造				
家用电力器具制造				
非电力家用器具制造				
照明器具制造				
其他电气机械及器材制造				
计算机、通信和其他电子设备制造业	54	1087	325	18945.9
计算机制造				
通信设备制造	54	1087	325	18945.9
广播电视设备制造				
雷达及配套设备制造				
非专业视听设备制造				
智能消费设备制造				
电子器件制造				
电子元件及电子专用材料制造				
其他电子设备制造				
仪器仪表制造业	4	22	22	48.9
通用仪器仪表制造	4	22	22	48.9
专用仪器仪表制造				
钟表与计时仪器制造				
光学仪器制造				
衡器制造				
其他仪器仪表制造业				
其他制造业				
日用杂品制造				
核辐射加工				
其他未列明制造业				
废弃资源综合利用业				
金属废料和碎屑加工处理				
非金属废料和碎屑加工处理				
金属制品、机械和设备修理业				
金属制品修理				
通用设备修理				
专用设备修理				
铁路、船舶、航空航天等运输设备修理				
电气设备修理				
仪器仪表修理				
其他机械和设备修理业				
电力、热力、燃气及水生产和供应业				
电力、热力生产和供应业				
电力生产				
电力供应				
热力生产和供应				
燃气生产和供应业				
燃气生产和供应业				
生物质燃气生产和供应业				
水的生产和供应业				
自来水生产和供应				
污水处理及其再生利用				
海水淡化处理				
其他水的处理、利用与分配				

1-E-8 各地区企业全部R&D项目情况

地　区	项目数(项)	参加项目人员(人)	项目人员折合全时当量(人年)	项目经费内部支出(万元)
全　省	**3243**	**42169**	**25373**	**1193660.8**
太原市	1019	11921	7638	474316.9
大同市	168	2602	1263	79203.2
阳泉市	166	2160	1078	15910.5
长治市	346	5405	3890	129920.4
晋城市	283	7422	3891	133576.9
朔州市	51	334	195	14824.2
晋中市	330	3215	2024	83609.5
运城市	493	5261	3037	154908.2
忻州市	112	768	472	16650.8
临汾市	145	1873	1177	48816.3
吕梁市	130	1208	708	41923.9

1-E-9 各地区大中型企业全部R&D项目情况

地　区	项目数(项)	参加项目人员(人)	项目人员折合全时当量(人年)	项目经费内部支出(万元)
全　省	**2435**	**38165**	**22998**	**1119306.1**
太原市	776	10930	7060	451718.4
大同市	139	2461	1163	75740.6
阳泉市	157	2078	1038	14344.8
长治市	307	5216	3771	127155.5
晋城市	242	7232	3828	129512.7
朔州市	31	194	122	12962.6
晋中市	155	2411	1434	71471.6
运城市	367	4447	2574	138936.4
忻州市	53	577	373	12392.1
临汾市	107	1583	1020	46110.8
吕梁市	101	1036	614	38960.6

1-E-10　各地区内资企业全部R&D项目情况

地　区	项目数（项）	参加项目人员（人）	项目人员折合全时当量（人年）	项目经费内部支出（万元）
全　省	**3069**	**38062**	**24793**	**1126527.5**
太原市	961	10920	7274	455992.3
大同市	161	2584	1260	77610.0
阳泉市	166	2160	1078	15910.5
长治市	346	5405	3890	129920.4
晋城市	220	4873	3847	104811.3
朔州市	46	284	172	14350.1
晋中市	314	2968	1980	75028.3
运城市	484	5182	3010	153365.2
忻州市	112	768	472	16650.8
临汾市	131	1762	1142	47233.5
吕梁市	128	1156	665	35655.1

1-E-11　各地区港澳台商投资企业全部R&D项目情况

地　区	项目数（项）	参加项目人员（人）	项目人员折合全时当量（人年）	项目经费内部支出（万元）
全　省	**68**	**2533**	**104**	**28891.0**
太原市	10	68	24	1601.8
大同市				
阳泉市				
长治市				
晋城市	44	2342	31	25815.9
朔州市				
晋中市	7	89	27	1346.1
运城市				
忻州市				
临汾市	7	34	22	127.2
吕梁市				

1-E-12 各地区外商投资企业全部R&D项目情况

地 区	项目数 (项)	参加项目 人 员 (人)	项目人员折合 全时当量 (人年)	项目经费 内部支出 (万元)
全 省	**106**	**1574**	**476**	**38242.3**
太原市	48	933	339	16722.8
大同市	7	18	2	1593.2
阳泉市				
长治市				
晋城市	19	207	14	2949.7
朔州市	5	50	23	474.1
晋中市	9	158	16	7235.1
运城市	9	79	27	1543.0
忻州市				
临汾市	7	77	13	1455.6
吕梁市	2	52	43	6268.8

F. 企业办研发机构情况

1-F-1　分登记注册类型企业办研发机构情况

登记注册类型	机构数（个）	机构人员数（人）			机构经费支出（万元）	仪器和设备原价（万元）
			#博士	#硕士		
总　计	**398**	**27619**	**358**	**3674**	**585454.5**	**913126.3**
内资企业	**388**	**27183**	**356**	**3594**	**563452.2**	**902269.1**
国有企业	5	1432	19	376	14010.5	41934.8
集体企业						
股份合作企业						
联营企业						
国有联营企业						
集体联营企业						
国有与集体联营企业						
其他联营企业						
有限责任公司	155	17504	213	2352	366520.9	612484.3
国有独资公司	30	5799	84	952	153402.4	208460.7
其他有限责任公司	125	11705	129	1400	213118.5	404023.6
股份有限公司	47	3353	62	514	66846.4	97852.5
私营企业	181	4894	62	352	116074.4	149997.5
私营独资企业						
私营合伙企业						
私营有限责任公司	145	3548	48	209	91178.8	124959.5
私营股份有限公司	36	1346	14	143	24895.6	25038.0
其他企业						
港、澳、台商投资企业	**4**	**174**	**1**	**34**	**2371.1**	**424.6**
合资经营企业	3	50	1	9	652.8	324.1
合作经营企业						
港、澳、台商独资经营企业	1	124		25	1718.3	100.5
港、澳、台商投资股份有限公司						
其他港、澳、台投资企业						
外商投资企业	**6**	**262**	**1**	**46**	**19631.2**	**10432.6**
中外合资经营企业	5	235	1	45	19171.8	10396.0
中外合作经营企业						
外资企业	1	27		1	459.4	36.6
外商投资股份有限公司						
其他外商投资企业						

1-F-2 分登记注册类型大中型企业办研发机构情况

登记注册类型	机构数（个）	机构人员数（人）			机构经费支出（万元）	仪器和设备原价（万元）
			#博士	#硕士		
总　计	**179**	**23414**	**279**	**3331**	**509325.0**	**766158.5**
内资企业	**173**	**23085**	**278**	**3261**	**488689.2**	**755658.0**
国有企业	5	1432	19	376	14010.5	41934.8
集体企业						
股份合作企业						
联营企业						
国有联营企业						
集体联营企业						
国有与集体联营企业						
其他联营企业						
有限责任公司	95	16172	182	2250	336124.5	521716.6
国有独资公司	28	5764	84	950	152570.7	207719.1
其他有限责任公司	67	10408	98	1300	183553.8	313997.5
股份有限公司	24	2792	51	452	57817.0	86772.4
私营企业	49	2689	26	183	80737.2	105234.2
私营独资企业						
私营合伙企业						
私营有限责任公司	37	1862	20	91	65378.7	90578.5
私营股份有限公司	12	827	6	92	15358.5	14655.7
其他企业						
港、澳、台商投资企业	**2**	**126**		**25**	**1738.3**	**110.5**
合资经营企业	1	2			20.0	10.0
合作经营企业						
港、澳、台商独资经营企业	1	124		25	1718.3	100.5
港、澳、台商投资股份有限公司						
其他港、澳、台投资企业						
外商投资企业	**4**	**203**	**1**	**45**	**18897.5**	**10390.0**
中外合资经营企业	4	203	1	45	18897.5	10390.0
中外合作经营企业						
外资企业						
外商投资股份有限公司						
其他外商投资企业						

1-F-3　分行业企业办研发机构情况

行　业	机构数（个）	机构人员数（人）	#博士	#硕士	机构经费支出（万元）	仪器和设备原价（万元）
总　计	**398**	**27619**	**358**	**3674**	**585454.5**	**913126.3**
采矿业	**21**	**4479**	**72**	**646**	**42017.8**	**108294.2**
煤炭开采和洗选业	14	4398	70	641	40409.9	70154.4
烟煤和无烟煤开采洗选	14	4398	70	641	40409.9	70154.4
褐煤开采洗选						
其他煤炭采选						
石油和天然气开采业	1	32			274.3	6.0
石油开采						
天然气开采	1	32			274.3	6.0
黑色金属矿采选业						
铁矿采选						
锰矿、铬矿采选						
其他黑色金属矿采选						
有色金属矿采选业	5	44	2		1323.6	38113.8
常用有色金属矿采选	4	40	1		1315.3	38083.8
贵金属矿采选	1	4	1		8.3	30.0
稀有稀土金属矿采选						
非金属矿采选业	1	5		5	10.0	20.0
土砂石开采	1	5		5	10.0	20.0
化学矿开采						
采盐						
石棉及其他非金属矿采选						
开采专业及辅助性活动						
煤炭开采和洗选专业及辅助性活动						
石油和天然气开采专业及辅助性活动						
其他开采专业及辅助性活动						
其他采矿业						
其他采矿业						
制造业	**374**	**22859**	**274**	**2870**	**535216.4**	**782605.5**
农副食品加工业	10	131	2	16	3427.7	12293.7
谷物磨制	1	5			17.4	15.0
饲料加工	4	30		2	1128.5	10450.6
植物油加工						
制糖业						
屠宰及肉类加工	2	77		7	1903.4	1636.4
水产品加工						
蔬菜、菌类、水果和坚果加工	2	10	2	4	198.4	106.7
其他农副食品加工	1	9		3	180.0	85.0
食品制造业	13	251	4	29	3643.7	14772.6
焙烤食品制造	1	35	2	3	26.7	755.7
糖果、巧克力及蜜饯制造						
方便食品制造	1	2		1	7.0	3.2
乳制品制造	1	5		4	408.3	249.6
罐头食品制造						
调味品、发酵制品制造	5	147	1	17	2410.1	11045.8
其他食品制造	5	62	1	4	791.6	2718.3
酒、饮料和精制茶制造业	4	1129	5	32	54389.8	9638.0
酒的制造	3	1060	4	26	53185.4	9349.2
饮料制造	1	69	1	6	1204.4	288.8
精制茶加工						

1-F-3 续表 1

行业	机构数（个）	机构人员数（人）	#博士	#硕士	机构经费支出（万元）	仪器和设备原价（万元）
烟草制品业	1	44	1	4	87.0	358.7
烟叶复烤						
卷烟制造	1	44	1	4	87.0	358.7
其他烟草制品制造						
纺织业	2	204			1171.6	85.9
棉纺织及印染精加工	2	204			1171.6	85.9
毛纺织及染整精加工						
麻纺织及染整精加工						
丝绢纺织及印染精加工						
化纤织造及印染精加工						
针织或钩针编织物及其制品制造						
家用纺织制成品制造						
产业用纺织制成品制造						
纺织服装、服饰业	2	250	1	2	712.8	2968.4
机织服装制造	1	78	1	1	710.6	265.0
针织或钩针编织服装制造						
服饰制造	1	172		1	2.2	2703.4
皮革、毛皮、羽毛及其制品和制鞋业						
皮革鞣制加工						
皮革制品制造						
毛皮鞣制及制品加工						
羽毛(绒)加工及制品制造						
制鞋业						
木材加工和木、竹、藤、棕、草制品业						
木材加工						
人造板制造						
木质制品制造						
竹、藤、棕、草等制品制造						
家具制造业						
木质家具制造						
竹、藤家具制造						
金属家具制造						
塑料家具制造						
其他家具制造						
造纸和纸制品业	2	46			5446.0	37949.6
纸浆制造						
造纸	1	30			5295.9	37921.5
纸制品制造	1	16			150.1	28.1
印刷和记录媒介复制业	1	10			349.3	533.6
印刷	1	10			349.3	533.6
装订及印刷相关服务						
记录媒介复制						
文教、工美、体育和娱乐用品制造业	2	110	2	3	1171.5	2262.8
文教办公用品制造						
乐器制造						
工艺美术及礼仪用品制造	1	52	2	3	446.3	639.3
体育用品制造	1	58			725.2	1623.5
玩具制造						
游艺器材及娱乐用品制造						
石油、煤炭及其他燃料加工业	7	686	3	12	26794.3	11396.0

1-F-3　续表 2

行　业	机构数（个）	机构人员数（人）	#博士	#硕士	机构经费支出（万元）	仪器和设备原价（万元）
精炼石油产品制造						
煤炭加工	7	686	3	12	26794.3	11396.0
核燃料加工						
生物质燃料加工						
化学原料和化学制品制造业	51	2482	24	221	54880.0	87416.9
基础化学原料制造	8	154		12	2046.0	2423.4
肥料制造	9	957	9	86	18297.6	28401.2
农药制造						
涂料、油墨、颜料及类似产品制造	5	36	3	10	1304.5	1167.8
合成材料制造	6	254	4	32	3804.1	26983.3
专用化学产品制造	13	304	4	12	12545.1	8212.3
炸药、火工及焰火产品制造	9	697	1	53	16212.5	18855.9
日用化学产品制造	1	80	3	16	670.2	1373.0
医药制造业	43	2373	44	305	60677.0	54885.8
化学药品原料药制造	6	402	3	26	11647.3	25137.0
化学药品制剂制造	16	833	27	159	27799.7	14603.5
中药饮片加工	2	10			10.0	30.0
中成药生产	11	846	5	45	12590.6	7599.8
兽用药品制造	2	38	2	4	663.7	293.9
生物药品制品制造	3	166	6	51	6653.7	7034.9
卫生材料及医药用品制造	2	51	1	19	852.6	150.1
药用辅料及包装材料制造	1	27		1	459.4	36.6
化学纤维制造业						
纤维素纤维原料及纤维制造						
合成纤维制造						
生物基材料制造						
橡胶和塑料制品业	8	279	4	13	3477.6	6884.7
橡胶制品业	4	200		8	3047.6	6319.1
塑料制品业	4	79	4	5	430.0	565.6
非金属矿物制品业	32	833	42	73	21967.3	21656.7
水泥、石灰和石膏制造	8	318	24	15	4774.7	12459.6
石膏、水泥制品及类似制品制造	1	30	2	10	228.9	20.0
砖瓦、石材等建筑材料制造	4	100	4	12	1576.8	318.5
玻璃制造						
玻璃制品制造	3	92	2	10	1446.5	2752.7
玻璃纤维和玻璃纤维增强塑料制品制造						
陶瓷制品制造	1	12		2	20.0	68.0
耐火材料制品制造	6	79	4	3	3280.5	666.0
石墨及其他非金属矿物制品制造	9	202	6	21	10639.9	5371.9
黑色金属冶炼和压延加工业	12	1192	38	151	27649.0	164113.0
炼铁	4	63		2	1435.4	1648.4
炼钢						
钢压延加工	6	1099	34	147	25857.6	153539.9
铁合金冶炼	2	30	4	2	356.0	8924.7
有色金属冶炼和压延加工业	16	847	11	31	17831.4	38725.9
常用有色金属冶炼	7	476		20	5276.8	20163.8
贵金属冶炼	1	3			64.3	3.8
稀有稀土金属冶炼						
有色金属合金制造	5	293	11	6	9002.0	6261.9
有色金属压延加工	3	75		5	3488.3	12296.4
金属制品业	25	2379	19	508	55389.1	77100.6

1-F-3 续表 3

行业	机构数（个）	机构人员数（人）	#博士	#硕士	机构经费支出（万元）	仪器和设备原价（万元）
结构性金属制品制造	2	15		1	91.7	123.2
金属工具制造						
集装箱及金属包装容器制造	1	242	8	14	3986.5	4832.0
金属丝绳及其制品制造	2	53			948.1	211.5
建筑、安全用金属制品制造	1	35		3	501.3	60.0
金属表面处理及热处理加工	1	18	1	1	265.0	120.0
搪瓷制品制造						
金属制日用品制造						
铸造及其他金属制品制造	18	2016	10	489	49596.5	71753.9
通用设备制造业	32	1002	9	76	18564.7	28673.9
锅炉及原动设备制造	11	531	6	57	11790.1	15007.7
金属加工机械制造	4	82		1	879.4	2140.7
物料搬运设备制造	2	24		3	259.1	693.3
泵、阀门、压缩机及类似机械制造	8	233	1	7	2789.9	7662.6
轴承、齿轮和传动部件制造	1	13		1	71.5	35.0
烘炉、风机、包装等设备制造	2	37		1	943.2	2668.8
文化、办公用机械制造	1	18	2	3	879.0	186.3
通用零部件制造	3	64		3	952.5	279.5
其他通用设备制造业						
专用设备制造业	39	2023	8	328	35966.8	40680.9
采矿、冶金、建筑专用设备制造	24	1313	5	229	22483.9	23117.9
化工、木材、非金属加工专用设备制造	2	102	2	25	4354.6	5594.0
食品、饮料、烟草及饲料生产专用设备制造						
印刷、制药、日化及日用品生产专用设备制造	1	15		1	182.1	14.1
纺织、服装和皮革加工专用设备制造	5	314		14	5273.9	8599.4
电子和电工机械专用设备制造	2	184		46	2446.4	2395.9
农、林、牧、渔专用机械制造	1	35			173.2	124.0
医疗仪器设备及器械制造						
环保、邮政、社会公共服务及其他专用设备制造	4	60	1	13	1052.7	835.6
汽车制造业	17	1859	12	235	42489.1	24085.0
汽车整车制造	2	448	1	113	14608.5	3528.8
汽车用发动机制造	1	37			721.3	548.9
改装汽车制造	3	614	1	62	22265.1	5364.3
低速汽车制造						
电车制造						
汽车车身、挂车制造	1	10			131.8	51.2
汽车零部件及配件制造	10	750	10	60	4762.4	14591.8
铁路、船舶、航空航天和其他运输设备制造业	7	1162	9	156	19092.5	29194.6
铁路运输设备制造	5	911	9	67	14949.9	18982.0
城市轨道交通设备制造						
船舶及相关装置制造						
航空、航天器及设备制造	2	251		89	4142.6	10212.6
摩托车制造						
自行车和残疾人座车制造						
助动车制造						
非公路休闲车及零配件制造						
潜水救捞及其他未列明运输设备制造						
电气机械和器材制造业	18	1167	20	274	58423.8	74275.9
电机制造	3	428	6	85	28161.7	46482.4
输配电及控制设备制造	12	319	5	72	21566.7	25312.6
电线、电缆、光缆及电工器材制造	1	60	9	9	725.4	1816.9

1-F-3　续表 4

行　　业	机构数（个）	机构人员数（人）	#博士	#硕士	机构经费支　出（万元）	仪器和设备原价（万元）
电池制造						
家用电力器具制造						
非电力家用器具制造						
照明器具制造	1	30		8	367.8	194.1
其他电气机械及器材制造	1	330		100	7602.2	469.9
计算机、通信和其他电子设备制造业	19	1194	13	232	7471.4	17518.2
计算机制造	7	78	3	15	1899.4	280.7
通信设备制造						
广播电视设备制造						
雷达及配套设备制造						
非专业视听设备制造	1	15		1	82.7	2.0
智能消费设备制造						
电子器件制造	2	28			510.0	215.8
电子元件及电子专用材料制造	6	962	10	211	4174.1	14546.6
其他电子设备制造	3	111		5	805.2	2473.1
仪器仪表制造业	8	316		38	5819.2	2819.0
通用仪器仪表制造	5	184		10	2340.5	2006.5
专用仪器仪表制造	1	92		23	2067.2	107.9
钟表与计时仪器制造						
光学仪器制造						
衡器制造	2	40		5	1411.5	704.6
其他仪器仪表制造业						
其他制造业	3	890	3	131	8323.8	22315.1
日用杂品制造						
核辐射加工						
其他未列明制造业	3	890	3	131	8323.8	22315.1
废弃资源综合利用业						
金属废料和碎屑加工处理						
非金属废料和碎屑加工处理						
金属制品、机械和设备修理业						
金属制品修理						
通用设备修理						
专用设备修理						
铁路、船舶、航空航天等运输设备修理						
电气设备修理						
仪器仪表修理						
其他机械和设备修理业						
电力、热力、燃气及水生产和供应业	**3**	**281**	**12**	**158**	**8220.3**	**22226.6**
电力、热力生产和供应业	3	281	12	158	8220.3	22226.6
电力生产	1	5			36.0	19.0
电力供应	1	270	11	158	8144.3	21251.6
热力生产和供应	1	6	1		40.0	956.0
燃气生产和供应业						
燃气生产和供应业						
生物质燃气生产和供应业						
水的生产和供应业						
自来水生产和供应						
污水处理及其再生利用						
海水淡化处理						
其他水的处理、利用与分配						

1-F-4 分行业大中型企业办研发机构情况

行业	机构数（个）	机构人员数（人）	#博士	#硕士	机构经费支出（万元）	仪器和设备原价（万元）
总 计	**179**	**23414**	**279**	**3331**	**509325.0**	**766158.5**
采矿业	**15**	**4402**	**71**	**641**	**40418.2**	**70184.4**
煤炭开采和洗选业	14	4398	70	641	40409.9	70154.4
烟煤和无烟煤开采洗选	14	4398	70	641	40409.9	70154.4
褐煤开采洗选						
其他煤炭采选						
石油和天然气开采业						
石油开采						
天然气开采						
黑色金属矿采选业						
铁矿采选						
锰矿、铬矿采选						
其他黑色金属矿采选						
有色金属矿采选业	1	4	1		8.3	30.0
常用有色金属矿采选						
贵金属矿采选	1	4	1		8.3	30.0
稀有稀土金属矿采选						
非金属矿采选业						
土砂石开采						
化学矿开采						
采盐						
石棉及其他非金属矿采选						
开采专业及辅助性活动						
煤炭开采和洗选专业及辅助性活动						
石油和天然气开采专业及辅助性活动						
其他开采专业及辅助性活动						
其他采矿业						
其他采矿业						
制造业	**162**	**18737**	**197**	**2532**	**460726.5**	**674703.5**
农副食品加工业	2	77		7	1903.4	1636.4
谷物磨制						
饲料加工						
植物油加工						
制糖业						
屠宰及肉类加工	2	77		7	1903.4	1636.4
水产品加工						
蔬菜、菌类、水果和坚果加工						
其他农副食品加工						
食品制造业	6	160	3	21	2186.7	11672.7
焙烤食品制造	1	35	2	3	26.7	755.7
糖果、巧克力及蜜饯制造						
方便食品制造						
乳制品制造	1	5		4	408.3	249.6
罐头食品制造						
调味品、发酵制品制造	4	120	1	14	1751.7	10667.4
其他食品制造						
酒、饮料和精制茶制造业	3	1116	5	30	54272.8	9460.2
酒的制造	2	1047	4	24	53068.4	9171.4
饮料制造	1	69	1	6	1204.4	288.8
精制茶加工						

1-F-4　续表 1

行　业	机构数(个)	机构人员数(人)			机构经费支出(万元)	仪器和设备原价(万元)
			#博士	#硕士		
烟草制品业	1	44	1	4	87.0	358.7
烟叶复烤						
卷烟制造	1	44	1	4	87.0	358.7
其他烟草制品制造						
纺织业	1	200			1030.0	83.5
棉纺织及印染精加工	1	200			1030.0	83.5
毛纺织及染整精加工						
麻纺织及染整精加工						
丝绢纺织及印染精加工						
化纤织造及印染精加工						
针织或钩针编织物及其制品制造						
家用纺织制成品制造						
产业用纺织制成品制造						
纺织服装、服饰业	2	250	1	2	712.8	2968.4
机织服装制造	1	78	1	1	710.6	265.0
针织或钩针编织服装制造						
服饰制造	1	172		1	2.2	2703.4
皮革、毛皮、羽毛及其制品和制鞋业						
皮革鞣制加工						
皮革制品制造						
毛皮鞣制及制品加工						
羽毛(绒)加工及制品制造						
制鞋业						
木材加工和木、竹、藤、棕、草制品业						
木材加工						
人造板制造						
木质制品制造						
竹、藤、棕、草等制品制造						
家具制造业						
木质家具制造						
竹、藤家具制造						
金属家具制造						
塑料家具制造						
其他家具制造						
造纸和纸制品业	1	30			5295.9	37921.5
纸浆制造						
造纸	1	30			5295.9	37921.5
纸制品制造						
印刷和记录媒介复制业						
印刷						
装订及印刷相关服务						
记录媒介复制						
文教、工美、体育和娱乐用品制造业	2	110	2	3	1171.5	2262.8
文教办公用品制造						
乐器制造						
工艺美术及礼仪用品制造	1	52	2	3	446.3	639.3
体育用品制造	1	58			725.2	1623.5
玩具制造						
游艺器材及娱乐用品制造						
石油、煤炭及其他燃料加工业	6	646	3	12	26776.2	7570.6

1-F-4 续表 2

行业	机构数（个）	机构人员数（人）	#博士	#硕士	机构经费支出（万元）	仪器和设备原价（万元）
精炼石油产品制造						
煤炭加工	6	646	3	12	26776.2	7570.6
核燃料加工						
生物质燃料加工						
化学原料和化学制品制造业	20	2072	12	194	47892.9	76082.0
基础化学原料制造	2	60		10	756.7	1221.0
肥料制造	4	934	8	86	18007.6	27179.7
农药制造						
涂料、油墨、颜料及类似产品制造	1	2		2	450.0	523.5
合成材料制造	2	208		27	3475.9	26557.6
专用化学产品制造	1	91			8320.0	371.3
炸药、火工及焰火产品制造	9	697	1	53	16212.5	18855.9
日用化学产品制造	1	80	3	16	670.2	1373.0
医药制造业	19	1926	35	238	51439.5	48305.8
化学药品原料药制造	3	344	1	18	10113.5	24122.4
化学药品制剂制造	9	754	25	145	24948.7	12589.7
中药饮片加工						
中成药生产	5	676	3	24	9836.7	4702.7
兽用药品制造						
生物药品制品制造	2	152	6	51	6540.6	6891.0
卫生材料及医药用品制造						
药用辅料及包装材料制造						
化学纤维制造业						
纤维素纤维原料及纤维制造						
合成纤维制造						
生物基材料制造						
橡胶和塑料制品业	2	172		7	1645.3	4105.6
橡胶制品业	1	146		6	1486.9	3742.1
塑料制品业	1	26		1	158.4	363.5
非金属矿物制品业	14	524	25	34	15595.1	17672.7
水泥、石灰和石膏制造	6	284	23	13	4581.2	11490.2
石膏、水泥制品及类似制品制造						
砖瓦、石材等建筑材料制造						
玻璃制造						
玻璃制品制造	3	92	2	10	1446.5	2752.7
玻璃纤维和玻璃纤维增强塑料制品制造						
陶瓷制品制造						
耐火材料制品制造	1	11			226.4	95.7
石墨及其他非金属矿物制品制造	4	137		11	9341.0	3334.1
黑色金属冶炼和压延加工业	10	1160	37	149	26766.8	163615.2
炼铁	4	63		2	1435.4	1648.4
炼钢						
钢压延加工	5	1075	34	147	25301.4	153108.1
铁合金冶炼	1	22	3		30.0	8858.7
有色金属冶炼和压延加工业	11	729	11	30	16598.6	37676.6
常用有色金属冶炼	5	420		20	4920.6	20009.1
贵金属冶炼	1	3			64.3	3.8
稀有稀土金属冶炼						
有色金属合金制造	3	236	11	6	8128.4	5389.3
有色金属压延加工	2	70		4	3485.3	12274.4
金属制品业	8	1823	9	485	46323.8	68277.5

1-F-4　续表 3

行　业	机构数(个)	机构人员数(人)	#博士	#硕士	机构经费支出(万元)	仪器和设备原价(万元)
结构性金属制品制造						
金属工具制造						
集装箱及金属包装容器制造						
金属丝绳及其制品制造						
建筑、安全用金属制品制造						
金属表面处理及热处理加工						
搪瓷制品制造						
金属制日用品制造						
铸造及其他金属制品制造	8	1823	9	485	46323.8	68277.5
通用设备制造业	10	588	6	64	12659.7	19599.1
锅炉及原动设备制造	7	498	6	55	11176.7	14619.6
金属加工机械制造						
物料搬运设备制造	1	4		3	10.0	4.0
泵、阀门、压缩机及类似机械制造	2	86		6	1473.0	4975.5
轴承、齿轮和传动部件制造						
烘炉、风机、包装等设备制造						
文化、办公用机械制造						
通用零部件制造						
其他通用设备制造业						
专用设备制造业	13	1518	7	277	24995.5	29174.8
采矿、冶金、建筑专用设备制造	7	928	5	193	13354.8	14851.3
化工、木材、非金属加工专用设备制造	2	102	2	25	4354.6	5594.0
食品、饮料、烟草及饲料生产专用设备制造						
印刷、制药、日化及日用品生产专用设备制造						
纺织、服装和皮革加工专用设备制造	2	279		13	4824.7	6304.9
电子和电工机械专用设备制造	1	174		46	2288.2	2300.6
农、林、牧、渔专用机械制造	1	35			173.2	124.0
医疗仪器设备及器械制造						
环保、邮政、社会公共服务及其他专用设备制造						
汽车制造业	11	1707	11	222	39864.5	22008.7
汽车整车制造	2	448	1	113	14608.5	3528.8
汽车用发动机制造						
改装汽车制造	2	587		61	21549.3	5346.6
低速汽车制造						
电车制造						
汽车车身、挂车制造						
汽车零部件及配件制造	7	672	10	48	3706.7	13133.3
铁路、船舶、航空航天和其他运输设备制造业	6	1147	9	156	19087.5	28463.0
铁路运输设备制造	5	911	9	67	14949.9	18982.0
城市轨道交通设备制造						
船舶及相关装置制造						
航空、航天器及设备制造	1	236		89	4137.6	9481.0
摩托车制造						
自行车和残疾人座车制造						
助动车制造						
非公路休闲车及零配件制造						
潜水救捞及其他未列明运输设备制造						
电气机械和器材制造业	6	887	9	237	51485.0	49293.7
电机制造	2	390	5	85	27977.8	46412.8
输配电及控制设备制造	3	167	4	52	15905.0	2411.0
电线、电缆、光缆及电工器材制造						

1-F-4 续表 4

行业	机构数（个）	机构人员数（人）	#博士	#硕士	机构经费支出（万元）	仪器和设备原价（万元）
电池制造						
家用电力器具制造						
非电力家用器具制造						
照明器具制造						
其他电气机械及器材制造	1	330		100	7602.2	469.9
计算机、通信和其他电子设备制造业	4	869	8	206	2545.0	14071.0
计算机制造						
通信设备制造						
广播电视设备制造						
雷达及配套设备制造						
非专业视听设备制造						
智能消费设备制造						
电子器件制造	2	28			510.0	215.8
电子元件及电子专用材料制造	2	841	8	206	2035.0	13855.2
其他电子设备制造						
仪器仪表制造业	1	92		23	2067.2	107.9
通用仪器仪表制造						
专用仪器仪表制造	1	92		23	2067.2	107.9
钟表与计时仪器制造						
光学仪器制造						
衡器制造						
其他仪器仪表制造业						
其他制造业	3	890	3	131	8323.8	22315.1
日用杂品制造						
核辐射加工						
其他未列明制造业	3	890	3	131	8323.8	22315.1
废弃资源综合利用业						
金属废料和碎屑加工处理						
非金属废料和碎屑加工处理						
金属制品、机械和设备修理业						
金属制品修理						
通用设备修理						
专用设备修理						
铁路、船舶、航空航天等运输设备修理						
电气设备修理						
仪器仪表修理						
其他机械和设备修理业						
电力、热力、燃气及水生产和供应业	**2**	**275**	**11**	**158**	**8180.3**	**21270.6**
电力、热力生产和供应业	2	275	11	158	8180.3	21270.6
电力生产	1	5			36.0	19.0
电力供应	1	270	11	158	8144.3	21251.6
热力生产和供应						
燃气生产和供应业						
燃气生产和供应业						
生物质燃气生产和供应业						
水的生产和供应业						
自来水生产和供应						
污水处理及其再生利用						
海水淡化处理						
其他水的处理、利用与分配						

1-F-5　分行业内资企业办研发机构情况

行　业	机构数（个）	机构人员数（人）	#博士	#硕士	机构经费支出（万元）	仪器和设备原价（万元）
总　计	**388**	**27183**	**356**	**3594**	**563452.2**	**902269.1**
采矿业	**20**	**4447**	**72**	**646**	**41743.5**	**108288.2**
煤炭开采和洗选业	14	4398	70	641	40409.9	70154.4
烟煤和无烟煤开采洗选	14	4398	70	641	40409.9	70154.4
褐煤开采洗选						
其他煤炭采选						
石油和天然气开采业						
石油开采						
天然气开采						
黑色金属矿采选业						
铁矿采选						
锰矿、铬矿采选						
其他黑色金属矿采选						
有色金属矿采选业	5	44	2		1323.6	38113.8
常用有色金属矿采选	4	40	1		1315.3	38083.8
贵金属矿采选	1	4	1		8.3	30.0
稀有稀土金属矿采选						
非金属矿采选业	1	5		5	10.0	20.0
土砂石开采	1	5		5	10.0	20.0
化学矿开采						
采盐						
石棉及其他非金属矿采选						
开采专业及辅助性活动						
煤炭开采和洗选专业及辅助性活动						
石油和天然气开采专业及辅助性活动						
其他开采专业及辅助性活动						
其他采矿业						
其他采矿业						
制造业	**365**	**22455**	**272**	**2790**	**513488.4**	**771754.3**
农副食品加工业	10	131	2	16	3427.7	12293.7
谷物磨制	1	5			17.4	15.0
饲料加工	4	30		2	1128.5	10450.6
植物油加工						
制糖业						
屠宰及肉类加工	2	77		7	1903.4	1636.4
水产品加工						
蔬菜、菌类、水果和坚果加工	2	10	2	4	198.4	106.7
其他农副食品加工	1	9		3	180.0	85.0
食品制造业	13	251	4	29	3643.7	14772.6
焙烤食品制造	1	35	2	3	26.7	755.7
糖果、巧克力及蜜饯制造						
方便食品制造	1	2		1	7.0	3.2
乳制品制造	1	5		4	408.3	249.6
罐头食品制造						
调味品、发酵制品制造	5	147	1	17	2410.1	11045.8
其他食品制造	5	62	1	4	791.6	2718.3
酒、饮料和精制茶制造业	4	1129	5	32	54389.8	9638.0
酒的制造	3	1060	4	26	53185.4	9349.2
饮料制造	1	69	1	6	1204.4	288.8
精制茶加工						

1-F-5 续表 1

行　　业	机构数（个）	机构人员数（人）	#博士	#硕士	机构经费支出（万元）	仪器和设备原价（万元）
烟草制品业	1	44	1	4	87.0	358.7
烟叶复烤						
卷烟制造	1	44	1	4	87.0	358.7
其他烟草制品制造						
纺织业	2	204			1171.6	85.9
棉纺织及印染精加工	2	204			1171.6	85.9
毛纺织及染整精加工						
麻纺织及染整精加工						
丝绢纺织及印染精加工						
化纤织造及印染精加工						
针织或钩针编织物及其制品制造						
家用纺织制成品制造						
产业用纺织制成品制造						
纺织服装、服饰业	2	250	1	2	712.8	2968.4
机织服装制造	1	78	1	1	710.6	265.0
针织或钩针编织服装制造						
服饰制造	1	172		1	2.2	2703.4
皮革、毛皮、羽毛及其制品和制鞋业						
皮革鞣制加工						
皮革制品制造						
毛皮鞣制及制品加工						
羽毛(绒)加工及制品制造						
制鞋业						
木材加工和木、竹、藤、棕、草制品业						
木材加工						
人造板制造						
木质制品制造						
竹、藤、棕、草等制品制造						
家具制造业						
木质家具制造						
竹、藤家具制造						
金属家具制造						
塑料家具制造						
其他家具制造						
造纸和纸制品业	2	46			5446.0	37949.6
纸浆制造						
造纸	1	30			5295.9	37921.5
纸制品制造	1	16			150.1	28.1
印刷和记录媒介复制业	1	10			349.3	533.6
印刷	1	10			349.3	533.6
装订及印刷相关服务						
记录媒介复制						
文教、工美、体育和娱乐用品制造业	2	110	2	3	1171.5	2262.8
文教办公用品制造						
乐器制造						
工艺美术及礼仪用品制造	1	52	2	3	446.3	639.3
体育用品制造	1	58			725.2	1623.5
玩具制造						
游艺器材及娱乐用品制造						
石油、煤炭及其他燃料加工业	7	686	3	12	26794.3	11396.0

1-F-5　续表 2

行　业	机构数（个）	机构人员数（人）	#博士	#硕士	机构经费支出（万元）	仪器和设备原价（万元）
精炼石油产品制造						
煤炭加工	7	686	3	12	26794.3	11396.0
核燃料加工						
生物质燃料加工						
化学原料和化学制品制造业	50	2456	24	216	52275.4	85323.5
基础化学原料制造	8	154		12	2046.0	2423.4
肥料制造	9	957	9	86	18297.6	28401.2
农药制造						
涂料、油墨、颜料及类似产品制造	5	36	3	10	1304.5	1167.8
合成材料制造	5	228	4	27	1199.5	24889.9
专用化学产品制造	13	304	4	12	12545.1	8212.3
炸药、火工及焰火产品制造	9	697	1	53	16212.5	18855.9
日用化学产品制造	1	80	3	16	670.2	1373.0
医药制造业	41	2222	44	279	58499.3	54748.7
化学药品原料药制造	6	402	3	26	11647.3	25137.0
化学药品制剂制造	15	709	27	134	26081.4	14503.0
中药饮片加工	2	10			10.0	30.0
中成药生产	11	846	5	45	12590.6	7599.8
兽用药品制造	2	38	2	4	663.7	293.9
生物药品制品制造	3	166	6	51	6653.7	7034.9
卫生材料及医药用品制造	2	51	1	19	852.6	150.1
药用辅料及包装材料制造						
化学纤维制造业						
纤维素纤维原料及纤维制造						
合成纤维制造						
生物基材料制造						
橡胶和塑料制品业	8	279	4	13	3477.6	6884.7
橡胶制品业	4	200		8	3047.6	6319.1
塑料制品业	4	79	4	5	430.0	565.6
非金属矿物制品业	32	833	42	73	21967.3	21656.7
水泥、石灰和石膏制造	8	318	24	15	4774.7	12459.6
石膏、水泥制品及类似制品制造	1	30	2	10	228.9	20.0
砖瓦、石材等建筑材料制造	4	100	4	12	1576.8	318.5
玻璃制造						
玻璃制品制造	3	92	2	10	1446.5	2752.7
玻璃纤维和玻璃纤维增强塑料制品制造						
陶瓷制品制造	1	12		2	20.0	68.0
耐火材料制品制造	6	79	4	3	3280.5	666.0
石墨及其他非金属矿物制品制造	9	202	6	21	10639.9	5371.9
黑色金属冶炼和压延加工业	12	1192	38	151	27649.0	164113.0
炼铁	4	63		2	1435.4	1648.4
炼钢						
钢压延加工	6	1099	34	147	25857.6	153539.9
铁合金冶炼	2	30	4	2	356.0	8924.7
有色金属冶炼和压延加工业	15	845	11	31	17811.4	38715.9
常用有色金属冶炼	6	474		20	5256.8	20153.8
贵金属冶炼	1	3			64.3	3.8
稀有稀土金属冶炼						
有色金属合金制造	5	293	11	6	9002.0	6261.9
有色金属压延加工	3	75		5	3488.3	12296.4
金属制品业	23	2289	18	507	54301.4	74696.3

1-F-5 续表 3

行业	机构数(个)	机构人员数(人)	#博士	#硕士	机构经费支出(万元)	仪器和设备原价(万元)
结构性金属制品制造	2	15		1	91.7	123.2
金属工具制造						
集装箱及金属包装容器制造	1	242	8	14	3986.5	4832.0
金属丝绳及其制品制造	2	53			948.1	211.5
建筑、安全用金属制品制造	1	35		3	501.3	60.0
金属表面处理及热处理加工						
搪瓷制品制造						
金属制日用品制造						
铸造及其他金属制品制造	17	1944	10	489	48773.8	69469.6
通用设备制造业	32	1002	9	76	18564.7	28673.9
锅炉及原动设备制造	11	531	6	57	11790.1	15007.7
金属加工机械制造	4	82		1	879.4	2140.7
物料搬运设备制造	2	24		3	259.1	693.3
泵、阀门、压缩机及类似机械制造	8	233	1	7	2789.9	7662.6
轴承、齿轮和传动部件制造	1	13		1	71.5	35.0
烘炉、风机、包装等设备制造	2	37		1	943.2	2668.8
文化、办公用机械制造	1	18	2	3	879.0	186.3
通用零部件制造	3	64		3	952.5	279.5
其他通用设备制造业						
专用设备制造业	39	2023	8	328	35966.8	40680.9
采矿、冶金、建筑专用设备制造	24	1313	5	229	22483.9	23117.9
化工、木材、非金属加工专用设备制造	2	102	2	25	4354.6	5594.0
食品、饮料、烟草及饲料生产专用设备制造						
印刷、制药、日化及日用品生产专用设备制造	1	15		1	182.1	14.1
纺织、服装和皮革加工专用设备制造	5	314		14	5273.9	8599.4
电子和电工机械专用设备制造	2	184		46	2446.4	2395.9
农、林、牧、渔专用机械制造	1	35			173.2	124.0
医疗仪器设备及器械制造						
环保、邮政、社会公共服务及其他专用设备制造	4	60	1	13	1052.7	835.6
汽车制造业	17	1859	12	235	42489.1	24085.0
汽车整车制造	2	448	1	113	14608.5	3528.8
汽车用发动机制造	1	37			721.3	548.9
改装汽车制造	3	614	1	62	22265.1	5364.3
低速汽车制造						
电车制造						
汽车车身、挂车制造	1	10			131.8	51.2
汽车零部件及配件制造	10	750	10	60	4762.4	14591.8
铁路、船舶、航空航天和其他运输设备制造业	6	1126	9	132	13947.4	24194.1
铁路运输设备制造	4	875	9	43	9804.8	13981.5
城市轨道交通设备制造						
船舶及相关装置制造						
航空、航天器及设备制造	2	251		89	4142.6	10212.6
摩托车制造						
自行车和残疾人座车制造						
助动车制造						
非公路休闲车及零配件制造						
潜水救捞及其他未列明运输设备制造						
电气机械和器材制造业	16	1068	19	250	47730.9	73070.0
电机制造	3	428	6	85	28161.7	46482.4
输配电及控制设备制造	11	250	4	56	11241.6	24300.8
电线、电缆、光缆及电工器材制造	1	60	9	9	725.4	1816.9

1-F-5　续表 4

行　　业	机构数（个）	机构人员数（人）	#博士	#硕士	机构经费支出（万元）	仪器和设备原价（万元）
电池制造						
家用电力器具制造						
非电力家用器具制造						
照明器具制造						
其他电气机械及器材制造	1	330		100	7602.2	469.9
计算机、通信和其他电子设备制造业	19	1194	13	232	7471.4	17518.2
计算机制造	7	78	3	15	1899.4	280.7
通信设备制造						
广播电视设备制造						
雷达及配套设备制造						
非专业视听设备制造	1	15		1	82.7	2.0
智能消费设备制造						
电子器件制造	2	28			510.0	215.8
电子元件及电子专用材料制造	6	962	10	211	4174.1	14546.6
其他电子设备制造	3	111		5	805.2	2473.1
仪器仪表制造业	8	316		38	5819.2	2819.0
通用仪器仪表制造	5	184		10	2340.5	2006.5
专用仪器仪表制造	1	92		23	2067.2	107.9
钟表与计时仪器制造						
光学仪器制造						
衡器制造	2	40		5	1411.5	704.6
其他仪器仪表制造业						
其他制造业	3	890	3	131	8323.8	22315.1
日用杂品制造						
核辐射加工						
其他未列明制造业	3	890	3	131	8323.8	22315.1
废弃资源综合利用业						
金属废料和碎屑加工处理						
非金属废料和碎屑加工处理						
金属制品、机械和设备修理业						
金属制品修理						
通用设备修理						
专用设备修理						
铁路、船舶、航空航天等运输设备修理						
电气设备修理						
仪器仪表修理						
其他机械和设备修理业						
电力、热力、燃气及水生产和供应业	**3**	**281**	**12**	**158**	**8220.3**	**22226.6**
电力、热力生产和供应业	3	281	12	158	8220.3	22226.6
电力生产	1	5			36.0	19.0
电力供应	1	270	11	158	8144.3	21251.6
热力生产和供应	1	6	1		40.0	956.0
燃气生产和供应业						
燃气生产和供应业						
生物质燃气生产和供应业						
水的生产和供应业						
自来水生产和供应						
污水处理及其再生利用						
海水淡化处理						
其他水的处理、利用与分配						

1-F-6 分行业港澳台商投资企业办研发机构情况

行业	机构数（个）	机构人员数（人）	#博士	#硕士	机构经费支出（万元）	仪器和设备原价（万元）
总计	**4**	**174**	**1**	**34**	**2371.1**	**424.6**
采矿业						
煤炭开采和洗选业						
烟煤和无烟煤开采洗选						
褐煤开采洗选						
其他煤炭采选						
石油和天然气开采业						
石油开采						
天然气开采						
黑色金属矿采选业						
铁矿采选						
锰矿、铬矿采选						
其他黑色金属矿采选						
有色金属矿采选业						
常用有色金属矿采选						
贵金属矿采选						
稀有稀土金属矿采选						
非金属矿采选业						
土砂石开采						
化学矿开采						
采盐						
石棉及其他非金属矿采选						
开采专业及辅助性活动						
煤炭开采和洗选专业及辅助性活动						
石油和天然气开采专业及辅助性活动						
其他开采专业及辅助性活动						
其他采矿业						
其他采矿业						
制造业	**4**	**174**	**1**	**34**	**2371.1**	**424.6**
农副食品加工业						
谷物磨制						
饲料加工						
植物油加工						
制糖业						
屠宰及肉类加工						
水产品加工						
蔬菜、菌类、水果和坚果加工						
其他农副食品加工						
食品制造业						
焙烤食品制造						
糖果、巧克力及蜜饯制造						
方便食品制造						
乳制品制造						
罐头食品制造						
调味品、发酵制品制造						
其他食品制造						
酒、饮料和精制茶制造业						
酒的制造						
饮料制造						
精制茶加工						

1-F-6　续表 1

行　　业	机构数（个）	机构人员数（人）			机构经费支　出（万元）	仪器和设备原价（万元）
			#博士	#硕士		
烟草制品业						
烟叶复烤						
卷烟制造						
其他烟草制品制造						
纺织业						
棉纺织及印染精加工						
毛纺织及染整精加工						
麻纺织及染整精加工						
丝绢纺织及印染精加工						
化纤织造及印染精加工						
针织或钩针编织物及其制品制造						
家用纺织制成品制造						
产业用纺织制成品制造						
纺织服装、服饰业						
机织服装制造						
针织或钩针编织服装制造						
服饰制造						
皮革、毛皮、羽毛及其制品和制鞋业						
皮革鞣制加工						
皮革制品制造						
毛皮鞣制及制品加工						
羽毛(绒)加工及制品制造						
制鞋业						
木材加工和木、竹、藤、棕、草制品业						
木材加工						
人造板制造						
木质制品制造						
竹、藤、棕、草等制品制造						
家具制造业						
木质家具制造						
竹、藤家具制造						
金属家具制造						
塑料家具制造						
其他家具制造						
造纸和纸制品业						
纸浆制造						
造纸						
纸制品制造						
印刷和记录媒介复制业						
印刷						
装订及印刷相关服务						
记录媒介复制						
文教、工美、体育和娱乐用品制造业						
文教办公用品制造						
乐器制造						
工艺美术及礼仪用品制造						
体育用品制造						
玩具制造						
游艺器材及娱乐用品制造						
石油、煤炭及其他燃料加工业						

1-F-6 续表 2

行业	机构数（个）	机构人员数（人）	#博士	#硕士	机构经费支出（万元）	仪器和设备原价（万元）
精炼石油产品制造						
煤炭加工						
核燃料加工						
生物质燃料加工						
化学原料和化学制品制造业						
基础化学原料制造						
肥料制造						
农药制造						
涂料、油墨、颜料及类似产品制造						
合成材料制造						
专用化学产品制造						
炸药、火工及焰火产品制造						
日用化学产品制造						
医药制造业	1	124		25	1718.3	100.5
化学药品原料药制造						
化学药品制剂制造	1	124		25	1718.3	100.5
中药饮片加工						
中成药生产						
兽用药品制造						
生物药品制品制造						
卫生材料及医药用品制造						
药用辅料及包装材料制造						
化学纤维制造业						
纤维素纤维原料及纤维制造						
合成纤维制造						
生物基材料制造						
橡胶和塑料制品业						
橡胶制品业						
塑料制品业						
非金属矿物制品业						
水泥、石灰和石膏制造						
石膏、水泥制品及类似制品制造						
砖瓦、石材等建筑材料制造						
玻璃制造						
玻璃制品制造						
玻璃纤维和玻璃纤维增强塑料制品制造						
陶瓷制品制造						
耐火材料制品制造						
石墨及其他非金属矿物制品制造						
黑色金属冶炼和压延加工业						
炼铁						
炼钢						
钢压延加工						
铁合金冶炼						
有色金属冶炼和压延加工业	1	2			20.0	10.0
常用有色金属冶炼	1	2			20.0	10.0
贵金属冶炼						
稀有稀土金属冶炼						
有色金属合金制造						
有色金属压延加工						
金属制品业	1	18	1	1	265.0	120.0

1-F-6　续表 3

行　　业	机构数（个）	机构人员数（人）	#博士	#硕士	机构经费支出（万元）	仪器和设备原价（万元）
结构性金属制品制造						
金属工具制造						
集装箱及金属包装容器制造						
金属丝绳及其制品制造						
建筑、安全用金属制品制造						
金属表面处理及热处理加工	1	18	1	1	265.0	120.0
搪瓷制品制造						
金属制日用品制造						
铸造及其他金属制品制造						
通用设备制造业						
锅炉及原动设备制造						
金属加工机械制造						
物料搬运设备制造						
泵、阀门、压缩机及类似机械制造						
轴承、齿轮和传动部件制造						
烘炉、风机、包装等设备制造						
文化、办公用机械制造						
通用零部件制造						
其他通用设备制造业						
专用设备制造业						
采矿、冶金、建筑专用设备制造						
化工、木材、非金属加工专用设备制造						
食品、饮料、烟草及饲料生产专用设备制造						
印刷、制药、日化及日用品生产专用设备制造						
纺织、服装和皮革加工专用设备制造						
电子和电工机械专用设备制造						
农、林、牧、渔专用机械制造						
医疗仪器设备及器械制造						
环保、邮政、社会公共服务及其他专用设备制造						
汽车制造业						
汽车整车制造						
汽车用发动机制造						
改装汽车制造						
低速汽车制造						
电车制造						
汽车车身、挂车制造						
汽车零部件及配件制造						
铁路、船舶、航空航天和其他运输设备制造业						
铁路运输设备制造						
城市轨道交通设备制造						
船舶及相关装置制造						
航空、航天器及设备制造						
摩托车制造						
自行车和残疾人座车制造						
助动车制造						
非公路休闲车及零配件制造						
潜水救捞及其他未列明运输设备制造						
电气机械和器材制造业	1	30		8	367.8	194.1
电机制造						
输配电及控制设备制造						
电线、电缆、光缆及电工器材制造						

1-F-6 续表 4

行　业	机构数（个）	机构人员数（人）			机构经费支出（万元）	仪器和设备原价（万元）
			#博士	#硕士		
电池制造						
家用电力器具制造						
非电力家用器具制造						
照明器具制造	1	30		8	367.8	194.1
其他电气机械及器材制造						
计算机、通信和其他电子设备制造业						
计算机制造						
通信设备制造						
广播电视设备制造						
雷达及配套设备制造						
非专业视听设备制造						
智能消费设备制造						
电子器件制造						
电子元件及电子专用材料制造						
其他电子设备制造						
仪器仪表制造业						
通用仪器仪表制造						
专用仪器仪表制造						
钟表与计时仪器制造						
光学仪器制造						
衡器制造						
其他仪器仪表制造业						
其他制造业						
日用杂品制造						
核辐射加工						
其他未列明制造业						
废弃资源综合利用业						
金属废料和碎屑加工处理						
非金属废料和碎屑加工处理						
金属制品、机械和设备修理业						
金属制品修理						
通用设备修理						
专用设备修理						
铁路、船舶、航空航天等运输设备修理						
电气设备修理						
仪器仪表修理						
其他机械和设备修理业						
电力、热力、燃气及水生产和供应业						
电力、热力生产和供应业						
电力生产						
电力供应						
热力生产和供应						
燃气生产和供应业						
燃气生产和供应业						
生物质燃气生产和供应业						
水的生产和供应业						
自来水生产和供应						
污水处理及其再生利用						
海水淡化处理						
其他水的处理、利用与分配						

1-F-7　分行业外商投资企业办研发机构情况

行　　业	机构数（个）	机构人员数（人）			机构经费支出（万元）	仪器和设备原价（万元）
			#博士	#硕士		
总　计	**6**	**262**	**1**	**46**	**19631.2**	**10432.6**
采矿业	**1**	**32**			**274.3**	**6.0**
煤炭开采和洗选业						
烟煤和无烟煤开采洗选						
褐煤开采洗选						
其他煤炭采选						
石油和天然气开采业	1	32			274.3	6.0
石油开采						
天然气开采	1	32			274.3	6.0
黑色金属矿采选业						
铁矿采选						
锰矿、铬矿采选						
其他黑色金属矿采选						
有色金属矿采选业						
常用有色金属矿采选						
贵金属矿采选						
稀有稀土金属矿采选						
非金属矿采选业						
土砂石开采						
化学矿开采						
采盐						
石棉及其他非金属矿采选						
开采专业及辅助性活动						
煤炭开采和洗选专业及辅助性活动						
石油和天然气开采专业及辅助性活动						
其他开采专业及辅助性活动						
其他采矿业						
其他采矿业						
制造业	**5**	**230**	**1**	**46**	**19356.9**	**10426.6**
农副食品加工业						
谷物磨制						
饲料加工						
植物油加工						
制糖业						
屠宰及肉类加工						
水产品加工						
蔬菜、菌类、水果和坚果加工						
其他农副食品加工						
食品制造业						
焙烤食品制造						
糖果、巧克力及蜜饯制造						
方便食品制造						
乳制品制造						
罐头食品制造						
调味品、发酵制品制造						
其他食品制造						
酒、饮料和精制茶制造业						
酒的制造						
饮料制造						
精制茶加工						

1-F-7 续表 1

行业	机构数（个）	机构人员数（人）	#博士	#硕士	机构经费支出（万元）	仪器和设备原价（万元）
烟草制品业						
烟叶复烤						
卷烟制造						
其他烟草制品制造						
纺织业						
棉纺织及印染精加工						
毛纺织及染整精加工						
麻纺织及染整精加工						
丝绢纺织及印染精加工						
化纤织造及印染精加工						
针织或钩针编织物及其制品制造						
家用纺织制成品制造						
产业用纺织制成品制造						
纺织服装、服饰业						
机织服装制造						
针织或钩针编织服装制造						
服饰制造						
皮革、毛皮、羽毛及其制品和制鞋业						
皮革鞣制加工						
皮革制品制造						
毛皮鞣制及制品加工						
羽毛(绒)加工及制品制造						
制鞋业						
木材加工和木、竹、藤、棕、草制品业						
木材加工						
人造板制造						
木质制品制造						
竹、藤、棕、草等制品制造						
家具制造业						
木质家具制造						
竹、藤家具制造						
金属家具制造						
塑料家具制造						
其他家具制造						
造纸和纸制品业						
纸浆制造						
造纸						
纸制品制造						
印刷和记录媒介复制业						
印刷						
装订及印刷相关服务						
记录媒介复制						
文教、工美、体育和娱乐用品制造业						
文教办公用品制造						
乐器制造						
工艺美术及礼仪用品制造						
体育用品制造						
玩具制造						
游艺器材及娱乐用品制造						
石油、煤炭及其他燃料加工业						

1-F-7　续表 2

行　　业	机构数（个）	机构人员数（人）	#博士	#硕士	机构经费支出（万元）	仪器和设备原价（万元）
精炼石油产品制造						
煤炭加工						
核燃料加工						
生物质燃料加工						
化学原料和化学制品制造业	1	26		5	2604.6	2093.4
基础化学原料制造						
肥料制造						
农药制造						
涂料、油墨、颜料及类似产品制造						
合成材料制造	1	26		5	2604.6	2093.4
专用化学产品制造						
炸药、火工及焰火产品制造						
日用化学产品制造						
医药制造业	1	27		1	459.4	36.6
化学药品原料药制造						
化学药品制剂制造						
中药饮片加工						
中成药生产						
兽用药品制造						
生物药品制品制造						
卫生材料及医药用品制造						
药用辅料及包装材料制造	1	27		1	459.4	36.6
化学纤维制造业						
纤维素纤维原料及纤维制造						
合成纤维制造						
生物基材料制造						
橡胶和塑料制品业						
橡胶制品业						
塑料制品业						
非金属矿物制品业						
水泥、石灰和石膏制造						
石膏、水泥制品及类似制品制造						
砖瓦、石材等建筑材料制造						
玻璃制造						
玻璃制品制造						
玻璃纤维和玻璃纤维增强塑料制品制造						
陶瓷制品制造						
耐火材料制品制造						
石墨及其他非金属矿物制品制造						
黑色金属冶炼和压延加工业						
炼铁						
炼钢						
钢压延加工						
铁合金冶炼						
有色金属冶炼和压延加工业						
常用有色金属冶炼						
贵金属冶炼						
稀有稀土金属冶炼						
有色金属合金制造						
有色金属压延加工						
金属制品业	1	72			822.7	2284.3

1-F-7 续表 3

行业	机构数（个）	机构人员数（人）	#博士	#硕士	机构经费支出（万元）	仪器和设备原价（万元）
结构性金属制品制造						
金属工具制造						
集装箱及金属包装容器制造						
金属丝绳及其制品制造						
建筑、安全用金属制品制造						
金属表面处理及热处理加工						
搪瓷制品制造						
金属制日用品制造						
铸造及其他金属制品制造	1	72			822.7	2284.3
通用设备制造业						
锅炉及原动设备制造						
金属加工机械制造						
物料搬运设备制造						
泵、阀门、压缩机及类似机械制造						
轴承、齿轮和传动部件制造						
烘炉、风机、包装等设备制造						
文化、办公用机械制造						
通用零部件制造						
其他通用设备制造业						
专用设备制造业						
采矿、冶金、建筑专用设备制造						
化工、木材、非金属加工专用设备制造						
食品、饮料、烟草及饲料生产专用设备制造						
印刷、制药、日化及日用品生产专用设备制造						
纺织、服装和皮革加工专用设备制造						
电子和电工机械专用设备制造						
农、林、牧、渔专用机械制造						
医疗仪器设备及器械制造						
环保、邮政、社会公共服务及其他专用设备制造						
汽车制造业						
汽车整车制造						
汽车用发动机制造						
改装汽车制造						
低速汽车制造						
电车制造						
汽车车身、挂车制造						
汽车零部件及配件制造						
铁路、船舶、航空航天和其他运输设备制造业	1	36		24	5145.1	5000.5
铁路运输设备制造	1	36		24	5145.1	5000.5
城市轨道交通设备制造						
船舶及相关装置制造						
航空、航天器及设备制造						
摩托车制造						
自行车和残疾人座车制造						
助动车制造						
非公路休闲车及零配件制造						
潜水救捞及其他未列明运输设备制造						
电气机械和器材制造业	1	69	1	16	10325.1	1011.8
电机制造						
输配电及控制设备制造	1	69	1	16	10325.1	1011.8
电线、电缆、光缆及电工器材制造						

1-F-7　续表 4

行　　业	机构数（个）	机构人员数（人）			机构经费支出（万元）	仪器和设备原价（万元）
			#博士	#硕士		
电池制造						
家用电力器具制造						
非电力家用器具制造						
照明器具制造						
其他电气机械及器材制造						
计算机、通信和其他电子设备制造业						
计算机制造						
通信设备制造						
广播电视设备制造						
雷达及配套设备制造						
非专业视听设备制造						
智能消费设备制造						
电子器件制造						
电子元件及电子专用材料制造						
其他电子设备制造						
仪器仪表制造业						
通用仪器仪表制造						
专用仪器仪表制造						
钟表与计时仪器制造						
光学仪器制造						
衡器制造						
其他仪器仪表制造业						
其他制造业						
日用杂品制造						
核辐射加工						
其他未列明制造业						
废弃资源综合利用业						
金属废料和碎屑加工处理						
非金属废料和碎屑加工处理						
金属制品、机械和设备修理业						
金属制品修理						
通用设备修理						
专用设备修理						
铁路、船舶、航空航天等运输设备修理						
电气设备修理						
仪器仪表修理						
其他机械和设备修理业						
电力、热力、燃气及水生产和供应业						
电力、热力生产和供应业						
电力生产						
电力供应						
热力生产和供应						
燃气生产和供应业						
燃气生产和供应业						
生物质燃气生产和供应业						
水的生产和供应业						
自来水生产和供应						
污水处理及其再生利用						
海水淡化处理						
其他水的处理、利用与分配						

1-F-8 各地区企业办研发机构情况

地区	机构数（个）	机构人员数（人）	#博士	#硕士	机构经费支出（万元）	仪器和设备原价（万元）
全省	**398**	**27619**	**358**	**3674**	**585454.5**	**913126.3**
太原市	96	7870	97	1802	179417.9	259139.6
大同市	31	2626	28	159	29001.6	77515.2
阳泉市	11	2318	21	255	17887.3	21051.0
长治市	29	3225	46	496	54106.1	81533.7
晋城市	27	1472	24	196	23079.0	28728.6
朔州市	6	413	6	52	8907.2	28368.0
晋中市	58	1912	9	125	50275.2	81384.3
运城市	61	3873	64	350	105247.6	203599.5
忻州市	29	582	15	53	17740.6	15888.0
临汾市	24	1562	32	132	12769.9	54031.3
吕梁市	26	1766	16	54	87022.1	61887.1

1-F-9 各地区大中型企业办研发机构情况

地区	机构数（个）	机构人员数（人）	#博士	#硕士	机构经费支出（万元）	仪器和设备原价（万元）
全省	**179**	**23414**	**279**	**3331**	**509325.0**	**766158.5**
太原市	47	6690	87	1657	153559.6	219349.0
大同市	21	2496	22	141	26964.4	76033.5
阳泉市	3	2196	11	246	16427.2	18669.6
长治市	19	3012	44	479	49763.1	77279.4
晋城市	16	1256	23	193	20605.5	20308.9
朔州市	2	312	5	49	7415.0	26903.9
晋中市	17	1259	4	78	39413.8	67249.8
运城市	23	2955	38	292	89570.8	177309.1
忻州市	11	329	12	46	12642.0	10356.3
临汾市	12	1333	25	110	9933.0	51625.3
吕梁市	8	1576	8	40	83030.6	21073.7

1-F-10　各地区内资企业办研发机构情况

地　区	机构数(个)	机构人员数(人)			机构经费支出(万元)	仪器和设备原价(万元)
			#博士	#硕士		
全　省	**388**	**27183**	**356**	**3594**	**563452.2**	**902269.1**
太原市	95	7834	97	1778	174272.8	254139.1
大同市	30	2600	28	154	26397.0	75421.8
阳泉市	11	2318	21	255	17887.3	21051.0
长治市	29	3225	46	496	54106.1	81533.7
晋城市	26	1440	24	196	22804.7	28722.6
朔州市	5	386	6	51	8447.8	28331.4
晋中市	57	1788	9	100	48556.9	81283.8
运城市	60	3801	64	350	104424.9	201315.2
忻州市	29	582	15	53	17740.6	15888.0
临汾市	22	1514	31	123	12137.1	53717.2
吕梁市	24	1695	15	38	76677.0	60865.3

1-F-11　各地区港澳台商投资企业办研发机构情况

地　区	机构数(个)	机构人员数(人)			机构经费支出(万元)	仪器和设备原价(万元)
			#博士	#硕士		
全　省	**4**	**174**	**1**	**34**	**2371.1**	**424.6**
太原市						
大同市						
阳泉市						
长治市						
晋城市						
朔州市						
晋中市	1	124		25	1718.3	100.5
运城市						
忻州市						
临汾市	2	48	1	9	632.8	314.1
吕梁市	1	2			20.0	10.0

1-F-12　各地区外商投资企业办研发机构情况

地　区	机构数（个）	机构人员数（人）			机构经费支出（万元）	仪器和设备原价（万元）
			#博士	#硕士		
全　省	**6**	**262**	**1**	**46**	**19631.2**	**10432.6**
太原市	1	36		24	5145.1	5000.5
大同市	1	26		5	2604.6	2093.4
阳泉市						
长治市						
晋城市	1	32			274.3	6.0
朔州市	1	27		1	459.4	36.6
晋中市						
运城市	1	72			822.7	2284.3
忻州市						
临汾市						
吕梁市	1	69	1	16	10325.1	1011.8

G. 企业新产品开发及销售情况

1-G-1 分登记注册类型企业新产品开发及销售情况

登记注册类型	新产品开发项目数(项)	新产品开发经费支出(万元)	新产品销售收入(万元)	#出口
总 计	**3913**	**1354351.1**	**19413024.6**	**2038312.7**
内资企业	**3748**	**1290324.1**	**17837748.6**	**1683106.8**
国有企业	90	18011.2	70599.9	
集体企业	1	22.0	4255.1	2929.9
股份合作企业	4	147.9	1550.0	
联营企业				
国有联营企业				
集体联营企业				
国有与集体联营企业				
其他联营企业				
有限责任公司	2186	1006924.0	15176300.4	1588588.9
国有独资公司	786	426850.7	6515745.2	1371639.1
其他有限责任公司	1400	580073.3	8660555.2	216949.8
股份有限公司	392	82263.7	898655.0	11991.8
私营企业	1075	182955.3	1686388.2	79596.2
私营独资企业	1	36.2	1.0	
私营合伙企业				
私营有限责任公司	810	154492.6	1325843.7	27159.8
私营股份有限公司	264	28426.5	360543.5	52436.4
其他企业				
港、澳、台商投资企业	**67**	**34862.0**	**344534.0**	**227438.7**
合资经营企业	15	1845.9	4483.3	1280.4
合作经营企业				
港、澳、台商独资经营企业	52	33016.1	340050.7	226158.3
港、澳、台商投资股份有限公司				
其他港、澳、台投资企业				
外商投资企业	**98**	**29165.0**	**1230742.0**	**127767.2**
中外合资经营企业	50	15413.7	649610.1	121534.9
中外合作经营企业				
外资企业	48	13751.3	581131.9	6232.3
外商投资股份有限公司				
其他外商投资企业				

1-G-2 分登记注册类型大中型企业新产品开发及销售情况

登记注册类型	新产品开发项目数(项)	新产品开发经费支出(万元)	新产品销售收入(万元)	#出口
总 计	**2608**	**1228251.2**	**18042564.8**	**2001814.8**
内资企业	**2492**	**1168040.0**	**16533654.4**	**1651483.8**
国有企业	85	17366.6	70599.9	
集体企业	1	22.0	250.0	
股份合作企业				
联营企业				
国有联营企业				
集体联营企业				
国有与集体联营企业				
其他联营企业				
有限责任公司	1837	964501.4	14723991.5	1573622.1
国有独资公司	779	425591.2	6513001.9	1371639.1
其他有限责任公司	1058	538910.2	8210989.6	201983.0
股份有限公司	220	63998.8	847990.0	8562.8
私营企业	349	122151.2	890823.0	69298.9
私营独资企业				
私营合伙企业				
私营有限责任公司	210	102250.0	678403.8	20686.3
私营股份有限公司	139	19901.2	212419.2	48612.6
其他企业				
港、澳、台商投资企业	**57**	**33756.7**	**340050.7**	**226158.3**
合资经营企业	5	740.6		
合作经营企业				
港、澳、台商独资经营企业	52	33016.1	340050.7	226158.3
港、澳、台商投资股份有限公司				
其他港、澳、台投资企业				
外商投资企业	**59**	**26454.5**	**1168859.7**	**124172.7**
中外合资经营企业	19	13417.6	589175.8	117952.4
中外合作经营企业				
外资企业	40	13036.9	579683.9	6220.3
外商投资股份有限公司				
其他外商投资企业				

1-G-3　分行业企业新产品开发及销售情况

行　业	新产品开发项目数(项)	新产品开发经费支出(万元)	新产品销售收入(万元)	#出口
总　计	**3913**	**1354351.1**	**19413024.6**	**2038312.7**
采矿业	**443**	**259114.8**	**3213725.6**	**27110.0**
煤炭开采和洗选业	420	256614.4	3133516.0	27110.0
烟煤和无烟煤开采洗选	420	256614.4	3133516.0	27110.0
褐煤开采洗选				
其他煤炭采选				
石油和天然气开采业	17	626.4	52754.9	
石油开采				
天然气开采	17	626.4	52754.9	
黑色金属矿采选业	2	638.0		
铁矿采选	2	638.0		
锰矿、铬矿采选				
其他黑色金属矿采选				
有色金属矿采选业	3	479.4	27454.7	
常用有色金属矿采选	3	479.4	27454.7	
贵金属矿采选				
稀有稀土金属矿采选				
非金属矿采选业	1	756.6		
土砂石开采	1	756.6		
化学矿开采				
采盐				
石棉及其他非金属矿采选				
开采专业及辅助性活动				
煤炭开采和洗选专业及辅助性活动				
石油和天然气开采专业及辅助性活动				
其他开采专业及辅助性活动				
其他采矿业				
其他采矿业				
制造业	**3398**	**1090932.2**	**16190296.7**	**2011202.7**
农副食品加工业	21	3295.4	23590.4	
谷物磨制	4	143.1		
饲料加工	6	1224.2	14379.2	
植物油加工				
制糖业				
屠宰及肉类加工	3	1040.7	8956.8	
水产品加工				
蔬菜、菌类、水果和坚果加工	7	727.4	164.4	
其他农副食品加工	1	160.0	90.0	
食品制造业	96	8299.2	28651.7	14.0
焙烤食品制造	3	1487.2	14198.0	
糖果、巧克力及蜜饯制造				
方便食品制造	1	8.2	44.6	
乳制品制造	9	1441.0	2920.0	
罐头食品制造				
调味品、发酵制品制造	43	2509.7	9228.1	14.0
其他食品制造	40	2853.1	2261.0	
酒、饮料和精制茶制造业	217	56683.3	416480.4	
酒的制造	214	52542.2	395837.1	
饮料制造	3	4141.1	20643.3	
精制茶加工				

1-G-3 续表 1

行业	新产品开发项目数(项)	新产品开发经费支出(万元)	新产品销售收入(万元)	#出口
烟草制品业	3	1334.4	82.7	
烟叶复烤				
卷烟制造	3	1334.4	82.7	
其他烟草制品制造				
纺织业	3	1250.4	1611.0	40.6
棉纺织及印染精加工	3	1250.4	1611.0	40.6
毛纺织及染整精加工				
麻纺织及染整精加工				
丝绢纺织及印染精加工				
化纤织造及印染精加工				
针织或钩针编织物及其制品制造				
家用纺织制成品制造				
产业用纺织制成品制造				
纺织服装、服饰业	10	1424.2	10878.1	
机织服装制造	1	716.9		
针织或钩针编织服装制造				
服饰制造	9	707.3	10878.1	
皮革、毛皮、羽毛及其制品和制鞋业				
皮革鞣制加工				
皮革制品制造				
毛皮鞣制及制品加工				
羽毛(绒)加工及制品制造				
制鞋业				
木材加工和木、竹、藤、棕、草制品业				
木材加工				
人造板制造				
木质制品制造				
竹、藤、棕、草等制品制造				
家具制造业				
木质家具制造				
竹、藤家具制造				
金属家具制造				
塑料家具制造				
其他家具制造				
造纸和纸制品业	3	3396.5	2302.9	
纸浆制造				
造纸	3	3396.5		
纸制品制造			2302.9	
印刷和记录媒介复制业	11	1198.9	15781.2	2372.6
印刷	11	1198.9	15781.2	2372.6
装订及印刷相关服务				
记录媒介复制				
文教、工美、体育和娱乐用品制造业	12	1326.4	11939.2	259.1
文教办公用品制造				
乐器制造				
工艺美术及礼仪用品制造	7	601.2	3895.1	78.2
体育用品制造	5	725.2	8044.1	180.9
玩具制造				
游艺器材及娱乐用品制造				
石油、煤炭及其他燃料加工业	29	12949.2	26815.1	1026.5

1-G-3 续表 2

行 业	新产品开发项目数(项)	新产品开发经费支出(万元)	新产品销售收入(万元)	
				#出口
精炼石油产品制造				
煤炭加工	29	12949.2	26815.1	1026.5
核燃料加工				
生物质燃料加工				
化学原料和化学制品制造业	286	69208.9	692015.6	5218.9
基础化学原料制造	32	5993.4	38978.3	
肥料制造	25	2288.1	245292.9	2031.2
农药制造	2	2953.9	8483.7	207.1
涂料、油墨、颜料及类似产品制造	18	2867.0	30408.4	
合成材料制造	43	6611.2	70682.2	2316.0
专用化学产品制造	95	31029.6	158748.6	224.1
炸药、火工及焰火产品制造	39	15481.9	100921.5	440.5
日用化学产品制造	32	1983.8	38500.0	
医药制造业	406	47084.3	704400.4	79332.1
化学药品原料药制造	62	9784.3	244858.4	79332.1
化学药品制剂制造	187	21972.3	318089.2	
中药饮片加工	1	80.0		
中成药生产	84	5858.9	35270.2	
兽用药品制造	27	1281.5	1767.7	
生物药品制品制造	22	6714.5	92021.0	
卫生材料及医药用品制造	23	1392.8	12393.9	
药用辅料及包装材料制造				
化学纤维制造业	4	87.5		
纤维素纤维原料及纤维制造				
合成纤维制造	4	87.5		
生物基材料制造				
橡胶和塑料制品业	42	5243.3	51031.7	16856.2
橡胶制品业	29	3702.7	42528.4	16856.2
塑料制品业	13	1540.6	8503.3	
非金属矿物制品业	179	28161.5	276894.7	12313.6
水泥、石灰和石膏制造	16	2123.4	179512.3	
石膏、水泥制品及类似制品制造	7	1496.1	4219.9	
砖瓦、石材等建筑材料制造	38	1294.5	14557.0	2945.4
玻璃制造	5	1070.2		
玻璃制品制造	17	1985.3	9395.8	
玻璃纤维和玻璃纤维增强塑料制品制造				
陶瓷制品制造	3	371.9	4055.5	412.5
耐火材料制品制造	11	2663.8	3663.0	34.9
石墨及其他非金属矿物制品制造	82	17156.3	61491.2	8920.8
黑色金属冶炼和压延加工业	170	357527.8	6611057.5	1196358.7
炼铁	21	8677.0	56546.1	11589.9
炼钢	12	28682.2	18704.5	
钢压延加工	128	318111.5	6532071.9	1184768.8
铁合金冶炼	9	2057.1	3735.0	
有色金属冶炼和压延加工业	71	25518.4	544028.7	
常用有色金属冶炼	25	7941.0	137680.8	
贵金属冶炼	1	63.1		
稀有稀土金属冶炼	2	67.4	3171.9	
有色金属合金制造	23	8735.1	180158.7	
有色金属压延加工	20	8711.8	223017.3	
金属制品业	309	57312.6	679145.0	15607.4

1-G-3 续表 3

行业	新产品开发项目数(项)	新产品开发经费支出(万元)	新产品销售收入(万元)	#出口
结构性金属制品制造	16	591.7	1592.0	
金属工具制造	5	1837.8	14200.5	2293.5
集装箱及金属包装容器制造	15	2734.9	72793.8	
金属丝绳及其制品制造	12	502.5	23417.5	13260.2
建筑、安全用金属制品制造	11	1255.4	9382.0	
金属表面处理及热处理加工	1	32.0	1390.3	
搪瓷制品制造				
金属制日用品制造				
铸造及其他金属制品制造	249	50358.3	556368.9	53.7
通用设备制造业	157	17986.1	279544.1	3345.4
锅炉及原动设备制造	24	6501.5	207821.1	1048.0
金属加工机械制造	21	1479.2	4228.1	
物料搬运设备制造	18	459.0	100.0	
泵、阀门、压缩机及类似机械制造	62	6949.7	44386.1	2297.4
轴承、齿轮和传动部件制造	4	315.5	135.9	
烘炉、风机、包装等设备制造	9	314.4	12047.3	
文化、办公用机械制造	5	701.6	52.0	
通用零部件制造	14	1265.2	10773.6	
其他通用设备制造业				
专用设备制造业	408	94038.1	902316.8	211619.6
采矿、冶金、建筑专用设备制造	307	77094.0	733944.1	187922.9
化工、木材、非金属加工专用设备制造	5	4193.4	4938.6	
食品、饮料、烟草及饲料生产专用设备制造				
印刷、制药、日化及日用品生产专用设备制造	5	180.4	3076.3	540.2
纺织、服装和皮革加工专用设备制造	48	6713.0	118723.3	23095.0
电子和电工机械专用设备制造	11	2417.5	18931.0	61.5
农、林、牧、渔专用机械制造	5	1152.1	150.0	
医疗仪器设备及器械制造	4	343.8	63.3	
环保、邮政、社会公共服务及其他专用设备制造	23	1943.9	22490.2	
汽车制造业	189	64460.2	2065179.8	65568.2
汽车整车制造	13	18814.3	1313667.1	
汽车用发动机制造	15	2216.9	14497.5	
改装汽车制造	49	20322.1	198104.4	5625.4
低速汽车制造				
电车制造	1	54.3	150.4	
汽车车身、挂车制造				
汽车零部件及配件制造	111	23052.6	538760.4	59942.8
铁路、船舶、航空航天和其他运输设备制造业	76	49912.6	869279.2	34121.7
铁路运输设备制造	69	41643.1	864037.4	34121.7
城市轨道交通设备制造				
船舶及相关装置制造				
航空、航天器及设备制造	7	8269.5	5241.8	
摩托车制造				
自行车和残疾人座车制造				
助动车制造				
非公路休闲车及零配件制造				
潜水救捞及其他未列明运输设备制造				
电气机械和器材制造业	259	55418.3	816184.1	133638.0
电机制造	143	19898.2	164230.5	12.6
输配电及控制设备制造	93	25996.2	507044.5	132345.0
电线、电缆、光缆及电工器材制造	9	1533.6	9681.6	

1-G-3　续表 4

行　　业	新产品开发项目数（项）	新产品开发经费支出（万元）	新产品销售收入（万元）	
				#出口
电池制造				
家用电力器具制造				
非电力家用器具制造			4697.2	
照明器具制造	8	1047.7	5350.3	1280.4
其他电气机械及器材制造	6	6942.6	125180.0	
计算机、通信和其他电子设备制造业	298	100295.4	1041918.8	233510.1
计算机制造	2	1543.2	8846.7	
通信设备制造	159	84760.5	919734.6	232378.6
广播电视设备制造				
雷达及配套设备制造				
非专业视听设备制造				
智能消费设备制造	15	829.2		
电子器件制造	45	5835.4	49249.3	
电子元件及电子专用材料制造	63	5890.1	62745.8	1131.5
其他电子设备制造	14	1437.0	1342.4	
仪器仪表制造业	107	8181.1	40351.0	
通用仪器仪表制造	50	3745.9	29864.3	
专用仪器仪表制造	40	2338.0	6000.0	
钟表与计时仪器制造				
光学仪器制造				
衡器制造	12	1452.6	4486.7	
其他仪器仪表制造业	5	644.6		
其他制造业	30	18607.6	78816.6	
日用杂品制造				
核辐射加工				
其他未列明制造业	30	18607.6	78816.6	
废弃资源综合利用业	2	730.6		
金属废料和碎屑加工处理	2	730.6		
非金属废料和碎屑加工处理				
金属制品、机械和设备修理业				
金属制品修理				
通用设备修理				
专用设备修理				
铁路、船舶、航空航天等运输设备修理				
电气设备修理				
仪器仪表修理				
其他机械和设备修理业				
电力、热力、燃气及水生产和供应业	**72**	**4304.1**	**9002.3**	
电力、热力生产和供应业	64	3708.6	9002.3	
电力生产	20	368.2	7529.4	
电力供应	44	3340.4		
热力生产和供应			1472.9	
燃气生产和供应业	8	595.5		
燃气生产和供应业	8	595.5		
生物质燃气生产和供应业				
水的生产和供应业				
自来水生产和供应				
污水处理及其再生利用				
海水淡化处理				
其他水的处理、利用与分配				

1-G-4 分行业大中型企业新产品开发及销售情况

行业	新产品开发项目数（项）	新产品开发经费支出（万元）	新产品销售收入（万元）	#出口
总计	**2608**	**1228251.2**	**18042564.8**	**2001814.8**
采矿业	**423**	**256741.1**	**3133516.0**	**27110.0**
煤炭开采和洗选业	420	256614.4	3133516.0	27110.0
烟煤和无烟煤开采洗选	420	256614.4	3133516.0	27110.0
褐煤开采洗选				
其他煤炭采选				
石油和天然气开采业	2	88.7		
石油开采				
天然气开采	2	88.7		
黑色金属矿采选业	1	38.0		
铁矿采选	1	38.0		
锰矿、铬矿采选				
其他黑色金属矿采选				
有色金属矿采选业				
常用有色金属矿采选				
贵金属矿采选				
稀有稀土金属矿采选				
非金属矿采选业				
土砂石开采				
化学矿开采				
采盐				
石棉及其他非金属矿采选				
开采专业及辅助性活动				
煤炭开采和洗选专业及辅助性活动				
石油和天然气开采专业及辅助性活动				
其他开采专业及辅助性活动				
其他采矿业				
其他采矿业				
制造业	**2132**	**967844.9**	**14909048.8**	**1974704.8**
农副食品加工业	3	1040.7	8956.8	
谷物磨制				
饲料加工				
植物油加工				
制糖业				
屠宰及肉类加工	3	1040.7	8956.8	
水产品加工				
蔬菜、菌类、水果和坚果加工				
其他农副食品加工				
食品制造业	29	4561.1	18322.7	14.0
焙烤食品制造	2	1460.5	14198.0	
糖果、巧克力及蜜饯制造				
方便食品制造				
乳制品制造	6	838.9	2920.0	
罐头食品制造				
调味品、发酵制品制造	21	2261.7	1204.7	14.0
其他食品制造				
酒、饮料和精制茶制造业	214	56476.6	408121.3	
酒的制造	212	52349.3	395837.1	
饮料制造	2	4127.3	12284.2	
精制茶加工				

1-G-4　续表 1

行　业	新产品开发项目数(项)	新产品开发经费支出(万元)	新产品销售收入(万元)	#出口
烟草制品业	3	1334.4	82.7	
烟叶复烤				
卷烟制造	3	1334.4	82.7	
其他烟草制品制造				
纺织业	2	1108.8	1574.5	40.6
棉纺织及印染精加工	2	1108.8	1574.5	40.6
毛纺织及染整精加工				
麻纺织及染整精加工				
丝绢纺织及印染精加工				
化纤织造及印染精加工				
针织或钩针编织物及其制品制造				
家用纺织制成品制造				
产业用纺织制成品制造				
纺织服装、服饰业	10	1424.2	10878.1	
机织服装制造	1	716.9		
针织或钩针编织服装制造				
服饰制造	9	707.3	10878.1	
皮革、毛皮、羽毛及其制品和制鞋业				
皮革鞣制加工				
皮革制品制造				
毛皮鞣制及制品加工				
羽毛(绒)加工及制品制造				
制鞋业				
木材加工和木、竹、藤、棕、草制品业				
木材加工				
人造板制造				
木质制品制造				
竹、藤、棕、草等制品制造				
家具制造业				
木质家具制造				
竹、藤家具制造				
金属家具制造				
塑料家具制造				
其他家具制造				
造纸和纸制品业	3	3396.5		
纸浆制造				
造纸	3	3396.5		
纸制品制造				
印刷和记录媒介复制业	8	813.5	13070.4	2372.6
印刷	8	813.5	13070.4	2372.6
装订及印刷相关服务				
记录媒介复制				
文教、工美、体育和娱乐用品制造业	8	1126.4	11939.2	259.1
文教办公用品制造				
乐器制造				
工艺美术及礼仪用品制造	3	401.2	3895.1	78.2
体育用品制造	5	725.2	8044.1	180.9
玩具制造				
游艺器材及娱乐用品制造				
石油、煤炭及其他燃料加工业	29	12949.2	9011.5	1026.5

1-G-4 续表 2

行业	新产品开发项目数(项)	新产品开发经费支出(万元)	新产品销售收入(万元)	#出口
精炼石油产品制造				
煤炭加工	29	12949.2	9011.5	1026.5
核燃料加工				
生物质燃料加工				
化学原料和化学制品制造业	156	50963.9	487203.8	4791.8
基础化学原料制造	18	4027.8	26903.2	
肥料制造	14	1732.6	240781.4	2031.2
农药制造				
涂料、油墨、颜料及类似产品制造	1	466.7	7606.7	
合成材料制造	36	5777.3	70682.2	2316.0
专用化学产品制造	16	21493.8	1808.8	4.1
炸药、火工及焰火产品制造	39	15481.9	100921.5	440.5
日用化学产品制造	32	1983.8	38500.0	
医药制造业	256	38165.7	637510.7	79332.1
化学药品原料药制造	50	7839.8	222214.6	79332.1
化学药品制剂制造	128	18776.5	310654.5	
中药饮片加工				
中成药生产	52	3829.0	12620.6	
兽用药品制造				
生物药品制品制造	20	6662.8	92021.0	
卫生材料及医药用品制造	6	1057.6		
药用辅料及包装材料制造				
化学纤维制造业	4	87.5		
纤维素纤维原料及纤维制造				
合成纤维制造	4	87.5		
生物基材料制造				
橡胶和塑料制品业	29	2935.3	30011.2	16856.2
橡胶制品业	20	1659.3	26531.0	16856.2
塑料制品业	9	1276.0	3480.2	
非金属矿物制品业	62	13391.2	201076.7	4451.7
水泥、石灰和石膏制造	13	2044.0	177955.7	
石膏、水泥制品及类似制品制造				
砖瓦、石材等建筑材料制造				
玻璃制造	3	536.9		
玻璃制品制造	5	1325.3	9394.8	
玻璃纤维和玻璃纤维增强塑料制品制造				
陶瓷制品制造	1	120.8	270.5	
耐火材料制品制造				
石墨及其他非金属矿物制品制造	40	9364.2	13455.7	4451.7
黑色金属冶炼和压延加工业	151	353296.2	6569122.8	1191902.4
炼铁	21	8677.0	52541.0	8660.0
炼钢	12	28682.2	18704.5	
钢压延加工	117	315772.1	6497877.3	1183242.4
铁合金冶炼	1	164.9		
有色金属冶炼和压延加工业	48	19264.7	378269.9	
常用有色金属冶炼	20	7196.6	137025.4	
贵金属冶炼	1	63.1		
稀有稀土金属冶炼				
有色金属合金制造	16	7654.5	170591.6	
有色金属压延加工	11	4350.5	70652.9	
金属制品业	225	49599.9	529826.6	2346.1

1-G-4　续表 3

行　业	新产品开发项目数(项)	新产品开发经费支出(万元)	新产品销售收入(万元)	#出口
结构性金属制品制造				
金属工具制造	5	1837.8	14200.5	2293.5
集装箱及金属包装容器制造				
金属丝绳及其制品制造				
建筑、安全用金属制品制造	2	334.7		
金属表面处理及热处理加工				
搪瓷制品制造				
金属制日用品制造				
铸造及其他金属制品制造	218	47427.4	515626.1	52.6
通用设备制造业	29	8343.5	215946.6	1048.0
锅炉及原动设备制造	7	4177.6	197442.6	1048.0
金属加工机械制造	1	441.7		
物料搬运设备制造	2	14.1	100.0	
泵、阀门、压缩机及类似机械制造	19	3710.1	18404.0	
轴承、齿轮和传动部件制造				
烘炉、风机、包装等设备制造				
文化、办公用机械制造				
通用零部件制造				
其他通用设备制造业				
专用设备制造业	229	79147.6	758521.7	210101.8
采矿、冶金、建筑专用设备制造	184	65748.2	625844.2	187922.9
化工、木材、非金属加工专用设备制造	5	4193.4	4938.6	
食品、饮料、烟草及饲料生产专用设备制造				
印刷、制药、日化及日用品生产专用设备制造				
纺织、服装和皮革加工专用设备制造	27	5724.2	112935.3	22178.9
电子和电工机械专用设备制造	8	2283.4	14590.3	
农、林、牧、渔专用机械制造	1	854.6	150.0	
医疗仪器设备及器械制造	4	343.8	63.3	
环保、邮政、社会公共服务及其他专用设备制造				
汽车制造业	138	60483.9	1973882.9	61304.0
汽车整车制造	13	18814.3	1249710.2	
汽车用发动机制造				
改装汽车制造	29	19378.0	195995.5	5625.4
低速汽车制造				
电车制造				
汽车车身、挂车制造				
汽车零部件及配件制造	96	22291.6	528177.2	55678.6
铁路、船舶、航空航天和其他运输设备制造业	68	48970.0	861604.1	34121.7
铁路运输设备制造	65	41503.0	859880.4	34121.7
城市轨道交通设备制造				
船舶及相关装置制造				
航空、航天器及设备制造	3	7467.0	1723.7	
摩托车制造				
自行车和残疾人座车制造				
助动车制造				
非公路休闲车及零配件制造				
潜水救捞及其他未列明运输设备制造				
电气机械和器材制造业	158	45875.7	728864.8	132357.6
电机制造	140	19838.9	162032.8	12.6
输配电及控制设备制造	12	19094.2	441652.0	132345.0
电线、电缆、光缆及电工器材制造				

1-G-4 续表 4

行业	新产品开发项目数（项）	新产品开发经费支出（万元）	新产品销售收入（万元）	#出口
电池制造				
家用电力器具制造				
非电力家用器具制造				
照明器具制造				
其他电气机械及器材制造	6	6942.6	125180.0	
计算机、通信和其他电子设备制造业	240	94480.8	976433.2	232378.6
计算机制造	2	1543.2		
通信设备制造	159	84760.5	919734.6	232378.6
广播电视设备制造				
雷达及配套设备制造				
非专业视听设备制造				
智能消费设备制造				
电子器件制造	34	4536.7	43372.4	
电子元件及电子专用材料制造	45	3640.4	13326.2	
其他电子设备制造				
仪器仪表制造业				
通用仪器仪表制造				
专用仪器仪表制造				
钟表与计时仪器制造				
光学仪器制造				
衡器制造				
其他仪器仪表制造业				
其他制造业	30	18607.6	78816.6	
日用杂品制造				
核辐射加工				
其他未列明制造业	30	18607.6	78816.6	
废弃资源综合利用业				
金属废料和碎屑加工处理				
非金属废料和碎屑加工处理				
金属制品、机械和设备修理业				
金属制品修理				
通用设备修理				
专用设备修理				
铁路、船舶、航空航天等运输设备修理				
电气设备修理				
仪器仪表修理				
其他机械和设备修理业				
电力、热力、燃气及水生产和供应业	**53**	**3665.2**		
电力、热力生产和供应业	52	3437.0		
电力生产	8	96.6		
电力供应	44	3340.4		
热力生产和供应				
燃气生产和供应业	1	228.2		
燃气生产和供应业	1	228.2		
生物质燃气生产和供应业				
水的生产和供应业				
自来水生产和供应				
污水处理及其再生利用				
海水淡化处理				
其他水的处理、利用与分配				

1-G-5　分行业内资企业新产品开发及销售情况

行　业	新产品开发项目数(项)	新产品开发经费支出(万元)	新产品销售收入(万元)	#出口
总　计	**3748**	**1290324.1**	**17837748.6**	**1683106.8**
采矿业	**442**	**257874.8**	**3160970.7**	**27110.0**
煤炭开采和洗选业	419	255374.4	3133516.0	27110.0
烟煤和无烟煤开采洗选	419	255374.4	3133516.0	27110.0
褐煤开采洗选				
其他煤炭采选				
石油和天然气开采业	17	626.4		
石油开采				
天然气开采	17	626.4		
黑色金属矿采选业	2	638.0		
铁矿采选	2	638.0		
锰矿、铬矿采选				
其他黑色金属矿采选				
有色金属矿采选业	3	479.4	27454.7	
常用有色金属矿采选	3	479.4	27454.7	
贵金属矿采选				
稀有稀土金属矿采选				
非金属矿采选业	1	756.6		
土砂石开采	1	756.6		
化学矿开采				
采盐				
石棉及其他非金属矿采选				
开采专业及辅助性活动				
煤炭开采和洗选专业及辅助性活动				
石油和天然气开采专业及辅助性活动				
其他开采专业及辅助性活动				
其他采矿业				
其他采矿业				
制造业	**3236**	**1028207.4**	**14667775.6**	**1655996.8**
农副食品加工业	21	3295.4	23590.4	
谷物磨制	4	143.1		
饲料加工	6	1224.2	14379.2	
植物油加工				
制糖业				
屠宰及肉类加工	3	1040.7	8956.8	
水产品加工				
蔬菜、菌类、水果和坚果加工	7	727.4	164.4	
其他农副食品加工	1	160.0	90.0	
食品制造业	96	8299.2	28651.7	14.0
焙烤食品制造	3	1487.2	14198.0	
糖果、巧克力及蜜饯制造				
方便食品制造	1	8.2	44.6	
乳制品制造	9	1441.0	2920.0	
罐头食品制造				
调味品、发酵制品制造	43	2509.7	9228.1	14.0
其他食品制造	40	2853.1	2261.0	
酒、饮料和精制茶制造业	217	56683.3	416480.4	
酒的制造	214	52542.2	395837.1	
饮料制造	3	4141.1	20643.3	
精制茶加工				

1-G-5 续表 1

行业	新产品开发项目数(项)	新产品开发经费支出(万元)	新产品销售收入(万元)	#出口
烟草制品业	3	1334.4	82.7	
烟叶复烤				
卷烟制造	3	1334.4	82.7	
其他烟草制品制造				
纺织业	3	1250.4	1611.0	40.6
棉纺织及印染精加工	3	1250.4	1611.0	40.6
毛纺织及染整精加工				
麻纺织及染整精加工				
丝绢纺织及印染精加工				
化纤织造及印染精加工				
针织或钩针编织物及其制品制造				
家用纺织制成品制造				
产业用纺织制成品制造				
纺织服装、服饰业	10	1424.2	10878.1	
机织服装制造	1	716.9		
针织或钩针编织服装制造				
服饰制造	9	707.3	10878.1	
皮革、毛皮、羽毛及其制品和制鞋业				
皮革鞣制加工				
皮革制品制造				
毛皮鞣制及制品加工				
羽毛(绒)加工及制品制造				
制鞋业				
木材加工和木、竹、藤、棕、草制品业				
木材加工				
人造板制造				
木质制品制造				
竹、藤、棕、草等制品制造				
家具制造业				
木质家具制造				
竹、藤家具制造				
金属家具制造				
塑料家具制造				
其他家具制造				
造纸和纸制品业	3	3396.5	2302.9	
纸浆制造				
造纸	3	3396.5		
纸制品制造			2302.9	
印刷和记录媒介复制业	11	1198.9	15781.2	2372.6
印刷	11	1198.9	15781.2	2372.6
装订及印刷相关服务				
记录媒介复制				
文教、工美、体育和娱乐用品制造业	12	1326.4	11939.2	259.1
文教办公用品制造				
乐器制造				
工艺美术及礼仪用品制造	7	601.2	3895.1	78.2
体育用品制造	5	725.2	8044.1	180.9
玩具制造				
游艺器材及娱乐用品制造				
石油、煤炭及其他燃料加工业	29	12949.2	26815.1	1026.5

1-G-5　续表 2

行　　业	新产品开发项目数(项)	新产品开发经费支出(万元)	新产品销售收入(万元)	#出口
精炼石油产品制造				
煤炭加工	29	12949.2	26815.1	1026.5
核燃料加工				
生物质燃料加工				
化学原料和化学制品制造业	281	66394.4	616930.9	5218.9
基础化学原料制造	32	5993.4	38978.3	
肥料制造	25	2288.1	195660.6	2031.2
农药制造	2	2953.9	8483.7	207.1
涂料、油墨、颜料及类似产品制造	17	2830.1	30408.4	
合成材料制造	39	3833.6	45229.8	2316.0
专用化学产品制造	95	31029.6	158748.6	224.1
炸药、火工及焰火产品制造	39	15481.9	100921.5	440.5
日用化学产品制造	32	1983.8	38500.0	
医药制造业	398	45411.7	704400.4	79332.1
化学药品原料药制造	62	9784.3	244858.4	79332.1
化学药品制剂制造	179	20299.7	318089.2	
中药饮片加工	1	80.0		
中成药生产	84	5858.9	35270.2	
兽用药品制造	27	1281.5	1767.7	
生物药品制品制造	22	6714.5	92021.0	
卫生材料及医药用品制造	23	1392.8	12393.9	
药用辅料及包装材料制造				
化学纤维制造业	4	87.5		
纤维素纤维原料及纤维制造				
合成纤维制造	4	87.5		
生物基材料制造				
橡胶和塑料制品业	42	5243.3	51031.7	16856.2
橡胶制品业	29	3702.7	42528.4	16856.2
塑料制品业	13	1540.6	8503.3	
非金属矿物制品业	179	28161.5	276894.7	12313.6
水泥、石灰和石膏制造	16	2123.4	179512.3	
石膏、水泥制品及类似制品制造	7	1496.1	4219.9	
砖瓦、石材等建筑材料制造	38	1294.5	14557.0	2945.4
玻璃制造	5	1070.2		
玻璃制品制造	17	1985.3	9395.8	
玻璃纤维和玻璃纤维增强塑料制品制造				
陶瓷制品制造	3	371.9	4055.5	412.5
耐火材料制品制造	11	2663.8	3663.0	34.9
石墨及其他非金属矿物制品制造	82	17156.3	61491.2	8920.8
黑色金属冶炼和压延加工业	170	357527.8	6611057.5	1196358.7
炼铁	21	8677.0	56546.1	11589.9
炼钢	12	28682.2	18704.5	
钢压延加工	128	318111.5	6532071.9	1184768.8
铁合金冶炼	9	2057.1	3735.0	
有色金属冶炼和压延加工业	71	25518.4	544028.7	
常用有色金属冶炼	25	7941.0	137680.8	
贵金属冶炼	1	63.1		
稀有稀土金属冶炼	2	67.4	3171.9	
有色金属合金制造	23	8735.1	180158.7	
有色金属压延加工	20	8711.8	223017.3	
金属制品业	298	55452.1	658895.2	15607.4

1-G-5 续表 3

行　业	新产品开发项目数(项)	新产品开发经费支出(万元)	新产品销售收入(万元)	#出口
结构性金属制品制造	16	591.7	1592.0	
金属工具制造	5	1837.8	14200.5	2293.5
集装箱及金属包装容器制造	15	2734.9	72793.8	
金属丝绳及其制品制造	12	502.5	23417.5	13260.2
建筑、安全用金属制品制造	11	1255.4	9382.0	
金属表面处理及热处理加工				
搪瓷制品制造				
金属制日用品制造				
铸造及其他金属制品制造	239	48529.8	537509.4	53.7
通用设备制造业	157	17986.1	279544.1	3345.4
锅炉及原动设备制造	24	6501.5	207821.1	1048.0
金属加工机械制造	21	1479.2	4228.1	
物料搬运设备制造	18	459.0	100.0	
泵、阀门、压缩机及类似机械制造	62	6949.7	44386.1	2297.4
轴承、齿轮和传动部件制造	4	315.5	135.9	
烘炉、风机、包装等设备制造	9	314.4	12047.3	
文化、办公用机械制造	5	701.6	52.0	
通用零部件制造	14	1265.2	10773.6	
其他通用设备制造业				
专用设备制造业	383	92476.2	896783.9	211619.6
采矿、冶金、建筑专用设备制造	289	76201.7	729847.2	187922.9
化工、木材、非金属加工专用设备制造	5	4193.4	4938.6	
食品、饮料、烟草及饲料生产专用设备制造				
印刷、制药、日化及日用品生产专用设备制造	5	180.4	3076.3	540.2
纺织、服装和皮革加工专用设备制造	48	6713.0	118723.3	23095.0
电子和电工机械专用设备制造	11	2417.5	18931.0	61.5
农、林、牧、渔专用机械制造	5	1152.1	150.0	
医疗仪器设备及器械制造	4	343.8	63.3	
环保、邮政、社会公共服务及其他专用设备制造	16	1274.3	21054.2	
汽车制造业	183	63901.3	2061585.3	61973.7
汽车整车制造	13	18814.3	1313667.1	
汽车用发动机制造	15	2216.9	14497.5	
改装汽车制造	49	20322.1	198104.4	5625.4
低速汽车制造				
电车制造	1	54.3	150.4	
汽车车身、挂车制造				
汽车零部件及配件制造	105	22493.7	535165.9	56348.3
铁路、船舶、航空航天和其他运输设备制造业	76	49912.6	677529.5	34121.7
铁路运输设备制造	69	41643.1	672287.7	34121.7
城市轨道交通设备制造				
船舶及相关装置制造				
航空、航天器及设备制造	7	8269.5	5241.8	
摩托车制造				
自行车和残疾人座车制造				
助动车制造				
非公路休闲车及零配件制造				
潜水救捞及其他未列明运输设备制造				
电气机械和器材制造业	248	47504.1	509609.2	14405.2
电机制造	143	19898.2	164230.5	12.6
输配电及控制设备制造	89	18424.7	203562.6	14392.6
电线、电缆、光缆及电工器材制造	9	1533.6	9681.6	

1-G-5　续表 4

行　　业	新产品开发项目数(项)	新产品开发经费支出(万元)	新产品销售收入(万元)	#出口
电池制造				
家用电力器具制造				
非电力家用器具制造			4697.2	
照明器具制造	1	705.0	2257.3	
其他电气机械及器材制造	6	6942.6	125180.0	
计算机、通信和其他电子设备制造业	209	55174.4	122184.2	1131.5
计算机制造	2	1543.2	8846.7	
通信设备制造	70	39639.5		
广播电视设备制造				
雷达及配套设备制造				
非专业视听设备制造				
智能消费设备制造	15	829.2		
电子器件制造	45	5835.4	49249.3	
电子元件及电子专用材料制造	63	5890.1	62745.8	1131.5
其他电子设备制造	14	1437.0	1342.4	
仪器仪表制造业	102	7690.5	40351.0	
通用仪器仪表制造	45	3255.3	29864.3	
专用仪器仪表制造	40	2338.0	6000.0	
钟表与计时仪器制造				
光学仪器制造				
衡器制造	12	1452.6	4486.7	
其他仪器仪表制造业	5	644.6		
其他制造业	30	18607.6	78816.6	
日用杂品制造				
核辐射加工				
其他未列明制造业	30	18607.6	78816.6	
废弃资源综合利用业				
金属废料和碎屑加工处理				
非金属废料和碎屑加工处理				
金属制品、机械和设备修理业				
金属制品修理				
通用设备修理				
专用设备修理				
铁路、船舶、航空航天等运输设备修理				
电气设备修理				
仪器仪表修理				
其他机械和设备修理业				
电力、热力、燃气及水生产和供应业	**70**	**4241.9**	**9002.3**	
电力、热力生产和供应业	62	3646.4	9002.3	
电力生产	18	306.0	7529.4	
电力供应	44	3340.4		
热力生产和供应			1472.9	
燃气生产和供应业	8	595.5		
燃气生产和供应业	8	595.5		
生物质燃气生产和供应业				
水的生产和供应业				
自来水生产和供应				
污水处理及其再生利用				
海水淡化处理				
其他水的处理、利用与分配				

1-G-6 分行业港澳台商投资企业新产品开发及销售情况

行业	新产品开发项目数（项）	新产品开发经费支出（万元）	新产品销售收入（万元）	#出口
总计	**67**	**34862.0**	**344534.0**	**227438.7**
采矿业				
煤炭开采和洗选业				
烟煤和无烟煤开采洗选				
褐煤开采洗选				
其他煤炭采选				
石油和天然气开采业				
石油开采				
天然气开采				
黑色金属矿采选业				
铁矿采选				
锰矿、铬矿采选				
其他黑色金属矿采选				
有色金属矿采选业				
常用有色金属矿采选				
贵金属矿采选				
稀有稀土金属矿采选				
非金属矿采选业				
土砂石开采				
化学矿开采				
采盐				
石棉及其他非金属矿采选				
开采专业及辅助性活动				
煤炭开采和洗选专业及辅助性活动				
石油和天然气开采专业及辅助性活动				
其他开采专业及辅助性活动				
其他采矿业				
其他采矿业				
制造业	**67**	**34862.0**	**344534.0**	**227438.7**
农副食品加工业				
谷物磨制				
饲料加工				
植物油加工				
制糖业				
屠宰及肉类加工				
水产品加工				
蔬菜、菌类、水果和坚果加工				
其他农副食品加工				
食品制造业				
焙烤食品制造				
糖果、巧克力及蜜饯制造				
方便食品制造				
乳制品制造				
罐头食品制造				
调味品、发酵制品制造				
其他食品制造				
酒、饮料和精制茶制造业				
酒的制造				
饮料制造				
精制茶加工				

1-G-6 续表 1

行 业	新产品开发项目数(项)	新产品开发经费支出(万元)	新产品销售收入(万元)	#出口
烟草制品业				
烟叶复烤				
卷烟制造				
其他烟草制品制造				
纺织业				
棉纺织及印染精加工				
毛纺织及染整精加工				
麻纺织及染整精加工				
丝绢纺织及印染精加工				
化纤织造及印染精加工				
针织或钩针编织物及其制品制造				
家用纺织制成品制造				
产业用纺织制成品制造				
纺织服装、服饰业				
机织服装制造				
针织或钩针编织服装制造				
服饰制造				
皮革、毛皮、羽毛及其制品和制鞋业				
皮革鞣制加工				
皮革制品制造				
毛皮鞣制及制品加工				
羽毛(绒)加工及制品制造				
制鞋业				
木材加工和木、竹、藤、棕、草制品业				
木材加工				
人造板制造				
木质制品制造				
竹、藤、棕、草等制品制造				
家具制造业				
木质家具制造				
竹、藤家具制造				
金属家具制造				
塑料家具制造				
其他家具制造				
造纸和纸制品业				
纸浆制造				
造纸				
纸制品制造				
印刷和记录媒介复制业				
印刷				
装订及印刷相关服务				
记录媒介复制				
文教、工美、体育和娱乐用品制造业				
文教办公用品制造				
乐器制造				
工艺美术及礼仪用品制造				
体育用品制造				
玩具制造				
游艺器材及娱乐用品制造				
石油、煤炭及其他燃料加工业				

1-G-6 续表 2

行业	新产品开发项目数(项)	新产品开发经费支出(万元)	新产品销售收入(万元)	#出口
精炼石油产品制造				
煤炭加工				
核燃料加工				
生物质燃料加工				
化学原料和化学制品制造业				
基础化学原料制造				
肥料制造				
农药制造				
涂料、油墨、颜料及类似产品制造				
合成材料制造				
专用化学产品制造				
炸药、火工及焰火产品制造				
日用化学产品制造				
医药制造业	8	1672.6		
化学药品原料药制造				
化学药品制剂制造	8	1672.6		
中药饮片加工				
中成药生产				
兽用药品制造				
生物药品制品制造				
卫生材料及医药用品制造				
药用辅料及包装材料制造				
化学纤维制造业				
纤维素纤维原料及纤维制造				
合成纤维制造				
生物基材料制造				
橡胶和塑料制品业				
橡胶制品业				
塑料制品业				
非金属矿物制品业				
水泥、石灰和石膏制造				
石膏、水泥制品及类似制品制造				
砖瓦、石材等建筑材料制造				
玻璃制造				
玻璃制品制造				
玻璃纤维和玻璃纤维增强塑料制品制造				
陶瓷制品制造				
耐火材料制品制造				
石墨及其他非金属矿物制品制造				
黑色金属冶炼和压延加工业				
炼铁				
炼钢				
钢压延加工				
铁合金冶炼				
有色金属冶炼和压延加工业				
常用有色金属冶炼				
贵金属冶炼				
稀有稀土金属冶炼				
有色金属合金制造				
有色金属压延加工				
金属制品业	1	32.0	1390.3	

1-G-6　续表 3

行　　业	新产品开发项目数(项)	新产品开发经费支出(万元)	新产品销售收入(万元)	#出口
结构性金属制品制造				
金属工具制造				
集装箱及金属包装容器制造				
金属丝绳及其制品制造				
建筑、安全用金属制品制造				
金属表面处理及热处理加工	1	32.0	1390.3	
搪瓷制品制造				
金属制日用品制造				
铸造及其他金属制品制造				
通用设备制造业				
锅炉及原动设备制造				
金属加工机械制造				
物料搬运设备制造				
泵、阀门、压缩机及类似机械制造				
轴承、齿轮和传动部件制造				
烘炉、风机、包装等设备制造				
文化、办公用机械制造				
通用零部件制造				
其他通用设备制造业				
专用设备制造业				
采矿、冶金、建筑专用设备制造				
化工、木材、非金属加工专用设备制造				
食品、饮料、烟草及饲料生产专用设备制造				
印刷、制药、日化及日用品生产专用设备制造				
纺织、服装和皮革加工专用设备制造				
电子和电工机械专用设备制造				
农、林、牧、渔专用机械制造				
医疗仪器设备及器械制造				
环保、邮政、社会公共服务及其他专用设备制造				
汽车制造业				
汽车整车制造				
汽车用发动机制造				
改装汽车制造				
低速汽车制造				
电车制造				
汽车车身、挂车制造				
汽车零部件及配件制造				
铁路、船舶、航空航天和其他运输设备制造业				
铁路运输设备制造				
城市轨道交通设备制造				
船舶及相关装置制造				
航空、航天器及设备制造				
摩托车制造				
自行车和残疾人座车制造				
助动车制造				
非公路休闲车及零配件制造				
潜水救捞及其他未列明运输设备制造				
电气机械和器材制造业	7	342.7	3093.0	1280.4
电机制造				
输配电及控制设备制造				
电线、电缆、光缆及电工器材制造				

1-G-6 续表 4

行业	新产品开发项目数(项)	新产品开发经费支出(万元)	新产品销售收入(万元)	#出口
电池制造				
家用电力器具制造				
非电力家用器具制造				
照明器具制造	7	342.7	3093.0	1280.4
其他电气机械及器材制造				
计算机、通信和其他电子设备制造业	49	32084.1	340050.7	226158.3
计算机制造				
通信设备制造	49	32084.1	340050.7	226158.3
广播电视设备制造				
雷达及配套设备制造				
非专业视听设备制造				
智能消费设备制造				
电子器件制造				
电子元件及电子专用材料制造				
其他电子设备制造				
仪器仪表制造业				
通用仪器仪表制造				
专用仪器仪表制造				
钟表与计时仪器制造				
光学仪器制造				
衡器制造				
其他仪器仪表制造业				
其他制造业				
日用杂品制造				
核辐射加工				
其他未列明制造业				
废弃资源综合利用业	2	730.6		
金属废料和碎屑加工处理	2	730.6		
非金属废料和碎屑加工处理				
金属制品、机械和设备修理业				
金属制品修理				
通用设备修理				
专用设备修理				
铁路、船舶、航空航天等运输设备修理				
电气设备修理				
仪器仪表修理				
其他机械和设备修理业				
电力、热力、燃气及水生产和供应业				
电力、热力生产和供应业				
电力生产				
电力供应				
热力生产和供应				
燃气生产和供应业				
燃气生产和供应业				
生物质燃气生产和供应业				
水的生产和供应业				
自来水生产和供应				
污水处理及其再生利用				
海水淡化处理				
其他水的处理、利用与分配				

1-G-7　分行业外商投资企业新产品开发及销售情况

行　　业	新产品开发项目数(项)	新产品开发经费支出(万元)	新产品销售收入(万元)	#出口
总　计	**98**	**29165.0**	**1230742.0**	**127767.2**
采矿业	**1**	**1240.0**	**52754.9**	
煤炭开采和洗选业	1	1240.0		
烟煤和无烟煤开采洗选	1	1240.0		
褐煤开采洗选				
其他煤炭采选				
石油和天然气开采业			52754.9	
石油开采				
天然气开采			52754.9	
黑色金属矿采选业				
铁矿采选				
锰矿、铬矿采选				
其他黑色金属矿采选				
有色金属矿采选业				
常用有色金属矿采选				
贵金属矿采选				
稀有稀土金属矿采选				
非金属矿采选业				
土砂石开采				
化学矿开采				
采盐				
石棉及其他非金属矿采选				
开采专业及辅助性活动				
煤炭开采和洗选专业及辅助性活动				
石油和天然气开采专业及辅助性活动				
其他开采专业及辅助性活动				
其他采矿业				
其他采矿业				
制造业	**95**	**27862.8**	**1177987.1**	**127767.2**
农副食品加工业				
谷物磨制				
饲料加工				
植物油加工				
制糖业				
屠宰及肉类加工				
水产品加工				
蔬菜、菌类、水果和坚果加工				
其他农副食品加工				
食品制造业				
焙烤食品制造				
糖果、巧克力及蜜饯制造				
方便食品制造				
乳制品制造				
罐头食品制造				
调味品、发酵制品制造				
其他食品制造				
酒、饮料和精制茶制造业				
酒的制造				
饮料制造				
精制茶加工				

1-G-7 续表 1

行　业	新产品开发项目数(项)	新产品开发经费支出(万元)	新产品销售收入(万元)	#出口
烟草制品业				
烟叶复烤				
卷烟制造				
其他烟草制品制造				
纺织业				
棉纺织及印染精加工				
毛纺织及染整精加工				
麻纺织及染整精加工				
丝绢纺织及印染精加工				
化纤织造及印染精加工				
针织或钩针编织物及其制品制造				
家用纺织制成品制造				
产业用纺织制成品制造				
纺织服装、服饰业				
机织服装制造				
针织或钩针编织服装制造				
服饰制造				
皮革、毛皮、羽毛及其制品和制鞋业				
皮革鞣制加工				
皮革制品制造				
毛皮鞣制及制品加工				
羽毛(绒)加工及制品制造				
制鞋业				
木材加工和木、竹、藤、棕、草制品业				
木材加工				
人造板制造				
木质制品制造				
竹、藤、棕、草等制品制造				
家具制造业				
木质家具制造				
竹、藤家具制造				
金属家具制造				
塑料家具制造				
其他家具制造				
造纸和纸制品业				
纸浆制造				
造纸				
纸制品制造				
印刷和记录媒介复制业				
印刷				
装订及印刷相关服务				
记录媒介复制				
文教、工美、体育和娱乐用品制造业				
文教办公用品制造				
乐器制造				
工艺美术及礼仪用品制造				
体育用品制造				
玩具制造				
游艺器材及娱乐用品制造				
石油、煤炭及其他燃料加工业				

1-G-7　续表 2

行　　业	新产品开发项目数(项)	新产品开发经费支出(万元)	新产品销售收入(万元)	#出口
精炼石油产品制造				
煤炭加工				
核燃料加工				
生物质燃料加工				
化学原料和化学制品制造业	5	2814.5	75084.7	
基础化学原料制造				
肥料制造			49632.3	
农药制造				
涂料、油墨、颜料及类似产品制造	1	36.9		
合成材料制造	4	2777.6	25452.4	
专用化学产品制造				
炸药、火工及焰火产品制造				
日用化学产品制造				
医药制造业				
化学药品原料药制造				
化学药品制剂制造				
中药饮片加工				
中成药生产				
兽用药品制造				
生物药品制品制造				
卫生材料及医药用品制造				
药用辅料及包装材料制造				
化学纤维制造业				
纤维素纤维原料及纤维制造				
合成纤维制造				
生物基材料制造				
橡胶和塑料制品业				
橡胶制品业				
塑料制品业				
非金属矿物制品业				
水泥、石灰和石膏制造				
石膏、水泥制品及类似制品制造				
砖瓦、石材等建筑材料制造				
玻璃制造				
玻璃制品制造				
玻璃纤维和玻璃纤维增强塑料制品制造				
陶瓷制品制造				
耐火材料制品制造				
石墨及其他非金属矿物制品制造				
黑色金属冶炼和压延加工业				
炼铁				
炼钢				
钢压延加工				
铁合金冶炼				
有色金属冶炼和压延加工业				
常用有色金属冶炼				
贵金属冶炼				
稀有稀土金属冶炼				
有色金属合金制造				
有色金属压延加工				
金属制品业	10	1828.5	18859.5	

1-G-7 续表 3

行业	新产品开发项目数(项)	新产品开发经费支出(万元)	新产品销售收入(万元)	#出口
结构性金属制品制造				
金属工具制造				
集装箱及金属包装容器制造				
金属丝绳及其制品制造				
建筑、安全用金属制品制造				
金属表面处理及热处理加工				
搪瓷制品制造				
金属制日用品制造				
铸造及其他金属制品制造	10	1828.5	18859.5	
通用设备制造业				
锅炉及原动设备制造				
金属加工机械制造				
物料搬运设备制造				
泵、阀门、压缩机及类似机械制造				
轴承、齿轮和传动部件制造				
烘炉、风机、包装等设备制造				
文化、办公用机械制造				
通用零部件制造				
其他通用设备制造业				
专用设备制造业	25	1561.9	5532.9	
采矿、冶金、建筑专用设备制造	18	892.3	4096.9	
化工、木材、非金属加工专用设备制造				
食品、饮料、烟草及饲料生产专用设备制造				
印刷、制药、日化及日用品生产专用设备制造				
纺织、服装和皮革加工专用设备制造				
电子和电工机械专用设备制造				
农、林、牧、渔专用机械制造				
医疗仪器设备及器械制造				
环保、邮政、社会公共服务及其他专用设备制造	7	669.6	1436.0	
汽车制造业	6	558.9	3594.5	3594.5
汽车整车制造				
汽车用发动机制造				
改装汽车制造				
低速汽车制造				
电车制造				
汽车车身、挂车制造				
汽车零部件及配件制造	6	558.9	3594.5	3594.5
铁路、船舶、航空航天和其他运输设备制造业			191749.7	
铁路运输设备制造			191749.7	
城市轨道交通设备制造				
船舶及相关装置制造				
航空、航天器及设备制造				
摩托车制造				
自行车和残疾人座车制造				
助动车制造				
非公路休闲车及零配件制造				
潜水救捞及其他未列明运输设备制造				
电气机械和器材制造业	4	7571.5	303481.9	117952.4
电机制造				
输配电及控制设备制造	4	7571.5	303481.9	117952.4
电线、电缆、光缆及电工器材制造				

1-G-7　续表 4

行　　业	新产品开发项　目　数(项)	新产品开发经费支出(万元)	新　产　品销售收入(万元)	
				#出口
电池制造				
家用电力器具制造				
非电力家用器具制造				
照明器具制造				
其他电气机械及器材制造				
计算机、通信和其他电子设备制造业	40	13036.9	579683.9	6220.3
计算机制造				
通信设备制造	40	13036.9	579683.9	6220.3
广播电视设备制造				
雷达及配套设备制造				
非专业视听设备制造				
智能消费设备制造				
电子器件制造				
电子元件及电子专用材料制造				
其他电子设备制造				
仪器仪表制造业	5	490.6		
通用仪器仪表制造	5	490.6		
专用仪器仪表制造				
钟表与计时仪器制造				
光学仪器制造				
衡器制造				
其他仪器仪表制造业				
其他制造业				
日用杂品制造				
核辐射加工				
其他未列明制造业				
废弃资源综合利用业				
金属废料和碎屑加工处理				
非金属废料和碎屑加工处理				
金属制品、机械和设备修理业				
金属制品修理				
通用设备修理				
专用设备修理				
铁路、船舶、航空航天等运输设备修理				
电气设备修理				
仪器仪表修理				
其他机械和设备修理业				
电力、热力、燃气及水生产和供应业	**2**	**62.2**		
电力、热力生产和供应业	2	62.2		
电力生产	2	62.2		
电力供应				
热力生产和供应				
燃气生产和供应业				
燃气生产和供应业				
生物质燃气生产和供应业				
水的生产和供应业				
自来水生产和供应				
污水处理及其再生利用				
海水淡化处理				
其他水的处理、利用与分配				

1-G-8 各地区企业新产品开发及销售情况

地区	新产品开发项目数(项)	新产品开发经费支出(万元)	新产品销售收入(万元)	#出口
全省	**3913**	**1354351.1**	**19413024.6**	**2038312.7**
太原市	1263	506713.6	8365496.4	1451417.7
大同市	401	173288.5	2997051.8	80451.2
阳泉市	91	10010.6	112879.5	1193.6
长治市	239	79366.1	778005.1	3302.7
晋城市	335	162263.2	1085404.4	253877.4
朔州市	45	4136.8	18296.9	2945.4
晋中市	389	91670.3	1739560.9	61778.8
运城市	587	181160.5	2845024.3	9038.0
忻州市	105	14386.3	246155.9	4242.8
临汾市	176	62312.5	471726.9	52112.7
吕梁市	282	69042.7	753422.5	117952.4

1-G-9 各地区大中型企业新产品开发及销售情况

地区	新产品开发项目数(项)	新产品开发经费支出(万元)	新产品销售收入(万元)	#出口
全省	**2608**	**1228251.2**	**18042564.8**	**2001814.8**
太原市	809	466419.2	8076523.6	1448055.2
大同市	343	166474.9	2982700.8	80380.1
阳泉市	70	6890.6	67859.0	
长治市	169	72052.0	698358.3	3302.7
晋城市	275	158433.9	989142.6	250535.0
朔州市	20	2409.6	634.1	
晋中市	139	71534.2	1498764.4	38435.1
运城市	396	153370.2	2415620.3	8080.3
忻州市	32	9821.4	177524.2	4241.7
临汾市	112	56795.4	437154.4	50832.3
吕梁市	243	64049.8	698283.1	117952.4

1-G-10　各地区内资企业新产品开发及销售情况

地　区	新产品开发项目数（项）	新产品开发经费支出（万元）	新产品销售收入（万元）	#出口
全　省	**3748**	**1290324.1**	**17837748.6**	**1683106.8**
太原市	1221	494199.0	7601032.5	1451417.7
大同市	388	169852.7	2967649.2	80451.2
阳泉市	91	10010.6	112879.5	1193.6
长治市	239	79366.1	778005.1	3302.7
晋城市	261	126192.8	684046.4	21498.8
朔州市	45	4136.8	18296.9	2945.4
晋中市	375	89438.8	1735966.4	58184.3
运城市	580	180391.6	2776532.5	9038.0
忻州市	105	14386.3	246155.9	4242.8
临汾市	165	60878.2	467243.6	50832.3
吕梁市	278	61471.2	449940.6	

1-G-11　各地区港澳台商投资企业新产品开发及销售情况

地　区	新产品开发项目数（项）	新产品开发经费支出（万元）	新产品销售收入（万元）	#出口
全　省	**67**	**34862.0**	**344534.0**	**227438.7**
太原市	7	1471.2		
大同市				
阳泉市				
长治市				
晋城市	44	31343.5	340050.7	226158.3
朔州市				
晋中市	8	1672.6		
运城市				
忻州市				
临汾市	8	374.7	4483.3	1280.4
吕梁市				

1-G-12　各地区外商投资企业新产品开发及销售情况

地　区	新产品开发项　目　数(项)	新产品开发经费支出(万元)	新　产　品销售收入(万元)	#出口
全　省	**98**	**29165.0**	**1230742.0**	**127767.2**
太原市	35	11043.4	764463.9	
大同市	13	3435.8	29402.6	
阳泉市				
长治市				
晋城市	30	4726.9	61307.3	6220.3
朔州市				
晋中市	6	558.9	3594.5	3594.5
运城市	7	768.9	68491.8	
忻州市				
临汾市	3	1059.6		
吕梁市	4	7571.5	303481.9	117952.4

H. 企业自主知识产权及相关情况

1-H-1　分登记注册类型企业自主知识产权及相关情况

登记注册类型	专　利 申请数 （件）	#发明专利	有效发明 专 利 数 （件）	拥有注册 商 标 数 （件）	形成国家或 行业标准数 （项）
总　计	**5423**	**2416**	**7917**	**3892**	**288**
内资企业	**5331**	**2388**	**7778**	**3588**	**285**
国有企业	489	298	898	4	36
集体企业	2		7	2	
股份合作企业			7	1	1
联营企业					
国有联营企业					
集体联营企业					
国有与集体联营企业					
其他联营企业					
有限责任公司	2813	1207	4622	1813	194
国有独资公司	1153	627	2369	1111	121
其他有限责任公司	1660	580	2253	702	73
股份有限公司	568	173	625	1024	10
私营企业	1459	710	1619	744	44
私营独资企业					
私营合伙企业					
私营有限责任公司	821	335	1150	517	39
私营股份有限公司	638	375	469	227	5
其他企业					
港、澳、台商投资企业	**30**	**7**	**19**	**58**	**2**
合资经营企业	30	7	10	22	2
合作经营企业					
港、澳、台商独资经营企业			9	36	
港、澳、台商投资股份有限公司					
其他港、澳、台投资企业					
外商投资企业	**62**	**21**	**120**	**246**	**1**
中外合资经营企业	54	18	109	246	1
中外合作经营企业					
外资企业	8	3	11		
外商投资股份有限公司					
其他外商投资企业					

1-H-2　分登记注册类型大中型企业自主知识产权及相关情况

登记注册类型	专利申请数（件）	#发明专利	有效发明专利数（件）	拥有注册商标数（件）	形成国家或行业标准数（项）
总　计	**4251**	**1934**	**5914**	**2959**	**232**
内资企业	**4221**	**1920**	**5825**	**2923**	**231**
国有企业	489	298	898	4	36
集体企业					
股份合作企业					
联营企业					
国有联营企业					
集体联营企业					
国有与集体联营企业					
其他联营企业					
有限责任公司	2539	1101	4203	1723	185
国有独资公司	1150	627	2362	1111	121
其他有限责任公司	1389	474	1841	612	64
股份有限公司	420	90	364	938	
私营企业	773	431	360	258	10
私营独资企业					
私营合伙企业					
私营有限责任公司	252	104	292	206	10
私营股份有限公司	521	327	68	52	
其他企业					
港、澳、台商投资企业			**9**	**36**	
合资经营企业					
合作经营企业					
港、澳、台商独资经营企业			9	36	
港、澳、台商投资股份有限公司					
其他港、澳、台投资企业					
外商投资企业	**30**	**14**	**80**		**1**
中外合资经营企业	29	14	74		1
中外合作经营企业					
外资企业	1		6		
外商投资股份有限公司					
其他外商投资企业					

1-H-3　分行业企业自主知识产权及相关情况

行　业	专利申请数(件)	#发明专利	有效发明专利数(件)	拥有注册商标数(件)	形成国家或行业标准数(项)
总　计	**5423**	**2416**	**7917**	**3892**	**288**
采矿业	**776**	**179**	**556**	**388**	**21**
煤炭开采和洗选业	738	169	486	387	21
烟煤和无烟煤开采洗选	738	169	486	387	21
褐煤开采洗选					
其他煤炭采选					
石油和天然气开采业	37	9	70		
石油开采					
天然气开采	37	9	70		
黑色金属矿采选业					
铁矿采选					
锰矿、铬矿采选					
其他黑色金属矿采选					
有色金属矿采选业					
常用有色金属矿采选					
贵金属矿采选					
稀有稀土金属矿采选					
非金属矿采选业	1	1		1	
土砂石开采	1	1		1	
化学矿开采					
采盐					
石棉及其他非金属矿采选					
开采专业及辅助性活动					
煤炭开采和洗选专业及辅助性活动					
石油和天然气开采专业及辅助性活动					
其他开采专业及辅助性活动					
其他采矿业					
其他采矿业					
制造业	**4155**	**1970**	**6488**	**3503**	**242**
农副食品加工业	7	4	24	44	1
谷物磨制	1				
饲料加工			3	1	
植物油加工					
制糖业					
屠宰及肉类加工	3	1	7	6	1
水产品加工					
蔬菜、菌类、水果和坚果加工	3	3		3	
其他农副食品加工			14	34	
食品制造业	98	54	74	92	2
焙烤食品制造	36	16		1	
糖果、巧克力及蜜饯制造					
方便食品制造	1	1	7	7	2
乳制品制造	4	4	8	2	
罐头食品制造					
调味品、发酵制品制造	42	18	43	37	
其他食品制造	15	15	16	45	
酒、饮料和精制茶制造业	51	5	77	1080	3
酒的制造	48	3	64	1006	3
饮料制造	3	2	13	74	
精制茶加工					

1-H-3 续表 1

行业	专利申请数(件)	#发明专利	有效发明专利数(件)	拥有注册商标数(件)	形成国家或行业标准数(项)
烟草制品业				42	
烟叶复烤					
卷烟制造				42	
其他烟草制品制造					
纺织业	1	1	10	3	
棉纺织及印染精加工	1	1	10	3	
毛纺织及染整精加工					
麻纺织及染整精加工					
丝绢纺织及印染精加工					
化纤织造及印染精加工					
针织或钩针编织物及其制品制造					
家用纺织制成品制造					
产业用纺织制成品制造					
纺织服装、服饰业	22	5	78	3	11
机织服装制造	3	2	2		4
针织或钩针编织服装制造					
服饰制造	19	3	76	3	7
皮革、毛皮、羽毛及其制品和制鞋业					
皮革鞣制加工					
皮革制品制造					
毛皮鞣制及制品加工					
羽毛(绒)加工及制品制造					
制鞋业					
木材加工和木、竹、藤、棕、草制品业					
木材加工					
人造板制造					
木质制品制造					
竹、藤、棕、草等制品制造					
家具制造业					
木质家具制造					
竹、藤家具制造					
金属家具制造					
塑料家具制造					
其他家具制造					
造纸和纸制品业	4	4	2		
纸浆制造					
造纸	3	3	2		
纸制品制造	1	1			
印刷和记录媒介复制业	1		1	2	
印刷	1		1	2	
装订及印刷相关服务					
记录媒介复制					
文教、工美、体育和娱乐用品制造业	22	3	6	12	
文教办公用品制造					
乐器制造					
工艺美术及礼仪用品制造	12	2	5	11	
体育用品制造	10	1	1	1	
玩具制造					
游艺器材及娱乐用品制造					
石油、煤炭及其他燃料加工业	57	20	63	3	

1-H-3 续表 2

行业	专利申请数(件)	#发明专利	有效发明专利数(件)	拥有注册商标数(件)	形成国家或行业标准数(项)
精炼石油产品制造					
煤炭加工	57	20	63	3	
核燃料加工					
生物质燃料加工					
化学原料和化学制品制造业	319	167	382	408	15
基础化学原料制造	74	28	40	4	4
肥料制造	41	9	57	131	5
农药制造	2	2	3	2	
涂料、油墨、颜料及类似产品制造	8	7	32	13	
合成材料制造	23	9	67	13	
专用化学产品制造	64	26	44	8	4
炸药、火工及焰火产品制造	90	74	117	6	2
日用化学产品制造	17	12	22	231	
医药制造业	106	64	345	1183	7
化学药品原料药制造	18	15	31	26	
化学药品制剂制造	53	29	166	821	6
中药饮片加工				1	
中成药生产	15	8	103	216	
兽用药品制造	4	2	10	3	1
生物药品制品制造	3	3	15	35	
卫生材料及医药用品制造	13	7	18	81	
药用辅料及包装材料制造			2		
化学纤维制造业					
纤维素纤维原料及纤维制造					
合成纤维制造					
生物基材料制造					
橡胶和塑料制品业	19	5	24	6	1
橡胶制品业	3	1	3		
塑料制品业	16	4	21	6	1
非金属矿物制品业	651	356	242	54	12
水泥、石灰和石膏制造	48	3	95	5	1
石膏、水泥制品及类似制品制造	16	8	15	1	
砖瓦、石材等建筑材料制造	6	5	21	8	
玻璃制造					
玻璃制品制造	12	1	29		
玻璃纤维和玻璃纤维增强塑料制品制造					
陶瓷制品制造	10	8	1	18	
耐火材料制品制造	12	4	14	1	
石墨及其他非金属矿物制品制造	547	327	67	21	11
黑色金属冶炼和压延加工业	358	177	793	22	8
炼铁	39	9	13	5	
炼钢			12		
钢压延加工	294	155	738	14	7
铁合金冶炼	25	13	30	3	1
有色金属冶炼和压延加工业	112	47	150	16	6
常用有色金属冶炼	68	31	72	14	5
贵金属冶炼					
稀有稀土金属冶炼	12	1	1	1	
有色金属合金制造	15	9	61	1	
有色金属压延加工	17	6	16		1
金属制品业	411	219	881	82	17

1-H-3 续表 3

行业	专利申请数(件)	#发明专利	有效发明专利数(件)	拥有注册商标数(件)	形成国家或行业标准数(项)
结构性金属制品制造	36	21	33	3	1
金属工具制造					
集装箱及金属包装容器制造	9	9	13	1	
金属丝绳及其制品制造				2	3
建筑、安全用金属制品制造	28	8	16	2	2
金属表面处理及热处理加工	8	4	2		
搪瓷制品制造					
金属制日用品制造					
铸造及其他金属制品制造	330	177	817	74	11
通用设备制造业	151	53	460	34	7
锅炉及原动设备制造	57	20	114	10	3
金属加工机械制造	16	3	32	5	
物料搬运设备制造			17		
泵、阀门、压缩机及类似机械制造	24	16	170	11	4
轴承、齿轮和传动部件制造	6	3	11	1	
烘炉、风机、包装等设备制造	33	8	91	3	
文化、办公用机械制造	4	2	20	4	
通用零部件制造	11	1	5		
其他通用设备制造业					
专用设备制造业	615	270	1148	49	20
采矿、冶金、建筑专用设备制造	418	209	919	30	13
化工、木材、非金属加工专用设备制造	61	7	45		
食品、饮料、烟草及饲料生产专用设备制造					
印刷、制药、日化及日用品生产专用设备制造					
纺织、服装和皮革加工专用设备制造	44	18	61	2	5
电子和电工机械专用设备制造	9	5	58	4	
农、林、牧、渔专用机械制造	1	1	1		
医疗仪器设备及器械制造	6	3	3		
环保、邮政、社会公共服务及其他专用设备制造	76	27	61	13	2
汽车制造业	316	66	188	27	1
汽车整车制造	72		11	1	
汽车用发动机制造	15	12	7	1	1
改装汽车制造	120	2	26	11	
低速汽车制造					
电车制造	8	2	6	1	
汽车车身、挂车制造	7	7	1		
汽车零部件及配件制造	94	43	137	13	
铁路、船舶、航空航天和其他运输设备制造业	173	98	305	6	21
铁路运输设备制造	130	76	203	3	21
城市轨道交通设备制造					
船舶及相关装置制造					
航空、航天器及设备制造	43	22	102	3	
摩托车制造					
自行车和残疾人座车制造					
助动车制造					
非公路休闲车及零配件制造					
潜水救捞及其他未列明运输设备制造					
电气机械和器材制造业	312	157	423	41	16
电机制造	134	87	215	3	13
输配电及控制设备制造	111	50	88	6	1
电线、电缆、光缆及电工器材制造	9	5	5	4	

1-H-3　续表 4

行　业	专　利申请数(件)	#发明专利	有　效发　明专利数(件)	拥　有注　册商标数(件)	形成国家或行业标准数(项)
电池制造					
家用电力器具制造					
非电力家用器具制造				1	
照明器具制造	19	3	24	22	2
其他电气机械及器材制造	39	12	91	5	
计算机、通信和其他电子设备制造业	97	52	319	27	23
计算机制造	3	1	19	5	
通信设备制造	11	3	9		
广播电视设备制造					
雷达及配套设备制造					
非专业视听设备制造			7		
智能消费设备制造					
电子器件制造	18	8	23		
电子元件及电子专用材料制造	56	37	227	8	9
其他电子设备制造	9	3	34	14	14
仪器仪表制造业	90	29	234	266	
通用仪器仪表制造	41	16	87	265	
专用仪器仪表制造	26	2	114		
钟表与计时仪器制造					
光学仪器制造					
衡器制造	23	11	33	1	
其他仪器仪表制造业					
其他制造业	159	114	259	1	71
日用杂品制造					
核辐射加工					
其他未列明制造业	159	114	259	1	71
废弃资源综合利用业					
金属废料和碎屑加工处理					
非金属废料和碎屑加工处理					
金属制品、机械和设备修理业	3				
金属制品修理					
通用设备修理					
专用设备修理					
铁路、船舶、航空航天等运输设备修理					
电气设备修理	3				
仪器仪表修理					
其他机械和设备修理业					
电力、热力、燃气及水生产和供应业	**492**	**267**	**873**	**1**	**25**
电力、热力生产和供应业	460	267	849		25
电力生产	26	4	28		
电力供应	424	253	811		25
热力生产和供应	10	10	10		
燃气生产和供应业	32		24	1	
燃气生产和供应业	32		24	1	
生物质燃气生产和供应业					
水的生产和供应业					
自来水生产和供应					
污水处理及其再生利用					
海水淡化处理					
其他水的处理、利用与分配					

1-H-4 分行业大中型企业自主知识产权及相关情况

行业	专利申请数（件）	#发明专利	有效发明专利数（件）	拥有注册商标数（件）	形成国家或行业标准数（项）
总计	**4251**	**1934**	**5914**	**2959**	**232**
采矿业	**752**	**173**	**538**	**387**	**21**
煤炭开采和洗选业	738	169	486	387	21
烟煤和无烟煤开采洗选	738	169	486	387	21
褐煤开采洗选					
其他煤炭采选					
石油和天然气开采业	14	4	52		
石油开采					
天然气开采	14	4	52		
黑色金属矿采选业					
铁矿采选					
锰矿、铬矿采选					
其他黑色金属矿采选					
有色金属矿采选业					
常用有色金属矿采选					
贵金属矿采选					
稀有稀土金属矿采选					
非金属矿采选业					
土砂石开采					
化学矿开采					
采盐					
石棉及其他非金属矿采选					
开采专业及辅助性活动					
煤炭开采和洗选专业及辅助性活动					
石油和天然气开采专业及辅助性活动					
其他开采专业及辅助性活动					
其他采矿业					
其他采矿业					
制造业	**3042**	**1507**	**4528**	**2571**	**186**
农副食品加工业	3	1	7	6	1
谷物磨制					
饲料加工					
植物油加工					
制糖业					
屠宰及肉类加工	3	1	7	6	1
水产品加工					
蔬菜、菌类、水果和坚果加工					
其他农副食品加工					
食品制造业	59	27	15	40	
焙烤食品制造	36	16		1	
糖果、巧克力及蜜饯制造					
方便食品制造					
乳制品制造	4	4	8	2	
罐头食品制造					
调味品、发酵制品制造	19	7	7	37	
其他食品制造					
酒、饮料和精制茶制造业	49	3	58	942	1
酒的制造	48	3	58	916	1
饮料制造	1			26	
精制茶加工					

1-H-4　续表 1

行　业	专　利申请数(件)	#发明专利	有　效发　明专利数(件)	拥　有注　册商标数(件)	形成国家或行业标准数(项)
烟草制品业				42	
烟叶复烤					
卷烟制造				42	
其他烟草制品制造					
纺织业	1	1	5	2	
棉纺织及印染精加工	1	1	5	2	
毛纺织及染整精加工					
麻纺织及染整精加工					
丝绢纺织及印染精加工					
化纤织造及印染精加工					
针织或钩针编织物及其制品制造					
家用纺织制成品制造					
产业用纺织制成品制造					
纺织服装、服饰业	22	5	78	3	11
机织服装制造	3	2	2		4
针织或钩针编织服装制造					
服饰制造	19	3	76	3	7
皮革、毛皮、羽毛及其制品和制鞋业					
皮革鞣制加工					
皮革制品制造					
毛皮鞣制及制品加工					
羽毛(绒)加工及制品制造					
制鞋业					
木材加工和木、竹、藤、棕、草制品业					
木材加工					
人造板制造					
木质制品制造					
竹、藤、棕、草等制品制造					
家具制造业					
木质家具制造					
竹、藤家具制造					
金属家具制造					
塑料家具制造					
其他家具制造					
造纸和纸制品业	3	3	2		
纸浆制造					
造纸	3	3	2		
纸制品制造					
印刷和记录媒介复制业					
印刷					
装订及印刷相关服务					
记录媒介复制					
文教、工美、体育和娱乐用品制造业	22	3	6	12	
文教办公用品制造					
乐器制造					
工艺美术及礼仪用品制造	12	2	5	11	
体育用品制造	10	1	1	1	
玩具制造					
游艺器材及娱乐用品制造					
石油、煤炭及其他燃料加工业	57	20	37	2	

1-H-4 续表 2

行业	专利申请数(件)	#发明专利	有效发明专利数(件)	拥有注册商标数(件)	形成国家或行业标准数(项)
精炼石油产品制造					
煤炭加工	57	20	37	2	
核燃料加工					
生物质燃料加工					
化学原料和化学制品制造业	199	104	265	377	7
基础化学原料制造	37	5	15		
肥料制造	37	7	51	123	5
农药制造					
涂料、油墨、颜料及类似产品制造	1	1	6	8	
合成材料制造	9	3	54	9	
专用化学产品制造	8	2			
炸药、火工及焰火产品制造	90	74	117	6	2
日用化学产品制造	17	12	22	231	
医药制造业	55	37	218	981	3
化学药品原料药制造	15	14	15	25	
化学药品制剂制造	36	19	129	750	3
中药饮片加工					
中成药生产	4	4	62	171	
兽用药品制造					
生物药品制品制造			12	35	
卫生材料及医药用品制造					
药用辅料及包装材料制造					
化学纤维制造业					
纤维素纤维原料及纤维制造					
合成纤维制造					
生物基材料制造					
橡胶和塑料制品业	2		11	1	1
橡胶制品业			2		
塑料制品业	2		9	1	1
非金属矿物制品业	564	319	151	10	2
水泥、石灰和石膏制造	48	3	76	3	1
石膏、水泥制品及类似制品制造					
砖瓦、石材等建筑材料制造					
玻璃制造					
玻璃制品制造	12	1	29		
玻璃纤维和玻璃纤维增强塑料制品制造					
陶瓷制品制造	8	8	1	1	
耐火材料制品制造			9		
石墨及其他非金属矿物制品制造	496	307	36	6	1
黑色金属冶炼和压延加工业	332	165	733	16	5
炼铁	37	9	6	3	
炼钢			12		
钢压延加工	288	155	707	11	5
铁合金冶炼	7	1	8	2	
有色金属冶炼和压延加工业	82	38	126	13	6
常用有色金属冶炼	58	26	62	13	5
贵金属冶炼					
稀有稀土金属冶炼					
有色金属合金制造	8	7	55		
有色金属压延加工	16	5	9		1
金属制品业	307	164	707	61	11

1-H-4　续表 3

行　业	专　利申请数(件)	#发明专利	有　效发　明专利数(件)	拥　有注　册商标数(件)	形成国家或行业标准数(项)
结构性金属制品制造					
金属工具制造					
集装箱及金属包装容器制造					
金属丝绳及其制品制造					
建筑、安全用金属制品制造					
金属表面处理及热处理加工					
搪瓷制品制造					
金属制日用品制造					
铸造及其他金属制品制造	307	164	707	61	11
通用设备制造业	33	20	104	6	7
锅炉及原动设备制造	30	17	73	3	3
金属加工机械制造					
物料搬运设备制造					
泵、阀门、压缩机及类似机械制造	3	3	31	3	4
轴承、齿轮和传动部件制造					
烘炉、风机、包装等设备制造					
文化、办公用机械制造					
通用零部件制造					
其他通用设备制造业					
专用设备制造业	410	211	872	23	17
采矿、冶金、建筑专用设备制造	302	181	729	21	12
化工、木材、非金属加工专用设备制造	61	7	45		
食品、饮料、烟草及饲料生产专用设备制造					
印刷、制药、日化及日用品生产专用设备制造					
纺织、服装和皮革加工专用设备制造	35	16	53	2	5
电子和电工机械专用设备制造	6	4	42		
农、林、牧、渔专用机械制造					
医疗仪器设备及器械制造	6	3	3		
环保、邮政、社会公共服务及其他专用设备制造					
汽车制造业	269	38	142	16	
汽车整车制造	72		11		
汽车用发动机制造					
改装汽车制造	115	2	23	5	
低速汽车制造					
电车制造					
汽车车身、挂车制造					
汽车零部件及配件制造	82	36	108	11	
铁路、船舶、航空航天和其他运输设备制造业	159	92	298	6	21
铁路运输设备制造	126	75	201	3	21
城市轨道交通设备制造					
船舶及相关装置制造					
航空、航天器及设备制造	33	17	97	3	
摩托车制造					
自行车和残疾人座车制造					
助动车制造					
非公路休闲车及零配件制造					
潜水救捞及其他未列明运输设备制造					
电气机械和器材制造业	205	111	315	7	13
电机制造	116	87	202	2	12
输配电及控制设备制造	50	12	22		1
电线、电缆、光缆及电工器材制造					

1-H-4 续表 4

行业	专利申请数（件）	#发明专利	有效发明专利数（件）	拥有注册商标数（件）	形成国家或行业标准数（项）
电池制造					
家用电力器具制造					
非电力家用器具制造					
照明器具制造					
其他电气机械及器材制造	39	12	91	5	
计算机、通信和其他电子设备制造业	47	31	67	4	9
计算机制造					
通信设备制造	11	3	9		
广播电视设备制造					
雷达及配套设备制造					
非专业视听设备制造					
智能消费设备制造					
电子器件制造	14	7	22		
电子元件及电子专用材料制造	22	21	36	4	9
其他电子设备制造					
仪器仪表制造业			52		
通用仪器仪表制造					
专用仪器仪表制造			52		
钟表与计时仪器制造					
光学仪器制造					
衡器制造					
其他仪器仪表制造业					
其他制造业	159	114	259	1	71
日用杂品制造					
核辐射加工					
其他未列明制造业	159	114	259	1	71
废弃资源综合利用业					
金属废料和碎屑加工处理					
非金属废料和碎屑加工处理					
金属制品、机械和设备修理业	3				
金属制品修理					
通用设备修理					
专用设备修理					
铁路、船舶、航空航天等运输设备修理					
电气设备修理	3				
仪器仪表修理					
其他机械和设备修理业					
电力、热力、燃气及水生产和供应业	**457**	**254**	**848**	**1**	**25**
电力、热力生产和供应业	433	254	824		25
电力生产	9	1	13		
电力供应	424	253	811		25
热力生产和供应					
燃气生产和供应业	24		24	1	
燃气生产和供应业	24		24	1	
生物质燃气生产和供应业					
水的生产和供应业					
自来水生产和供应					
污水处理及其再生利用					
海水淡化处理					
其他水的处理、利用与分配					

1-H-5 分行业内资企业自主知识产权及相关情况

行业	专利申请数(件)	#发明专利	有效发明专利数(件)	拥有注册商标数(件)	形成国家或行业标准数(项)
总 计	**5331**	**2388**	**7778**	**3588**	**285**
采矿业	**766**	**175**	**540**	**388**	**21**
煤炭开采和洗选业	738	169	486	387	21
烟煤和无烟煤开采洗选	738	169	486	387	21
褐煤开采洗选					
其他煤炭采选					
石油和天然气开采业	27	5	54		
石油开采					
天然气开采	27	5	54		
黑色金属矿采选业					
铁矿采选					
锰矿、铬矿采选					
其他黑色金属矿采选					
有色金属矿采选业					
常用有色金属矿采选					
贵金属矿采选					
稀有稀土金属矿采选					
非金属矿采选业	1	1		1	
土砂石开采	1	1		1	
化学矿开采					
采盐					
石棉及其他非金属矿采选					
开采专业及辅助性活动					
煤炭开采和洗选专业及辅助性活动					
石油和天然气开采专业及辅助性活动					
其他开采专业及辅助性活动					
其他采矿业					
其他采矿业					
制造业	**4079**	**1948**	**6369**	**3199**	**239**
农副食品加工业	7	4	24	44	1
谷物磨制	1				
饲料加工			3	1	
植物油加工					
制糖业					
屠宰及肉类加工	3	1	7	6	1
水产品加工					
蔬菜、菌类、水果和坚果加工	3	3		3	
其他农副食品加工			14	34	
食品制造业	98	54	74	92	2
焙烤食品制造	36	16		1	
糖果、巧克力及蜜饯制造					
方便食品制造	1	1	7	7	2
乳制品制造	4	4	8	2	
罐头食品制造					
调味品、发酵制品制造	42	18	43	37	
其他食品制造	15	15	16	45	
酒、饮料和精制茶制造业	51	5	77	1080	3
酒的制造	48	3	64	1006	3
饮料制造	3	2	13	74	
精制茶加工					

1-H-5 续表 1

行业	专利申请数（件）	#发明专利	有效发明专利数（件）	拥有注册商标数（件）	形成国家或行业标准数（项）
烟草制品业				42	
烟叶复烤					
卷烟制造				42	
其他烟草制品制造					
纺织业	1	1	10	3	
棉纺织及印染精加工	1	1	10	3	
毛纺织及染整精加工					
麻纺织及染整精加工					
丝绢纺织及印染精加工					
化纤织造及印染精加工					
针织或钩针编织物及其制品制造					
家用纺织制成品制造					
产业用纺织制成品制造					
纺织服装、服饰业	22	5	78	3	11
机织服装制造	3	2	2		4
针织或钩针编织服装制造					
服饰制造	19	3	76	3	7
皮革、毛皮、羽毛及其制品和制鞋业					
皮革鞣制加工					
皮革制品制造					
毛皮鞣制及制品加工					
羽毛(绒)加工及制品制造					
制鞋业					
木材加工和木、竹、藤、棕、草制品业					
木材加工					
人造板制造					
木质制品制造					
竹、藤、棕、草等制品制造					
家具制造业					
木质家具制造					
竹、藤家具制造					
金属家具制造					
塑料家具制造					
其他家具制造					
造纸和纸制品业	4	4	2		
纸浆制造					
造纸	3	3	2		
纸制品制造	1	1			
印刷和记录媒介复制业	1		1	2	
印刷	1		1	2	
装订及印刷相关服务					
记录媒介复制					
文教、工美、体育和娱乐用品制造业	22	3	6	12	
文教办公用品制造					
乐器制造					
工艺美术及礼仪用品制造	12	2	5	11	
体育用品制造	10	1	1	1	
玩具制造					
游艺器材及娱乐用品制造					
石油、煤炭及其他燃料加工业	57	20	63	3	

1-H-5　续表 2

行　业	专　利申请数(件)	#发明专利	有　效发　明专利数(件)	拥　有注　册商标数(件)	形成国家或行业标准数(项)
精炼石油产品制造					
煤炭加工	57	20	63	3	
核燃料加工					
生物质燃料加工					
化学原料和化学制品制造业	317	165	335	408	15
基础化学原料制造	74	28	40	4	4
肥料制造	41	9	56	131	5
农药制造	2	2	3	2	
涂料、油墨、颜料及类似产品制造	8	7	32	13	
合成材料制造	21	7	21	13	
专用化学产品制造	64	26	44	8	4
炸药、火工及焰火产品制造	90	74	117	6	2
日用化学产品制造	17	12	22	231	
医药制造业	106	64	334	1147	7
化学药品原料药制造	18	15	31	26	
化学药品制剂制造	53	29	157	785	6
中药饮片加工				1	
中成药生产	15	8	103	216	
兽用药品制造	4	2	10	3	1
生物药品制品制造	3	3	15	35	
卫生材料及医药用品制造	13	7	18	81	
药用辅料及包装材料制造					
化学纤维制造业					
纤维素纤维原料及纤维制造					
合成纤维制造					
生物基材料制造					
橡胶和塑料制品业	19	5	24	6	1
橡胶制品业	3	1	3		
塑料制品业	16	4	21	6	1
非金属矿物制品业	651	356	242	54	12
水泥、石灰和石膏制造	48	3	95	5	1
石膏、水泥制品及类似制品制造	16	8	15	1	
砖瓦、石材等建筑材料制造	6	5	21	8	
玻璃制造					
玻璃制品制造	12	1	29		
玻璃纤维和玻璃纤维增强塑料制品制造					
陶瓷制品制造	10	8	1	18	
耐火材料制品制造	12	4	14	1	
石墨及其他非金属矿物制品制造	547	327	67	21	11
黑色金属冶炼和压延加工业	358	177	793	22	8
炼铁	39	9	13	5	
炼钢			12		
钢压延加工	294	155	738	14	7
铁合金冶炼	25	13	30	3	1
有色金属冶炼和压延加工业	112	47	150	16	6
常用有色金属冶炼	68	31	72	14	5
贵金属冶炼					
稀有稀土金属冶炼	12	1	1	1	
有色金属合金制造	15	9	61	1	
有色金属压延加工	17	6	16		1
金属制品业	395	213	874	81	17

1-H-5 续表 3

行业	专利申请数（件）	#发明专利	有效发明专利数（件）	拥有注册商标数（件）	形成国家或行业标准数（项）
结构性金属制品制造	36	21	33	3	1
金属工具制造					
集装箱及金属包装容器制造	9	9	13	1	
金属丝绳及其制品制造				2	3
建筑、安全用金属制品制造	28	8	16	2	2
金属表面处理及热处理加工					
搪瓷制品制造					
金属制日用品制造					
铸造及其他金属制品制造	322	175	812	73	11
通用设备制造业	151	53	460	34	7
锅炉及原动设备制造	57	20	114	10	3
金属加工机械制造	16	3	32	5	
物料搬运设备制造			17		
泵、阀门、压缩机及类似机械制造	24	16	170	11	4
轴承、齿轮和传动部件制造	6	3	11	1	
烘炉、风机、包装等设备制造	33	8	91	3	
文化、办公用机械制造	4	2	20	4	
通用零部件制造	11	1	5		
其他通用设备制造业					
专用设备制造业	601	270	1144	49	20
采矿、冶金、建筑专用设备制造	404	209	915	30	13
化工、木材、非金属加工专用设备制造	61	7	45		
食品、饮料、烟草及饲料生产专用设备制造					
印刷、制药、日化及日用品生产专用设备制造					
纺织、服装和皮革加工专用设备制造	44	18	61	2	5
电子和电工机械专用设备制造	9	5	58	4	
农、林、牧、渔专用机械制造	1	1	1		
医疗仪器设备及器械制造	6	3	3		
环保、邮政、社会公共服务及其他专用设备制造	76	27	61	13	2
汽车制造业	308	63	182	27	1
汽车整车制造	72		11	1	
汽车用发动机制造	15	12	7	1	1
改装汽车制造	120	2	26	11	
低速汽车制造					
电车制造	8	2	6	1	
汽车车身、挂车制造	7	7	1		
汽车零部件及配件制造	86	40	131	13	
铁路、船舶、航空航天和其他运输设备制造业	168	93	288	6	21
铁路运输设备制造	125	71	186	3	21
城市轨道交通设备制造					
船舶及相关装置制造					
航空、航天器及设备制造	43	22	102	3	
摩托车制造					
自行车和残疾人座车制造					
助动车制造					
非公路休闲车及零配件制造					
潜水救捞及其他未列明运输设备制造					
电气机械和器材制造业	282	151	409	19	13
电机制造	134	87	215	3	13
输配电及控制设备制造	97	45	80	6	
电线、电缆、光缆及电工器材制造	9	5	5	4	

1-H-5　续表 4

行　　业	专　利申请数(件)	#发明专利	有　效发　明专利数(件)	拥　有注　册商标数(件)	形成国家或行业标准数(项)
电池制造					
家用电力器具制造					
非电力家用器具制造				1	
照明器具制造	3	2	18		
其他电气机械及器材制造	39	12	91	5	
计算机、通信和其他电子设备制造业	96	52	313	27	23
计算机制造	3	1	19	5	
通信设备制造	10	3	3		
广播电视设备制造					
雷达及配套设备制造					
非专业视听设备制造			7		
智能消费设备制造					
电子器件制造	18	8	23		
电子元件及电子专用材料制造	56	37	227	8	9
其他电子设备制造	9	3	34	14	14
仪器仪表制造业	90	29	227	21	
通用仪器仪表制造	41	16	80	20	
专用仪器仪表制造	26	2	114		
钟表与计时仪器制造					
光学仪器制造					
衡器制造	23	11	33	1	
其他仪器仪表制造业					
其他制造业	159	114	259	1	71
日用杂品制造					
核辐射加工					
其他未列明制造业	159	114	259	1	71
废弃资源综合利用业					
金属废料和碎屑加工处理					
非金属废料和碎屑加工处理					
金属制品、机械和设备修理业	3				
金属制品修理					
通用设备修理					
专用设备修理					
铁路、船舶、航空航天等运输设备修理					
电气设备修理	3				
仪器仪表修理					
其他机械和设备修理业					
电力、热力、燃气及水生产和供应业	**486**	**265**	**869**	**1**	**25**
电力、热力生产和供应业	454	265	845		25
电力生产	20	2	24		
电力供应	424	253	811		25
热力生产和供应	10	10	10		
燃气生产和供应业	32		24	1	
燃气生产和供应业	32		24	1	
生物质燃气生产和供应业					
水的生产和供应业					
自来水生产和供应					
污水处理及其再生利用					
海水淡化处理					
其他水的处理、利用与分配					

1-H-6 分行业港澳台商投资企业自主知识产权及相关情况

行业	专利申请数（件）	#发明专利	有效发明专利数（件）	拥有注册商标数（件）	形成国家或行业标准数（项）
总计	**30**	**7**	**19**	**58**	**2**
采矿业					
煤炭开采和洗选业					
烟煤和无烟煤开采洗选					
褐煤开采洗选					
其他煤炭采选					
石油和天然气开采业					
石油开采					
天然气开采					
黑色金属矿采选业					
铁矿采选					
锰矿、铬矿采选					
其他黑色金属矿采选					
有色金属矿采选业					
常用有色金属矿采选					
贵金属矿采选					
稀有稀土金属矿采选					
非金属矿采选业					
土砂石开采					
化学矿开采					
采盐					
石棉及其他非金属矿采选					
开采专业及辅助性活动					
煤炭开采和洗选专业及辅助性活动					
石油和天然气开采专业及辅助性活动					
其他开采专业及辅助性活动					
其他采矿业					
其他采矿业					
制造业	**24**	**5**	**17**	**58**	**2**
农副食品加工业					
谷物磨制					
饲料加工					
植物油加工					
制糖业					
屠宰及肉类加工					
水产品加工					
蔬菜、菌类、水果和坚果加工					
其他农副食品加工					
食品制造业					
焙烤食品制造					
糖果、巧克力及蜜饯制造					
方便食品制造					
乳制品制造					
罐头食品制造					
调味品、发酵制品制造					
其他食品制造					
酒、饮料和精制茶制造业					
酒的制造					
饮料制造					
精制茶加工					

1-H-6　续表 1

行　业	专　利申请数(件)	#发明专利	有　效发　明专利数(件)	拥　有注　册商标数(件)	形成国家或行业标准数(项)
烟草制品业					
烟叶复烤					
卷烟制造					
其他烟草制品制造					
纺织业					
棉纺织及印染精加工					
毛纺织及染整精加工					
麻纺织及染整精加工					
丝绢纺织及印染精加工					
化纤织造及印染精加工					
针织或钩针编织物及其制品制造					
家用纺织制成品制造					
产业用纺织制成品制造					
纺织服装、服饰业					
机织服装制造					
针织或钩针编织服装制造					
服饰制造					
皮革、毛皮、羽毛及其制品和制鞋业					
皮革鞣制加工					
皮革制品制造					
毛皮鞣制及制品加工					
羽毛(绒)加工及制品制造					
制鞋业					
木材加工和木、竹、藤、棕、草制品业					
木材加工					
人造板制造					
木质制品制造					
竹、藤、棕、草等制品制造					
家具制造业					
木质家具制造					
竹、藤家具制造					
金属家具制造					
塑料家具制造					
其他家具制造					
造纸和纸制品业					
纸浆制造					
造纸					
纸制品制造					
印刷和记录媒介复制业					
印刷					
装订及印刷相关服务					
记录媒介复制					
文教、工美、体育和娱乐用品制造业					
文教办公用品制造					
乐器制造					
工艺美术及礼仪用品制造					
体育用品制造					
玩具制造					
游艺器材及娱乐用品制造					
石油、煤炭及其他燃料加工业					

1-H-6 续表 2

行业	专利申请数（件）	#发明专利	有效发明专利数（件）	拥有注册商标数（件）	形成国家或行业标准数（项）
精炼石油产品制造					
煤炭加工					
核燃料加工					
生物质燃料加工					
化学原料和化学制品制造业					
基础化学原料制造					
肥料制造					
农药制造					
涂料、油墨、颜料及类似产品制造					
合成材料制造					
专用化学产品制造					
炸药、火工及焰火产品制造					
日用化学产品制造					
医药制造业			9	36	
化学药品原料药制造					
化学药品制剂制造			9	36	
中药饮片加工					
中成药生产					
兽用药品制造					
生物药品制品制造					
卫生材料及医药用品制造					
药用辅料及包装材料制造					
化学纤维制造业					
纤维素纤维原料及纤维制造					
合成纤维制造					
生物基材料制造					
橡胶和塑料制品业					
橡胶制品业					
塑料制品业					
非金属矿物制品业					
水泥、石灰和石膏制造					
石膏、水泥制品及类似制品制造					
砖瓦、石材等建筑材料制造					
玻璃制造					
玻璃制品制造					
玻璃纤维和玻璃纤维增强塑料制品制造					
陶瓷制品制造					
耐火材料制品制造					
石墨及其他非金属矿物制品制造					
黑色金属冶炼和压延加工业					
炼铁					
炼钢					
钢压延加工					
铁合金冶炼					
有色金属冶炼和压延加工业					
常用有色金属冶炼					
贵金属冶炼					
稀有稀土金属冶炼					
有色金属合金制造					
有色金属压延加工					
金属制品业	8	4	2		

1-H-6　续表 3

行　　业	专　利 申请数 (件)		有　效 发　明 专利数 (件)	拥　有 注　册 商标数 (件)	形成国家 或行业 标准数 (项)
		#发明专利			
结构性金属制品制造					
金属工具制造					
集装箱及金属包装容器制造					
金属丝绳及其制品制造					
建筑、安全用金属制品制造					
金属表面处理及热处理加工	8	4	2		
搪瓷制品制造					
金属制日用品制造					
铸造及其他金属制品制造					
通用设备制造业					
锅炉及原动设备制造					
金属加工机械制造					
物料搬运设备制造					
泵、阀门、压缩机及类似机械制造					
轴承、齿轮和传动部件制造					
烘炉、风机、包装等设备制造					
文化、办公用机械制造					
通用零部件制造					
其他通用设备制造业					
专用设备制造业					
采矿、冶金、建筑专用设备制造					
化工、木材、非金属加工专用设备制造					
食品、饮料、烟草及饲料生产专用设备制造					
印刷、制药、日化及日用品生产专用设备制造					
纺织、服装和皮革加工专用设备制造					
电子和电工机械专用设备制造					
农、林、牧、渔专用机械制造					
医疗仪器设备及器械制造					
环保、邮政、社会公共服务及其他专用设备制造					
汽车制造业					
汽车整车制造					
汽车用发动机制造					
改装汽车制造					
低速汽车制造					
电车制造					
汽车车身、挂车制造					
汽车零部件及配件制造					
铁路、船舶、航空航天和其他运输设备制造业					
铁路运输设备制造					
城市轨道交通设备制造					
船舶及相关装置制造					
航空、航天器及设备制造					
摩托车制造					
自行车和残疾人座车制造					
助动车制造					
非公路休闲车及零配件制造					
潜水救捞及其他未列明运输设备制造					
电气机械和器材制造业	16	1	6	22	2
电机制造					
输配电及控制设备制造					
电线、电缆、光缆及电工器材制造					

1-H-6 续表 4

行　　业	专　利申请数(件)	#发明专利	有　效发　明专利数(件)	拥　有注　册商标数(件)	形成国家或行业标准数(项)
电池制造					
家用电力器具制造					
非电力家用器具制造					
照明器具制造	16	1	6	22	2
其他电气机械及器材制造					
计算机、通信和其他电子设备制造业					
计算机制造					
通信设备制造					
广播电视设备制造					
雷达及配套设备制造					
非专业视听设备制造					
智能消费设备制造					
电子器件制造					
电子元件及电子专用材料制造					
其他电子设备制造					
仪器仪表制造业					
通用仪器仪表制造					
专用仪器仪表制造					
钟表与计时仪器制造					
光学仪器制造					
衡器制造					
其他仪器仪表制造业					
其他制造业					
日用杂品制造					
核辐射加工					
其他未列明制造业					
废弃资源综合利用业					
金属废料和碎屑加工处理					
非金属废料和碎屑加工处理					
金属制品、机械和设备修理业					
金属制品修理					
通用设备修理					
专用设备修理					
铁路、船舶、航空航天等运输设备修理					
电气设备修理					
仪器仪表修理					
其他机械和设备修理业					
电力、热力、燃气及水生产和供应业	**6**	**2**	**2**		
电力、热力生产和供应业	6	2	2		
电力生产	6	2	2		
电力供应					
热力生产和供应					
燃气生产和供应业					
燃气生产和供应业					
生物质燃气生产和供应业					
水的生产和供应业					
自来水生产和供应					
污水处理及其再生利用					
海水淡化处理					
其他水的处理、利用与分配					

1-H-7　分行业外商投资企业自主知识产权及相关情况

行　业	专　利申请数(件)	#发明专利	有　效发明专利数(件)	拥　有注　册商标数(件)	形成国家或行业标准数(项)
总　计	**62**	**21**	**120**	**246**	**1**
采矿业	**10**	**4**	**16**		
煤炭开采和洗选业					
烟煤和无烟煤开采洗选					
褐煤开采洗选					
其他煤炭采选					
石油和天然气开采业	10	4	16		
石油开采					
天然气开采	10	4	16		
黑色金属矿采选业					
铁矿采选					
锰矿、铬矿采选					
其他黑色金属矿采选					
有色金属矿采选业					
常用有色金属矿采选					
贵金属矿采选					
稀有稀土金属矿采选					
非金属矿采选业					
土砂石开采					
化学矿开采					
采盐					
石棉及其他非金属矿采选					
开采专业及辅助性活动					
煤炭开采和洗选专业及辅助性活动					
石油和天然气开采专业及辅助性活动					
其他开采专业及辅助性活动					
其他采矿业					
其他采矿业					
制造业	**52**	**17**	**102**	**246**	**1**
农副食品加工业					
谷物磨制					
饲料加工					
植物油加工					
制糖业					
屠宰及肉类加工					
水产品加工					
蔬菜、菌类、水果和坚果加工					
其他农副食品加工					
食品制造业					
焙烤食品制造					
糖果、巧克力及蜜饯制造					
方便食品制造					
乳制品制造					
罐头食品制造					
调味品、发酵制品制造					
其他食品制造					
酒、饮料和精制茶制造业					
酒的制造					
饮料制造					
精制茶加工					

1-H-7 续表 1

行 业	专利申请数(件)	#发明专利	有效发明专利数(件)	拥有注册商标数(件)	形成国家或行业标准数(项)
烟草制品业					
烟叶复烤					
卷烟制造					
其他烟草制品制造					
纺织业					
棉纺织及印染精加工					
毛纺织及染整精加工					
麻纺织及染整精加工					
丝绢纺织及印染精加工					
化纤织造及印染精加工					
针织或钩针编织物及其制品制造					
家用纺织制成品制造					
产业用纺织制成品制造					
纺织服装、服饰业					
机织服装制造					
针织或钩针编织服装制造					
服饰制造					
皮革、毛皮、羽毛及其制品和制鞋业					
皮革鞣制加工					
皮革制品制造					
毛皮鞣制及制品加工					
羽毛(绒)加工及制品制造					
制鞋业					
木材加工和木、竹、藤、棕、草制品业					
木材加工					
人造板制造					
木质制品制造					
竹、藤、棕、草等制品制造					
家具制造业					
木质家具制造					
竹、藤家具制造					
金属家具制造					
塑料家具制造					
其他家具制造					
造纸和纸制品业					
纸浆制造					
造纸					
纸制品制造					
印刷和记录媒介复制业					
印刷					
装订及印刷相关服务					
记录媒介复制					
文教、工美、体育和娱乐用品制造业					
文教办公用品制造					
乐器制造					
工艺美术及礼仪用品制造					
体育用品制造					
玩具制造					
游艺器材及娱乐用品制造					
石油、煤炭及其他燃料加工业					

1-H-7　续表 2

行　　业	专　利 申请数 (件)		有　效 发　明 专利数 (件)	拥　有 注　册 商标数 (件)	形成国家 或行业 标准数 (项)
		#发明专利			
精炼石油产品制造					
煤炭加工					
核燃料加工					
生物质燃料加工					
化学原料和化学制品制造业	2	2	47		
基础化学原料制造					
肥料制造			1		
农药制造					
涂料、油墨、颜料及类似产品制造					
合成材料制造	2	2	46		
专用化学产品制造					
炸药、火工及焰火产品制造					
日用化学产品制造					
医药制造业			2		
化学药品原料药制造					
化学药品制剂制造					
中药饮片加工					
中成药生产					
兽用药品制造					
生物药品制品制造					
卫生材料及医药用品制造					
药用辅料及包装材料制造			2		
化学纤维制造业					
纤维素纤维原料及纤维制造					
合成纤维制造					
生物基材料制造					
橡胶和塑料制品业					
橡胶制品业					
塑料制品业					
非金属矿物制品业					
水泥、石灰和石膏制造					
石膏、水泥制品及类似制品制造					
砖瓦、石材等建筑材料制造					
玻璃制造					
玻璃制品制造					
玻璃纤维和玻璃纤维增强塑料制品制造					
陶瓷制品制造					
耐火材料制品制造					
石墨及其他非金属矿物制品制造					
黑色金属冶炼和压延加工业					
炼铁					
炼钢					
钢压延加工					
铁合金冶炼					
有色金属冶炼和压延加工业					
常用有色金属冶炼					
贵金属冶炼					
稀有稀土金属冶炼					
有色金属合金制造					
有色金属压延加工					
金属制品业	8	2	5	1	

1-H-7 续表 3

行业	专利申请数（件）	#发明专利	有效发明专利数（件）	拥有注册商标数（件）	形成国家或行业标准数（项）
结构性金属制品制造					
金属工具制造					
集装箱及金属包装容器制造					
金属丝绳及其制品制造					
建筑、安全用金属制品制造					
金属表面处理及热处理加工					
搪瓷制品制造					
金属制日用品制造					
铸造及其他金属制品制造	8	2	5	1	
通用设备制造业					
锅炉及原动设备制造					
金属加工机械制造					
物料搬运设备制造					
泵、阀门、压缩机及类似机械制造					
轴承、齿轮和传动部件制造					
烘炉、风机、包装等设备制造					
文化、办公用机械制造					
通用零部件制造					
其他通用设备制造业					
专用设备制造业	14		4		
采矿、冶金、建筑专用设备制造	14		4		
化工、木材、非金属加工专用设备制造					
食品、饮料、烟草及饲料生产专用设备制造					
印刷、制药、日化及日用品生产专用设备制造					
纺织、服装和皮革加工专用设备制造					
电子和电工机械专用设备制造					
农、林、牧、渔专用机械制造					
医疗仪器设备及器械制造					
环保、邮政、社会公共服务及其他专用设备制造					
汽车制造业	8	3	6		
汽车整车制造					
汽车用发动机制造					
改装汽车制造					
低速汽车制造					
电车制造					
汽车车身、挂车制造					
汽车零部件及配件制造	8	3	6		
铁路、船舶、航空航天和其他运输设备制造业	5	5	17		
铁路运输设备制造	5	5	17		
城市轨道交通设备制造					
船舶及相关装置制造					
航空、航天器及设备制造					
摩托车制造					
自行车和残疾人座车制造					
助动车制造					
非公路休闲车及零配件制造					
潜水救捞及其他未列明运输设备制造					
电气机械和器材制造业	14	5	8		1
电机制造					
输配电及控制设备制造	14	5	8		1
电线、电缆、光缆及电工器材制造					

1-H-7　续表 4

行　　业	专　利 申请数 (件)	#发明专利	有　效 发　明 专利数 (件)	拥　有 注　册 商标数 (件)	形成国家 或行业 标准数 (项)
电池制造					
家用电力器具制造					
非电力家用器具制造					
照明器具制造					
其他电气机械及器材制造					
计算机、通信和其他电子设备制造业	1		6		
计算机制造					
通信设备制造	1		6		
广播电视设备制造					
雷达及配套设备制造					
非专业视听设备制造					
智能消费设备制造					
电子器件制造					
电子元件及电子专用材料制造					
其他电子设备制造					
仪器仪表制造业			7	245	
通用仪器仪表制造			7	245	
专用仪器仪表制造					
钟表与计时仪器制造					
光学仪器制造					
衡器制造					
其他仪器仪表制造业					
其他制造业					
日用杂品制造					
核辐射加工					
其他未列明制造业					
废弃资源综合利用业					
金属废料和碎屑加工处理					
非金属废料和碎屑加工处理					
金属制品、机械和设备修理业					
金属制品修理					
通用设备修理					
专用设备修理					
铁路、船舶、航空航天等运输设备修理					
电气设备修理					
仪器仪表修理					
其他机械和设备修理业					
电力、热力、燃气及水生产和供应业			**2**		
电力、热力生产和供应业			2		
电力生产			2		
电力供应					
热力生产和供应					
燃气生产和供应业					
燃气生产和供应业					
生物质燃气生产和供应业					
水的生产和供应业					
自来水生产和供应					
污水处理及其再生利用					
海水淡化处理					
其他水的处理、利用与分配					

1-H-8 各地区企业自主知识产权及相关情况

地　区	专　利申请数(件)	#发明专利	有效发明专利数(件)	拥有注册商标数(件)	形成国家或行业标准数(项)
全　省	**5423**	**2416**	**7917**	**3892**	**288**
太原市	1924	998	3879	675	96
大同市	782	443	555	183	17
阳泉市	216	64	99	125	17
长治市	482	193	631	354	80
晋城市	367	90	483	202	4
朔州市	48	18	83	20	
晋中市	460	159	566	309	24
运城市	663	292	973	894	34
忻州市	64	20	217	31	1
临汾市	275	85	295	150	11
吕梁市	142	54	136	949	4

1-H-9 各地区大中型企业自主知识产权及相关情况

地　区	专　利申请数(件)	#发明专利	有效发明专利数(件)	拥有注册商标数(件)	形成国家或行业标准数(项)
全　省	**4251**	**1934**	**5914**	**2959**	**232**
太原市	1594	871	3261	233	72
大同市	731	412	460	170	16
阳泉市	196	54	80	111	17
长治市	428	181	516	302	79
晋城市	300	82	411	111	2
朔州市	24	10	31	17	
晋中市	203	69	206	200	6
运城市	452	165	573	846	31
忻州市	17	5	100	9	1
临汾市	202	53	191	25	6
吕梁市	104	32	85	935	2

1-H-10　各地区内资企业自主知识产权及相关情况

地　　区	专　利申请数(件)	#发明专利	有效发明专利数(件)	拥有注册商标数(件)	形成国家或行业标准数(项)
全　省	**5331**	**2388**	**7778**	**3588**	**285**
太原市	1918	993	3849	430	96
大同市	780	441	508	183	17
阳泉市	216	64	99	125	17
长治市	482	193	631	354	80
晋城市	343	86	462	202	4
朔州市	42	16	79	20	
晋中市	452	156	551	273	24
运城市	655	290	970	894	34
忻州市	64	20	214	30	1
临汾市	251	80	287	128	9
吕梁市	128	49	128	949	3

1-H-11　各地区港澳台商投资企业自主知识产权及相关情况

地　　区	专　利申请数(件)	#发明专利	有效发明专利数(件)	拥有注册商标数(件)	形成国家或行业标准数(项)
全　省	**30**	**7**	**19**	**58**	**2**
太原市					
大同市					
阳泉市					
长治市					
晋城市					
朔州市	6	2	2		
晋中市			9	36	
运城市					
忻州市					
临汾市	24	5	8	22	2
吕梁市					

1-H-12 各地区外商投资企业自主知识产权及相关情况

地　区	专　利申请数(件)	#发明专利	有效发明专利数(件)	拥有注册商标数(件)	形成国家或行业标准数(项)
全　省	**62**	**21**	**120**	**246**	**1**
太原市	6	5	30	245	
大同市	2	2	47		
阳泉市					
长治市					
晋城市	24	4	21		
朔州市			2		
晋中市	8	3	6		
运城市	8	2	3		
忻州市			3	1	
临汾市					
吕梁市	14	5	8		1

Ⅰ. 企业政府相关政策落实情况

1-Ⅰ-1　分登记注册类型企业政府相关政策落实情况

单位：万元

登记注册类型	来自政府部门的研究开发经费	研究开发费用加计扣除减免税	高新技术企业减免税
总　计	**71688.4**	**81526.7**	**101201.7**
内资企业	**69082.8**	**80917.8**	**99219.7**
国有企业	1209.7	309.8	323.1
集体企业			
股份合作企业		11.4	
联营企业			
国有联营企业			
集体联营企业			
国有与集体联营企业			
其他联营企业			
有限责任公司	63066.0	55322.5	64571.3
国有独资公司	23503.7	35593.6	45026.8
其他有限责任公司	39562.3	19728.9	19544.5
股份有限公司	813.6	9752.4	26090.9
私营企业	3993.5	15521.7	8234.4
私营独资企业	10.0		
私营合伙企业			
私营有限责任公司	2977.9	9490.8	3911.9
私营股份有限公司	1005.6	6030.9	4322.5
其他企业			
港、澳、台商投资企业	**2381.1**	**499.3**	**1457.5**
合资经营企业	2381.1	399.1	22.4
合作经营企业			
港、澳、台商独资经营企业		100.2	1435.1
港、澳、台商投资股份有限公司			
其他港、澳、台投资企业			
外商投资企业	**224.5**	**109.6**	**524.5**
中外合资经营企业	223.6	109.6	315.5
中外合作经营企业			
外资企业	0.9		209.0
外商投资股份有限公司			
其他外商投资企业			

1-I-2 分登记注册类型大中型企业政府相关政策落实情况

单位：万元

登记注册类型	来自政府部门的研究开发经费	研究开发费用加计扣除减免税	高新技术企业减免税
总 计	**65573.8**	**68932.2**	**94999.3**
内资企业	**63748.7**	**68832.0**	**93564.2**
国有企业	1209.7	233.2	
集体企业			
股份合作企业			
联营企业			
国有联营企业			
集体联营企业			
国有与集体联营企业			
其他联营企业			
有限责任公司	61427.7	50557.7	63234.8
国有独资公司	23243.3	35437.0	45026.8
其他有限责任公司	38184.4	15120.7	18208.0
股份有限公司	504.1	9118.3	25551.8
私营企业	607.2	8922.8	4777.6
私营独资企业			
私营合伙企业			
私营有限责任公司	302.2	4374.4	1410.6
私营股份有限公司	305.0	4548.4	3367.0
其他企业			
港、澳、台商投资企业	**1785.1**	**100.2**	**1435.1**
合资经营企业	1785.1		
合作经营企业			
港、澳、台商独资经营企业		100.2	1435.1
港、澳、台商投资股份有限公司			
其他港、澳、台投资企业			
外商投资企业	**40.0**		
中外合资经营企业	40.0		
中外合作经营企业			
外资企业			
外商投资股份有限公司			
其他外商投资企业			

1-I-3　分行业企业政府相关政策落实情况

单位：万元

行　业	来自政府部门的研究开发经费	研究开发费用加计扣除减免税	高新技术企业减免税
总　计	**71688.4**	**81526.7**	**101201.7**
采矿业	**1121.0**	**16370.4**	**19563.8**
煤炭开采和洗选业	1121.0	16333.4	19064.9
烟煤和无烟煤开采洗选	1121.0	16333.4	19064.9
褐煤开采洗选			
其他煤炭采选			
石油和天然气开采业		37.0	498.9
石油开采			
天然气开采		37.0	498.9
黑色金属矿采选业			
铁矿采选			
锰矿、铬矿采选			
其他黑色金属矿采选			
有色金属矿采选业			
常用有色金属矿采选			
贵金属矿采选			
稀有稀土金属矿采选			
非金属矿采选业			
土砂石开采			
化学矿开采			
采盐			
石棉及其他非金属矿采选			
开采专业及辅助性活动			
煤炭开采和洗选专业及辅助性活动			
石油和天然气开采专业及辅助性活动			
其他开采专业及辅助性活动			
其他采矿业			
其他采矿业			
制造业	**69907.6**	**64821.8**	**81637.9**
农副食品加工业	425.0		17.5
谷物磨制			
饲料加工			17.5
植物油加工			
制糖业			
屠宰及肉类加工			
水产品加工			
蔬菜、菌类、水果和坚果加工	375.0		
其他农副食品加工	50.0		
食品制造业	85.0	1076.4	1174.7
焙烤食品制造		205.0	
糖果、巧克力及蜜饯制造			
方便食品制造	5.0		
乳制品制造			
罐头食品制造			
调味品、发酵制品制造	80.0	540.1	838.4
其他食品制造		331.3	336.3
酒、饮料和精制茶制造业			
酒的制造			
饮料制造			
精制茶加工			

1-I-3 续表 1

单位：万元

行业	来自政府部门的研究开发经费	研究开发费用加计扣除减免税	高新技术企业减免税
烟草制品业			
烟叶复烤			
卷烟制造			
其他烟草制品制造			
纺织业			
棉纺织及印染精加工			
毛纺织及染整精加工			
麻纺织及染整精加工			
丝绢纺织及印染精加工			
化纤织造及印染精加工			
针织或钩针编织物及其制品制造			
家用纺织制成品制造			
产业用纺织制成品制造			
纺织服装、服饰业			
机织服装制造			
针织或钩针编织服装制造			
服饰制造			
皮革、毛皮、羽毛及其制品和制鞋业			
皮革鞣制加工			
皮革制品制造			
毛皮鞣制及制品加工			
羽毛(绒)加工及制品制造			
制鞋业			
木材加工和木、竹、藤、棕、草制品业	100.0		
木材加工			
人造板制造			
木质制品制造	100.0		
竹、藤、棕、草等制品制造			
家具制造业			
木质家具制造			
竹、藤家具制造			
金属家具制造			
塑料家具制造			
其他家具制造			
造纸和纸制品业			
纸浆制造			
造纸			
纸制品制造			
印刷和记录媒介复制业			
印刷			
装订及印刷相关服务			
记录媒介复制			
文教、工美、体育和娱乐用品制造业		65.0	103.7
文教办公用品制造			
乐器制造			
工艺美术及礼仪用品制造			
体育用品制造		65.0	103.7
玩具制造			
游艺器材及娱乐用品制造			
石油、煤炭及其他燃料加工业		3573.8	

1-I-3　续表 2　　　　单位：万元

行　业	来自政府部门的研究开发经费	研究开发费用加计扣除减免税	高新技术企业减免税
精炼石油产品制造			
煤炭加工		3573.8	
核燃料加工			
生物质燃料加工			
化学原料和化学制品制造业	4369.9	3009.6	2291.7
基础化学原料制造	300.0	322.3	256.6
肥料制造	60.0		96.0
农药制造	516.0		32.3
涂料、油墨、颜料及类似产品制造	136.9	189.6	
合成材料制造		188.7	
专用化学产品制造	89.6	579.8	288.2
炸药、火工及焰火产品制造	3256.4	1729.2	1618.6
日用化学产品制造	11.0		
医药制造业	1550.7	2784.6	6516.2
化学药品原料药制造	106.9	1547.9	1159.1
化学药品制剂制造	603.7	1001.1	3637.4
中药饮片加工			
中成药生产	608.5	100.3	218.2
兽用药品制造		26.8	67.9
生物药品制品制造	191.6		
卫生材料及医药用品制造	40.0	108.5	1224.6
药用辅料及包装材料制造			209.0
化学纤维制造业			
纤维素纤维原料及纤维制造			
合成纤维制造			
生物基材料制造			
橡胶和塑料制品业	176.8	106.4	145.8
橡胶制品业	20.0	43.9	145.8
塑料制品业	156.8	62.5	
非金属矿物制品业	762.0	505.0	5717.1
水泥、石灰和石膏制造		7.3	4065.8
石膏、水泥制品及类似制品制造	30.0		6.4
砖瓦、石材等建筑材料制造			
玻璃制造			
玻璃制品制造			
玻璃纤维和玻璃纤维增强塑料制品制造			
陶瓷制品制造			
耐火材料制品制造	51.0		
石墨及其他非金属矿物制品制造	681.0	497.7	1644.9
黑色金属冶炼和压延加工业	2343.8	28661.6	40830.6
炼铁			
炼钢			
钢压延加工	2223.8	28661.6	40746.4
铁合金冶炼	120.0		84.2
有色金属冶炼和压延加工业	30.7	1653.7	164.9
常用有色金属冶炼	20.0		161.6
贵金属冶炼			
稀有稀土金属冶炼			
有色金属合金制造			3.3
有色金属压延加工	10.7	1653.7	
金属制品业	10482.5	5444.5	10504.9

1-I-3 续表 3 单位：万元

行　业	来自政府部门的研究开发经费	研究开发费用加计扣除减免税	高新技术企业减免税
结构性金属制品制造		11.4	196.6
金属工具制造			
集装箱及金属包装容器制造	56.3	2890.6	
金属丝绳及其制品制造		79.7	
建筑、安全用金属制品制造	80.0	646.8	12.2
金属表面处理及热处理加工		29.2	22.4
搪瓷制品制造			
金属制日用品制造			
铸造及其他金属制品制造	10346.2	1786.8	10273.7
通用设备制造业	2775.4	723.2	432.6
锅炉及原动设备制造	2170.8	208.7	267.6
金属加工机械制造	270.2		6.5
物料搬运设备制造	50.0		
泵、阀门、压缩机及类似机械制造	217.4	394.4	94.2
轴承、齿轮和传动部件制造			
烘炉、风机、包装等设备制造	20.0	104.1	25.5
文化、办公用机械制造	7.0		
通用零部件制造	40.0	16.0	38.8
其他通用设备制造业			
专用设备制造业	5341.2	4784.7	1820.4
采矿、冶金、建筑专用设备制造	5110.0	3446.2	1440.4
化工、木材、非金属加工专用设备制造			49.4
食品、饮料、烟草及饲料生产专用设备制造			
印刷、制药、日化及日用品生产专用设备制造			22.0
纺织、服装和皮革加工专用设备制造	48.8	798.3	
电子和电工机械专用设备制造	40.0	326.0	170.0
农、林、牧、渔专用机械制造	39.4		
医疗仪器设备及器械制造			
环保、邮政、社会公共服务及其他专用设备制造	103.0	214.2	138.6
汽车制造业	27176.0	5949.9	6414.2
汽车整车制造	260.0	405.0	
汽车用发动机制造		27.3	28.5
改装汽车制造	45.0	960.1	4477.7
低速汽车制造			
电车制造	20.0		
汽车车身、挂车制造			
汽车零部件及配件制造	26851.0	4557.5	1908.0
铁路、船舶、航空航天和其他运输设备制造业	6641.0	1748.7	959.8
铁路运输设备制造	1582.0	848.7	227.1
城市轨道交通设备制造			
船舶及相关装置制造			
航空、航天器及设备制造	5059.0	900.0	732.7
摩托车制造			
自行车和残疾人座车制造			
助动车制造			
非公路休闲车及零配件制造			
潜水救捞及其他未列明运输设备制造			
电气机械和器材制造业	2210.7	3187.3	3018.4
电机制造	1596.6	2416.5	1657.4
输配电及控制设备制造	424.1	136.0	95.4
电线、电缆、光缆及电工器材制造	24.0	40.4	

1-I-3　续表 4　　　　　　　　　　　　　　　　　　　　单位：万元

行　　业	来自政府部门的研究开发经费	研究开发费用加计扣除减免税	高新技术企业减免税
电池制造			
家用电力器具制造			
非电力家用器具制造			108.1
照明器具制造	8.0	251.0	
其他电气机械及器材制造	158.0	343.4	1157.5
计算机、通信和其他电子设备制造业	2984.1	287.1	53.2
计算机制造			
通信设备制造	1785.1		
广播电视设备制造			
雷达及配套设备制造			
非专业视听设备制造			
智能消费设备制造			
电子器件制造			
电子元件及电子专用材料制造	1199.0	281.5	51.9
其他电子设备制造		5.6	1.3
仪器仪表制造业	523.9	682.2	1370.1
通用仪器仪表制造	392.7	292.2	158.8
专用仪器仪表制造	3.2	257.4	886.8
钟表与计时仪器制造			
光学仪器制造			
衡器制造	128.0	56.0	1.4
其他仪器仪表制造业		76.6	323.1
其他制造业	1928.9	423.8	
日用杂品制造			
核辐射加工			
其他未列明制造业	1928.9	423.8	
废弃资源综合利用业			
金属废料和碎屑加工处理			
非金属废料和碎屑加工处理			
金属制品、机械和设备修理业		154.3	102.1
金属制品修理			
通用设备修理			
专用设备修理			
铁路、船舶、航空航天等运输设备修理			
电气设备修理		154.3	102.1
仪器仪表修理			
其他机械和设备修理业			
电力、热力、燃气及水生产和供应业	**659.8**	**334.5**	
电力、热力生产和供应业	659.8	334.5	
电力生产	659.8	334.5	
电力供应			
热力生产和供应			
燃气生产和供应业			
燃气生产和供应业			
生物质燃气生产和供应业			
水的生产和供应业			
自来水生产和供应			
污水处理及其再生利用			
海水淡化处理			
其他水的处理、利用与分配			

1-I-4 分行业大中型企业政府相关政策落实情况

单位：万元

行业	来自政府部门的研究开发经费	研究开发费用加计扣除减免税	高新技术企业减免税
总 计	**65573.8**	**68932.2**	**94999.3**
采矿业	**1121.0**	**16333.4**	**19064.9**
煤炭开采和洗选业	1121.0	16333.4	19064.9
烟煤和无烟煤开采洗选	1121.0	16333.4	19064.9
褐煤开采洗选			
其他煤炭采选			
石油和天然气开采业			
石油开采			
天然气开采			
黑色金属矿采选业			
铁矿采选			
锰矿、铬矿采选			
其他黑色金属矿采选			
有色金属矿采选业			
常用有色金属矿采选			
贵金属矿采选			
稀有稀土金属矿采选			
非金属矿采选业			
土砂石开采			
化学矿开采			
采盐			
石棉及其他非金属矿采选			
开采专业及辅助性活动			
煤炭开采和洗选专业及辅助性活动			
石油和天然气开采专业及辅助性活动			
其他开采专业及辅助性活动			
其他采矿业			
其他采矿业			
制造业	**64452.8**	**52598.8**	**75934.4**
农副食品加工业			
谷物磨制			
饲料加工			
植物油加工			
制糖业			
屠宰及肉类加工			
水产品加工			
蔬菜、菌类、水果和坚果加工			
其他农副食品加工			
食品制造业	80.0	502.4	838.4
焙烤食品制造		205.0	
糖果、巧克力及蜜饯制造			
方便食品制造			
乳制品制造			
罐头食品制造			
调味品、发酵制品制造	80.0	297.4	838.4
其他食品制造			
酒、饮料和精制茶制造业			
酒的制造			
饮料制造			
精制茶加工			

1-I-4　续表 1　　　　单位：万元

行　　业	来自政府部门的研究开发经费	研究开发费用加计扣除减免税	高新技术企业减免税
烟草制品业			
烟叶复烤			
卷烟制造			
其他烟草制品制造			
纺织业			
棉纺织及印染精加工			
毛纺织及染整精加工			
麻纺织及染整精加工			
丝绢纺织及印染精加工			
化纤织造及印染精加工			
针织或钩针编织物及其制品制造			
家用纺织制成品制造			
产业用纺织制成品制造			
纺织服装、服饰业			
机织服装制造			
针织或钩针编织服装制造			
服饰制造			
皮革、毛皮、羽毛及其制品和制鞋业			
皮革鞣制加工			
皮革制品制造			
毛皮鞣制及制品加工			
羽毛(绒)加工及制品制造			
制鞋业			
木材加工和木、竹、藤、棕、草制品业	100.0		
木材加工			
人造板制造			
木质制品制造	100.0		
竹、藤、棕、草等制品制造			
家具制造业			
木质家具制造			
竹、藤家具制造			
金属家具制造			
塑料家具制造			
其他家具制造			
造纸和纸制品业			
纸浆制造			
造纸			
纸制品制造			
印刷和记录媒介复制业			
印刷			
装订及印刷相关服务			
记录媒介复制			
文教、工美、体育和娱乐用品制造业		65.0	103.7
文教办公用品制造			
乐器制造			
工艺美术及礼仪用品制造			
体育用品制造		65.0	103.7
玩具制造			
游艺器材及娱乐用品制造			
石油、煤炭及其他燃料加工业		3573.8	

1-I-4 续表 2 单位：万元

行　　业	来自政府部门的研究开发经费	研究开发费用加计扣除减免税	高新技术企业减免税
精炼石油产品制造			
煤炭加工		3573.8	
核燃料加工			
生物质燃料加工			
化学原料和化学制品制造业	3567.4	1938.7	1713.9
基础化学原料制造	300.0	20.8	
肥料制造			95.3
农药制造			
涂料、油墨、颜料及类似产品制造			
合成材料制造		188.7	
专用化学产品制造			
炸药、火工及焰火产品制造	3256.4	1729.2	1618.6
日用化学产品制造	11.0		
医药制造业	741.0	2044.4	5083.1
化学药品原料药制造	15.7	1375.4	906.8
化学药品制剂制造	533.7	669.0	3616.0
中药饮片加工			
中成药生产			
兽用药品制造			
生物药品制品制造	191.6		
卫生材料及医药用品制造			560.3
药用辅料及包装材料制造			
化学纤维制造业			
纤维素纤维原料及纤维制造			
合成纤维制造			
生物基材料制造			
橡胶和塑料制品业	120.0	62.5	
橡胶制品业			
塑料制品业	120.0	62.5	
非金属矿物制品业	525.0	423.1	5372.6
水泥、石灰和石膏制造		7.3	4065.8
石膏、水泥制品及类似制品制造			
砖瓦、石材等建筑材料制造			
玻璃制造			
玻璃制品制造			
玻璃纤维和玻璃纤维增强塑料制品制造			
陶瓷制品制造			
耐火材料制品制造			
石墨及其他非金属矿物制品制造	525.0	415.8	1306.8
黑色金属冶炼和压延加工业	2223.8	28634.6	40746.4
炼铁			
炼钢			
钢压延加工	2223.8	28634.6	40746.4
铁合金冶炼			
有色金属冶炼和压延加工业	30.7	1653.7	161.6
常用有色金属冶炼	20.0		161.6
贵金属冶炼			
稀有稀土金属冶炼			
有色金属合金制造			
有色金属压延加工	10.7	1653.7	
金属制品业	10181.2	1786.5	10191.0

1-I-4　续表 3

单位：万元

行　　业	来自政府部门的研究开发经费	研究开发费用加计扣除减免税	高新技术企业减免税
结构性金属制品制造			
金属工具制造			
集装箱及金属包装容器制造			
金属丝绳及其制品制造			
建筑、安全用金属制品制造			
金属表面处理及热处理加工			
搪瓷制品制造			
金属制日用品制造			
铸造及其他金属制品制造	10181.2	1786.5	10191.0
通用设备制造业	2081.0	226.9	250.2
锅炉及原动设备制造	2081.0	192.5	250.2
金属加工机械制造			
物料搬运设备制造			
泵、阀门、压缩机及类似机械制造		34.4	
轴承、齿轮和传动部件制造			
烘炉、风机、包装等设备制造			
文化、办公用机械制造			
通用零部件制造			
其他通用设备制造业			
专用设备制造业	4159.9	1205.4	645.1
采矿、冶金、建筑专用设备制造	4111.1	257.1	425.7
化工、木材、非金属加工专用设备制造			49.4
食品、饮料、烟草及饲料生产专用设备制造			
印刷、制药、日化及日用品生产专用设备制造			
纺织、服装和皮革加工专用设备制造	48.8	798.3	
电子和电工机械专用设备制造		150.0	170.0
农、林、牧、渔专用机械制造			
医疗仪器设备及器械制造			
环保、邮政、社会公共服务及其他专用设备制造			
汽车制造业	27115.9	5493.6	6385.7
汽车整车制造	260.0	405.0	
汽车用发动机制造			
改装汽车制造	25.0	531.1	4477.7
低速汽车制造			
电车制造			
汽车车身、挂车制造			
汽车零部件及配件制造	26830.9	4557.5	1908.0
铁路、船舶、航空航天和其他运输设备制造业	6641.0	1495.2	863.2
铁路运输设备制造	1582.0	595.2	130.5
城市轨道交通设备制造			
船舶及相关装置制造			
航空、航天器及设备制造	5059.0	900.0	732.7
摩托车制造			
自行车和残疾人座车制造			
助动车制造			
非公路休闲车及零配件制造			
潜水救捞及其他未列明运输设备制造			
电气机械和器材制造业	1972.9	2759.9	2814.9
电机制造	1514.9	2416.5	1657.4
输配电及控制设备制造	300.0		
电线、电缆、光缆及电工器材制造			

1-I-4 续表 4

单位：万元

行业	来自政府部门的研究开发经费	研究开发费用加计扣除减免税	高新技术企业减免税
电池制造			
家用电力器具制造			
非电力家用器具制造			
照明器具制造			
其他电气机械及器材制造	158.0	343.4	1157.5
计算机、通信和其他电子设备制造业	2984.1		
计算机制造			
通信设备制造	1785.1		
广播电视设备制造			
雷达及配套设备制造			
非专业视听设备制造			
智能消费设备制造			
电子器件制造			
电子元件及电子专用材料制造	1199.0		
其他电子设备制造			
仪器仪表制造业		155.0	662.5
通用仪器仪表制造			
专用仪器仪表制造		155.0	662.5
钟表与计时仪器制造			
光学仪器制造			
衡器制造			
其他仪器仪表制造业			
其他制造业	1928.9	423.8	
日用杂品制造			
核辐射加工			
其他未列明制造业	1928.9	423.8	
废弃资源综合利用业			
金属废料和碎屑加工处理			
非金属废料和碎屑加工处理			
金属制品、机械和设备修理业		154.3	102.1
金属制品修理			
通用设备修理			
专用设备修理			
铁路、船舶、航空航天等运输设备修理			
电气设备修理		154.3	102.1
仪器仪表修理			
其他机械和设备修理业			
电力、热力、燃气及水生产和供应业			
电力、热力生产和供应业			
电力生产			
电力供应			
热力生产和供应			
燃气生产和供应业			
燃气生产和供应业			
生物质燃气生产和供应业			
水的生产和供应业			
自来水生产和供应			
污水处理及其再生利用			
海水淡化处理			
其他水的处理、利用与分配			

1-I-5　分行业内资企业政府相关政策落实情况

单位：万元

行　　业	来自政府部门的研究开发经费	研究开发费用加计扣除减免税	高新技术企业减免税
总　计	**69082.8**	**80917.8**	**99219.7**
采矿业	**1121.0**	**16333.4**	**19354.9**
煤炭开采和洗选业	1121.0	16333.4	19064.9
烟煤和无烟煤开采洗选	1121.0	16333.4	19064.9
褐煤开采洗选			
其他煤炭采选			
石油和天然气开采业			290.0
石油开采			
天然气开采			290.0
黑色金属矿采选业			
铁矿采选			
锰矿、铬矿采选			
其他黑色金属矿采选			
有色金属矿采选业			
常用有色金属矿采选			
贵金属矿采选			
稀有稀土金属矿采选			
非金属矿采选业			
土砂石开采			
化学矿开采			
采盐			
石棉及其他非金属矿采选			
开采专业及辅助性活动			
煤炭开采和洗选专业及辅助性活动			
石油和天然气开采专业及辅助性活动			
其他开采专业及辅助性活动			
其他采矿业			
其他采矿业			
制造业	**67898.0**	**64368.8**	**79864.8**
农副食品加工业	425.0		17.5
谷物磨制			
饲料加工			17.5
植物油加工			
制糖业			
屠宰及肉类加工			
水产品加工			
蔬菜、菌类、水果和坚果加工	375.0		
其他农副食品加工	50.0		
食品制造业	85.0	1076.4	1174.7
焙烤食品制造		205.0	
糖果、巧克力及蜜饯制造			
方便食品制造	5.0		
乳制品制造			
罐头食品制造			
调味品、发酵制品制造	80.0	540.1	838.4
其他食品制造		331.3	336.3
酒、饮料和精制茶制造业			
酒的制造			
饮料制造			
精制茶加工			

1-I-5 续表 1

单位：万元

行业	来自政府部门的研究开发经费	研究开发费用加计扣除减免税	高新技术企业减免税
烟草制品业			
烟叶复烤			
卷烟制造			
其他烟草制品制造			
纺织业			
棉纺织及印染精加工			
毛纺织及染整精加工			
麻纺织及染整精加工			
丝绢纺织及印染精加工			
化纤织造及印染精加工			
针织或钩针编织物及其制品制造			
家用纺织制成品制造			
产业用纺织制成品制造			
纺织服装、服饰业			
机织服装制造			
针织或钩针编织服装制造			
服饰制造			
皮革、毛皮、羽毛及其制品和制鞋业			
皮革鞣制加工			
皮革制品制造			
毛皮鞣制及制品加工			
羽毛(绒)加工及制品制造			
制鞋业			
木材加工和木、竹、藤、棕、草制品业	100.0		
木材加工			
人造板制造			
木质制品制造	100.0		
竹、藤、棕、草等制品制造			
家具制造业			
木质家具制造			
竹、藤家具制造			
金属家具制造			
塑料家具制造			
其他家具制造			
造纸和纸制品业			
纸浆制造			
造纸			
纸制品制造			
印刷和记录媒介复制业			
印刷			
装订及印刷相关服务			
记录媒介复制			
文教、工美、体育和娱乐用品制造业		65.0	103.7
文教办公用品制造			
乐器制造			
工艺美术及礼仪用品制造			
体育用品制造		65.0	103.7
玩具制造			
游艺器材及娱乐用品制造			
石油、煤炭及其他燃料加工业		3573.8	

1-1-5　续表 2　　　　单位：万元

行　业	来自政府部门的研究开发经费	研究开发费用加计扣除减免税	高新技术企业减免税
精炼石油产品制造			
煤炭加工		3573.8	
核燃料加工			
生物质燃料加工			
化学原料和化学制品制造业	4263.0	3009.6	2291.7
基础化学原料制造	300.0	322.3	256.6
肥料制造	60.0		96.0
农药制造	516.0		32.3
涂料、油墨、颜料及类似产品制造	30.0	189.6	
合成材料制造		188.7	
专用化学产品制造	89.6	579.8	288.2
炸药、火工及焰火产品制造	3256.4	1729.2	1618.6
日用化学产品制造	11.0		
医药制造业	1550.7	2684.4	4872.1
化学药品原料药制造	106.9	1547.9	1159.1
化学药品制剂制造	603.7	900.9	2202.3
中药饮片加工			
中成药生产	608.5	100.3	218.2
兽用药品制造		26.8	67.9
生物药品制品制造	191.6		
卫生材料及医药用品制造	40.0	108.5	1224.6
药用辅料及包装材料制造			
化学纤维制造业			
纤维素纤维原料及纤维制造			
合成纤维制造			
生物基材料制造			
橡胶和塑料制品业	176.8	106.4	145.8
橡胶制品业	20.0	43.9	145.8
塑料制品业	156.8	62.5	
非金属矿物制品业	762.0	505.0	5717.1
水泥、石灰和石膏制造		7.3	4065.8
石膏、水泥制品及类似制品制造	30.0		6.4
砖瓦、石材等建筑材料制造			
玻璃制造			
玻璃制品制造			
玻璃纤维和玻璃纤维增强塑料制品制造			
陶瓷制品制造			
耐火材料制品制造	51.0		
石墨及其他非金属矿物制品制造	681.0	497.7	1644.9
黑色金属冶炼和压延加工业	2343.8	28661.6	40830.6
炼铁			
炼钢			
钢压延加工	2223.8	28661.6	40746.4
铁合金冶炼	120.0		84.2
有色金属冶炼和压延加工业	30.7	1653.7	164.9
常用有色金属冶炼	20.0		161.6
贵金属冶炼			
稀有稀土金属冶炼			
有色金属合金制造			3.3
有色金属压延加工	10.7	1653.7	
金属制品业	10482.5	5415.3	10482.5

1-I-5 续表 3

单位：万元

行 业	来自政府部门的研究开发经费	研究开发费用加计扣除减免税	高新技术企业减免税
结构性金属制品制造		11.4	196.6
金属工具制造			
集装箱及金属包装容器制造	56.3	2890.6	
金属丝绳及其制品制造		79.7	
建筑、安全用金属制品制造	80.0	646.8	12.2
金属表面处理及热处理加工			
搪瓷制品制造			
金属制日用品制造			
铸造及其他金属制品制造	10346.2	1786.8	10273.7
通用设备制造业	2775.4	723.2	432.6
锅炉及原动设备制造	2170.8	208.7	267.6
金属加工机械制造	270.2		6.5
物料搬运设备制造	50.0		
泵、阀门、压缩机及类似机械制造	217.4	394.4	94.2
轴承、齿轮和传动部件制造			
烘炉、风机、包装等设备制造	20.0	104.1	25.5
文化、办公用机械制造	7.0		
通用零部件制造	40.0	16.0	38.8
其他通用设备制造业			
专用设备制造业	5271.2	4712.1	1713.8
采矿、冶金、建筑专用设备制造	5040.0	3373.6	1333.8
化工、木材、非金属加工专用设备制造			49.4
食品、饮料、烟草及饲料生产专用设备制造			
印刷、制药、日化及日用品生产专用设备制造			22.0
纺织、服装和皮革加工专用设备制造	48.8	798.3	
电子和电工机械专用设备制造	40.0	326.0	170.0
农、林、牧、渔专用机械制造	39.4		
医疗仪器设备及器械制造			
环保、邮政、社会公共服务及其他专用设备制造	103.0	214.2	138.6
汽车制造业	27168.4	5949.9	6414.2
汽车整车制造	260.0	405.0	
汽车用发动机制造		27.3	28.5
改装汽车制造	45.0	960.1	4477.7
低速汽车制造			
电车制造	20.0		
汽车车身、挂车制造			
汽车零部件及配件制造	26843.4	4557.5	1908.0
铁路、船舶、航空航天和其他运输设备制造业	6641.0	1748.7	959.8
铁路运输设备制造	1582.0	848.7	227.1
城市轨道交通设备制造			
船舶及相关装置制造			
航空、航天器及设备制造	5059.0	900.0	732.7
摩托车制造			
自行车和残疾人座车制造			
助动车制造			
非公路休闲车及零配件制造			
潜水救捞及其他未列明运输设备制造			
电气机械和器材制造业	2170.7	2936.3	3018.4
电机制造	1596.6	2416.5	1657.4
输配电及控制设备制造	384.1	136.0	95.4
电线、电缆、光缆及电工器材制造	24.0	40.4	

1-I-5　续表 4　　　　单位：万元

行　　业	来自政府部门的研究开发经费	研究开发费用加计扣除减免税	高新技术企业减免税
电池制造			
家用电力器具制造			
非电力家用器具制造			108.1
照明器具制造	8.0		
其他电气机械及器材制造	158.0	343.4	1157.5
计算机、通信和其他电子设备制造业	1199.0	287.1	53.2
计算机制造			
通信设备制造			
广播电视设备制造			
雷达及配套设备制造			
非专业视听设备制造			
智能消费设备制造			
电子器件制造			
电子元件及电子专用材料制造	1199.0	281.5	51.9
其他电子设备制造		5.6	1.3
仪器仪表制造业	523.9	682.2	1370.1
通用仪器仪表制造	392.7	292.2	158.8
专用仪器仪表制造	3.2	257.4	886.8
钟表与计时仪器制造			
光学仪器制造			
衡器制造	128.0	56.0	1.4
其他仪器仪表制造业		76.6	323.1
其他制造业	1928.9	423.8	
日用杂品制造			
核辐射加工			
其他未列明制造业	1928.9	423.8	
废弃资源综合利用业			
金属废料和碎屑加工处理			
非金属废料和碎屑加工处理			
金属制品、机械和设备修理业		154.3	102.1
金属制品修理			
通用设备修理			
专用设备修理			
铁路、船舶、航空航天等运输设备修理			
电气设备修理		154.3	102.1
仪器仪表修理			
其他机械和设备修理业			
电力、热力、燃气及水生产和供应业	**63.8**	**215.6**	
电力、热力生产和供应业	63.8	215.6	
电力生产	63.8	215.6	
电力供应			
热力生产和供应			
燃气生产和供应业			
燃气生产和供应业			
生物质燃气生产和供应业			
水的生产和供应业			
自来水生产和供应			
污水处理及其再生利用			
海水淡化处理			
其他水的处理、利用与分配			

1-I-6　分行业港澳台商投资企业政府相关政策落实情况

单位：万元

行　　业	来自政府部门的研究开发经费	研究开发费用加计扣除减免税	高新技术企业减免税
总　计	**2381.1**	**499.3**	**1457.5**
采矿业			
煤炭开采和洗选业			
烟煤和无烟煤开采洗选			
褐煤开采洗选			
其他煤炭采选			
石油和天然气开采业			
石油开采			
天然气开采			
黑色金属矿采选业			
铁矿采选			
锰矿、铬矿采选			
其他黑色金属矿采选			
有色金属矿采选业			
常用有色金属矿采选			
贵金属矿采选			
稀有稀土金属矿采选			
非金属矿采选业			
土砂石开采			
化学矿开采			
采盐			
石棉及其他非金属矿采选			
开采专业及辅助性活动			
煤炭开采和洗选专业及辅助性活动			
石油和天然气开采专业及辅助性活动			
其他开采专业及辅助性活动			
其他采矿业			
其他采矿业			
制造业	**1785.1**	**380.4**	**1457.5**
农副食品加工业			
谷物磨制			
饲料加工			
植物油加工			
制糖业			
屠宰及肉类加工			
水产品加工			
蔬菜、菌类、水果和坚果加工			
其他农副食品加工			
食品制造业			
焙烤食品制造			
糖果、巧克力及蜜饯制造			
方便食品制造			
乳制品制造			
罐头食品制造			
调味品、发酵制品制造			
其他食品制造			
酒、饮料和精制茶制造业			
酒的制造			
饮料制造			
精制茶加工			

1-I-6　续表 1　　单位：万元

行　　业	来自政府部门的研究开发经费	研究开发费用加计扣除减免税	高新技术企业减免税
烟草制品业			
烟叶复烤			
卷烟制造			
其他烟草制品制造			
纺织业			
棉纺织及印染精加工			
毛纺织及染整精加工			
麻纺织及染整精加工			
丝绢纺织及印染精加工			
化纤织造及印染精加工			
针织或钩针编织物及其制品制造			
家用纺织制成品制造			
产业用纺织制成品制造			
纺织服装、服饰业			
机织服装制造			
针织或钩针编织服装制造			
服饰制造			
皮革、毛皮、羽毛及其制品和制鞋业			
皮革鞣制加工			
皮革制品制造			
毛皮鞣制及制品加工			
羽毛(绒)加工及制品制造			
制鞋业			
木材加工和木、竹、藤、棕、草制品业			
木材加工			
人造板制造			
木质制品制造			
竹、藤、棕、草等制品制造			
家具制造业			
木质家具制造			
竹、藤家具制造			
金属家具制造			
塑料家具制造			
其他家具制造			
造纸和纸制品业			
纸浆制造			
造纸			
纸制品制造			
印刷和记录媒介复制业			
印刷			
装订及印刷相关服务			
记录媒介复制			
文教、工美、体育和娱乐用品制造业			
文教办公用品制造			
乐器制造			
工艺美术及礼仪用品制造			
体育用品制造			
玩具制造			
游艺器材及娱乐用品制造			
石油、煤炭及其他燃料加工业			

1-I-6 续表 2 单位：万元

行　　业	来自政府部门的研究开发经费	研究开发费用加计扣除减免税	高新技术企业减免税
精炼石油产品制造			
煤炭加工			
核燃料加工			
生物质燃料加工			
化学原料和化学制品制造业			
基础化学原料制造			
肥料制造			
农药制造			
涂料、油墨、颜料及类似产品制造			
合成材料制造			
专用化学产品制造			
炸药、火工及焰火产品制造			
日用化学产品制造			
医药制造业		100.2	1435.1
化学药品原料药制造			
化学药品制剂制造		100.2	1435.1
中药饮片加工			
中成药生产			
兽用药品制造			
生物药品制品制造			
卫生材料及医药用品制造			
药用辅料及包装材料制造			
化学纤维制造业			
纤维素纤维原料及纤维制造			
合成纤维制造			
生物基材料制造			
橡胶和塑料制品业			
橡胶制品业			
塑料制品业			
非金属矿物制品业			
水泥、石灰和石膏制造			
石膏、水泥制品及类似制品制造			
砖瓦、石材等建筑材料制造			
玻璃制造			
玻璃制品制造			
玻璃纤维和玻璃纤维增强塑料制品制造			
陶瓷制品制造			
耐火材料制品制造			
石墨及其他非金属矿物制品制造			
黑色金属冶炼和压延加工业			
炼铁			
炼钢			
钢压延加工			
铁合金冶炼			
有色金属冶炼和压延加工业			
常用有色金属冶炼			
贵金属冶炼			
稀有稀土金属冶炼			
有色金属合金制造			
有色金属压延加工			
金属制品业		29.2	22.4

1-I-6　续表 3　　　　单位：万元

行　　业	来自政府部门的研究开发经费	研究开发费用加计扣除减免税	高新技术企业减免税
结构性金属制品制造			
金属工具制造			
集装箱及金属包装容器制造			
金属丝绳及其制品制造			
建筑、安全用金属制品制造			
金属表面处理及热处理加工		29.2	22.4
搪瓷制品制造			
金属制日用品制造			
铸造及其他金属制品制造			
通用设备制造业			
锅炉及原动设备制造			
金属加工机械制造			
物料搬运设备制造			
泵、阀门、压缩机及类似机械制造			
轴承、齿轮和传动部件制造			
烘炉、风机、包装等设备制造			
文化、办公用机械制造			
通用零部件制造			
其他通用设备制造业			
专用设备制造业			
采矿、冶金、建筑专用设备制造			
化工、木材、非金属加工专用设备制造			
食品、饮料、烟草及饲料生产专用设备制造			
印刷、制药、日化及日用品生产专用设备制造			
纺织、服装和皮革加工专用设备制造			
电子和电工机械专用设备制造			
农、林、牧、渔专用机械制造			
医疗仪器设备及器械制造			
环保、邮政、社会公共服务及其他专用设备制造			
汽车制造业			
汽车整车制造			
汽车用发动机制造			
改装汽车制造			
低速汽车制造			
电车制造			
汽车车身、挂车制造			
汽车零部件及配件制造			
铁路、船舶、航空航天和其他运输设备制造业			
铁路运输设备制造			
城市轨道交通设备制造			
船舶及相关装置制造			
航空、航天器及设备制造			
摩托车制造			
自行车和残疾人座车制造			
助动车制造			
非公路休闲车及零配件制造			
潜水救捞及其他未列明运输设备制造			
电气机械和器材制造业		251.0	
电机制造			
输配电及控制设备制造			
电线、电缆、光缆及电工器材制造			

1-I-6 续表 4 单位：万元

行业	来自政府部门的研究开发经费	研究开发费用加计扣除减免税	高新技术企业减免税
电池制造			
家用电力器具制造			
非电力家用器具制造			
照明器具制造		251.0	
其他电气机械及器材制造			
计算机、通信和其他电子设备制造业	1785.1		
计算机制造			
通信设备制造	1785.1		
广播电视设备制造			
雷达及配套设备制造			
非专业视听设备制造			
智能消费设备制造			
电子器件制造			
电子元件及电子专用材料制造			
其他电子设备制造			
仪器仪表制造业			
通用仪器仪表制造			
专用仪器仪表制造			
钟表与计时仪器制造			
光学仪器制造			
衡器制造			
其他仪器仪表制造业			
其他制造业			
日用杂品制造			
核辐射加工			
其他未列明制造业			
废弃资源综合利用业			
金属废料和碎屑加工处理			
非金属废料和碎屑加工处理			
金属制品、机械和设备修理业			
金属制品修理			
通用设备修理			
专用设备修理			
铁路、船舶、航空航天等运输设备修理			
电气设备修理			
仪器仪表修理			
其他机械和设备修理业			
电力、热力、燃气及水生产和供应业	**596.0**	**118.9**	
电力、热力生产和供应业	596.0	118.9	
电力生产	596.0	118.9	
电力供应			
热力生产和供应			
燃气生产和供应业			
燃气生产和供应业			
生物质燃气生产和供应业			
水的生产和供应业			
自来水生产和供应			
污水处理及其再生利用			
海水淡化处理			
其他水的处理、利用与分配			

1-I-7　分行业外商投资企业政府相关政策落实情况

单位：万元

行　业	来自政府部门的研究开发经费	研究开发费用加计扣除减免税	高新技术企业减免税
总　计	**224.5**	**109.6**	**524.5**
采矿业		**37.0**	**208.9**
煤炭开采和洗选业			
烟煤和无烟煤开采洗选			
褐煤开采洗选			
其他煤炭采选			
石油和天然气开采业		37.0	208.9
石油开采			
天然气开采		37.0	208.9
黑色金属矿采选业			
铁矿采选			
锰矿、铬矿采选			
其他黑色金属矿采选			
有色金属矿采选业			
常用有色金属矿采选			
贵金属矿采选			
稀有稀土金属矿采选			
非金属矿采选业			
土砂石开采			
化学矿开采			
采盐			
石棉及其他非金属矿采选			
开采专业及辅助性活动			
煤炭开采和洗选专业及辅助性活动			
石油和天然气开采专业及辅助性活动			
其他开采专业及辅助性活动			
其他采矿业			
其他采矿业			
制造业	**224.5**	**72.6**	**315.6**
农副食品加工业			
谷物磨制			
饲料加工			
植物油加工			
制糖业			
屠宰及肉类加工			
水产品加工			
蔬菜、菌类、水果和坚果加工			
其他农副食品加工			
食品制造业			
焙烤食品制造			
糖果、巧克力及蜜饯制造			
方便食品制造			
乳制品制造			
罐头食品制造			
调味品、发酵制品制造			
其他食品制造			
酒、饮料和精制茶制造业			
酒的制造			
饮料制造			
精制茶加工			

1-I-7 续表 1

单位：万元

行业	来自政府部门的研究开发经费	研究开发费用加计扣除减免税	高新技术企业减免税
烟草制品业			
烟叶复烤			
卷烟制造			
其他烟草制品制造			
纺织业			
棉纺织及印染精加工			
毛纺织及染整精加工			
麻纺织及染整精加工			
丝绢纺织及印染精加工			
化纤织造及印染精加工			
针织或钩针编织物及其制品制造			
家用纺织制成品制造			
产业用纺织制成品制造			
纺织服装、服饰业			
机织服装制造			
针织或钩针编织服装制造			
服饰制造			
皮革、毛皮、羽毛及其制品和制鞋业			
皮革鞣制加工			
皮革制品制造			
毛皮鞣制及制品加工			
羽毛(绒)加工及制品制造			
制鞋业			
木材加工和木、竹、藤、棕、草制品业			
木材加工			
人造板制造			
木质制品制造			
竹、藤、棕、草等制品制造			
家具制造业			
木质家具制造			
竹、藤家具制造			
金属家具制造			
塑料家具制造			
其他家具制造			
造纸和纸制品业			
纸浆制造			
造纸			
纸制品制造			
印刷和记录媒介复制业			
印刷			
装订及印刷相关服务			
记录媒介复制			
文教、工美、体育和娱乐用品制造业			
文教办公用品制造			
乐器制造			
工艺美术及礼仪用品制造			
体育用品制造			
玩具制造			
游艺器材及娱乐用品制造			
石油、煤炭及其他燃料加工业			

1-I-7　续表 2　　单位：万元

行　　业	来自政府部门的研究开发经费	研究开发费用加计扣除减免税	高新技术企业减免税
精炼石油产品制造			
煤炭加工			
核燃料加工			
生物质燃料加工			
化学原料和化学制品制造业	106.9		
基础化学原料制造			
肥料制造			
农药制造			
涂料、油墨、颜料及类似产品制造	106.9		
合成材料制造			
专用化学产品制造			
炸药、火工及焰火产品制造			
日用化学产品制造			
医药制造业			209.0
化学药品原料药制造			
化学药品制剂制造			
中药饮片加工			
中成药生产			
兽用药品制造			
生物药品制品制造			
卫生材料及医药用品制造			
药用辅料及包装材料制造			209.0
化学纤维制造业			
纤维素纤维原料及纤维制造			
合成纤维制造			
生物基材料制造			
橡胶和塑料制品业			
橡胶制品业			
塑料制品业			
非金属矿物制品业			
水泥、石灰和石膏制造			
石膏、水泥制品及类似制品制造			
砖瓦、石材等建筑材料制造			
玻璃制造			
玻璃制品制造			
玻璃纤维和玻璃纤维增强塑料制品制造			
陶瓷制品制造			
耐火材料制品制造			
石墨及其他非金属矿物制品制造			
黑色金属冶炼和压延加工业			
炼铁			
炼钢			
钢压延加工			
铁合金冶炼			
有色金属冶炼和压延加工业			
常用有色金属冶炼			
贵金属冶炼			
稀有稀土金属冶炼			
有色金属合金制造			
有色金属压延加工			
金属制品业			

1-I-7 续表 3

单位：万元

行　业	来自政府部门的研究开发经费	研究开发费用加计扣除减免税	高新技术企业减免税
结构性金属制品制造			
金属工具制造			
集装箱及金属包装容器制造			
金属丝绳及其制品制造			
建筑、安全用金属制品制造			
金属表面处理及热处理加工			
搪瓷制品制造			
金属制日用品制造			
铸造及其他金属制品制造			
通用设备制造业			
锅炉及原动设备制造			
金属加工机械制造			
物料搬运设备制造			
泵、阀门、压缩机及类似机械制造			
轴承、齿轮和传动部件制造			
烘炉、风机、包装等设备制造			
文化、办公用机械制造			
通用零部件制造			
其他通用设备制造业			
专用设备制造业	70.0	72.6	106.6
采矿、冶金、建筑专用设备制造	70.0	72.6	106.6
化工、木材、非金属加工专用设备制造			
食品、饮料、烟草及饲料生产专用设备制造			
印刷、制药、日化及日用品生产专用设备制造			
纺织、服装和皮革加工专用设备制造			
电子和电工机械专用设备制造			
农、林、牧、渔专用机械制造			
医疗仪器设备及器械制造			
环保、邮政、社会公共服务及其他专用设备制造			
汽车制造业	7.6		
汽车整车制造			
汽车用发动机制造			
改装汽车制造			
低速汽车制造			
电车制造			
汽车车身、挂车制造			
汽车零部件及配件制造	7.6		
铁路、船舶、航空航天和其他运输设备制造业			
铁路运输设备制造			
城市轨道交通设备制造			
船舶及相关装置制造			
航空、航天器及设备制造			
摩托车制造			
自行车和残疾人座车制造			
助动车制造			
非公路休闲车及零配件制造			
潜水救捞及其他未列明运输设备制造			
电气机械和器材制造业	40.0		
电机制造			
输配电及控制设备制造	40.0		
电线、电缆、光缆及电工器材制造			

1-I-7　续表 4　　单位：万元

行　　业	来自政府部门的研究开发经费	研究开发费用加计扣除减免税	高新技术企业减免税
电池制造			
家用电力器具制造			
非电力家用器具制造			
照明器具制造			
其他电气机械及器材制造			
计算机、通信和其他电子设备制造业			
计算机制造			
通信设备制造			
广播电视设备制造			
雷达及配套设备制造			
非专业视听设备制造			
智能消费设备制造			
电子器件制造			
电子元件及电子专用材料制造			
其他电子设备制造			
仪器仪表制造业			
通用仪器仪表制造			
专用仪器仪表制造			
钟表与计时仪器制造			
光学仪器制造			
衡器制造			
其他仪器仪表制造业			
其他制造业			
日用杂品制造			
核辐射加工			
其他未列明制造业			
废弃资源综合利用业			
金属废料和碎屑加工处理			
非金属废料和碎屑加工处理			
金属制品、机械和设备修理业			
金属制品修理			
通用设备修理			
专用设备修理			
铁路、船舶、航空航天等运输设备修理			
电气设备修理			
仪器仪表修理			
其他机械和设备修理业			
电力、热力、燃气及水生产和供应业			
电力、热力生产和供应业			
电力生产			
电力供应			
热力生产和供应			
燃气生产和供应业			
燃气生产和供应业			
生物质燃气生产和供应业			
水的生产和供应业			
自来水生产和供应			
污水处理及其再生利用			
海水淡化处理			
其他水的处理、利用与分配			

1-I-8 各地区企业政府相关政策落实情况

单位：万元

地 区	来自政府部门的研究开发经费	研究开发费用加计扣除减免税	高新技术企业减免税
全 省	**71688.4**	**81526.7**	**101201.7**
太原市	58371.9	42509.2	56836.9
大同市	3263.9	2887.8	4420.0
阳泉市	955.0	1683.6	403.0
长治市	1987.5	6989.7	24922.9
晋城市	719.3	3795.8	972.3
朔州市	776.0	2567.1	261.5
晋中市	1069.9	4006.8	2731.5
运城市	2108.6	7203.5	7461.5
忻州市	770.1	600.6	1335.4
临汾市	1292.0	5275.1	1602.9
吕梁市	374.2	4007.5	253.8

1-I-9 各地区大中型企业政府相关政策落实情况

单位：万元

地 区	来自政府部门的研究开发经费	研究开发费用加计扣除减免税	高新技术企业减免税
全 省	**65573.8**	**68932.2**	**94999.3**
太原市	56831.4	38787.1	54752.0
大同市	3063.9	2586.1	3952.6
阳泉市	706.0	1601.7	64.9
长治市	1029.6	6494.7	24743.8
晋城市	480.0	3514.8	368.1
朔州市		2116.1	52.5
晋中市	453.8	1734.8	2005.1
运城市	1237.4	3112.8	6766.7
忻州市	510.0	415.8	869.5
临汾市	1221.7	4733.3	1424.1
吕梁市	40.0	3835.0	

1-I-10　各地区内资企业政府相关政策落实情况

单位：万元

地　区	来自政府部门的研究开发经费	研究开发费用加计扣除减免税	高新技术企业减免税
全　省	**69082.8**	**80917.8**	**99219.7**
太原市	56479.9	42509.2	56836.9
大同市	3193.9	2843.6	4313.4
阳泉市	955.0	1683.6	403.0
长治市	1987.5	6989.7	24922.9
晋城市	719.3	3730.4	763.4
朔州市	180.0	2448.2	52.5
晋中市	1062.3	3906.6	1296.4
运城市	2108.6	7203.5	7461.5
忻州市	770.1	600.6	1335.4
临汾市	1292.0	4994.9	1580.5
吕梁市	334.2	4007.5	253.8

1-I-11　各地区港澳台商投资企业政府相关政策落实情况

单位：万元

地　区	来自政府部门的研究开发经费	研究开发费用加计扣除减免税	高新技术企业减免税
全　省	**2381.1**	**499.3**	**1457.5**
太原市	1785.1		
大同市			
阳泉市			
长治市			
晋城市			
朔州市	596.0	118.9	
晋中市		100.2	1435.1
运城市			
忻州市			
临汾市		280.2	22.4
吕梁市			

1-I-12 各地区外商投资企业政府相关政策落实情况

单位：万元

地　区	来自政府部门的研究开发经费	研究开发费用加计扣除减免税	高新技术企业减免税
全　省	**224.5**	**109.6**	**524.5**
太原市	106.9		
大同市	70.0	44.2	106.6
阳泉市			
长治市			
晋城市		65.4	208.9
朔州市			209.0
晋中市	7.6		
运城市			
忻州市			
临汾市			
吕梁市	40.0		

J. 企业技术获取和技术改造情况

1-J-1　分登记注册类型企业技术获取和技术改造情况

单位：万元

登记注册类型	引进技术经费支出	消化吸收经费支出	购买国内技术经费支出	技术改造经费支出
总　计	**32564.1**	**5795.8**	**28967.8**	**475317.3**
内资企业	**32564.1**	**5795.8**	**27690.5**	**454239.0**
国有企业	1076.0			72952.0
集体企业				112.0
股份合作企业				
联营企业				
国有联营企业				
集体联营企业				
国有与集体联营企业				
其他联营企业				
有限责任公司	31143.0	5795.8	27344.5	328367.0
国有独资公司	2622.6	380.0	8484.1	99825.6
其他有限责任公司	28520.4	5415.8	18860.4	228541.4
股份有限公司			72.0	20868.6
私营企业	345.1		274.0	31939.4
私营独资企业				230.4
私营合伙企业				
私营有限责任公司	35.1		134.0	30807.9
私营股份有限公司	310.0		140.0	901.1
其他企业				
港、澳、台商投资企业			**1277.3**	**16011.6**
合资经营企业			37.3	1887.6
合作经营企业				
港、澳、台商独资经营企业			1240.0	14124.0
港、澳、台商投资股份有限公司				
其他港、澳、台投资企业				
外商投资企业				**5066.7**
中外合资经营企业				5066.7
中外合作经营企业				
外资企业				
外商投资股份有限公司				
其他外商投资企业				

1-J-2 分登记注册类型大中型企业技术获取和技术改造情况

单位：万元

登记注册类型	引进技术经费支出	消化吸收经费支出	购买国内技术经费支出	技术改造经费支出
总　计	**32529.0**	**5795.8**	**28644.5**	**460607.9**
内资企业	**32529.0**	**5795.8**	**27404.5**	**441766.8**
国有企业	1076.0			72952.0
集体企业				
股份合作企业				
联营企业				
国有联营企业				
集体联营企业				
国有与集体联营企业				
其他联营企业				
有限责任公司	31143.0	5795.8	27344.5	323172.2
国有独资公司	2622.6	380.0	8484.1	99825.6
其他有限责任公司	28520.4	5415.8	18860.4	223346.6
股份有限公司				20826.6
私营企业	310.0		60.0	24816.0
私营独资企业				
私营合伙企业				
私营有限责任公司			60.0	24816.0
私营股份有限公司	310.0			
其他企业				
港、澳、台商投资企业			**1240.0**	**15909.1**
合资经营企业				1785.1
合作经营企业				
港、澳、台商独资经营企业			1240.0	14124.0
港、澳、台商投资股份有限公司				
其他港、澳、台投资企业				
外商投资企业				**2932.0**
中外合资经营企业				2932.0
中外合作经营企业				
外资企业				
外商投资股份有限公司				
其他外商投资企业				

1-J-3　分行业企业技术获取和技术改造情况

单位：万元

行　业	引进技术经费支出	消化吸收经费支出	购买国内技术经费支出	技术改造经费支出
总　计	**32564.1**	**5795.8**	**28967.8**	**475317.3**
采矿业	**23807.2**	**4949.5**	**13704.1**	**160298.4**
煤炭开采和洗选业	23807.2	4949.5	13704.1	158163.7
烟煤和无烟煤开采洗选	23807.2	4949.5	13704.1	158163.7
褐煤开采洗选				
其他煤炭采选				
石油和天然气开采业				2134.7
石油开采				
天然气开采				2134.7
黑色金属矿采选业				
铁矿采选				
锰矿、铬矿采选				
其他黑色金属矿采选				
有色金属矿采选业				
常用有色金属矿采选				
贵金属矿采选				
稀有稀土金属矿采选				
非金属矿采选业				
土砂石开采				
化学矿开采				
采盐				
石棉及其他非金属矿采选				
开采专业及辅助性活动				
煤炭开采和洗选专业及辅助性活动				
石油和天然气开采专业及辅助性活动				
其他开采专业及辅助性活动				
其他采矿业				
其他采矿业				
制造业	**8756.9**	**846.3**	**15226.4**	**233543.0**
农副食品加工业				1224.2
谷物磨制				37.2
饲料加工				
植物油加工				
制糖业				
屠宰及肉类加工				1187.0
水产品加工				
蔬菜、菌类、水果和坚果加工				
其他农副食品加工				
食品制造业	310.0			108.4
焙烤食品制造				
糖果、巧克力及蜜饯制造				
方便食品制造				
乳制品制造				
罐头食品制造				
调味品、发酵制品制造	310.0			
其他食品制造				108.4
酒、饮料和精制茶制造业				1277.5
酒的制造				1277.5
饮料制造				
精制茶加工				

1-J-3 续表 1 单位：万元

行　业	引进技术经费支出	消化吸收经费支出	购买国内技术经费支出	技术改造经费支出
烟草制品业				8908.9
烟叶复烤				
卷烟制造				8908.9
其他烟草制品制造				
纺织业				727.2
棉纺织及印染精加工				727.2
毛纺织及染整精加工				
麻纺织及染整精加工				
丝绢纺织及印染精加工				
化纤织造及印染精加工				
针织或钩针编织物及其制品制造				
家用纺织制成品制造				
产业用纺织制成品制造				
纺织服装、服饰业			60.0	
机织服装制造			60.0	
针织或钩针编织服装制造				
服饰制造				
皮革、毛皮、羽毛及其制品和制鞋业				
皮革鞣制加工				
皮革制品制造				
毛皮鞣制及制品加工				
羽毛(绒)加工及制品制造				
制鞋业				
木材加工和木、竹、藤、棕、草制品业				
木材加工				
人造板制造				
木质制品制造				
竹、藤、棕、草等制品制造				
家具制造业				
木质家具制造				
竹、藤家具制造				
金属家具制造				
塑料家具制造				
其他家具制造				
造纸和纸制品业				
纸浆制造				
造纸				
纸制品制造				
印刷和记录媒介复制业				170.8
印刷				170.8
装订及印刷相关服务				
记录媒介复制				
文教、工美、体育和娱乐用品制造业				
文教办公用品制造				
乐器制造				
工艺美术及礼仪用品制造				
体育用品制造				
玩具制造				
游艺器材及娱乐用品制造				
石油、煤炭及其他燃料加工业				1405.0

1-J-3　续表 2　　　　单位：万元

行　业	引进技术经费支出	消化吸收经费支出	购买国内技术经费支出	技术改造经费支出
精炼石油产品制造				
煤炭加工				1405.0
核燃料加工				
生物质燃料加工				
化学原料和化学制品制造业	253.3	466.3	1091.0	74910.7
基础化学原料制造				694.0
肥料制造	253.3	466.3	1091.0	64348.2
农药制造				
涂料、油墨、颜料及类似产品制造				
合成材料制造				2932.0
专用化学产品制造				42.0
炸药、火工及焰火产品制造				4294.5
日用化学产品制造				2600.0
医药制造业			1544.0	14495.6
化学药品原料药制造			130.0	40.0
化学药品制剂制造			1240.0	14124.0
中药饮片加工				
中成药生产			74.0	111.6
兽用药品制造			100.0	220.0
生物药品制品制造				
卫生材料及医药用品制造				
药用辅料及包装材料制造				
化学纤维制造业				
纤维素纤维原料及纤维制造				
合成纤维制造				
生物基材料制造				
橡胶和塑料制品业				
橡胶制品业				
塑料制品业				
非金属矿物制品业				1768.5
水泥、石灰和石膏制造				64.9
石膏、水泥制品及类似制品制造				500.0
砖瓦、石材等建筑材料制造				
玻璃制造				
玻璃制品制造				
玻璃纤维和玻璃纤维增强塑料制品制造				
陶瓷制品制造				1200.0
耐火材料制品制造				3.6
石墨及其他非金属矿物制品制造				
黑色金属冶炼和压延加工业				56956.1
炼铁				9031.1
炼钢				
钢压延加工				47925.0
铁合金冶炼				
有色金属冶炼和压延加工业				49269.1
常用有色金属冶炼				49269.1
贵金属冶炼				
稀有稀土金属冶炼				
有色金属合金制造				
有色金属压延加工				
金属制品业	2520.6	380.0	813.0	8776.3

1-J-3 续表 3 单位：万元

行业	引进技术经费支出	消化吸收经费支出	购买国内技术经费支出	技术改造经费支出
结构性金属制品制造				
金属工具制造				
集装箱及金属包装容器制造				807.3
金属丝绳及其制品制造			20.0	18.0
建筑、安全用金属制品制造				
金属表面处理及热处理加工				
搪瓷制品制造				
金属制日用品制造				
铸造及其他金属制品制造	2520.6	380.0	793.0	7951.0
通用设备制造业	35.1		92.0	665.1
锅炉及原动设备制造				
金属加工机械制造			20.0	
物料搬运设备制造				10.0
泵、阀门、压缩机及类似机械制造				624.1
轴承、齿轮和传动部件制造				
烘炉、风机、包装等设备制造	35.1			31.0
文化、办公用机械制造			72.0	
通用零部件制造				
其他通用设备制造业				
专用设备制造业	102.0		1056.0	9281.2
采矿、冶金、建筑专用设备制造	102.0		1056.0	5883.9
化工、木材、非金属加工专用设备制造				
食品、饮料、烟草及饲料生产专用设备制造				
印刷、制药、日化及日用品生产专用设备制造				
纺织、服装和皮革加工专用设备制造				3392.3
电子和电工机械专用设备制造				
农、林、牧、渔专用机械制造				
医疗仪器设备及器械制造				
环保、邮政、社会公共服务及其他专用设备制造				5.0
汽车制造业	4459.9			119.9
汽车整车制造	4459.9			
汽车用发动机制造				94.7
改装汽车制造				
低速汽车制造				
电车制造				25.2
汽车车身、挂车制造				
汽车零部件及配件制造				
铁路、船舶、航空航天和其他运输设备制造业			10469.4	612.8
铁路运输设备制造			10469.4	612.8
城市轨道交通设备制造				
船舶及相关装置制造				
航空、航天器及设备制造				
摩托车制造				
自行车和残疾人座车制造				
助动车制造				
非公路休闲车及零配件制造				
潜水救捞及其他未列明运输设备制造				
电气机械和器材制造业			101.0	1012.0
电机制造				420.0
输配电及控制设备制造			101.0	101.0
电线、电缆、光缆及电工器材制造				

1-J-3　续表 4　　　　单位：万元

行　　业	引进技术经费支出	消化吸收经费支出	购买国内技术经费支出	技术改造经费支出
电池制造				
家用电力器具制造				
非电力家用器具制造				
照明器具制造				
其他电气机械及器材制造				491.0
计算机、通信和其他电子设备制造业	1076.0			1785.1
计算机制造				
通信设备制造				1785.1
广播电视设备制造				
雷达及配套设备制造				
非专业视听设备制造				
智能消费设备制造				
电子器件制造				
电子元件及电子专用材料制造	1076.0			
其他电子设备制造				
仪器仪表制造业				15.6
通用仪器仪表制造				15.6
专用仪器仪表制造				
钟表与计时仪器制造				
光学仪器制造				
衡器制造				
其他仪器仪表制造业				
其他制造业				53.0
日用杂品制造				
核辐射加工				
其他未列明制造业				53.0
废弃资源综合利用业				
金属废料和碎屑加工处理				
非金属废料和碎屑加工处理				
金属制品、机械和设备修理业				
金属制品修理				
通用设备修理				
专用设备修理				
铁路、船舶、航空航天等运输设备修理				
电气设备修理				
仪器仪表修理				
其他机械和设备修理业				
电力、热力、燃气及水生产和供应业			**37.3**	**81475.9**
电力、热力生产和供应业			37.3	79274.4
电力生产			37.3	6322.4
电力供应				72952.0
热力生产和供应				
燃气生产和供应业				2201.5
燃气生产和供应业				2201.5
生物质燃气生产和供应业				
水的生产和供应业				
自来水生产和供应				
污水处理及其再生利用				
海水淡化处理				
其他水的处理、利用与分配				

1-J-4 分行业大中型企业技术获取和技术改造情况

单位：万元

行业	引进技术经费支出	消化吸收经费支出	购买国内技术经费支出	技术改造经费支出
总 计	**32529.0**	**5795.8**	**28644.5**	**460607.9**
采矿业	**23807.2**	**4949.5**	**13704.1**	**155154.8**
煤炭开采和洗选业	23807.2	4949.5	13704.1	155154.8
烟煤和无烟煤开采洗选	23807.2	4949.5	13704.1	155154.8
褐煤开采洗选				
其他煤炭采选				
石油和天然气开采业				
石油开采				
天然气开采				
黑色金属矿采选业				
铁矿采选				
锰矿、铬矿采选				
其他黑色金属矿采选				
有色金属矿采选业				
常用有色金属矿采选				
贵金属矿采选				
稀有稀土金属矿采选				
非金属矿采选业				
土砂石开采				
化学矿开采				
采盐				
石棉及其他非金属矿采选				
开采专业及辅助性活动				
煤炭开采和洗选专业及辅助性活动				
石油和天然气开采专业及辅助性活动				
其他开采专业及辅助性活动				
其他采矿业				
其他采矿业				
制造业	**8721.8**	**846.3**	**14940.4**	**227162.6**
农副食品加工业				1187.0
谷物磨制				
饲料加工				
植物油加工				
制糖业				
屠宰及肉类加工				1187.0
水产品加工				
蔬菜、菌类、水果和坚果加工				
其他农副食品加工				
食品制造业	310.0			
焙烤食品制造				
糖果、巧克力及蜜饯制造				
方便食品制造				
乳制品制造				
罐头食品制造				
调味品、发酵制品制造	310.0			
其他食品制造				
酒、饮料和精制茶制造业				1277.5
酒的制造				1277.5
饮料制造				
精制茶加工				

1-J-4　续表 1　　单位：万元

行　　业	引进技术经费支出	消化吸收经费支出	购买国内技术经费支出	技术改造经费支出
烟草制品业				8908.9
烟叶复烤				
卷烟制造				8908.9
其他烟草制品制造				
纺织业				727.2
棉纺织及印染精加工				727.2
毛纺织及染整精加工				
麻纺织及染整精加工				
丝绢纺织及印染精加工				
化纤织造及印染精加工				
针织或钩针编织物及其制品制造				
家用纺织制成品制造				
产业用纺织制成品制造				
纺织服装、服饰业			60.0	
机织服装制造			60.0	
针织或钩针编织服装制造				
服饰制造				
皮革、毛皮、羽毛及其制品和制鞋业				
皮革鞣制加工				
皮革制品制造				
毛皮鞣制及制品加工				
羽毛(绒)加工及制品制造				
制鞋业				
木材加工和木、竹、藤、棕、草制品业				
木材加工				
人造板制造				
木质制品制造				
竹、藤、棕、草等制品制造				
家具制造业				
木质家具制造				
竹、藤家具制造				
金属家具制造				
塑料家具制造				
其他家具制造				
造纸和纸制品业				
纸浆制造				
造纸				
纸制品制造				
印刷和记录媒介复制业				
印刷				
装订及印刷相关服务				
记录媒介复制				
文教、工美、体育和娱乐用品制造业				
文教办公用品制造				
乐器制造				
工艺美术及礼仪用品制造				
体育用品制造				
玩具制造				
游艺器材及娱乐用品制造				
石油、煤炭及其他燃料加工业				1405.0

1-J-4 续表 2　　单位：万元

行　业	引进技术经费支出	消化吸收经费支出	购买国内技术经费支出	技术改造经费支出
精炼石油产品制造				
煤炭加工				1405.0
核燃料加工				
生物质燃料加工				
化学原料和化学制品制造业	253.3	466.3	1091.0	73374.7
基础化学原料制造				
肥料制造	253.3	466.3	1091.0	63848.2
农药制造				
涂料、油墨、颜料及类似产品制造				
合成材料制造				2932.0
专用化学产品制造				
炸药、火工及焰火产品制造				3994.5
日用化学产品制造				2600.0
医药制造业			1370.0	14164.0
化学药品原料药制造			130.0	40.0
化学药品制剂制造			1240.0	14124.0
中药饮片加工				
中成药生产				
兽用药品制造				
生物药品制品制造				
卫生材料及医药用品制造				
药用辅料及包装材料制造				
化学纤维制造业				
纤维素纤维原料及纤维制造				
合成纤维制造				
生物基材料制造				
橡胶和塑料制品业				
橡胶制品业				
塑料制品业				
非金属矿物制品业				
水泥、石灰和石膏制造				
石膏、水泥制品及类似制品制造				
砖瓦、石材等建筑材料制造				
玻璃制造				
玻璃制品制造				
玻璃纤维和玻璃纤维增强塑料制品制造				
陶瓷制品制造				
耐火材料制品制造				
石墨及其他非金属矿物制品制造				
黑色金属冶炼和压延加工业				56663.0
炼铁				8777.0
炼钢				
钢压延加工				47886.0
铁合金冶炼				
有色金属冶炼和压延加工业				49269.1
常用有色金属冶炼				49269.1
贵金属冶炼				
稀有稀土金属冶炼				
有色金属合金制造				
有色金属压延加工				
金属制品业	2520.6	380.0	793.0	7951.0

1-J-4　续表 3

单位：万元

行　业	引进技术经费支出	消化吸收经费支出	购买国内技术经费支出	技术改造经费支出
结构性金属制品制造				
金属工具制造				
集装箱及金属包装容器制造				
金属丝绳及其制品制造				
建筑、安全用金属制品制造				
金属表面处理及热处理加工				
搪瓷制品制造				
金属制日用品制造				
铸造及其他金属制品制造	2520.6	380.0	793.0	7951.0
通用设备制造业				10.0
锅炉及原动设备制造				
金属加工机械制造				
物料搬运设备制造				10.0
泵、阀门、压缩机及类似机械制造				
轴承、齿轮和传动部件制造				
烘炉、风机、包装等设备制造				
文化、办公用机械制造				
通用零部件制造				
其他通用设备制造业				
专用设备制造业	102.0		1056.0	8762.3
采矿、冶金、建筑专用设备制造	102.0		1056.0	5370.0
化工、木材、非金属加工专用设备制造				
食品、饮料、烟草及饲料生产专用设备制造				
印刷、制药、日化及日用品生产专用设备制造				
纺织、服装和皮革加工专用设备制造				3392.3
电子和电工机械专用设备制造				
农、林、牧、渔专用机械制造				
医疗仪器设备及器械制造				
环保、邮政、社会公共服务及其他专用设备制造				
汽车制造业	4459.9			
汽车整车制造	4459.9			
汽车用发动机制造				
改装汽车制造				
低速汽车制造				
电车制造				
汽车车身、挂车制造				
汽车零部件及配件制造				
铁路、船舶、航空航天和其他运输设备制造业			10469.4	612.8
铁路运输设备制造			10469.4	612.8
城市轨道交通设备制造				
船舶及相关装置制造				
航空、航天器及设备制造				
摩托车制造				
自行车和残疾人座车制造				
助动车制造				
非公路休闲车及零配件制造				
潜水救捞及其他未列明运输设备制造				
电气机械和器材制造业			101.0	1012.0
电机制造				420.0
输配电及控制设备制造			101.0	101.0
电线、电缆、光缆及电工器材制造				

1-J-4 续表 4 单位：万元

行　　业	引进技术经费支出	消化吸收经费支出	购买国内技术经费支出	技术改造经费支出
电池制造				
家用电力器具制造				
非电力家用器具制造				
照明器具制造				
其他电气机械及器材制造				491.0
计算机、通信和其他电子设备制造业	1076.0			1785.1
计算机制造				
通信设备制造				1785.1
广播电视设备制造				
雷达及配套设备制造				
非专业视听设备制造				
智能消费设备制造				
电子器件制造				
电子元件及电子专用材料制造	1076.0			
其他电子设备制造				
仪器仪表制造业				
通用仪器仪表制造				
专用仪器仪表制造				
钟表与计时仪器制造				
光学仪器制造				
衡器制造				
其他仪器仪表制造业				
其他制造业				53.0
日用杂品制造				
核辐射加工				
其他未列明制造业				53.0
废弃资源综合利用业				
金属废料和碎屑加工处理				
非金属废料和碎屑加工处理				
金属制品、机械和设备修理业				
金属制品修理				
通用设备修理				
专用设备修理				
铁路、船舶、航空航天等运输设备修理				
电气设备修理				
仪器仪表修理				
其他机械和设备修理业				
电力、热力、燃气及水生产和供应业				**78290.5**
电力、热力生产和供应业				76089.0
电力生产				3137.0
电力供应				72952.0
热力生产和供应				
燃气生产和供应业				2201.5
燃气生产和供应业				2201.5
生物质燃气生产和供应业				
水的生产和供应业				
自来水生产和供应				
污水处理及其再生利用				
海水淡化处理				
其他水的处理、利用与分配				

1-J-5　分行业内资企业技术获取和技术改造情况

单位：万元

行　　业	引进技术经费支出	消化吸收经费支出	购买国内技术经费支出	技术改造经费支出
总　计	**32564.1**	**5795.8**	**27690.5**	**454239.0**
采矿业	**23807.2**	**4949.5**	**13704.1**	**158061.2**
煤炭开采和洗选业	23807.2	4949.5	13704.1	158061.2
烟煤和无烟煤开采洗选	23807.2	4949.5	13704.1	158061.2
褐煤开采洗选				
其他煤炭采选				
石油和天然气开采业				
石油开采				
天然气开采				
黑色金属矿采选业				
铁矿采选				
锰矿、铬矿采选				
其他黑色金属矿采选				
有色金属矿采选业				
常用有色金属矿采选				
贵金属矿采选				
稀有稀土金属矿采选				
非金属矿采选业				
土砂石开采				
化学矿开采				
采盐				
石棉及其他非金属矿采选				
开采专业及辅助性活动				
煤炭开采和洗选专业及辅助性活动				
石油和天然气开采专业及辅助性活动				
其他开采专业及辅助性活动				
其他采矿业				
其他采矿业				
制造业	**8756.9**	**846.3**	**13986.4**	**214701.9**
农副食品加工业				1224.2
谷物磨制				37.2
饲料加工				
植物油加工				
制糖业				
屠宰及肉类加工				1187.0
水产品加工				
蔬菜、菌类、水果和坚果加工				
其他农副食品加工				
食品制造业	310.0			108.4
焙烤食品制造				
糖果、巧克力及蜜饯制造				
方便食品制造				
乳制品制造				
罐头食品制造				
调味品、发酵制品制造	310.0			
其他食品制造				108.4
酒、饮料和精制茶制造业				1277.5
酒的制造				1277.5
饮料制造				
精制茶加工				

1-J-5 续表 1

单位：万元

行　　业	引进技术经费支出	消化吸收经费支出	购买国内技术经费支出	技术改造经费支出
烟草制品业				8908.9
烟叶复烤				
卷烟制造				8908.9
其他烟草制品制造				
纺织业				727.2
棉纺织及印染精加工				727.2
毛纺织及染整精加工				
麻纺织及染整精加工				
丝绢纺织及印染精加工				
化纤织造及印染精加工				
针织或钩针编织物及其制品制造				
家用纺织制成品制造				
产业用纺织制成品制造				
纺织服装、服饰业			60.0	
机织服装制造			60.0	
针织或钩针编织服装制造				
服饰制造				
皮革、毛皮、羽毛及其制品和制鞋业				
皮革鞣制加工				
皮革制品制造				
毛皮鞣制及制品加工				
羽毛(绒)加工及制品制造				
制鞋业				
木材加工和木、竹、藤、棕、草制品业				
木材加工				
人造板制造				
木质制品制造				
竹、藤、棕、草等制品制造				
家具制造业				
木质家具制造				
竹、藤家具制造				
金属家具制造				
塑料家具制造				
其他家具制造				
造纸和纸制品业				
纸浆制造				
造纸				
纸制品制造				
印刷和记录媒介复制业				170.8
印刷				170.8
装订及印刷相关服务				
记录媒介复制				
文教、工美、体育和娱乐用品制造业				
文教办公用品制造				
乐器制造				
工艺美术及礼仪用品制造				
体育用品制造				
玩具制造				
游艺器材及娱乐用品制造				
石油、煤炭及其他燃料加工业				1405.0

1-J-5　续表 2

单位：万元

行　业	引进技术经费支出	消化吸收经费支出	购买国内技术经费支出	技术改造经费支出
精炼石油产品制造				
煤炭加工				1405.0
核燃料加工				
生物质燃料加工				
化学原料和化学制品制造业	253.3	466.3	1091.0	71978.7
基础化学原料制造				694.0
肥料制造	253.3	466.3	1091.0	64348.2
农药制造				
涂料、油墨、颜料及类似产品制造				
合成材料制造				
专用化学产品制造				42.0
炸药、火工及焰火产品制造				4294.5
日用化学产品制造				2600.0
医药制造业			304.0	371.6
化学药品原料药制造			130.0	40.0
化学药品制剂制造				
中药饮片加工				
中成药生产			74.0	111.6
兽用药品制造			100.0	220.0
生物药品制品制造				
卫生材料及医药用品制造				
药用辅料及包装材料制造				
化学纤维制造业				
纤维素纤维原料及纤维制造				
合成纤维制造				
生物基材料制造				
橡胶和塑料制品业				
橡胶制品业				
塑料制品业				
非金属矿物制品业				1768.5
水泥、石灰和石膏制造				64.9
石膏、水泥制品及类似制品制造				500.0
砖瓦、石材等建筑材料制造				
玻璃制造				
玻璃制品制造				
玻璃纤维和玻璃纤维增强塑料制品制造				
陶瓷制品制造				1200.0
耐火材料制品制造				3.6
石墨及其他非金属矿物制品制造				
黑色金属冶炼和压延加工业				56956.1
炼铁				9031.1
炼钢				
钢压延加工				47925.0
铁合金冶炼				
有色金属冶炼和压延加工业				49269.1
常用有色金属冶炼				49269.1
贵金属冶炼				
稀有稀土金属冶炼				
有色金属合金制造				
有色金属压延加工				
金属制品业	2520.6	380.0	813.0	8776.3

1-J-5 续表 3

单位：万元

行　　业	引进技术经费支出	消化吸收经费支出	购买国内技术经费支出	技术改造经费支出
结构性金属制品制造				
金属工具制造				
集装箱及金属包装容器制造				807.3
金属丝绳及其制品制造			20.0	18.0
建筑、安全用金属制品制造				
金属表面处理及热处理加工				
搪瓷制品制造				
金属制日用品制造				
铸造及其他金属制品制造	2520.6	380.0	793.0	7951.0
通用设备制造业	35.1		92.0	665.1
锅炉及原动设备制造				
金属加工机械制造			20.0	
物料搬运设备制造				10.0
泵、阀门、压缩机及类似机械制造				624.1
轴承、齿轮和传动部件制造				
烘炉、风机、包装等设备制造	35.1			31.0
文化、办公用机械制造			72.0	
通用零部件制造				
其他通用设备制造业				
专用设备制造业	102.0		1056.0	9281.2
采矿、冶金、建筑专用设备制造	102.0		1056.0	5883.9
化工、木材、非金属加工专用设备制造				
食品、饮料、烟草及饲料生产专用设备制造				
印刷、制药、日化及日用品生产专用设备制造				
纺织、服装和皮革加工专用设备制造				3392.3
电子和电工机械专用设备制造				
农、林、牧、渔专用机械制造				
医疗仪器设备及器械制造				
环保、邮政、社会公共服务及其他专用设备制造				5.0
汽车制造业	4459.9			119.9
汽车整车制造	4459.9			
汽车用发动机制造				94.7
改装汽车制造				
低速汽车制造				
电车制造				25.2
汽车车身、挂车制造				
汽车零部件及配件制造				
铁路、船舶、航空航天和其他运输设备制造业			10469.4	612.8
铁路运输设备制造			10469.4	612.8
城市轨道交通设备制造				
船舶及相关装置制造				
航空、航天器及设备制造				
摩托车制造				
自行车和残疾人座车制造				
助动车制造				
非公路休闲车及零配件制造				
潜水救捞及其他未列明运输设备制造				
电气机械和器材制造业			101.0	1012.0
电机制造				420.0
输配电及控制设备制造			101.0	101.0
电线、电缆、光缆及电工器材制造				

1-J-5　续表 4

单位：万元

行　　业	引进技术经费支出	消化吸收经费支出	购买国内技术经费支出	技术改造经费支出
电池制造				
家用电力器具制造				
非电力家用器具制造				
照明器具制造				
其他电气机械及器材制造				491.0
计算机、通信和其他电子设备制造业	1076.0			
计算机制造				
通信设备制造				
广播电视设备制造				
雷达及配套设备制造				
非专业视听设备制造				
智能消费设备制造				
电子器件制造				
电子元件及电子专用材料制造	1076.0			
其他电子设备制造				
仪器仪表制造业				15.6
通用仪器仪表制造				15.6
专用仪器仪表制造				
钟表与计时仪器制造				
光学仪器制造				
衡器制造				
其他仪器仪表制造业				
其他制造业				53.0
日用杂品制造				
核辐射加工				
其他未列明制造业				53.0
废弃资源综合利用业				
金属废料和碎屑加工处理				
非金属废料和碎屑加工处理				
金属制品、机械和设备修理业				
金属制品修理				
通用设备修理				
专用设备修理				
铁路、船舶、航空航天等运输设备修理				
电气设备修理				
仪器仪表修理				
其他机械和设备修理业				
电力、热力、燃气及水生产和供应业				**81475.9**
电力、热力生产和供应业				79274.4
电力生产				6322.4
电力供应				72952.0
热力生产和供应				
燃气生产和供应业				2201.5
燃气生产和供应业				2201.5
生物质燃气生产和供应业				
水的生产和供应业				
自来水生产和供应				
污水处理及其再生利用				
海水淡化处理				
其他水的处理、利用与分配				

1-J-6　分行业港澳台商投资企业技术获取和技术改造情况

单位：万元

行　　业	引进技术经费支出	消化吸收经费支出	购买国内技术经费支出	技术改造经费支出
总　计			**1277.3**	**16011.6**
采矿业				**102.5**
煤炭开采和洗选业				102.5
烟煤和无烟煤开采洗选				102.5
褐煤开采洗选				
其他煤炭采选				
石油和天然气开采业				
石油开采				
天然气开采				
黑色金属矿采选业				
铁矿采选				
锰矿、铬矿采选				
其他黑色金属矿采选				
有色金属矿采选业				
常用有色金属矿采选				
贵金属矿采选				
稀有稀土金属矿采选				
非金属矿采选业				
土砂石开采				
化学矿开采				
采盐				
石棉及其他非金属矿采选				
开采专业及辅助性活动				
煤炭开采和洗选专业及辅助性活动				
石油和天然气开采专业及辅助性活动				
其他开采专业及辅助性活动				
其他采矿业				
其他采矿业				
制造业			**1240.0**	**15909.1**
农副食品加工业				
谷物磨制				
饲料加工				
植物油加工				
制糖业				
屠宰及肉类加工				
水产品加工				
蔬菜、菌类、水果和坚果加工				
其他农副食品加工				
食品制造业				
焙烤食品制造				
糖果、巧克力及蜜饯制造				
方便食品制造				
乳制品制造				
罐头食品制造				
调味品、发酵制品制造				
其他食品制造				
酒、饮料和精制茶制造业				
酒的制造				
饮料制造				
精制茶加工				

1-J-6　续表 1

单位：万元

行　　业	引进技术经费支出	消化吸收经费支出	购买国内技术经费支出	技术改造经费支出
烟草制品业				
烟叶复烤				
卷烟制造				
其他烟草制品制造				
纺织业				
棉纺织及印染精加工				
毛纺织及染整精加工				
麻纺织及染整精加工				
丝绢纺织及印染精加工				
化纤织造及印染精加工				
针织或钩针编织物及其制品制造				
家用纺织制成品制造				
产业用纺织制成品制造				
纺织服装、服饰业				
机织服装制造				
针织或钩针编织服装制造				
服饰制造				
皮革、毛皮、羽毛及其制品和制鞋业				
皮革鞣制加工				
皮革制品制造				
毛皮鞣制及制品加工				
羽毛(绒)加工及制品制造				
制鞋业				
木材加工和木、竹、藤、棕、草制品业				
木材加工				
人造板制造				
木质制品制造				
竹、藤、棕、草等制品制造				
家具制造业				
木质家具制造				
竹、藤家具制造				
金属家具制造				
塑料家具制造				
其他家具制造				
造纸和纸制品业				
纸浆制造				
造纸				
纸制品制造				
印刷和记录媒介复制业				
印刷				
装订及印刷相关服务				
记录媒介复制				
文教、工美、体育和娱乐用品制造业				
文教办公用品制造				
乐器制造				
工艺美术及礼仪用品制造				
体育用品制造				
玩具制造				
游艺器材及娱乐用品制造				
石油、煤炭及其他燃料加工业				

1-J-6 续表 2

单位：万元

行　　业	引进技术经费支出	消化吸收经费支出	购买国内技术经费支出	技术改造经费支出
精炼石油产品制造				
煤炭加工				
核燃料加工				
生物质燃料加工				
化学原料和化学制品制造业				
基础化学原料制造				
肥料制造				
农药制造				
涂料、油墨、颜料及类似产品制造				
合成材料制造				
专用化学产品制造				
炸药、火工及焰火产品制造				
日用化学产品制造				
医药制造业			1240.0	14124.0
化学药品原料药制造				
化学药品制剂制造			1240.0	14124.0
中药饮片加工				
中成药生产				
兽用药品制造				
生物药品制品制造				
卫生材料及医药用品制造				
药用辅料及包装材料制造				
化学纤维制造业				
纤维素纤维原料及纤维制造				
合成纤维制造				
生物基材料制造				
橡胶和塑料制品业				
橡胶制品业				
塑料制品业				
非金属矿物制品业				
水泥、石灰和石膏制造				
石膏、水泥制品及类似制品制造				
砖瓦、石材等建筑材料制造				
玻璃制造				
玻璃制品制造				
玻璃纤维和玻璃纤维增强塑料制品制造				
陶瓷制品制造				
耐火材料制品制造				
石墨及其他非金属矿物制品制造				
黑色金属冶炼和压延加工业				
炼铁				
炼钢				
钢压延加工				
铁合金冶炼				
有色金属冶炼和压延加工业				
常用有色金属冶炼				
贵金属冶炼				
稀有稀土金属冶炼				
有色金属合金制造				
有色金属压延加工				
金属制品业				

1-J-6　续表 3　　　　单位：万元

行　业	引进技术经费支出	消化吸收经费支出	购买国内技术经费支出	技术改造经费支出
结构性金属制品制造				
金属工具制造				
集装箱及金属包装容器制造				
金属丝绳及其制品制造				
建筑、安全用金属制品制造				
金属表面处理及热处理加工				
搪瓷制品制造				
金属制日用品制造				
铸造及其他金属制品制造				
通用设备制造业				
锅炉及原动设备制造				
金属加工机械制造				
物料搬运设备制造				
泵、阀门、压缩机及类似机械制造				
轴承、齿轮和传动部件制造				
烘炉、风机、包装等设备制造				
文化、办公用机械制造				
通用零部件制造				
其他通用设备制造业				
专用设备制造业				
采矿、冶金、建筑专用设备制造				
化工、木材、非金属加工专用设备制造				
食品、饮料、烟草及饲料生产专用设备制造				
印刷、制药、日化及日用品生产专用设备制造				
纺织、服装和皮革加工专用设备制造				
电子和电工机械专用设备制造				
农、林、牧、渔专用机械制造				
医疗仪器设备及器械制造				
环保、邮政、社会公共服务及其他专用设备制造				
汽车制造业				
汽车整车制造				
汽车用发动机制造				
改装汽车制造				
低速汽车制造				
电车制造				
汽车车身、挂车制造				
汽车零部件及配件制造				
铁路、船舶、航空航天和其他运输设备制造业				
铁路运输设备制造				
城市轨道交通设备制造				
船舶及相关装置制造				
航空、航天器及设备制造				
摩托车制造				
自行车和残疾人座车制造				
助动车制造				
非公路休闲车及零配件制造				
潜水救捞及其他未列明运输设备制造				
电气机械和器材制造业				
电机制造				
输配电及控制设备制造				
电线、电缆、光缆及电工器材制造				

1-J-6 续表 4 单位：万元

行业	引进技术经费支出	消化吸收经费支出	购买国内技术经费支出	技术改造经费支出
电池制造				
家用电力器具制造				
非电力家用器具制造				
照明器具制造				
其他电气机械及器材制造				
计算机、通信和其他电子设备制造业				1785.1
计算机制造				
通信设备制造				1785.1
广播电视设备制造				
雷达及配套设备制造				
非专业视听设备制造				
智能消费设备制造				
电子器件制造				
电子元件及电子专用材料制造				
其他电子设备制造				
仪器仪表制造业				
通用仪器仪表制造				
专用仪器仪表制造				
钟表与计时仪器制造				
光学仪器制造				
衡器制造				
其他仪器仪表制造业				
其他制造业				
日用杂品制造				
核辐射加工				
其他未列明制造业				
废弃资源综合利用业				
金属废料和碎屑加工处理				
非金属废料和碎屑加工处理				
金属制品、机械和设备修理业				
金属制品修理				
通用设备修理				
专用设备修理				
铁路、船舶、航空航天等运输设备修理				
电气设备修理				
仪器仪表修理				
其他机械和设备修理业				
电力、热力、燃气及水生产和供应业			**37.3**	
电力、热力生产和供应业			37.3	
电力生产			37.3	
电力供应				
热力生产和供应				
燃气生产和供应业				
燃气生产和供应业				
生物质燃气生产和供应业				
水的生产和供应业				
自来水生产和供应				
污水处理及其再生利用				
海水淡化处理				
其他水的处理、利用与分配				

1-J-7　分行业外商投资企业技术获取和技术改造情况

单位：万元

行　业	引进技术经费支出	消化吸收经费支出	购买国内技术经费支出	技术改造经费支出
总　计				**5066.7**
采矿业				**2134.7**
煤炭开采和洗选业				
烟煤和无烟煤开采洗选				
褐煤开采洗选				
其他煤炭采选				
石油和天然气开采业				2134.7
石油开采				
天然气开采				2134.7
黑色金属矿采选业				
铁矿采选				
锰矿、铬矿采选				
其他黑色金属矿采选				
有色金属矿采选业				
常用有色金属矿采选				
贵金属矿采选				
稀有稀土金属矿采选				
非金属矿采选业				
土砂石开采				
化学矿开采				
采盐				
石棉及其他非金属矿采选				
开采专业及辅助性活动				
煤炭开采和洗选专业及辅助性活动				
石油和天然气开采专业及辅助性活动				
其他开采专业及辅助性活动				
其他采矿业				
其他采矿业				
制造业				**2932.0**
农副食品加工业				
谷物磨制				
饲料加工				
植物油加工				
制糖业				
屠宰及肉类加工				
水产品加工				
蔬菜、菌类、水果和坚果加工				
其他农副食品加工				
食品制造业				
焙烤食品制造				
糖果、巧克力及蜜饯制造				
方便食品制造				
乳制品制造				
罐头食品制造				
调味品、发酵制品制造				
其他食品制造				
酒、饮料和精制茶制造业				
酒的制造				
饮料制造				
精制茶加工				

1-J-7 续表 1 单位：万元

行　业	引进技术经费支出	消化吸收经费支出	购买国内技术经费支出	技术改造经费支出
烟草制品业				
烟叶复烤				
卷烟制造				
其他烟草制品制造				
纺织业				
棉纺织及印染精加工				
毛纺织及染整精加工				
麻纺织及染整精加工				
丝绢纺织及印染精加工				
化纤织造及印染精加工				
针织或钩针编织物及其制品制造				
家用纺织制成品制造				
产业用纺织制成品制造				
纺织服装、服饰业				
机织服装制造				
针织或钩针编织服装制造				
服饰制造				
皮革、毛皮、羽毛及其制品和制鞋业				
皮革鞣制加工				
皮革制品制造				
毛皮鞣制及制品加工				
羽毛(绒)加工及制品制造				
制鞋业				
木材加工和木、竹、藤、棕、草制品业				
木材加工				
人造板制造				
木质制品制造				
竹、藤、棕、草等制品制造				
家具制造业				
木质家具制造				
竹、藤家具制造				
金属家具制造				
塑料家具制造				
其他家具制造				
造纸和纸制品业				
纸浆制造				
造纸				
纸制品制造				
印刷和记录媒介复制业				
印刷				
装订及印刷相关服务				
记录媒介复制				
文教、工美、体育和娱乐用品制造业				
文教办公用品制造				
乐器制造				
工艺美术及礼仪用品制造				
体育用品制造				
玩具制造				
游艺器材及娱乐用品制造				
石油、煤炭及其他燃料加工业				

1-J-7　续表 2

单位：万元

行　业	引进技术经费支出	消化吸收经费支出	购买国内技术经费支出	技术改造经费支出
精炼石油产品制造				
煤炭加工				
核燃料加工				
生物质燃料加工				
化学原料和化学制品制造业				2932.0
基础化学原料制造				
肥料制造				
农药制造				
涂料、油墨、颜料及类似产品制造				
合成材料制造				2932.0
专用化学产品制造				
炸药、火工及焰火产品制造				
日用化学产品制造				
医药制造业				
化学药品原料药制造				
化学药品制剂制造				
中药饮片加工				
中成药生产				
兽用药品制造				
生物药品制品制造				
卫生材料及医药用品制造				
药用辅料及包装材料制造				
化学纤维制造业				
纤维素纤维原料及纤维制造				
合成纤维制造				
生物基材料制造				
橡胶和塑料制品业				
橡胶制品业				
塑料制品业				
非金属矿物制品业				
水泥、石灰和石膏制造				
石膏、水泥制品及类似制品制造				
砖瓦、石材等建筑材料制造				
玻璃制造				
玻璃制品制造				
玻璃纤维和玻璃纤维增强塑料制品制造				
陶瓷制品制造				
耐火材料制品制造				
石墨及其他非金属矿物制品制造				
黑色金属冶炼和压延加工业				
炼铁				
炼钢				
钢压延加工				
铁合金冶炼				
有色金属冶炼和压延加工业				
常用有色金属冶炼				
贵金属冶炼				
稀有稀土金属冶炼				
有色金属合金制造				
有色金属压延加工				
金属制品业				

1-J-7 续表 3　　　　单位：万元

行　业	引进技术经费支出	消化吸收经费支出	购买国内技术经费支出	技术改造经费支出
结构性金属制品制造				
金属工具制造				
集装箱及金属包装容器制造				
金属丝绳及其制品制造				
建筑、安全用金属制品制造				
金属表面处理及热处理加工				
搪瓷制品制造				
金属制日用品制造				
铸造及其他金属制品制造				
通用设备制造业				
锅炉及原动设备制造				
金属加工机械制造				
物料搬运设备制造				
泵、阀门、压缩机及类似机械制造				
轴承、齿轮和传动部件制造				
烘炉、风机、包装等设备制造				
文化、办公用机械制造				
通用零部件制造				
其他通用设备制造业				
专用设备制造业				
采矿、冶金、建筑专用设备制造				
化工、木材、非金属加工专用设备制造				
食品、饮料、烟草及饲料生产专用设备制造				
印刷、制药、日化及日用品生产专用设备制造				
纺织、服装和皮革加工专用设备制造				
电子和电工机械专用设备制造				
农、林、牧、渔专用机械制造				
医疗仪器设备及器械制造				
环保、邮政、社会公共服务及其他专用设备制造				
汽车制造业				
汽车整车制造				
汽车用发动机制造				
改装汽车制造				
低速汽车制造				
电车制造				
汽车车身、挂车制造				
汽车零部件及配件制造				
铁路、船舶、航空航天和其他运输设备制造业				
铁路运输设备制造				
城市轨道交通设备制造				
船舶及相关装置制造				
航空、航天器及设备制造				
摩托车制造				
自行车和残疾人座车制造				
助动车制造				
非公路休闲车及零配件制造				
潜水救捞及其他未列明运输设备制造				
电气机械和器材制造业				
电机制造				
输配电及控制设备制造				
电线、电缆、光缆及电工器材制造				

1-J-7　续表 4　　单位：万元

行　　业	引进技术经费支出	消化吸收经费支出	购买国内技术经费支出	技术改造经费支出
电池制造				
家用电力器具制造				
非电力家用器具制造				
照明器具制造				
其他电气机械及器材制造				
计算机、通信和其他电子设备制造业				
计算机制造				
通信设备制造				
广播电视设备制造				
雷达及配套设备制造				
非专业视听设备制造				
智能消费设备制造				
电子器件制造				
电子元件及电子专用材料制造				
其他电子设备制造				
仪器仪表制造业				
通用仪器仪表制造				
专用仪器仪表制造				
钟表与计时仪器制造				
光学仪器制造				
衡器制造				
其他仪器仪表制造业				
其他制造业				
日用杂品制造				
核辐射加工				
其他未列明制造业				
废弃资源综合利用业				
金属废料和碎屑加工处理				
非金属废料和碎屑加工处理				
金属制品、机械和设备修理业				
金属制品修理				
通用设备修理				
专用设备修理				
铁路、船舶、航空航天等运输设备修理				
电气设备修理				
仪器仪表修理				
其他机械和设备修理业				
电力、热力、燃气及水生产和供应业				
电力、热力生产和供应业				
电力生产				
电力供应				
热力生产和供应				
燃气生产和供应业				
燃气生产和供应业				
生物质燃气生产和供应业				
水的生产和供应业				
自来水生产和供应				
污水处理及其再生利用				
海水淡化处理				
其他水的处理、利用与分配				

1-J-8 各地区企业技术获取和技术改造情况

单位：万元

地 区	引进技术经费支出	消化吸收经费支出	购买国内技术经费支出	技术改造经费支出
全 省	**32564.1**	**5795.8**	**28967.8**	**475317.3**
太原市	9479.8	1254.5	14269.4	163161.5
大同市	21473.0	3224.0	2654.0	38143.0
阳泉市				6902.3
长治市	253.3	466.3	7343.1	11964.0
晋城市	1358.0	851.0	2861.0	95566.3
朔州市			37.3	8907.4
晋中市			1240.0	19953.0
运城市			463.0	99614.5
忻州市				45.9
临汾市			100.0	29781.9
吕梁市				1277.5

1-J-9 各地区大中型企业技术获取和技术改造情况

单位：万元

地 区	引进技术经费支出	消化吸收经费支出	购买国内技术经费支出	技术改造经费支出
全 省	**32529.0**	**5795.8**	**28644.5**	**460607.9**
太原市	9444.7	1254.5	14103.4	162710.8
大同市	21473.0	3224.0	2654.0	37601.0
阳泉市				6893.7
长治市	253.3	466.3	7343.1	11934.0
晋城市	1358.0	851.0	2861.0	90930.6
朔州市				5696.8
晋中市			1240.0	18703.3
运城市			443.0	98307.2
忻州市				
临汾市				26553.0
吕梁市				1277.5

1-J-10　各地区内资企业技术获取和技术改造情况

单位：万元

地　区	引进技术经费支出	消化吸收经费支出	购买国内技术经费支出	技术改造经费支出
全　省	**32564.1**	**5795.8**	**27690.5**	**454239.0**
太原市	9479.8	1254.5	14269.4	161376.4
大同市	21473.0	3224.0	2654.0	35211.0
阳泉市				6902.3
长治市	253.3	466.3	7343.1	11964.0
晋城市	1358.0	851.0	2861.0	93431.6
朔州市				8907.4
晋中市				5829.0
运城市			463.0	99614.5
忻州市				45.9
临汾市			100.0	29679.4
吕梁市				1277.5

1-J-11　各地区港澳台商投资企业技术获取和技术改造情况

单位：万元

地　区	引进技术经费支出	消化吸收经费支出	购买国内技术经费支出	技术改造经费支出
全　省			**1277.3**	**16011.6**
太原市				1785.1
大同市				
阳泉市				
长治市				
晋城市				
朔州市			37.3	
晋中市			1240.0	14124.0
运城市				
忻州市				
临汾市				102.5
吕梁市				

1-J-12　各地区外商投资企业技术获取和技术改造情况

单位：万元

地　区	引进技术经费支出	消化吸收经费支出	购买国内技术经费支出	技术改造经费支出
全　省				**5066.7**
太原市				
大同市				2932.0
阳泉市				
长治市				
晋城市				2134.7
朔州市				
晋中市				
运城市				
忻州市				
临汾市				
吕梁市				

第2篇

建筑业企业生产经营及财务状况篇

资料整理校对：陈烨松

A. 全社会建筑企业

2-A-1　各地区全社会建筑业企业个数

单位：个

地　区	合计	总承包和专业承包企业	劳务分包企业	资质以外企业
全　省	**28707**	**2921**	**171**	**25615**
太原市	11115	1293	110	9712
大同市	1510	216	9	1285
阳泉市	755	99	6	650
长治市	2572	212	7	2353
晋城市	1346	120		1226
朔州市	939	142	1	796
晋中市	3230	203	19	3008
运城市	3037	206	12	2819
忻州市	890	138	1	751
临汾市	2148	171	6	1971
吕梁市	1165	121		1044

2-A-2　各地区全社会建筑业企业期末人数

单位：万人

地　区	合计	总承包和专业承包企业	劳务分包企业	资质以外企业
全　省	**97.6**	**78.6**	**4.6**	**14.4**
太原市	53.0	44.0	4.2	4.8
大同市	4.9	3.9	0.1	0.9
阳泉市	3.3	2.8		0.5
长治市	5.8	4.2		1.6
晋城市	3.1	2.4		0.7
朔州市	2.8	2.3		0.4
晋中市	6.8	4.9	0.1	1.8
运城市	7.1	5.8	0.1	1.2
忻州市	3.8	3.2		0.6
临汾市	4.3	3.1		1.2
吕梁市	2.6	2.0		0.6

2-A-3　各地区全社会建筑业企业资产总计

单位：亿元

地　区	合计	总承包和专业承包企业	劳务分包企业	资质以外企业
全　省	**6964.4**	**5947.4**	**40.1**	**977.0**
太原市	4551.0	4161.2	30.1	359.6
大同市	246.4	214.7	0.4	31.4
阳泉市	314.8	269.2	0.1	45.4
长治市	351.7	267.1	0.5	84.2
晋城市	178.0	149.3		28.7
朔州市	122.5	96.4	0.1	26.0
晋中市	453.0	302.2	2.2	148.6
运城市	184.1	148.6	1.0	34.5
忻州市	115.1	91.7	0.1	23.3
临汾市	156.0	120.6	5.6	29.9
吕梁市	291.9	126.5		165.5

2-A-4　各地区全社会建筑业企业负债合计

单位：亿元

地　区	合计	总承包和专业承包企业	劳务分包企业	资质以外企业
全　省	**5118.6**	**4542.3**	**33.1**	**543.3**
太原市	3488.9	3259.9	24.7	204.3
大同市	175.3	159.8	0.2	15.3
阳泉市	266.4	236.1	0.1	30.2
长治市	208.8	180.6	0.4	27.9
晋城市	131.7	108.2		23.6
朔州市	81.9	70.3		11.5
晋中市	304.6	219.1	1.7	83.8
运城市	107.8	94.2	0.7	13.0
忻州市	72.9	59.8	0.1	13.0
临汾市	89.1	69.7	5.3	14.1
吕梁市	191.3	84.6		106.7

2-A-5 各行业全社会建筑业企业个数

单位：个

行业	合计	总承包和专业承包企业	劳务分包企业	资质以外企业
总 计	**28707**	**2921**	**171**	**25615**
房屋建筑业	5396	1005	69	4322
土木工程建筑业	5746	800	16	4930
铁路、道路、隧道和桥梁工程建筑	2159	334	7	1818
水利和水运工程建筑	491	67	3	421
海洋工程建筑				
工矿工程建筑	272	101		171
架线和管道工程建筑	609	209	3	397
其他土木工程建筑	1850	59	3	1788
建筑安装业	4188	520	25	3643
建筑装饰、装修业和其他建筑业	13377	596	61	12720

2-A-6 各行业全社会建筑业企业期末人数

单位：万人

行业	合计	总承包和专业承包企业	劳务分包企业	资质以外企业
总 计	**97.6**	**78.6**	**4.6**	**14.4**
房屋建筑业	40.6	35.4	2.1	3.1
土木工程建筑业	38.8	35.0	0.1	3.6
铁路、道路、隧道和桥梁工程建筑	23.6	22.1	0.1	1.5
水利和水运工程建筑	1.4	1.1		0.2
海洋工程建筑				
工矿工程建筑	7.0	6.7		0.2
架线和管道工程建筑	4.0	3.6		0.4
其他土木工程建筑	1.8	0.7		1.1
建筑安装业	7.2	5.2	0.1	1.9
建筑装饰、装修业和其他建筑业	11.0	3.0	2.2	5.8

2-A-7 各行业全社会建筑业企业资产总计

单位：亿元

行业	合计	总承包和专业承包企业	劳务分包企业	资质以外企业
总　计	**6964.4**	**5947.4**	**40.1**	**977.0**
房屋建筑业	2146.7	1930.5	20.4	195.8
土木工程建筑业	4005.0	3564.0	2.1	438.9
铁路、道路、隧道和桥梁工程建筑	2980.0	2684.3	1.0	294.6
水利和水运工程建筑	76.2	63.2	0.1	12.9
海洋工程建筑				
工矿工程建筑	489.6	478.6		11.0
架线和管道工程建筑	256.2	234.1	0.2	21.9
其他土木工程建筑	113.7	35.6	0.8	77.4
建筑安装业	378.3	269.9	2.6	105.7
建筑装饰、装修业和其他建筑业	434.5	182.9	15.0	236.6

2-A-8 各行业全社会建筑业企业负债合计

单位：亿元

行业	合计	总承包和专业承包企业	劳务分包企业	资质以外企业
总　计	**5118.6**	**4542.3**	**33.1**	**543.3**
房屋建筑业	1584.5	1455.2	17.4	111.9
土木工程建筑业	3059.8	2808.0	1.4	250.5
铁路、道路、隧道和桥梁工程建筑	2269.0	2102.7	0.8	165.5
水利和水运工程建筑	56.4	51.4		5.0
海洋工程建筑				
工矿工程建筑	420.4	405.4		15.0
架线和管道工程建筑	171.2	163.5	0.1	7.6
其他土木工程建筑	69.1	24.4	0.5	44.2
建筑安装业	231.1	170.5	2.2	58.5
建筑装饰、装修业和其他建筑业	243.2	108.6	12.1	122.5

B. 总承包和专业承包建筑业企业

1. 综合

2-B-1.1 按经济类型划分的总承包和专业承包企业主要经济指标

指　　标	单位	合计	内资企业	#国有	#集体	港澳台商投资企业	#港澳台商独资企业	外商投资企业	#外商独资企业
企业个数	个	2692	2687	126	63	2		3	1
从业人员期末人数	万人	78.6	78.5	8.6	1.4			0.1	0.1
自有固定资产原价	亿元	671.1	670.0	87.5	6.3	0.4		0.7	
自有固定资产净价	亿元	328.3	327.9	63.0	3.8			0.3	
自有施工机械设备总台数	万台	21.0	21.0	2.7	0.8				
自有施工机械设备净值	亿元	147.9	147.6	10.1	1.6			0.3	
自有施工机械设备总功率	万千瓦	733.3	732.3	84.4	10.1	0.2		0.9	
建筑业总产值	亿元	4097.1	4092.3	512.8	37.1	0.7		4.1	0.1
#本年固定资产折旧	亿元	56.2	56.0	1.9	0.3			0.1	
#应付职工薪酬	亿元	299.1	298.9	35.1	4.8			0.2	
房屋施工面积	万平方米	16640.4	16640.4	2301.4	178.4				
房屋竣工面积	万平方米	3754.9	3754.9	632.0	68.4				
利润总额	亿元	96.1	96.1	7.8	0.8			0.1	
税金总额	亿元	103.4	103.2	16.1	1.8			0.1	
按总产值计算劳动生产率	元/人	375727	375895	244558	258709	265472		272223	9129
技术装备率	元/人	18810	18804	11787	10942	32353		21636	
动力装备率	千瓦/人	9.3	9.3	9.8	7.0	29.4		6.3	
房屋竣工率	%	22.6	22.6	27.5	38.4				
产值利润率	%	2.3	2.3	1.5	2.1			1.5	
产值利税率	%	4.9	4.9	4.7	7.0	2.7		4.4	

2-B-1.2 总承包和专业承包企业主要经济指标完成情况

指 标	单位	2018年	2017年	2018年比2017年增减(%)
建筑业企业个数	个	2692	2538	6.1
其中：大型企业	个	67	60	11.7
中型企业	个	464	409	13.4
小微型企业	个	2161	2069	4.4
从事建筑业活动的平均人数	万人	109.0	104.4	4.4
签订合同额	亿元	9099.2	8589.3	5.9
#本年新签合同额	亿元	5081.5	4939.8	2.9
建筑业总产值	亿元	4097.1	3566.6	14.9
建筑工程产值	亿元	3564.5	3122.2	14.2
安装工程产值	亿元	426.6	353.8	20.6
其他产值	亿元	106.0	90.6	16.9
竣工产值	亿元	1507.4	1405.4	7.3
房屋施工面积	万平方米	16640.4	15861.8	4.9
房屋竣工面积	万平方米	3754.9	3544.0	6.0
年末自有施工机械设备净值	亿元	147.9	146.8	0.8
年末自有施工机械设备总功率	万千瓦	733.3	719.3	1.9
实收资本	亿元	957.5	853.4	12.2
资产合计	亿元	5947.4	5455.9	9.0
负债合计	亿元	4542.3	4251.4	6.8
营业收入	亿元	4134.8	3662.3	12.9
其中：大型企业	亿元	2676.0	2467.3	8.5
中型企业	亿元	1055.7	840.4	25.6
小微型企业	亿元	403.0	354.6	13.6
利润总额	亿元	96.1	101.1	-5.0
其中：大型企业	亿元	55.5	64.4	-13.7
中型企业	亿元	34.7	29.9	16.0
小微型企业	亿元	5.9	6.9	-14.2
税金总额	亿元	103.4	90.2	14.7

2-B-1.3　各地区总承包和专业承包企业签订合同情况

单位：万元

地　区	签订合同额	上年结转合同额	本年新签合同额
全　省	**90992249.2**	**40177352.0**	**50814897.2**
太原市	68595089.2	32039549.7	36555539.5
大同市	2405956.5	621734.4	1784222.1
阳泉市	1750751.0	513212.2	1237538.8
长治市	3376617.5	804459.0	2572158.5
晋城市	1486869.4	798058.6	688810.8
朔州市	723815.4	193034.2	530781.2
晋中市	6899345.1	3623276.2	3276068.9
运城市	2067485.3	590098.4	1477386.9
忻州市	1233319.2	303395.8	929923.4
临汾市	1456853.6	423154.2	1033699.4
吕梁市	996147.0	267379.3	728767.7

2-B-1.4　各地区总承包和专业承包企业承包工程完成情况

单位：万元

地　区	直接从建设单位承揽工程完成的产值	自行完成施工产值	分包出去工程的产值	从建设单位以外承揽工程完成的产值
全　省	**40441884.5**	**40193437.1**	**248447.4**	**777107.2**
太原市	27217299.1	27066944.6	150354.5	604398.9
大同市	1932504.6	1900268.3	32236.3	8900.5
阳泉市	956506.4	956506.4		14691.5
长治市	2161911.8	2123601.6	38310.2	45270.9
晋城市	769467.6	766571.0	2896.6	22255.5
朔州市	587761.7	584875.1	2886.6	34299.2
晋中市	2695388.7	2686462.5	8926.2	6657.4
运城市	1446639.0	1446109.9	529.1	7372.2
忻州市	967769.5	962963.0	4806.5	14410.3
临汾市	974478.5	973478.5	1000.0	538.4
吕梁市	732157.6	725656.2	6501.4	18312.4

2-B-1.5 各地区总承包和专业承包总产值和竣工产值

单位：万元

地 区	建筑业总产值	#装饰装修产值	#在外省完成的产值	按构成分组 建筑工程产值	安装工程产值	其他产值	竣工产值
全 省	**40970544.3**	**1128721.7**	**14471513.5**	**35645062.9**	**4265985.0**	**1059496.4**	**15073803.2**
太原市	27671343.5	825688.1	12723408.6	24020549.4	3036143.0	614651.1	8599011.7
大同市	1909168.8	60194.8	65107.7	1560474.7	237005.8	111688.3	1085431.0
阳泉市	971197.9	26501.9	19913.7	819681.7	140526.8	10989.4	599786.2
长治市	2168872.5	40607.8	145187.6	1945641.2	203253.7	19977.6	1090805.7
晋城市	788826.5	8031.1	12918.9	701534.4	76016.5	11275.6	574618.4
朔州市	619174.3	19217.9	22937.2	444327.8	132356.4	42490.1	301678.7
晋中市	2693119.9	18004.1	1354847.3	2548464.0	129552.4	15103.5	609964.7
运城市	1453482.1	67613.2	66487.5	1274618.2	116894.6	61969.3	803498.4
忻州市	977373.3	35335.1	14604.3	773696.5	99574.5	104102.3	548610.6
临汾市	974016.9	24105.8	35907.8	910930.4	53776.9	9309.6	401073.7
吕梁市	743968.6	3421.9	10192.9	645144.6	40884.4	57939.6	459324.1

2-B-1.6 各地区总承包和专业承包企业房屋建筑面积

地 区	房屋施工面积（万平方米）	#本年新开工	房屋竣工面积（万平方米）	房屋竣工率(%)
全 省	**16640.4**	**5660.0**	**3754.9**	**22.6**
太原市	11001.0	3380.7	1947.1	17.7
大同市	790.4	417.9	329.9	41.7
阳泉市	257.3	52.2	67.1	26.1
长治市	1506.6	395.7	307.7	20.4
晋城市	385.9	102.4	120.9	31.3
朔州市	121.0	49.1	38.5	31.8
晋中市	895.0	313.8	156.0	17.4
运城市	753.3	387.4	286.8	38.1
忻州市	358.5	210.3	235.7	65.8
临汾市	210.4	145.9	72.5	34.4
吕梁市	360.9	204.6	192.7	53.4

2-B-1.7　各地区按主要用途分的总承包和专业承包企业房屋竣工面积

单位：万平方米

地　区	合计	住宅房屋	商业及服务用房屋	商厦房屋（批发和零售用房）	宾馆用房屋（住宿用房）	餐饮用房屋（餐饮用房）	商务会展用房屋	其他商业及服务用房屋（居民服务业用房）	办公用房　屋
全　省	**3754.9**	**2614.5**	**223.8**	**79.9**	**1.7**	**8.4**	**16.1**	**117.5**	**165.7**
太原市	1947.1	1304.6	161.5	65.8	0.4	7.3	14.2	73.8	91.4
大同市	329.9	298.4	6.1		0.2	0.1		5.8	2.6
阳泉市	67.1	55.2	4.2			0.7		3.4	0.2
长治市	307.7	227.8	6.3	2.7				3.6	30.5
晋城市	120.9	94.7	2.0	0.3				1.7	1.0
朔州市	38.5	31.5	0.1					0.1	
晋中市	156.0	94.4	3.7	0.7	0.6	0.1		2.3	3.3
运城市	286.8	220.4	16.4	9.8	0.5		1.1	5.1	9.7
忻州市	235.7	188.8	17.6	0.4			0.8	16.4	9.3
临汾市	72.5	37.2	1.5			0.2		1.3	14.7
吕梁市	192.7	61.4	4.4	0.3				4.1	3.1

2-B-1.7　续表

单位：万平方米

地　区	科研、教育和医疗用房屋	科学研究用房屋	教育用房　屋	医疗用房屋（卫生医疗用房）	文化、体育和娱乐用房屋	厂房及建筑物	#厂房	仓库	其他未列明的房屋建筑物
全　省	**176.3**	**6.4**	**112.7**	**57.2**	**30.5**	**374.6**	**203.9**	**9.8**	**159.6**
太原市	130.0	4.5	77.5	48.0	25.4	143.9	101.3	7.4	82.8
大同市	3.2		3.0	0.3	0.1	9.7	9.4	0.6	9.0
阳泉市	0.4		0.4		0.1	3.7	3.1		3.3
长治市	4.7		4.1	0.5	0.1	28.6	10.3	0.2	9.6
晋城市	1.4		1.4			21.6	15.0	0.1	
朔州市	2.5		2.5			0.8	0.6		3.5
晋中市	6.6	0.2	5.9	0.5		37.5	28.1	0.5	10.0
运城市	14.5	0.5	8.7	5.4	1.8	21.4	10.3	0.2	2.2
忻州市	4.0	0.7	2.3	1.0	0.1	7.7	3.8	0.2	8.0
临汾市	3.8	0.3	3.4	0.1		8.6	1.2		6.7
吕梁市	5.0	0.2	3.4	1.4	2.7	91.0	20.7	0.6	24.4

2-B-1.8 各地区按主要用途分的总承包和专业承包企业房屋竣工价值

单位：万元

地区	合计	住宅房屋	商业及服务用房屋	商厦房屋(批发和零售用房)	宾馆用房屋(住宿用房)	餐饮用房屋(餐饮用房)	商务会展用房屋	其他商业及服务用房屋(居民服务业用房)	办公用房屋
全省	**6781690.1**	**4543777.0**	**442650.3**	**145680.9**	**4442.3**	**15660.1**	**32871.2**	**243995.8**	**394318.4**
太原市	4046100.9	2453093.9	346107.6	124160.0	1268.2	13899.0	29602.8	177177.6	276150.6
大同市	585313.2	539767.4	8750.5	81.9	534.1	67.5	12.0	8055.0	4577.3
阳泉市	120194.1	94018.0	7757.4			1383.1		6374.3	100.0
长治市	456338.2	344736.4	8344.1	3259.6		80.0		5004.5	57853.6
晋城市	189158.4	150008.5	4596.4	948.2				3648.2	1289.1
朔州市	56386.2	43907.3	289.1					289.1	82.7
晋中市	242381.5	165818.4	7062.3	1452.0	745.0	208.0		4657.3	8344.9
运城市	473735.6	366163.7	32401.4	14043.7	1895.0		3030.9	13431.8	13957.1
忻州市	302415.9	243419.6	18975.4	535.5			225.5	18214.4	11948.8
临汾市	89375.3	54070.9	1265.5			22.5		1243.0	16969.3
吕梁市	220290.8	88772.9	7100.6	1200.0				5900.6	3045.0

2-B-1.8 续表

单位：万元

地区	科研、教育和医疗用房屋	科学研究用房屋	教育用房屋	医疗用房屋(卫生医疗用房)	文化、体育和娱乐用房屋	厂房及建筑物	#厂房	仓库	其他未列明的房屋建筑物
全省	**415121.1**	**16301.8**	**258162.5**	**140656.8**	**89008.5**	**537897.6**	**304157.2**	**18302.7**	**340614.5**
太原市	333148.9	12330.8	203341.7	117476.4	81460.0	294293.0	205583.1	15024.8	246822.1
大同市	7843.5	21.6	7257.9	564.0	168.0	10663.7	10321.5	889.6	12653.2
阳泉市	594.4		550.0	44.4	175.0	9842.9	8773.8		7706.4
长治市	9308.8	93.8	8163.0	1052.0	336.7	29269.7	7149.4	588.2	5900.7
晋城市	2191.0		2191.0			30930.1	21649.6	123.3	20.0
朔州市	5734.1		5734.1			1604.9	1196.1		4768.1
晋中市	8903.6	573.9	5514.1	2815.6		24868.7	16610.1	345.0	27038.6
运城市	29249.6	915.0	14169.1	14165.5	2310.2	26266.4	9914.3	276.7	3110.5
忻州市	7775.8	1286.0	4007.9	2481.9	219.0	8128.0	4475.3	554.0	11395.3
临汾市	3887.8	625.0	3039.5	223.3	44.8	6535.9	3110.9		6601.1
吕梁市	6483.6	455.7	4194.2	1833.7	4294.8	95494.3	15373.1	501.1	14598.5

2-B-1.9　各地区总承包和专业承包企业施工机械设备情况

地　区	年末自有施工机械设备总台数（台）	年末自有施工机械设备总功率（千瓦）	年末自有施工机械设备净值（万元）	技术装备率（元/人）	动力装备率（千瓦/人）
全　省	**210382**	**7333466**	**1479179.9**	**18810**	**9.3**
太原市	92204	4803908	862082.9	19601	10.9
大同市	9343	172865	46984.1	11970	4.4
阳泉市	7232	195474	18316.1	6585	7.0
长治市	7608	201537	46721.3	11141	4.8
晋城市	8543	176808	41761.0	17149	7.3
朔州市	6385	207516	52146.5	22402	8.9
晋中市	25569	482793	120447.9	24609	9.9
运城市	14629	280169	93209.3	16073	4.8
忻州市	14009	208991	57414.6	18096	6.6
临汾市	12463	257504	73171.2	23364	8.2
吕梁市	12397	345901	66925.0	33550	17.3

2-B-1.10　各地区总承包和专业承包企业建筑材料消耗情况

地　区	钢材（吨）	木材（立方米）	水泥（吨）	玻璃		铝材（吨）
				重量箱	平方米	
全　省	**12199231**	**2909540**	**37805993**	**945567**	**7065910**	**289170**
太原市	8117242	1344408	22622656	288397	2386988	83725
大同市	1225680	478978	6101762	38664	732819	43265
阳泉市	109080	24371	502479	4263	71355	806
长治市	471502	214457	841877	284502	1674958	10218
晋城市	158608	74769	449958	26284	180662	5030
朔州市	136483	104568	392711	6921	86137	8025
晋中市	641526	93784	2259362	41595	277119	13084
运城市	554842	278969	1410363	130983	892527	31761
忻州市	263564	110428	1188553	79053	380280	54400
临汾市	145862	95325	652761	30724	242463	20621
吕梁市	374842	89483	1383511	14181	140602	18235

2-B-1.11 各地区总承包和专业承包企业主要生产效益指标

地　区	建筑业企业个数（个）	从事建筑业活动的平均人数（人）	按总产值计算的劳动生产率（元/人）	人均竣工产值（元/人）	人均施工面积（平方米/人）	人均竣工面积（平方米/人）
全　省	**2692**	**1090433**	**375727**	**138237**	**152.6**	**34.4**
太原市	1157	682821	405250	125934	161.1	28.5
大同市	197	59233	322315	183248	133.4	55.7
阳泉市	92	29386	330497	204106	87.6	22.8
长治市	205	60737	357092	179595	248.0	50.7
晋城市	117	26740	294999	214891	144.3	45.2
朔州市	134	25636	241525	117678	47.2	15.0
晋中市	196	60504	445114	100814	147.9	25.8
运城市	193	58095	250191	138308	129.7	49.4
忻州市	131	32487	300851	168871	110.4	72.6
临汾市	160	32405	300576	123769	64.9	22.4
吕梁市	110	22389	332292	205156	161.2	86.1

2-B-1.12 各地区总承包和专业承包企业营业收入

单位：万元

地　区	营业收入	#建筑业企业在境外完成的营业收入	企业总产值	#建筑业总产值
全　省	**41347676.2**	**645906.9**	**41962951.5**	**40970544.3**
太原市	28289357.9	593555.8	28178084.0	27671343.5
大同市	1867341.1	6783.5	1978751.8	1909168.8
阳泉市	922846.2	4170.1	1149387.9	971197.9
长治市	2084572.9	118.1	2213459.9	2168872.5
晋城市	718840.5	597.1	815367.2	788826.5
朔州市	619498.1	3793.0	631053.5	619174.3
晋中市	2556388.7	3408.6	2716867.4	2693119.9
运城市	1339936.7	18836.3	1475127.8	1453482.1
忻州市	962416.3	111.8	1001738.4	977373.3
临汾市	974894.1	11557.5	1033330.4	974016.9
吕梁市	1011583.7	2975.1	769783.2	743968.6

2-B-1.13　各地区总承包和专业承包企业资产构成

单位：万元

地　区	资产总计	#流动资产总计	#存货
全　省	**59473476.7**	**47384450.5**	**5753148.2**
太原市	41612445.5	32275086.7	3302670.1
大同市	2146519.9	1896632.0	333903.3
阳泉市	2692212.9	2240839.4	240689.5
长治市	2670872.1	2285305.4	440776.9
晋城市	1492550.3	1267057.9	159159.1
朔州市	964025.4	796263.2	140024.1
晋中市	3022045.7	2607798.4	318213.0
运城市	1485699.4	1217209.1	334788.6
忻州市	916957.2	779661.6	131715.3
临汾市	1205697.4	994174.6	152294.4
吕梁市	1264450.9	1024422.2	198913.9

2-B-1.14　各地区总承包和专业承包企业固定资产情况

单位：万元

地　区	固定资产原价	固定资产折旧	#本年折旧	在建工程
全　省	**6711033.7**	**3417648.1**	**561486.5**	**513146.8**
太原市	4425463.6	2363530.3	444495.8	339652.0
大同市	197441.8	97167.1	8284.4	22927.9
阳泉市	194412.2	112164.6	9454.2	23194.3
长治市	248754.1	98457.7	18562.3	36127.3
晋城市	166858.3	80606.5	7593.1	4152.9
朔州市	177424.2	75588.9	7920.6	7566.3
晋中市	429222.9	216145.5	21788.4	25116.2
运城市	257878.7	113931.7	12035.4	6177.7
忻州市	171507.2	71757.5	9776.8	3172.4
临汾市	236597.5	111164.4	12362.7	18115.8
吕梁市	205473.2	77133.9	9212.8	26944.0

2-B-1.15 各地区总承包和专业承包企业负债及所有者权益

单位：万元

地区	负债合计	#流动负债	#应付账款	所有者权益	#实收资本
全省	**45422701.8**	**42024659.5**	**19616757.6**	**14050774.9**	**9575115.3**
太原市	32599339.8	29763633.2	14626347.0	9013105.7	5786587.6
大同市	1598133.6	1529624.1	640493.0	548386.3	446198.9
阳泉市	2360747.8	2300365.5	597176.3	331465.1	384127.0
长治市	1805934.3	1738159.8	886188.2	864937.8	602283.9
晋城市	1081818.7	1022172.7	412973.6	410731.6	273841.1
朔州市	703176.7	611219.7	317931.0	260848.7	243991.7
晋中市	2190927.6	2152800.4	1071678.9	831118.1	549969.3
运城市	941557.7	850935.5	211169.0	544141.7	381633.3
忻州市	598272.8	572751.6	195703.1	318684.4	253631.9
临汾市	697070.5	686640.2	345584.1	508626.9	372146.4
吕梁市	845722.3	796356.8	311513.4	418728.6	280704.2

2-B-1.16 各地区总承包和专业承包企业实收资本

单位：万元

地区	合计	国家资本	集体资本	法人资本	个人资本	港澳台资本	外商资本
全省	**9575115.3**	**2983223.5**	**240969.5**	**3095734.5**	**3254685.8**	**101.0**	**401.0**
太原市	5786587.6	2242146.8	70461.4	2044564.5	1429312.9	101.0	1.0
大同市	446198.9	109197.5	17530.9	113068.9	206401.6		
阳泉市	384127.0	71792.0	20849.9	59804.0	231681.1		
长治市	602283.9	62319.4	14163.8	208357.3	317443.4		
晋城市	273841.1	101044.8	19912.5	62358.6	90525.2		
朔州市	243991.7	28304.0	6732.9	102346.9	106607.9		
晋中市	549969.3	199888.3	27695.1	129474.3	192511.6		400.0
运城市	381633.3	33315.9	18245.5	160083.7	169988.2		
忻州市	253631.9	23870.3	20623.8	84236.3	124901.5		
临汾市	372146.4	70581.6	16438.9	55937.0	229188.9		
吕梁市	280704.2	40762.9	8314.8	75503.0	156123.5		

2-B-1.17　各地区总承包和专业承包企业收入情况

单位：万元

地　区	主营业务收　入	#主营业务成　本	#主营业务税金及附加	其他业务收　入	#其他业务利　润
全　省	**40660453.1**	**37462738.6**	**197610.7**	**687223.1**	**49463.9**
太原市	27937773.8	25867624.8	99394.9	351584.1	30987.8
大同市	1843099.5	1686444.1	16814.7	24241.6	4743.3
阳泉市	886746.8	812555.9	5437.6	36099.4	982.3
长治市	2046969.7	1841298.6	13528.8	37603.2	1459.0
晋城市	702187.3	627765.7	5023.9	16653.2	3869.9
朔州市	591481.5	534072.3	6992.5	28016.6	1053.4
晋中市	2523532.2	2344992.3	7749.4	32856.5	1383.7
运城市	1318531.6	1207198.5	9498.9	21405.1	928.9
忻州市	912939.9	838885.8	11662.7	49476.4	80.2
临汾市	919783.4	816630.4	7880.8	55110.7	3777.5
吕梁市	977407.4	885270.2	13626.5	34176.3	197.9

2-B-1.18　各地区总承包和专业承包企业费用情况

单位：万元

地　区	管理费用	销售费用	财务费用	#利息收入	#利息支出
全　省	**1764889.1**	**75317.5**	**269434.9**	**144359.3**	**341607.7**
太原市	1172303.5	33221.6	185314.0	129228.1	282157.9
大同市	98386.1	10918.6	5675.5	545.8	4632.9
阳泉市	36568.8	632.6	23685.1	490.0	10911.5
长治市	91391.6	3433.5	15447.0	8925.5	4130.4
晋城市	46348.0	3466.2	4794.5	2775.2	4325.2
朔州市	41494.0	5445.2	1521.4	95.9	848.5
晋中市	99181.5	2599.9	16739.1	642.0	12826.9
运城市	61401.8	6338.2	5701.4	-6.6	3660.6
忻州市	31788.9	4785.8	2676.3	168.4	1439.4
临汾市	59238.6	3038.6	2399.7	1033.3	1843.7
吕梁市	26786.3	1437.3	5480.9	461.7	14830.7

2-B-1.19 各地区总承包和专业承包企业利润及税金情况

单位：万元

地区	利润总额	#应交所得税	税金总额	主营业务税金及附加	应交增值税
全省	**961048.6**	**172959.3**	**1033761.2**	**197610.7**	**836150.5**
太原市	597273.7	72142.1	583517.1	99394.9	484122.2
大同市	23994.3	9808.3	70423.7	16814.7	53609.0
阳泉市	10573.2	7975.9	43410.7	5437.6	37973.1
长治市	80073.2	18982.3	57766.6	13528.8	44237.8
晋城市	30282.8	4471.8	19823.4	5023.9	14799.5
朔州市	17227.5	4937.8	31813.7	6992.5	24821.2
晋中市	64102.4	16809.9	50520.3	7749.4	42770.9
运城市	30967.3	6552.6	51376.1	9498.9	41877.2
忻州市	24551.0	11017.2	49300.5	11662.7	37637.8
临汾市	36077.4	6077.7	34785.7	7880.8	26904.9
吕梁市	45925.8	14183.7	41023.4	13626.5	27396.9

2-B-1.20 各地区总承包和专业承包企业应收工程款及企业亏损情况

地区	应收工程款（万元）	企业个数（个）	#亏损企业个数	亏损企业的比重（%）
全省	**17237620.7**	**2692**	**604**	**22.4**
太原市	11628651.4	1157	266	23.0
大同市	505388.5	197	46	23.4
阳泉市	848401.5	92	28	30.4
长治市	1140464.3	205	34	16.6
晋城市	475825.4	117	32	27.4
朔州市	345900.7	134	43	32.1
晋中市	647655.2	196	39	19.9
运城市	399793.8	193	31	16.1
忻州市	325535.7	131	13	9.9
临汾市	401217.2	160	44	27.5
吕梁市	518787.0	110	28	25.5

2-B-1.21　各地区总承包和专业承包企业主要经济效益指标

地　区	产值利润率(%)	产值利税率(%)	资本利润率(%)	资本利税率(%)	人均利润(元/人)	人均利税(元/人)	资产负债率(%)
全　省	**2.3**	**4.9**	**10.0**	**20.8**	**8813**	**18294**	**76.4**
太原市	2.2	4.3	10.3	20.4	8747	17293	78.3
大同市	1.3	4.9	5.4	21.2	4051	15940	74.5
阳泉市	1.1	5.6	2.8	14.1	3598	18371	87.7
长治市	3.7	6.4	13.3	22.9	13184	22695	67.6
晋城市	3.8	6.4	11.1	18.3	11325	18738	72.5
朔州市	2.8	7.9	7.1	20.1	6720	19130	72.9
晋中市	2.4	4.3	11.7	20.8	10595	18945	72.5
运城市	2.1	5.7	8.1	21.6	5330	14174	63.4
忻州市	2.5	7.6	9.7	29.1	7557	22733	65.2
临汾市	3.7	7.3	9.7	19.0	11133	21868	57.8
吕梁市	6.2	11.7	16.4	31.0	20513	38836	66.9

2. 按经济类型分组

2-B-2.1　各地区国有总承包和专业承包企业签订合同情况

单位：万元

地　区	签订合同额	上年结转合同额	本年新签合同额
全　省	**9251530.0**	**3397252.9**	**5854277.1**
太原市	6671240.6	2518663.6	4152577.0
大同市	330835.4	100575.5	230259.9
阳泉市	97853.6	46714.7	51138.9
长治市	551504.0	228963.2	322540.8
晋城市	84881.8	21085.9	63795.9
朔州市	148216.5	83149.7	65066.8
晋中市	596047.8	142031.9	454015.9
运城市	108679.0	32078.3	76600.7
忻州市	360791.8	132256.4	228535.4
临汾市	118219.9	41539.3	76680.6
吕梁市	183259.6	50194.4	133065.2

2-B-2.2 各地区国有总承包和专业承包企业承包工程完成情况

单位：万元

地 区	直接从建设单位承揽工程完成的产值			从建设单位以外承揽工程完成的产值
		自行完成施工产值	分包出去工程的产值	
全 省	**5201622.4**	**5096457.6**	**105164.8**	**31661.3**
太原市	3643056.5	3538059.8	104996.7	19004.4
大同市	295965.6	295965.6		
阳泉市	43918.9	43918.9		
长治市	345747.3	345747.3		
晋城市	42565.4	42565.4		
朔州市	88474.0	88474.0		25.5
晋中市	183151.0	183151.0		3017.8
运城市	78530.9	78530.9		
忻州市	277595.5	277427.4	168.1	9613.6
临汾市	59728.2	59728.2		
吕梁市	142889.1	142889.1		

2-B-2.3 各地区国有企业总承包和专业承包总产值和竣工产值

单位：万元

地 区	建筑业总产值			按构成分组			竣工产值
		#装饰装修产值	#在外省完成的产值	建筑工程产值	安装工程产值	其他产值	
全 省	**5128118.9**	**63549.1**	**956007.5**	**4698544.4**	**293043.7**	**136530.8**	**2336377.8**
太原市	3557064.2	40690.7	899642.0	3336423.0	184516.9	36124.3	1354982.5
大同市	295965.6		31445.3	292775.0	3190.6		247547.2
阳泉市	43918.9		42.3	37803.5	6106.2	9.2	8934.6
长治市	345747.3			320638.8	20435.7	4672.8	217859.2
晋城市	42565.4	786.4		38314.6	2800.0	1450.8	50149.1
朔州市	88499.5	3286.4	410.8	74426.6	9375.5	4697.4	51380.8
晋中市	186168.8		22428.5	171864.4	14304.4		120984.7
运城市	78530.9	3938.0	1683.9	63259.0	13683.6	1588.3	51553.8
忻州市	287041.0	14847.6	354.7	212029.7	6337.9	68673.4	128627.6
临汾市	59728.2			49388.5	9641.2	698.5	36771.4
吕梁市	142889.1			101621.3	22651.7	18616.1	67586.9

2-B-2.4　各地区国有总承包和专业承包企业房屋建筑面积

地　区	房屋施工面积（万平方米）	#本年新开工	房屋竣工面积（万平方米）	房屋竣工率（%）
全　省	**2301.4**	**707.2**	**632.0**	**27.5**
太原市	1394.5	320.9	329.0	23.6
大同市	93.8	31.7	61.6	65.7
阳泉市	45.4	17.0	0.2	0.3
长治市	175.5	58.4	55.6	31.7
晋城市	46.3	15.6	17.1	37.0
朔州市	20.0	12.9	18.7	93.5
晋中市	322.3	128.3	29.3	9.1
运城市	19.1	12.3	6.3	32.9
忻州市	98.9	63.2	72.3	73.1
临汾市	39.3	29.1	11.8	30.0
吕梁市	46.1	17.9	30.1	65.2

2-B-2.5　各地区按主要用途分的国有总承包和专业承包企业房屋竣工面积

单位：万平方米

地　区	合计	住宅房屋	商业及服务用房屋	办公用房　屋	科研、教育和医疗用房屋	文化、体育和娱乐用房屋	厂房及建筑物	仓库	其他未列明的房屋建筑物
全　省	**632.0**	**474.7**	**21.1**	**7.9**	**41.5**	**0.9**	**64.8**	**0.5**	**20.7**
太原市	329.0	240.8	19.7	1.5	35.0	0.6	28.0		3.4
大同市	61.6	58.4	0.3	0.1	1.3		1.1	0.3	0.1
阳泉市	0.2			0.2					
长治市	55.6	37.3	0.3	0.1	0.8	0.1	9.9	0.1	7.1
晋城市	17.1	17.1							
朔州市	18.7	13.6			1.0		0.8		3.4
晋中市	29.3	18.7	0.3	1.7	1.2		0.9		6.5
运城市	6.3	6.3							
忻州市	72.3	60.6	0.5	4.2	2.1	0.1	4.5	0.1	0.2
临汾市	11.8	11.8							
吕梁市	30.1	10.0		0.2	0.1	0.1	19.7		0.1

2-B-2.6 各地区按主要用途分的国有总承包和专业承包企业房屋竣工价值

单位：万元

地 区	合计	住宅房屋	商业及服务用房屋	办公用房 屋	科研、教育和医疗用房屋	文化、体育和娱乐用房屋	厂房及建筑物	仓 库	其他未列明的房屋建筑物
全 省	**1199312.9**	**899088.9**	**66210.1**	**16139.3**	**95168.4**	**1995.1**	**83420.6**	**661.0**	**36629.5**
太原市	654566.0	456179.4	64001.6	2860.0	78467.1	1313.0	42244.0		9500.9
大同市	175899.5	166620.6	579.0	362.9	4079.6		3757.3	420.7	79.4
阳泉市	100.0			100.0					
长治市	74087.4	55290.0	521.5	196.5	1955.0	256.7	14800.3	188.2	879.2
晋城市	35250.8	35250.8							
朔州市	26804.3	18364.8			2388.5		1559.9		4491.1
晋中市	94820.6	60724.1	436.3	5101.4	4669.7		2704.4		21184.7
运城市	7129.2	7129.2							
忻州市	86007.2	69415.8	671.7	7105.8	3402.1	219.0	4852.8	52.1	287.9
临汾市	16262.0	16262.0							
吕梁市	28385.9	13852.2		412.7	206.4	206.4	13501.9		206.3

2-B-2.7 各地区国有总承包和专业承包企业施工机械设备情况

地 区	年末自有施工机械设备总台数（台）	年末自有施工机械设备总功率（千瓦）	年末自有施工机械设备净值（万元）	技术装备率（元/人）	动力装备率（千瓦/人）
全 省	**27463**	**844225**	**101420.1**	**11787**	**9.8**
太原市	12063	486846	53945.9	15199	13.7
大同市	1614	24144	5516.1	7066	3.1
阳泉市	382	8436	1317.1	16341	10.5
长治市	1122	25445	4596.8	3879	2.1
晋城市	403	9410	2894.7	12250	4.0
朔州市	2472	80395	5390.9	16639	24.8
晋中市	659	11638	769.9	2453	3.7
运城市	678	16966	6471.8	17323	4.5
忻州市	2953	56193	10208.1	8606	4.7
临汾市	1860	39791	2228.1	9567	17.1
吕梁市	3257	84961	8080.7	23621	24.8

2-B-2.8 各地区国有总承包和专业承包企业主要生产效益指标

地 区	建筑业企业个数(个)	从事建筑业活动的平均人数(人)	按总产值计算的劳动生产率(元/人)	人均竣工产值(元/人)	人均施工面积(平方米/人)	人均竣工面积(平方米/人)
全 省	**126**	**110696**	**463261**	**211063**	**207.9**	**57.1**
太原市	36	55871	636657	242520	249.6	58.9
大同市	9	7558	391592	327530	124.1	81.5
阳泉市	2	1337	328488	66826	339.8	1.1
长治市	10	13678	252776	159277	128.3	40.7
晋城市	3	2413	176400	207829	192.0	71.0
朔州市	13	4694	188537	109461	42.7	39.9
晋中市	5	3108	598999	389269	1037.0	94.3
运城市	9	4097	191679	125833	46.6	15.3
忻州市	22	11596	247534	110924	85.3	62.4
临汾市	6	2267	263468	162203	173.4	52.1
吕梁市	11	4077	350476	165776	113.2	73.8

2-B-2.9 各地区国有总承包和专业承包企业营业收入

单位：万元

地 区	营业收入	#在境外完成的营业收入	企业总产值	#建筑业总产值
全 省	**5340840.7**	**63556.0**	**5210984.9**	**5128118.9**
太原市	3664404.5	55377.8	3586320.8	3557064.2
大同市	338111.4		295995.6	295965.6
阳泉市	43895.7		43918.9	43918.9
长治市	385095.5		355152.7	345747.3
晋城市	36618.6		43165.4	42565.4
朔州市	104014.5		88964.4	88499.5
晋中市	186769.8		186709.7	186168.8
运城市	79880.6	8178.2	78570.9	78530.9
忻州市	278737.8		307082.9	287041.0
临汾市	71430.5		72598.7	59728.2
吕梁市	151881.8		152504.9	142889.1

2-B-2.10 各地区国有总承包和专业承包企业资产构成

单位：万元

地 区	资产总计	#流动资产总计	#存货
全 省	**12669109.8**	**8510760.5**	**1033680.1**
太原市	9765696.6	5928329.2	726728.3
大同市	497536.2	447871.7	10580.0
阳泉市	86241.6	64784.9	8475.8
长治市	868800.0	781593.2	89090.9
晋城市	136038.8	123063.6	25998.4
朔州市	170871.5	157602.3	34625.9
晋中市	223990.4	201446.8	22507.6
运城市	104682.5	85888.5	13161.9
忻州市	241198.3	214628.9	11438.0
临汾市	87988.9	73790.1	1403.5
吕梁市	486065.0	431761.3	89669.8

2-B-2.11 各地区国有总承包和专业承包企业固定资产情况

单位：万元

地 区	固定资产原价	固定资产折旧	#本年折旧	在建工程
全 省	**874669.7**	**244075.8**	**18748.4**	**43099.2**
太原市	589414.1	103392.0	10478.3	9924.8
大同市	54094.2	25870.8	1171.0	958.4
阳泉市	10758.5	3414.9	215.5	293.3
长治市	47679.7	21013.1	484.2	
晋城市	12456.4	5601.4	162.0	974.1
朔州市	38110.8	28519.6	1060.2	3360.4
晋中市	19069.7	5297.2	615.1	1850.9
运城市	15590.7	5540.3	731.5	3022.1
忻州市	37726.9	17980.3	2739.5	61.0
临汾市	15194.5	9109.2	218.4	919.9
吕梁市	34574.2	18337.0	872.7	21734.3

2-B-2.12　各地区国有总承包和专业承包企业负债及所有者权益

单位：万元

地　区	负债合计	#流动负债	#应付账款	所有者权益	#实收资本
全　省	**10486277.3**	**8259951.9**	**2617162.3**	**2182832.5**	**1393956.7**
太原市	7873224.3	5784493.8	1573701.3	1892472.3	1060965.1
大同市	382291.6	381646.7	133653.0	115244.6	97723.7
阳泉市	51382.8	38860.1	24921.2	34858.8	34007.1
长治市	792361.9	753449.5	397057.3	76438.1	58682.1
晋城市	131752.8	131685.4	39515.2	4286.0	6432.0
朔州市	256121.3	185402.9	87102.9	-85249.8	32156.2
晋中市	203583.1	202757.2	97221.5	20407.3	12441.7
运城市	79279.1	79052.9	33075.4	25403.4	21862.4
忻州市	193136.6	185674.3	39599.5	48061.7	31542.3
临汾市	78025.6	78022.9	20094.6	9963.3	10453.3
吕梁市	445118.2	438906.2	171220.4	40946.8	27690.8

2-B-2.13　各地区国有总承包和专业承包企业实收资本

单位：万元

地　区	合计	国家资本	集体资本	法人资本	个人资本	港澳台资本	外商资本
全　省	**1393956.7**	**1204357.6**	**11024.2**	**165174.9**	**13400.0**		
太原市	1060965.1	906364.4	2046.6	139954.1	12600.0		
大同市	97723.7	97723.7					
阳泉市	34007.1	33957.1	50.0				
长治市	58682.1	54882.1		3800.0			
晋城市	6432.0	6404.0		28.0			
朔州市	32156.2	22153.0		10003.2			
晋中市	12441.7	12441.7					
运城市	21862.4	13542.7	2093.5	5426.2	800.0		
忻州市	31542.3	22765.7	6834.1	1942.5			
临汾市	10453.3	8215.3		2238.0			
吕梁市	27690.8	25907.9		1782.9			

2-B-2.14 各地区国有总承包和专业承包企业收入情况

单位：万元

地区	主营业务收入	#主营业务成本	#主营业务税金及附加	其他业务收入	#其他业务利润
全省	**5230594.5**	**4774507.7**	**28711.9**	**110246.2**	**12102.2**
太原市	3636755.8	3301353.2	13796.2	27648.7	7235.1
大同市	331774.3	298086.1	2487.0	6337.1	3143.9
阳泉市	43857.7	38515.0	1303.7	38.0	9.3
长治市	383621.0	355383.7	1554.9	1474.5	350.1
晋城市	36404.8	32304.4	511.3	213.8	206.3
朔州市	96818.5	89483.1	2088.1	7196.0	584.5
晋中市	186236.0	178774.6	284.8	533.8	229.0
运城市	70511.2	65546.0	410.7	9369.4	-49.0
忻州市	232081.2	220107.1	2698.0	46656.6	-14.9
临汾市	70975.0	65812.8	555.3	455.5	349.0
吕梁市	141559.0	129141.7	3021.9	10322.8	58.9

2-B-2.15 各地区国有总承包和专业承包企业费用情况

单位：万元

地区	管理费用	销售费用	财务费用	#利息收入	#利息支出
全省	**281039.6**	**6075.9**	**101621.1**	**45798.6**	**135279.4**
太原市	200952.3	127.4	89947.3	42670.8	125611.6
大同市	21579.7	901.0	2201.3	199.1	2277.9
阳泉市	2890.9	2.0	37.4	4.1	6.2
长治市	13287.6	671.3	2461.1	2783.6	683.2
晋城市	3223.0		-3.8	19.8	14.8
朔州市	10696.1	1862.7	345.6	73.6	258.3
晋中市	4525.4		1220.3	0.9	1590.3
运城市	3300.0	356.5	152.4	6.3	151.4
忻州市	8371.3	1702.6	992.1	9.0	238.9
临汾市	4428.6	367.2	-177.9	0.5	11.2
吕梁市	7784.7	85.2	4445.3	30.9	4435.6

2-B-2.16　各地区国有总承包和专业承包企业利润及税金情况

单位：万元

地　区	利润总额	#应交所得税	税金总额	主营业务税金及附加	应交增值税
全　省	**78157.4**	**13505.3**	**160871.4**	**28711.9**	**132159.5**
太原市	59356.5	6233.6	96206.8	13796.2	82410.6
大同市	4289.4	1342.6	16318.6	2487.0	13831.6
阳泉市	208.7	349.8	3523.8	1303.7	2220.1
长治市	5254.5	1175.5	6397.0	1554.9	4842.1
晋城市	125.0	26.2	1945.5	511.3	1434.2
朔州市	5330.3	796.6	5981.5	2088.1	3893.4
晋中市	2290.6	644.7	4840.4	284.8	4555.6
运城市	1323.0	269.9	4833.7	410.7	4423.0
忻州市	1403.2	2076.4	12423.7	2698.0	9725.7
临汾市	389.3	335.7	3747.6	555.3	3192.3
吕梁市	-1813.1	254.3	4652.8	3021.9	1630.9

2-B-2.17　各地区国有总承包和专业承包企业应收工程款及企业亏损情况

地　区	应收工程款(万元)	企业个数(个)	#亏损企业个数	亏损企业的比重(%)
全　省	**2467382.5**	**126**	**29**	**23.0**
太原市	1207259.3	36	8	22.2
大同市	92232.7	9	4	44.4
阳泉市	32378.6	2	1	50.0
长治市	503760.2	10	1	10.0
晋城市	69188.2	3		
朔州市	36433.2	13	5	38.5
晋中市	96283.8	5	1	20.0
运城市	28977.4	9	1	11.1
忻州市	84182.4	22	4	18.2
临汾市	35586.4	6	1	16.7
吕梁市	281100.3	11	3	27.3

2-B-2.18 各地区国有总承包和专业承包企业主要经济效益指标

地　区	产值利润率(%)	产值利税率(%)	资本利润率(%)	资本利税率(%)	人均利润(元/人)	人均利税(元/人)	资产负债率(%)
全　省	**1.5**	**4.7**	**5.6**	**17.1**	**7061**	**21593**	**82.8**
太原市	1.7	4.4	5.6	14.7	10624	27843	80.6
大同市	1.4	7.0	4.4	21.1	5675	27266	76.8
阳泉市	0.5	8.5	0.6	11.0	1561	27917	59.6
长治市	1.5	3.4	9.0	19.9	3842	8518	91.2
晋城市	0.3	4.9	1.9	32.2	518	8581	96.8
朔州市	6.0	12.8	16.6	35.2	11356	24098	149.9
晋中市	1.2	3.8	18.4	57.3	7370	22944	90.9
运城市	1.7	7.8	6.1	28.2	3229	15027	75.7
忻州市	0.5	4.8	4.4	43.8	1210	11924	80.1
临汾市	0.7	6.9	3.7	39.6	1717	18248	88.7
吕梁市	-1.3	2.0	-6.5	10.3	-4447	6965	91.6

2-B-2.19 各地区集体总承包和专业承包企业签订合同情况

单位：万元

地　区	签订合同额		
		上年结转合同额	本年新签合同额
全　省	**511440.2**	**207613.1**	**303827.1**
太原市	132751.8	48004.0	84747.8
大同市	6514.1	339.1	6175.0
阳泉市	34634.1	13954.8	20679.3
长治市	10842.0	2488.8	8353.2
晋城市	13270.8	1247.6	12023.2
朔州市	1950.1	500.0	1450.1
晋中市	125725.8	74197.5	51528.3
运城市	72912.5	19790.0	53122.5
忻州市	90434.5	38124.4	52310.1
临汾市	17824.5	4666.9	13157.6
吕梁市	4580.0	4300.0	280.0

2-B-2.20　各地区集体总承包和专业承包企业承包工程完成情况

单位：万元

地　区	直接从建设单位承揽工程完成的产值	自行完成施工产值	分包出去工程的产值	从建设单位以外承揽工程完成的产值
全　省	**362123.0**	**362123.0**		**8632.6**
太原市	96375.0	96375.0		322.1
大同市	8557.6	8557.6		
阳泉市	23288.4	23288.4		7497.5
长治市	9276.7	9276.7		
晋城市	13477.2	13477.2		
朔州市	1758.2	1758.2		
晋中市	68678.6	68678.6		1.0
运城市	59769.9	59769.9		
忻州市	64689.3	64689.3		812.0
临汾市	14552.1	14552.1		
吕梁市	1700.0	1700.0		

2-B-2.21　各地区集体企业总承包和专业承包总产值和竣工产值

单位：万元

地　区	建筑业总产值	#装饰装修产值	#在外省完成的产值	按构成分组			竣工产值
				建筑工程产值	安装工程产值	其他产值	
全　省	**370755.6**	**11746.0**	**150.7**	**326742.8**	**35985.3**	**8027.5**	**187098.0**
太原市	96697.1	1056.0		74308.9	16265.9	6122.3	34490.1
大同市	8557.6			5483.6	2187.4	886.6	7857.6
阳泉市	30785.9			24916.6	5869.3		25815.8
长治市	9276.7	1500.0		7462.7	1300.0	514.0	7650.2
晋城市	13477.2			10405.3	2718.3	353.6	11616.7
朔州市	1758.2			308.1	1450.1		1450.1
晋中市	68679.6	1.0		68679.0	0.3	0.3	22705.7
运城市	59769.9	9189.0		53635.9	6134.0		28938.7
忻州市	65501.3		150.7	65350.6		150.7	42946.7
临汾市	14552.1			14552.1			3326.4
吕梁市	1700.0			1640.0	60.0		300.0

2-B-2.22 各地区集体总承包和专业承包企业房屋建筑面积

地 区	房屋施工面积（万平方米）		房屋竣工面积（万平方米）	房屋竣工率（%）
		#本年新开工		
全 省	**178.4**	**77.8**	**68.4**	**38.4**
太原市	3.6	3.6	1.2	33.0
大同市				
阳泉市	5.0	0.6	3.4	68.9
长治市	4.0	3.4	3.7	92.7
晋城市	5.5	4.6	3.9	70.2
朔州市				
晋中市	83.1	23.3	17.3	20.8
运城市	36.5	25.7	16.1	44.1
忻州市	34.9	16.4	22.7	64.9
临汾市	1.4			
吕梁市	4.4	0.2	0.2	3.7

2-B-2.23 各地区按主要用途分的集体总承包和专业承包企业房屋竣工面积

单位：万平方米

地 区	合计	住宅房屋	商业及服务用房屋	办公用房 屋	科研、教育和医疗用房屋	文化、体育和娱乐用房屋	厂房及建筑物	仓 库	其他未列明的房屋建筑物
全 省	**68.4**	**63.8**	**0.5**	**0.2**	**0.4**		**2.6**	**0.1**	**0.9**
太原市	1.2	1.2							
大同市									
阳泉市	3.4	2.6					0.6		0.3
长治市	3.7	2.8		0.2				0.1	0.6
晋城市	3.9	2.7					1.2		
朔州市									
晋中市	17.3	17.3							
运城市	16.1	15.3					0.7		
忻州市	22.7	21.8	0.5		0.4				
临汾市									
吕梁市	0.2	0.2							

2-B-2.24 各地区按主要用途分的集体总承包和专业承包企业房屋竣工价值

单位：万元

地 区	合计	住宅房屋	商业及服务用房屋	办公用房屋	科研、教育和医疗用房屋	文化、体育和娱乐用房屋	厂房及建筑物	仓 库	其他未列明的房屋建筑物
全 省	**110795.1**	**100477.9**	**566.0**	**500.0**	**313.5**		**6972.9**	**400.0**	**1564.8**
太原市	2094.0	2094.0							
大同市									
阳泉市	6219.5	4608.3					1069.1		542.1
长治市	7170.2	5263.1		500.0				400.0	1007.1
晋城市	7627.8	3924.0					3703.8		
朔州市									
晋中市	22391.1	22391.1							
运城市	28938.7	26738.7					2200.0		
忻州市	36073.8	35178.7	566.0		313.5				15.6
临汾市									
吕梁市	280.0	280.0							

2-B-2.25 各地区集体总承包和专业承包企业施工机械设备情况

地 区	年末自有施工机械设备总台数（台）	年末自有施工机械设备总功率（千瓦）	年末自有施工机械设备净值（万元）	技术装备率（元/人）	动力装备率（千瓦/人）
全 省	**7768**	**100574**	**15827.2**	**10942**	**7.0**
太原市	660	8514	3057.2	8559	2.4
大同市	224	668	142.8	2228	1.0
阳泉市	343	17716	1333.3	10701	14.2
长治市	168	1372	360.5	4878	1.9
晋城市	584	9866	1533.9	22657	14.6
朔州市					
晋中市	128	6191	852.7	4348	3.2
运城市	1428	15291	1336.7	7900	9.0
忻州市	2922	30583	4020.4	13299	10.1
临汾市	926	7263	1422.3	29027	14.8
吕梁市	385	3110	1767.4	58138	10.2

2-B-2.26 各地区集体总承包和专业承包企业主要生产效益指标

地 区	建筑业企业个数（个）	从事建筑业活动的平均人数（人）	按总产值计算的劳动生产率（元/人）	人均竣工产值（元/人）	人均施工面积（平方米/人）	人均竣工面积（平方米/人）
全 省	**63**	**14331**	**258709**	**130555**	**124.5**	**47.7**
太原市	17	4050	238758	85161	8.8	2.9
大同市	5	680	125847	115553		
阳泉市	2	1169	263352	220837	42.8	29.5
长治市	5	669	138665	114353	59.0	54.7
晋城市	6	866	155626	134142	64.0	45.0
朔州市	2	114	154228	127202		
晋中市	5	1591	431676	142713	522.5	108.8
运城市	4	1340	446044	215960	272.3	120.0
忻州市	12	3124	209671	137473	111.8	72.6
临汾市	3	473	307655	70326	29.9	
吕梁市	2	255	66667	11765	171.0	6.3

2-B-2.27 各地区集体总承包和专业承包企业营业收入

单位：万元

地 区	营业收入	#在境外完成的营业收入	企业总产值	#建筑业总产值
全 省	**376212.2**		**380933.4**	**370755.6**
太原市	110334.0		101086.8	96697.1
大同市	11519.3		10109.3	8557.6
阳泉市	33008.9		33028.0	30785.9
长治市	11001.7		9476.7	9276.7
晋城市	17219.0		14610.5	13477.2
朔州市	1758.2		1758.2	1758.2
晋中市	60405.5		68679.6	68679.6
运城市	54538.9		59769.9	59769.9
忻州市	63967.5		66162.3	65501.3
临汾市	10696.0		14552.1	14552.1
吕梁市	1763.2		1700.0	1700.0

2-B-2.28 各地区集体总承包和专业承包企业资产构成

单位：万元

地 区	资产总计	#流动资产总计	#存货
全 省	**497690.9**	**433266.5**	**80767.4**
太原市	144637.5	121941.8	18545.3
大同市	16461.2	12068.7	758.7
阳泉市	61357.9	57024.6	2174.2
长治市	11198.4	5217.9	93.9
晋城市	50046.2	44071.5	5438.2
朔州市	2616.8	2412.8	189.8
晋中市	81383.4	76477.5	13275.2
运城市	59082.9	55941.7	37414.0
忻州市	53397.7	46634.6	1382.0
临汾市	11351.0	7344.6	1226.4
吕梁市	6157.9	4130.8	269.7

2-B-2.29 各地区集体总承包和专业承包企业固定资产情况

单位：万元

地 区	固定资产原价	固定资产折旧	#本年折旧	在建工程
全 省	**63431.0**	**25261.0**	**3096.4**	**4921.5**
太原市	19255.2	8612.4	1617.2	646.7
大同市	4123.9	2123.2	142.6	131.0
阳泉市	3575.6	2242.4	136.0	3000.0
长治市	1931.2	493.2	76.2	
晋城市	8078.4	3439.5	295.1	
朔州市	351.0	240.6		
晋中市	4638.2	663.0	12.8	
运城市	4263.2	1254.7	368.5	906.8
忻州市	8526.1	3343.0	266.9	237.0
临汾市	6661.1	2849.0	181.1	
吕梁市	2027.1			

2-B-2.30 各地区集体总承包和专业承包企业负债及所有者权益

单位：万元

地区	负债合计	#流动负债	#应付账款	所有者权益	#实收资本
全 省	**386580.3**	**379379.8**	**126083.2**	**111110.6**	**94263.7**
太原市	117099.7	115838.8	43816.8	27537.8	24314.8
大同市	12830.1	12813.6	8362.7	3631.1	4304.8
阳泉市	54382.0	54382.0	22032.0	6975.9	6000.0
长治市	3306.4	3290.5	684.6	7892.0	7674.7
晋城市	36004.5	32892.2	13123.6	14041.7	10045.7
朔州市	4597.1	4597.1	2847.9	-1980.3	673.6
晋中市	67330.5	64629.5	9354.9	14052.9	11039.8
运城市	50672.6	50159.8	2854.3	8410.3	7216.3
忻州市	35309.8	35132.6	19208.2	18087.9	13267.1
临汾市	3349.8	3349.8	2339.0	8001.2	5273.9
吕梁市	1697.8	2293.9	1459.2	4460.1	4453.0

2-B-2.31 各地区集体总承包和专业承包企业实收资本

单位：万元

地区	合计	国家资本	集体资本	法人资本	个人资本	港澳台资本	外商资本
全 省	**94263.7**	**3057.8**	**77519.0**	**9386.9**	**4300.0**		
太原市	24314.8	302.8	23606.0	406.0			
大同市	4304.8		4304.8				
阳泉市	6000.0		6000.0				
长治市	7674.7		3374.7		4300.0		
晋城市	10045.7	500.0	9545.7				
朔州市	673.6		673.6				
晋中市	11039.8		5671.3	5368.5			
运城市	7216.3		7216.3				
忻州市	13267.1		9654.7	3612.4			
临汾市	5273.9		5273.9				
吕梁市	4453.0	2255.0	2198.0				

2-B-2.32　各地区集体总承包和专业承包企业收入情况

单位：万元

地　区	主营业务收　入	#主营业务成　本	#主营业务税金及附加	其他业务收　入	#其他业务利　润
全　省	**366313.6**	**336321.2**	**7048.4**	**9898.6**	**1137.5**
太原市	104679.8	95578.9	1181.7	5654.2	991.0
大同市	7740.0	6918.6	66.3	3779.3	36.7
阳泉市	32766.3	30473.3	148.2	242.6	
长治市	11001.7	8856.2	365.7		
晋城市	17110.6	15535.8	69.2	108.4	53.5
朔州市	1758.2	1533.5	6.6		
晋中市	60360.7	56932.1	1156.5	44.8	43.8
运城市	54538.9	51756.3	1186.5		
忻州市	63901.4	57785.2	2751.5	66.1	9.3
临汾市	10696.0	9262.8	100.3		
吕梁市	1760.0	1688.5	15.9	3.2	3.2

2-B-2.33　各地区集体总承包和专业承包企业费用情况

单位：万元

地　区	管理费用	销售费用	财务费用	#利息收入	#利息支出
全　省	**14891.8**	**1351.8**	**520.4**	**1593.1**	**240.2**
太原市	5476.3	690.8	10.8	1488.3	15.9
大同市	1149.0	41.5	-11.1	0.3	
阳泉市	1832.7		35.4	4.7	
长治市	612.7	167.3	169.5	85.1	75.3
晋城市	1134.2	17.0	75.8	2.3	80.0
朔州市	954.6		-0.3		
晋中市	946.9	2.7	123.3	11.0	68.1
运城市	486.0	251.0	2.8	0.2	0.2
忻州市	1049.8	179.2	114.9	0.1	0.7
临汾市	1239.7		-0.6	1.1	
吕梁市	9.9	2.3	-0.1		

2-B-2.34 各地区集体总承包和专业承包企业利润及税金情况

单位：万元

地 区	利润总额	#应交所得税	税金总额	主营业务税金及附加	应交增值税
全 省	**7652.6**	**2664.4**	**18365.0**	**7048.4**	**11316.6**
太原市	3048.7	660.7	3974.9	1181.7	2793.2
大同市	-39.7	5.4	492.5	66.3	426.2
阳泉市	111.0	4.6	1411.9	148.2	1263.7
长治市	576.5	171.8	928.4	365.7	562.7
晋城市	390.7	238.3	578.6	69.2	509.4
朔州市	-762.7		50.0	6.6	43.4
晋中市	1123.2	608.0	2791.9	1156.5	1635.4
运城市	864.1	126.7	1687.4	1186.5	500.9
忻州市	2168.4	774.4	5490.7	2751.5	2739.2
临汾市	125.7	30.9	894.8	100.3	794.5
吕梁市	46.7	43.6	63.9	15.9	48.0

2-B-2.35 各地区集体总承包和专业承包企业应收工程款及企业亏损情况

地 区	应收工程款(万元)	企业个数(个)	#亏损企业个数	亏损企业的比重(%)
全 省	**157624.6**	**63**	**11**	**17.5**
太原市	38563.5	17	3	17.6
大同市	1601.6	5	3	60.0
阳泉市	36192.0	2		
长治市	1558.1	5		
晋城市	11646.8	6	2	33.3
朔州市	1300.5	2	2	100.0
晋中市	27019.5	5		
运城市	4671.9	4		
忻州市	29183.2	12		
临汾市	2709.1	3		
吕梁市	3178.4	2	1	50.0

2-B-2.36　各地区集体总承包和专业承包企业主要经济效益指标

地　区	产值利润率 (%)	产值利税率 (%)	资本利润率 (%)	资本利税率 (%)	人均利润 (元/人)	人均利税 (元/人)	资产负债率 (%)
全　省	**2.1**	**7.0**	**8.1**	**27.6**	**5340**	**18155**	**77.7**
太原市	3.2	7.3	12.5	28.9	7528	17342	81.0
大同市	-0.5	5.3	-0.9	10.5	-584	6659	77.9
阳泉市	0.4	4.9	1.9	25.4	950	13027	88.6
长治市	6.2	16.2	7.5	19.6	8617	22495	29.5
晋城市	2.9	7.2	3.9	9.6	4512	11193	71.9
朔州市	-43.4	-40.5	-113.2	-105.8	-66904	-62518	175.7
晋中市	1.6	5.7	10.2	35.5	7060	24608	82.7
运城市	1.4	4.3	12.0	35.4	6449	19041	85.8
忻州市	3.3	11.7	16.3	57.7	6941	24517	66.1
临汾市	0.9	7.0	2.4	19.4	2658	21575	29.5
吕梁市	2.7	6.5	1.0	2.5	1831	4337	27.6

2-B-2.37　各地区私营总承包和专业承包企业签订合同情况

单位：万元

地　区	签订合同额		
		上年结转合同额	本年新签合同额
全　省	**16544483.8**	**4588545.6**	**11955938.2**
太原市	8247221.2	2085377.8	6161843.4
大同市	1465295.7	377298.3	1087997.4
阳泉市	512576.6	58909.1	453667.5
长治市	1091631.3	297885.9	793745.4
晋城市	710003.6	487654.9	222348.7
朔州市	247464.2	22394.7	225069.5
晋中市	945214.2	440513.5	504700.7
运城市	1261252.6	333429.4	927823.2
忻州市	655438.5	98991.3	556447.2
临汾市	633908.4	182195.9	451712.5
吕梁市	774477.5	203894.8	570582.7

2-B-2.38 各地区私营总承包和专业承包企业承包工程完成情况

单位：万元

地　区	直接从建设单位承揽工程完成的产值	自行完成施工产值	分包出去工程的产值	从建设单位以外承揽工程完成的产值
全　省	**11686589.7**	**11645205.9**	**41383.8**	**174325.3**
太原市	6058812.5	6037780.5	21032.0	112993.6
大同市	1174957.1	1173476.4	1480.7	8900.5
阳泉市	223135.5	223135.5		954.4
长治市	882937.9	880236.1	2701.8	8040.5
晋城市	271431.9	271201.0	230.9	7234.5
朔州市	210572.3	210572.3		3739.5
晋中市	563415.5	554489.3	8926.2	3638.6
运城市	853935.7	853424.9	510.8	5988.2
忻州市	498395.1	498395.1		3984.7
临汾市	392016.4	392016.4		538.4
吕梁市	556979.8	550478.4	6501.4	18312.4

2-B-2.39 各地区私营企业总承包和专业承包总产值和竣工产值

单位：万元

地　区	建筑业总产值	#装饰装修产值	#在外省完成的产值	按构成分组			竣工产值
				建筑工程产值	安装工程产值	其他产值	
全　省	**11819531.2**	**608918.6**	**2176317.4**	**9622037.1**	**1653244.3**	**544249.8**	**5672592.6**
太原市	6150774.1	397942.2	1987788.9	4716748.1	1144845.8	289180.2	2511537.8
大同市	1182376.9	47550.5	25096.8	949804.0	134756.5	97816.4	660628.4
阳泉市	224089.9	3344.8	10488.7	195004.0	26530.5	2555.4	82574.4
长治市	888276.6	34115.9	53171.2	809671.3	74737.2	3868.1	453190.3
晋城市	278435.5	7244.7	1194.5	248315.4	27446.9	2673.2	186609.3
朔州市	214311.8	10217.4	4956.9	153033.4	29454.7	31823.7	134491.3
晋中市	558127.9	17009.6	6076.3	504032.7	41812.2	12283.0	283580.5
运城市	859413.1	44992.2	56816.4	753919.0	80105.8	25388.3	430351.6
忻州市	502379.8	20487.5	3608.9	426962.6	41378.2	34039.0	319155.9
临汾市	392554.8	22591.9	16925.9	350247.0	37008.8	5299.0	219692.4
吕梁市	568790.8	3421.9	10192.9	514299.6	15167.7	39323.5	390780.7

2-B-2.40　各地区私营总承包和专业承包企业房屋建筑面积

地　区	房屋施工面积（万平方米）	#本年新开工	房屋竣工面积（万平方米）	房屋竣工率（%）
全　省	**4598.0**	**2025.9**	**1512.0**	**32.9**
太原市	1869.9	714.2	490.2	26.2
大同市	523.5	289.5	204.6	39.1
阳泉市	40.4	15.8	15.8	39.2
长治市	368.9	166.8	88.5	24.0
晋城市	254.5	60.9	88.2	34.7
朔州市	47.2	19.3	11.1	23.5
晋中市	457.6	140.9	101.9	22.3
运城市	398.2	228.8	177.5	44.6
忻州市	211.7	126.4	135.2	63.9
临汾市	115.7	76.8	36.7	31.7
吕梁市	310.4	186.6	162.4	52.3

2-B-2.41　各地区按主要用途分的私营总承包和专业承包企业房屋竣工面积

单位：万平方米

地　区	合计	住宅房屋	商业及服务用房屋	办公用房　屋	科研、教育和医疗用房屋	文化、体育和娱乐用房屋	厂房及建筑物	仓　库	其他未列明的房屋建筑物
全　省	**1512.0**	**993.6**	**134.1**	**66.2**	**43.8**	**4.7**	**199.8**	**4.9**	**64.8**
太原市	490.2	321.4	89.9	18.1	11.1	0.2	38.4	3.2	8.0
大同市	204.6	184.8	5.9	1.7	1.4		1.9	0.2	8.8
阳泉市	15.8	13.6					0.6		1.6
长治市	88.5	41.0	3.2	27.9	3.5	0.1	11.1		1.9
晋城市	88.2	73.5	2.0	1.0	1.4		10.2	0.1	
朔州市	11.1	9.3	0.1		1.5		0.1		0.1
晋中市	101.9	51.2	3.4	1.6	5.5		36.3	0.5	3.5
运城市	177.5	130.4	7.2	7.1	10.2	1.8	18.3	0.2	2.2
忻州市	135.2	101.7	16.7	4.2	1.5		3.2	0.2	7.7
临汾市	36.7	15.7	1.5	1.7	2.8		8.4		6.6
吕梁市	162.4	51.2	4.4	3.0	4.9	2.6	71.4	0.6	24.4

2-B-2.42 各地区按主要用途分的私营总承包和专业承包企业房屋竣工价值

单位：万元

地区	合计	住宅房屋	商业及服务用房屋	办公用房屋	科研、教育和医疗用房屋	文化、体育和娱乐用房屋	厂房及建筑物	仓库	其他未列明的房屋建筑物
全省	**2402212.2**	**1712620.6**	**212524.9**	**108101.7**	**72266.6**	**6686.6**	**215992.1**	**6052.4**	**67967.3**
太原市	929953.5	666337.6	143279.0	29587.8	19519.2	170.0	60630.4	4066.1	6363.4
大同市	332121.5	302710.8	8171.5	3054.8	2547.9	38.0	3238.4	238.3	12121.8
阳泉市	20688.2	14105.1	293.3				1920.0		4369.8
长治市	149707.9	77475.0	4306.3	51716.2	6936.8	80.0	5195.1		3998.5
晋城市	127938.1	109167.5	4596.4	1289.1	2191.0		10550.8	123.3	20.0
朔州市	16861.9	12822.5	289.1	82.7	3345.6		45.0		277.0
晋中市	110875.0	68998.5	6626.0	3243.5	4233.9		21574.2	345.0	5853.9
运城市	310850.6	233121.0	18859.5	10417.5	21049.7	2310.2	21705.5	276.7	3110.5
忻州市	170869.1	130225.9	17737.7	4176.4	4060.2		3275.2	501.9	10891.8
临汾市	40721.5	23016.0	1265.5	1901.4	2105.1		5865.1		6568.4
吕梁市	191624.9	74640.7	7100.6	2632.3	6277.2	4088.4	81992.4	501.1	14392.2

2-B-2.43 各地区私营总承包和专业承包企业施工机械设备情况

地区	年末自有施工机械设备总台数（台）	年末自有施工机械设备总功率（千瓦）	年末自有施工机械设备净值（万元）	技术装备率（元/人）	动力装备率（千瓦/人）
全省	**95312**	**2009168**	**518025.1**	**18447**	**7.2**
太原市	28294	716479	156272.5	13323	6.1
大同市	4911	96441	28141.8	14636	5.0
阳泉市	981	18363	5935.6	6411	2.0
长治市	3953	120449	31524.5	21488	8.2
晋城市	5939	116729	21740.1	21692	11.6
朔州市	1990	74960	24449.1	27007	8.3
晋中市	18997	197890	54764.6	22615	8.2
运城市	8610	195082	63614.6	18870	5.8
忻州市	7052	89484	37006.1	26783	6.5
临汾市	6099	137461	38623.3	26904	9.6
吕梁市	8486	245830	55952.9	36816	16.2

2-B-2.44　各地区私营总承包和专业承包企业主要生产效益指标

地　区	建筑业企业个数（个）	从事建筑业活动的平均人数（人）	按总产值计算的劳动生产率（元/人）	人均竣工产值（元/人）	人均施工面积（平方米/人）	人均竣工面积（平方米/人）
全　省	**2004**	**385315**	**306750**	**147220**	**119.3**	**39.2**
太原市	908	192111	320168	130734	97.3	25.5
大同市	141	37690	313711	175279	138.9	54.3
阳泉市	59	9261	241972	89164	43.6	17.1
长治市	133	21707	409212	208776	170.0	40.8
晋城市	84	10846	256717	172054	234.6	81.3
朔州市	87	9057	236626	148494	52.1	12.2
晋中市	154	23531	237188	120514	194.5	43.3
运城市	147	34594	248428	124401	115.1	51.3
忻州市	75	14523	345920	219759	145.8	93.1
临汾市	124	14962	262368	146834	77.3	24.5
吕梁市	92	17033	333935	229426	182.3	95.4

2-B-2.45　各地区私营总承包和专业承包企业营业收入

单位：万元

地　区	营业收入	#在境外完成的营业收入	企业总产值	#建筑业总产值
全　省	**11684964.9**	**89749.9**	**12013532.5**	**11819531.2**
太原市	6094081.9	64220.2	6215911.6	6150774.1
大同市	1078822.5	6783.5	1220156.9	1182376.9
阳泉市	232089.5		224089.9	224089.9
长治市	871047.6	57.0	902366.3	888276.6
晋城市	204427.5		289780.7	278435.5
朔州市	228907.4	3793.0	216971.6	214311.8
晋中市	534745.9	3408.6	574327.9	558127.9
运城市	746783.4	6385.0	878807.3	859413.1
忻州市	494538.7		505880.7	502379.8
临汾市	371828.2	2127.5	400250.0	392554.8
吕梁市	827692.3	2975.1	584989.6	568790.8

2-B-2.46　各地区私营总承包和专业承包企业资产构成

单位：万元

地　区	资产总计	#流动资产总计	#存货
全　省	**12365519.6**	**10373629.0**	**1821761.8**
太原市	5063648.5	4472034.3	506135.8
大同市	1064559.9	938035.2	277072.7
阳泉市	1098462.7	785551.0	87121.0
长治市	867530.3	694531.7	153245.0
晋城市	492949.3	438070.3	54404.6
朔州市	413059.7	332363.1	80521.5
晋中市	848399.9	679692.4	181710.4
运城市	822719.8	677321.9	224367.7
忻州市	458891.4	381725.4	87802.5
临汾市	538248.6	428889.1	61822.0
吕梁市	697049.5	545414.6	107558.6

2-B-2.47　各地区私营总承包和专业承包企业固定资产情况

单位：万元

地　区	固定资产原价	固定资产折旧	#本年折旧	在建工程
全　省	**1678128.9**	**757998.8**	**105649.2**	**128853.5**
太原市	551317.8	299356.6	41706.1	38699.5
大同市	91962.9	43226.4	4744.7	14404.6
阳泉市	77827.4	47011.1	2873.4	11266.6
长治市	120938.6	44250.5	8152.5	14768.5
晋城市	61226.1	23123.3	3607.6	2767.5
朔州市	69794.0	23755.7	4273.6	4157.0
晋中市	193794.5	88221.1	14377.6	19336.9
运城市	141792.5	56593.5	7214.5	644.6
忻州市	98394.8	37404.9	5424.0	2208.6
临汾市	115419.2	44040.6	6435.8	15390.0
吕梁市	155661.1	51015.1	6839.4	5209.7

2-B-2.48　各地区私营总承包和专业承包企业负债及所有者权益

单位：万元

地　区	负债合计	#流动负债	#应付账款	所有者权益	#实收资本
全　省	**7243661.8**	**6923524.0**	**2855157.2**	**5121857.8**	**4096420.0**
太原市	2882509.2	2740304.2	1596278.4	2181139.3	1790095.1
大同市	744135.4	714852.9	314575.4	320424.5	245826.2
阳泉市	971675.3	962466.9	105260.8	126787.4	243832.2
长治市	323798.4	311330.1	122294.6	543731.9	375133.1
晋城市	342442.0	341176.8	59264.6	150507.3	122321.5
朔州市	217692.3	206008.6	82720.9	195367.4	145101.3
晋中市	454557.5	430665.5	135019.6	393842.4	293170.0
运城市	468982.8	436161.2	118963.7	353737.0	234502.9
忻州市	246808.9	233022.2	98029.0	212082.5	177306.9
临汾市	247150.9	245614.2	104394.8	291097.7	237425.1
吕梁市	343909.1	301921.4	118355.4	353140.4	231705.7

2-B-2.49　各地区私营总承包和专业承包企业实收资本

单位：万元

地　区	合计	国家资本	集体资本	法人资本	个人资本	港澳台资本	外商资本
全　省	**4096420.0**	**7205.5**	**18482.6**	**1396265.8**	**2674464.1**	**1.0**	**1.0**
太原市	1790095.1	6899.9	5789.4	652284.1	1125119.7	1.0	1.0
大同市	245826.2	101.0	205.0	75789.4	169730.8		
阳泉市	243832.2			33547.4	210284.8		
长治市	375133.1			126886.3	248246.8		
晋城市	122321.5		4820.0	45907.8	71593.7		
朔州市	145101.3			67903.8	77197.5		
晋中市	293170.0		4392.2	106574.9	182202.9		
运城市	234502.9	200.0	424.2	103890.4	129988.3		
忻州市	177306.9	4.6	135.0	69811.4	107355.9		
临汾市	237425.1			40804.9	196620.2		
吕梁市	231705.7		2716.8	72865.4	156123.5		

2-B-2.50 各地区私营总承包和专业承包企业收入情况

单位：万元

地　区	主营业务收　入	#主营业务成　本	#主营业务税金及附加	其他业务收　入	#其他业务利　润
全　省	**11388534.2**	**10444269.5**	**87154.5**	**296430.7**	**6623.2**
太原市	5912999.1	5509471.4	36505.2	181082.8	1915.9
大同市	1076824.2	1004166.9	10024.8	1998.3	1126.3
阳泉市	231936.1	196755.3	205.5	153.4	39.6
长治市	860726.0	742756.4	6179.1	10321.6	121.1
晋城市	202625.9	179075.3	3756.0	1801.6	336.6
朔州市	208903.1	186515.8	1658.8	20004.3	468.9
晋中市	506622.0	455723.3	3366.5	28123.9	1026.8
运城市	737313.8	671731.9	5805.2	9469.6	224.0
忻州市	491872.0	448973.1	4829.3	2666.7	34.9
临汾市	354870.0	320320.8	4318.1	16958.2	1193.3
吕梁市	803842.0	728779.3	10506.0	23850.3	135.8

2-B-2.51 各地区私营总承包和专业承包企业费用情况

单位：万元

地　区	管理费用	销售费用	财务费用	#利息收入	#利息支出
全　省	**456945.7**	**43905.1**	**53102.3**	**1299.1**	**32335.1**
太原市	228434.6	22282.7	14162.7	913.3	7793.5
大同市	41741.0	2427.4	3359.2	68.1	1996.5
阳泉市	8397.1	88.8	13279.4	4.0	882.9
长治市	47170.5	1901.2	4255.6	85.8	1499.3
晋城市	10671.1	2884.7	1268.7	-20.0	462.0
朔州市	13190.3	2675.7	926.0	-74.2	317.1
晋中市	25392.6	2037.1	8985.3	168.0	6060.7
运城市	35150.1	4619.6	1437.6	-123.0	707.5
忻州市	15509.2	1304.7	1390.0	32.5	1019.4
临汾市	15403.4	2365.2	2755.8	63.1	1201.3
吕梁市	15885.8	1318.0	1282.0	181.5	10394.9

2-B-2.52　各地区私营总承包和专业承包企业利润及税金情况

单位：万元

地　区	利润总额	#应交所得税	税金总额	主营业务税金及附加	应交增值税
全　省	**303886.9**	**82924.9**	**422915.3**	**87154.5**	**335760.8**
太原市	97652.2	23649.2	197127.8	36505.2	160622.6
大同市	13592.7	5301.4	40377.1	10024.8	30352.3
阳泉市	14084.6	5123.5	11380.8	205.5	11175.3
长治市	59128.0	13963.6	25151.3	6179.1	18972.2
晋城市	5029.6	1212.2	11347.0	3756.0	7591.0
朔州市	6409.7	2005.7	10868.3	1658.8	9209.5
晋中市	13397.9	5082.9	17804.6	3366.5	14438.1
运城市	18475.9	3620.4	30054.5	5805.2	24249.3
忻州市	17881.4	6547.4	26881.0	4829.3	22051.7
临汾市	10853.1	2929.5	16406.8	4318.1	12088.7
吕梁市	47381.8	13489.1	35516.1	10506.0	25010.1

2-B-2.53　各地区私营总承包和专业承包企业应收工程款及企业亏损情况

地　区	应收工程款（万元）	企业个数（个）	#亏损企业个数	亏损企业的比重（%）
全　省	**4118027.0**	**2004**	**465**	**23.2**
太原市	2277929.8	908	215	23.7
大同市	217967.5	141	24	17.0
阳泉市	192550.2	59	18	30.5
长治市	235359.7	133	26	19.5
晋城市	95358.6	84	25	29.8
朔州市	126281.7	87	28	32.2
晋中市	227874.8	154	36	23.4
运城市	220946.1	147	28	19.0
忻州市	144874.7	75	6	8.0
临汾市	163436.9	124	37	29.8
吕梁市	215447.0	92	22	23.9

2-B-2.54 各地区私营总承包和专业承包企业主要经济效益指标

地 区	产值利润率(%)	产值利税率(%)	资本利润率(%)	资本利税率(%)	人均利润(元/人)	人均利税(元/人)	资产负债率(%)
全 省	**2.6**	**6.1**	**7.4**	**17.7**	**7887**	**18863**	**58.6**
太原市	1.6	4.8	5.5	16.5	5083	15344	56.9
大同市	1.1	4.6	5.5	22.0	3606	14319	69.9
阳泉市	6.3	11.4	5.8	10.4	15209	27498	88.5
长治市	6.7	9.5	15.8	22.5	27239	38826	37.3
晋城市	1.8	5.9	4.1	13.4	4637	15099	69.5
朔州市	3.0	8.1	4.4	11.9	7077	19077	52.7
晋中市	2.4	5.6	4.6	10.6	5694	13260	53.6
运城市	2.1	5.6	7.9	20.7	5341	14029	57.0
忻州市	3.6	8.9	10.1	25.2	12313	30822	53.8
临汾市	2.8	6.9	4.6	11.5	7254	18219	45.9
吕梁市	8.3	14.6	20.4	35.8	27818	48669	49.3

2-B-2.55 各地区股份制总承包和专业承包企业签订合同情况

单位：万元

地 区	签订合同额		
		上年结转合同额	本年新签合同额
全 省	**64642272.3**	**31983272.2**	**32659000.1**
太原市	53536934.4	27386990.3	26149944.1
大同市	603311.3	143521.5	459789.8
阳泉市	1105686.7	393633.6	712053.1
长治市	1722640.2	275121.1	1447519.1
晋城市	678713.2	288070.2	390643.0
朔州市	325302.7	86989.8	238312.9
晋中市	5199638.5	2966533.3	2233105.2
运城市	622660.2	204646.5	418013.7
忻州市	126654.4	34023.7	92630.7
临汾市	686900.8	194752.1	492148.7
吕梁市	33829.9	8990.1	24839.8

2-B-2.56 各地区股份制总承包和专业承包企业承包工程完成情况

单位：万元

地 区	直接从建设单位承揽工程完成的产值	自行完成施工产值	分包出去工程的产值	从建设单位以外承揽工程完成的产值
全 省	**23147039.1**	**23045158.6**	**101880.5**	**559703.0**
太原市	17415097.1	17390771.3	24325.8	469293.8
大同市	453024.3	422268.7	30755.6	
阳泉市	666163.6	666163.6		6239.6
长治市	923949.9	888341.5	35608.4	37230.4
晋城市	441993.1	439327.4	2665.7	15021.0
朔州市	286075.3	283188.7	2886.6	30534.2
晋中市	1841941.5	1841941.5		
运城市	452934.2	452934.2		1384.0
忻州市	127089.6	122451.2	4638.4	
临汾市	508181.8	507181.8	1000.0	
吕梁市	30588.7	30588.7		

2-B-2.57 各地区股份制总承包和专业承包企业总产值和竣工产值

单位：万元

地 区	建筑业总产值	#装饰装修产 值	#在外省完成的产值	按构成分组			竣工产值
				建筑工程产值	安装工程产值	其他产值	
全 省	**23604861.6**	**443976.0**	**11338607.5**	**20952793.5**	**2282261.7**	**369806.4**	**6838464.9**
太原市	17860065.1	385467.2	9835975.3	15886326.4	1690514.4	283224.3	4698001.3
大同市	422268.7	12644.3	8565.6	312412.1	96871.3	12985.3	169397.8
阳泉市	672403.2	23157.1	9382.7	561957.6	102020.8	8424.8	482461.4
长治市	925571.9	4991.9	92016.4	807868.4	106780.8	10922.7	412106.0
晋城市	454348.4		11724.4	404499.1	43051.3	6798.0	326243.3
朔州市	313722.9	5714.1	17141.5	216559.7	92076.1	5087.1	114356.5
晋中市	1841941.5	993.5	1326342.5	1765685.8	73435.5	2820.2	144491.7
运城市	454318.2	9494.0	7987.2	403804.3	15521.2	34992.7	291586.5
忻州市	122451.2		10490.0	69353.6	51858.4	1239.2	57880.4
临汾市	507181.8	1513.9	18981.9	496742.8	7126.9	3312.1	141283.5
吕梁市	30588.7			27583.7	3005.0		656.5

2-B-2.58　各地区股份制总承包和专业承包企业房屋建筑面积

地　区	房屋施工面积（万平方米）		房屋竣工面积（万平方米）	房屋竣工率（%）
		#本年新开工		
全　省	**9562.7**	**2849.1**	**1542.5**	**16.1**
太原市	7733.0	2342.1	1126.8	14.6
大同市	173.1	96.7	63.8	36.8
阳泉市	166.5	18.8	47.6	28.6
长治市	958.1	167.1	159.9	16.7
晋城市	79.6	21.4	11.6	14.6
朔州市	53.8	16.9	8.7	16.1
晋中市	31.9	21.3	7.5	23.5
运城市	299.5	120.5	86.9	29.0
忻州市	13.0	4.3	5.6	43.0
临汾市	54.0	39.9	24.0	44.5
吕梁市				

2-B-2.59　各地区按主要用途分的股份制总承包和专业承包企业房屋竣工面积

单位：万平方米

地　区	合计	住宅房屋	商业及服务用房屋	办公用房　屋	科研、教育和医疗用房屋	文化、体育和娱乐用房屋	厂房及建筑物	仓　库	其他未列明的房屋建筑物
全　省	**1542.5**	**1082.4**	**68.1**	**91.4**	**90.6**	**24.8**	**107.5**	**4.3**	**73.3**
太原市	1126.8	741.2	51.8	71.9	83.9	24.7	77.5	4.2	71.5
大同市	63.8	55.2		0.8	0.6	0.1	6.8	0.1	0.2
阳泉市	47.6	39.1	4.1		0.4	0.1	2.4		1.5
长治市	159.9	146.8	2.9	2.3	0.4		7.6		
晋城市	11.6	1.4					10.2		
朔州市	8.7	8.7							
晋中市	7.5	7.3					0.2		
运城市	86.9	68.4	9.3	2.6	4.3		2.4		
忻州市	5.6	4.7		0.8					0.1
临汾市	24.0	9.7		13.0	1.0		0.2		0.1
吕梁市									

2-B-2.60　各地区按主要用途分的股份制总承包和专业承包企业房屋竣工价值

单位：万元

地　区	合计	住宅房屋	商业及服务用房屋	办公用房　屋	科研、教育和医疗用房屋	文化、体育和娱乐用房屋	厂房及建筑物	仓　库	其他未列明的房屋建筑物
全　省	**3069369.9**	**1831589.6**	**163349.3**	**269577.4**	**247372.6**	**80326.8**	**231512.0**	**11189.3**	**234452.9**
太原市	2459487.4	1328482.9	138827.0	243702.8	235162.6	79977.0	191418.6	10958.7	230957.8
大同市	77292.2	70436.0		1159.6	1216.0	130.0	3668.0	230.6	452.0
阳泉市	93186.4	75304.6	7464.1		594.4	175.0	6853.8		2794.5
长治市	225372.7	206708.3	3516.3	5440.9	417.0		9274.3		15.9
晋城市	18341.7	1666.2					16675.5		
朔州市	12720.0	12720.0							
晋中市	14294.8	13704.7					590.1		
运城市	126817.1	99174.8	13541.9	3539.6	8199.9		2360.9		
忻州市	9465.8	8599.2		666.6					200.0
临汾市	32391.8	14792.9		15067.9	1782.7	44.8	670.8		32.7
吕梁市									

2-B-2.61　各地区股份制总承包和专业承包企业施工机械设备情况

地　区	年末自有施工机械设备总台数（台）	年末自有施工机械设备总功率（千瓦）	年末自有施工机械设备净值（万元）	技术装备率（元/人）	动力装备率（千瓦/人）
全　省	**79725**	**4368618**	**840639.0**	**20831**	**10.8**
太原市	51166	3590069	648587.3	22888	12.7
大同市	2594	51612	13183.4	11389	4.5
阳泉市	5526	150959	9730.1	5896	9.1
长治市	2365	54271	10239.5	6976	3.7
晋城市	1617	40803	15592.3	13811	3.6
朔州市	1923	52161	22306.5	22539	5.3
晋中市	5696	258214	61067.5	31735	13.4
运城市	3909	52809	21730.9	11560	2.8
忻州市	1082	32731	6180.0	20416	10.8
临汾市	3578	72989	30897.5	21846	5.2
吕梁市	269	12000	1124.0	10966	11.7

2-B-2.62 各地区股份制总承包和专业承包企业主要生产效益指标

地区	建筑业企业个数（个）	从事建筑业活动的平均人数（人）	按总产值计算的劳动生产率（元/人）	人均竣工产值（元/人）	人均施工面积（平方米/人）	人均竣工面积（平方米/人）
全省	**494**	**578348**	**408143**	**118241**	**165.3**	**26.7**
太原市	194	430535	414834	109120	179.6	26.2
大同市	42	13305	317376	127319	130.1	47.9
阳泉市	29	17619	381635	273830	94.5	27.0
长治市	57	24683	374984	166959	388.2	64.8
晋城市	24	12615	360165	258615	63.1	9.2
朔州市	31	10805	290350	105837	49.8	8.0
晋中市	31	31804	579154	45432	10.0	2.4
运城市	32	18011	252245	161894	166.3	48.3
忻州市	22	3244	377470	178423	40.1	17.2
临汾市	27	14703	344951	96092	36.7	16.3
吕梁市	5	1024	298718	6411		

2-B-2.63 各地区股份制总承包和专业承包企业营业收入

单位：万元

地区	营业收入	#在境外完成的营业收入	企业总产值	#建筑业总产值
全省	**23901951.5**	**492601.0**	**24311105.6**	**23604861.6**
太原市	18416003.4	473957.8	18268021.8	17860065.1
大同市	438887.9		452490.0	422268.7
阳泉市	613852.1	4170.1	848351.1	672403.2
长治市	817428.1	61.1	946464.2	925571.9
晋城市	460575.4	597.1	467810.6	454348.4
朔州市	284818.0		323359.3	313722.9
晋中市	1736471.7		1848948.1	1841941.5
运城市	457556.8	4273.1	456529.7	454318.2
忻州市	125172.3	111.8	122612.5	122451.2
临汾市	520939.4	9430.0	545929.6	507181.8
吕梁市	30246.4		30588.7	30588.7

2-B-2.64　各地区股份制总承包和专业承包企业资产构成

单位：万元

地　区	资产总计	#流动资产总计	#存货
全　省	**33898541.7**	**28027659.2**	**2814618.7**
太原市	26631381.8	21746083.6	2049212.9
大同市	567962.6	498656.4	45491.9
阳泉市	1446150.7	1333478.9	142918.5
长治市	923343.4	803962.6	198347.1
晋城市	813516.0	661852.5	73317.9
朔州市	377477.4	303885.0	24686.9
晋中市	1834336.9	1619252.9	100661.8
运城市	497615.7	396548.3	59630.6
忻州市	163469.8	136672.7	31092.8
临汾市	568108.9	484150.8	87842.5
吕梁市	75178.5	43115.5	1415.8

2-B-2.65　各地区股份制总承包和专业承包企业固定资产情况

单位：万元

地　区	固定资产原价	固定资产折旧	#本年折旧	在建工程
全　省	**4083919.8**	**2382803.8**	**432804.7**	**336168.8**
太原市	3261918.8	1948891.1	390688.7	290277.2
大同市	47260.8	25946.7	2226.1	7433.9
阳泉市	102250.7	59496.2	6229.3	8634.4
长治市	78204.6	32700.9	9849.4	21358.8
晋城市	85097.4	48442.3	3528.4	411.3
朔州市	69168.4	23073.0	2586.8	48.9
晋中市	204535.9	117785.9	5623.0	3928.4
运城市	96090.3	50491.0	3698.5	1604.2
忻州市	26859.4	13029.3	1346.4	665.8
临汾市	99322.7	55165.6	5527.4	1805.9
吕梁市	13210.8	7781.8	1500.7	

2-B-2.66 各地区股份制总承包和专业承包企业负债及所有者权益

单位：万元

地 区	负债合计	#流动负债	#应付账款	所有者权益	#实收资本
全 省	**27268477.8**	**26424243.2**	**13987550.0**	**6630063.9**	**3984075.9**
太原市	21720356.4	21116990.2	11410044.6	4911025.4	2907413.6
大同市	458876.5	420310.9	183901.9	109086.1	98344.2
阳泉市	1283307.7	1244656.5	444962.3	162843.0	100287.7
长治市	686467.6	670089.7	366151.7	236875.8	160794.0
晋城市	571619.4	516418.3	301070.2	241896.6	135041.9
朔州市	224766.0	215211.1	145259.3	152711.4	66060.6
晋中市	1434440.3	1423732.0	801973.3	399896.6	231717.8
运城市	342085.0	285023.4	56086.2	155530.7	117051.7
忻州市	123017.5	118922.5	38866.4	40452.3	31515.6
临汾市	368544.2	359653.3	218755.7	199564.7	118994.1
吕梁市	54997.2	53235.3	20478.4	20181.3	16854.7

2-B-2.67 各地区股份制总承包和专业承包企业实收资本

单位：万元

地 区	合计	国家资本	集体资本	法人资本	个人资本	港澳台资本	外商资本
全 省	**3984075.9**	**1768602.6**	**133943.7**	**1519007.9**	**562521.7**		
太原市	2907413.6	1328579.7	39019.4	1248221.3	291593.2		
大同市	98344.2	11372.8	13021.1	37279.5	36670.8		
阳泉市	100287.7	37834.9	14799.9	26256.6	21396.3		
长治市	160794.0	7437.3	10789.1	77671.0	64896.6		
晋城市	135041.9	94140.8	5546.8	16422.8	18931.5		
朔州市	66060.6	6151.0	6059.3	24439.9	29410.4		
晋中市	231717.8	187446.6	17631.6	16330.9	10308.7		
运城市	117051.7	19573.2	8511.5	49767.1	39199.9		
忻州市	31515.6	1100.0	4000.0	8870.0	17545.6		
临汾市	118994.1	62366.3	11165.0	12894.1	32568.7		
吕梁市	16854.7	12600.0	3400.0	854.7			

2-B-2.68　各地区股份制总承包和专业承包企业收入情况

单位：万元

地　区	主营业务收　入	#主营业务成　本	#主营业务税金及附加	其他业务收　入	#其他业务利　润
全　省	**23631311.0**	**21865940.5**	**74551.5**	**270640.5**	**29601.0**
太原市	18278812.1	16956830.5	47886.7	137191.3	20845.8
大同市	426761.0	377272.5	4236.6	12126.9	436.4
阳泉市	578186.7	546812.3	3780.2	35665.4	933.4
长治市	791621.0	734302.3	5429.1	25807.1	987.8
晋城市	446046.0	400850.2	687.4	14529.4	3273.5
朔州市	284001.7	256539.9	3239.0	816.3	
晋中市	1732317.7	1617324.9	2826.0	4154.0	84.1
运城市	454990.7	417092.8	2092.8	2566.1	753.9
忻州市	125085.3	112020.4	1383.9	87.0	50.9
临汾市	483242.4	421234.0	2907.1	37697.0	2235.2
吕梁市	30246.4	25660.7	82.7		

2-B-2.69　各地区股份制总承包和专业承包企业费用情况

单位：万元

地　区	管理费用	销售费用	财务费用	#利息收入	#利息支出
全　省	**1011128.4**	**23984.7**	**113758.2**	**95667.6**	**173318.8**
太原市	737269.9	10120.7	81167.8	84155.8	148711.4
大同市	33916.4	7548.7	126.1	278.3	358.5
阳泉市	23448.1	541.8	10332.9	477.2	10022.4
长治市	30320.8	693.7	8560.8	5971.0	1872.6
晋城市	31319.7	564.5	3453.8	2773.1	3768.4
朔州市	16653.0	906.8	250.1	96.5	273.1
晋中市	67681.8	560.1	6002.6	461.0	4699.1
运城市	22387.3	1111.1	4108.7	110.0	2801.5
忻州市	6858.6	1599.3	179.3	126.8	180.4
临汾市	38166.9	306.2	-177.6	968.6	631.2
吕梁市	3105.9	31.8	-246.3	249.3	0.2

2-B-2.70 各地区股份制总承包和专业承包企业利润及税金情况

单位：万元

地区	利润总额	#应交所得税	税金总额	主营业务税金及附加	应交增值税
全省	**570797.9**	**73702.8**	**430190.7**	**74551.5**	**355639.2**
太原市	437284.8	41795.4	285958.4	47886.7	238071.7
大同市	6151.9	3158.9	13235.5	4236.6	8998.9
阳泉市	-3831.1	2498.0	27094.2	3780.2	23314.0
长治市	15114.2	3672.0	25289.9	5429.1	19860.8
晋城市	24737.5	2995.1	5952.3	687.4	5264.9
朔州市	6250.2	2135.5	14913.9	3239.0	11674.9
晋中市	46691.9	10324.7	23948.5	2826.0	21122.5
运城市	10280.8	2527.1	14765.8	2092.8	12673.0
忻州市	3098.0	1494.9	4505.1	1383.9	3121.2
临汾市	24709.3	2781.6	13736.5	2907.1	10829.4
吕梁市	310.4	319.6	790.6	82.7	707.9

2-B-2.71 各地区股份制总承包和专业承包企业应收工程款及企业亏损情况

地区	应收工程款(万元)	企业个数(个)	#亏损企业个数	亏损企业的比重(%)
全省	**10464544.9**	**494**	**98**	**19.8**
太原市	8101341.2	194	39	20.1
大同市	193586.7	42	15	35.7
阳泉市	587280.7	29	9	31.0
长治市	399786.3	57	7	12.3
晋城市	299631.8	24	5	20.8
朔州市	181885.3	31	8	25.8
晋中市	270608.3	31	2	6.5
运城市	144583.1	32	2	6.3
忻州市	67295.4	22	3	13.6
临汾市	199484.8	27	6	22.2
吕梁市	19061.3	5	2	40.0

2-B-2.72　各地区股份制总承包和专业承包企业主要经济效益指标

地　区	产值利润率(%)	产值利税率(%)	资本利润率(%)	资本利税率(%)	人均利润(元/人)	人均利税(元/人)	资产负债率(%)
全　省	**2.4**	**4.2**	**14.3**	**25.1**	**9869**	**17308**	**80.4**
太原市	2.4	4.0	15.0	24.9	10157	16799	81.6
大同市	1.5	4.6	6.3	19.7	4624	14572	80.8
阳泉市	-0.6	3.5	-3.8	23.2	-2174	13203	88.7
长治市	1.6	4.4	9.4	25.1	6123	16369	74.3
晋城市	5.4	6.8	18.3	22.7	19610	24328	70.3
朔州市	2.0	6.7	9.5	32.0	5785	19587	59.5
晋中市	2.5	3.8	20.2	30.5	14681	22211	78.2
运城市	2.3	5.5	8.8	21.4	5708	13906	68.7
忻州市	2.5	6.2	9.8	24.1	9550	23437	75.3
临汾市	4.9	7.6	20.8	32.3	16806	26148	64.9
吕梁市	1.0	3.6	1.8	6.5	3031	10752	73.2

2-B-2.73　各地区外商投资总承包和专业承包企业签订合同情况

单位：万元

地　区	签订合同额		
		上年结转合同额	本年新签合同额
全　省	**35581.7**	**154.2**	**35427.5**
太原市			
大同市			
阳泉市			
长治市			
晋城市			
朔州市	881.9		881.9
晋中市	32718.8		32718.8
运城市	1981.0	154.2	1826.8
忻州市			
临汾市			
吕梁市			

2-B-2.74 各地区外商投资总承包和专业承包企业承包工程完成情况

单位：万元

地 区	直接从建设单位承揽工程完成的产值	自行完成施工产值	分包出去工程的产值	从建设单位以外承揽工程完成的产值
全 省	**40552.3**	**40534.0**	**18.3**	
太原市				
大同市				
阳泉市				
长治市				
晋城市				
朔州市	881.9	881.9		
晋中市	38202.1	38202.1		
运城市	1468.3	1450.0	18.3	
忻州市				
临汾市				
吕梁市				

2-B-2.75 各地区外商投资总承包和专业承包企业总产值和竣工产值

单位：万元

地 区	建筑业总产值	#装饰装修产值	#在外省完成的产值	按构成分组			竣工产值
				建筑工程产值	安装工程产值	其他产值	
全 省	**40534.0**		**428.0**	**38202.1**	**1450.0**	**881.9**	**39269.9**
太原市							
大同市							
阳泉市							
长治市							
晋城市							
朔州市	881.9		428.0			881.9	
晋中市	38202.1			38202.1			38202.1
运城市	1450.0				1450.0		1067.8
忻州市							
临汾市							
吕梁市							

2-B-2.76　各地区外商投资总承包和专业承包企业施工机械设备情况

地　区	年末自有施工机械设备总台数(台)	年末自有施工机械设备总功率(千瓦)	年末自有施工机械设备净值(万元)	技术装备率(元/人)	动力装备率(千瓦/人)
全　省	**93**	**8881**	**3048.5**	**2163591**	**630.3**
太原市					
大同市					
阳泉市					
长治市					
晋城市					
朔州市					
晋中市	89	8860	2993.2	7734367	2289.4
运城市	4	21	55.3	1024074	38.9
忻州市					
临汾市					
吕梁市					

2-B-2.77　各地区外商投资总承包和专业承包企业主要生产效益指标

地　区	建筑业企业个数(个)	从事建筑业活动的平均人数(人)	按总产值计算的劳动生产率(元/人)	人均竣工产值(元/人)	人均施工面积(平方米/人)	人均竣工面积(平方米/人)
全　省	**3**	**1489**	**272223**	**263733**		
太原市						
大同市						
阳泉市						
长治市						
晋城市						
朔州市	1	966	9129			
晋中市	1	470	812811	812811		
运城市	1	53	273585	201472		
忻州市						
临汾市						
吕梁市						

2-B-2.78 各地区外商投资总承包和专业承包企业营业收入

单位：万元

地区	营业收入	#在境外完成的营业收入	企业总产值	#建筑业总产值
全省	**39172.8**		**39652.1**	**40534.0**
太原市				
大同市				
阳泉市				
长治市				
晋城市				
朔州市				881.9
晋中市	37995.8		38202.1	38202.1
运城市	1177.0		1450.0	1450.0
忻州市				
临汾市				
吕梁市				

2-B-2.79 各地区外商投资总承包和专业承包企业资产构成

单位：万元

地区	资产合计	#流动资产合计	#存货
全省	**35533.6**	**32437.5**	**272.4**
太原市			
大同市			
阳泉市			
长治市			
晋城市			
朔州市			
晋中市	33935.1	30928.8	58.0
运城市	1598.5	1508.7	214.4
忻州市			
临汾市			
吕梁市			

2-B-2.80 各地区外商投资总承包和专业承包企业固定资产情况

单位：万元

地 区	固定资产原价	固定资产折旧	#本年折旧	在建工程
全 省	**7326.6**	**4230.5**	**1182.3**	
太原市				
大同市				
阳泉市				
长治市				
晋城市				
朔州市				
晋中市	7184.6	4178.3	1159.9	
运城市	142.0	52.2	22.4	
忻州市				
临汾市				
吕梁市				

2-B-2.81 各地区外商投资总承包和专业承包企业负债及所有者权益

单位：万元

地 区	负债合计	#流动负债	#应付账款	所有者权益	#实收资本
全 省	**31554.4**	**31554.4**	**28299.0**	**3979.2**	**2600.0**
太原市					
大同市					
阳泉市					
长治市					
晋城市					
朔州市					
晋中市	31016.2	31016.2	28109.6	2918.9	1600.0
运城市	538.2	538.2	189.4	1060.3	1000.0
忻州市					
临汾市					
吕梁市					

2-B-2.82 各地区外商投资总承包和专业承包企业实收资本

单位：万元

地　区	合计	国家资本	集体资本	法人资本	个人资本	港澳台资本	外商资本
全　省	**2600.0**			**2200.0**			**400.0**
太原市							
大同市							
阳泉市							
长治市							
晋城市							
朔州市							
晋中市	1600.0			1200.0			400.0
运城市	1000.0			1000.0			
忻州市							
临汾市							
吕梁市							

2-B-2.83 各地区外商投资总承包和专业承包企业收入情况

单位：万元

地　区	主营业务收　入	#主营业务成　本	#主营业务税金及附加	其他业务收　入	#其他业务利　润
全　省	**39172.8**	**37308.9**	**119.3**		
太原市					
大同市					
阳泉市					
长治市					
晋城市					
朔州市					
晋中市	37995.8	36237.4	115.6		
运城市	1177.0	1071.5	3.7		
忻州市					
临汾市					
吕梁市					

2-B-2.84　各地区外商投资总承包和专业承包企业费用情况

单位：万元

地　区	管理费用	销售费用	财务费用	#利息收入	#利息支出
全　省	**713.2**		**407.5**	**1.0**	**408.7**
太原市					
大同市					
阳泉市					
长治市					
晋城市					
朔州市					
晋中市	634.8		407.6	1.1	408.7
运城市	78.4		-0.1	-0.1	
忻州市					
临汾市					
吕梁市					

2-B-2.85　各地区外商投资总承包和专业承包企业利润及税金情况

单位：万元

地　区	利润总额	#应交所得税	税金总额	主营业务税金及附加	应交增值税
全　省	**622.3**	**158.1**	**1169.6**	**119.3**	**1050.3**
太原市					
大同市					
阳泉市					
长治市					
晋城市					
朔州市					
晋中市	598.8	149.6	1134.9	115.6	1019.3
运城市	23.5	8.5	34.7	3.7	31.0
忻州市					
临汾市					
吕梁市					

2-B-2.86 各地区外商投资总承包和专业承包企业应收工程款及企业亏损情况

地 区	应收工程款（万元）	企业个数（个）	#亏损企业个数	亏损企业的比重（%）
全 省	**26484.1**	**3**		
太原市				
大同市				
阳泉市				
长治市				
晋城市				
朔州市		1		
晋中市	25868.8	1		
运城市	615.3	1		
忻州市				
临汾市				
吕梁市				

2-B-2.87 各地区外商投资总承包和专业承包企业主要经济效益指标

地 区	产值利润率（%）	产值利税率（%）	资本利润率（%）	资本利税率（%）	人均利润（元/人）	人均利税（元/人）	资产负债率（%）
全 省	**1.5**	**4.4**	**23.9**	**68.9**	**4179**	**12034**	**88.8**
太原市							
大同市							
阳泉市							
长治市							
晋城市							
朔州市							
晋中市	1.6	4.5	37.4	108.4	12740	36887	91.4
运城市	1.6	4.0	2.4	5.8	4434	10981	33.7
忻州市							
临汾市							
吕梁市							

2-B-2.88　各地区港澳台商投资总承包和专业承包企业签订合同情况

单位：万元

地　区	签订合同额	上年结转合同额	本年新签合同额
全　省	**6941.2**	**514.0**	**6427.2**
太原市	6941.2	514.0	6427.2
大同市			
阳泉市			
长治市			
晋城市			
朔州市			
晋中市			
运城市			
忻州市			
临汾市			
吕梁市			

2-B-2.89　各地区港澳台商投资总承包和专业承包企业承包工程完成情况

单位：万元

地　区	直接从建设单位承揽工程完成的产值	自行完成施工产值	分包出去工程的产值	从建设单位以外承揽工程完成的产值
全　省	**3958.0**	**3958.0**		**2785.0**
太原市	3958.0	3958.0		2785.0
大同市				
阳泉市				
长治市				
晋城市				
朔州市				
晋中市				
运城市				
忻州市				
临汾市				
吕梁市				

2-B-2.90 各地区港澳台商投资企业总承包和专业承包企业建筑业总产值和竣工产值

单位：万元

地区	建筑业总产值	#装饰装修产值	#在外省完成的产值	按构成分组			竣工产值
				建筑工程产值	安装工程产值	其他产值	
全省	**6743.0**	**532.0**	**2.4**	**6743.0**			
太原市	6743.0	532.0	2.4	6743.0			
大同市							
阳泉市							
长治市							
晋城市							
朔州市							
晋中市							
运城市							
忻州市							
临汾市							
吕梁市							

2-B-2.91 各地区港澳台商投资总承包和专业承包企业施工机械设备情况

地区	年末自有施工机械设备总台数(台)	年末自有施工机械设备总功率(千瓦)	年末自有施工机械设备净值(万元)	技术装备率(元/人)	动力装备率(千瓦/人)
全省	**21**	**2000**	**220.0**	**32353**	**29.4**
太原市	21	2000	220.0	32353	29.4
大同市					
阳泉市					
长治市					
晋城市					
朔州市					
晋中市					
运城市					
忻州市					
临汾市					
吕梁市					

2-B-2.92　各地区港澳台商投资总承包和专业承包企业主要生产效益指标

地　区	建筑业企业个数（个）	从事建筑业活动的平均人数（人）	按总产值计算的劳动生产率（元/人）	人均竣工产值（元/人）	人均施工面积（平方米/人）	人均竣工面积（平方米/人）
全　省	**2**	**254**	**265472**			
太原市	2	254	265472			
大同市						
阳泉市						
长治市						
晋城市						
朔州市						
晋中市						
运城市						
忻州市						
临汾市						
吕梁市						

2-B-2.93　各地区港澳台商投资总承包和专业承包企业营业收入

单位：万元

地　区	营业收入	#在境外完成的营业收入	企业总产值	#建筑业总产值
全　省	**4534.1**		**6743.0**	**6743.0**
太原市	4534.1		6743.0	6743.0
大同市				
阳泉市				
长治市				
晋城市				
朔州市				
晋中市				
运城市				
忻州市				
临汾市				
吕梁市				

2-B-2.94 各地区港澳台商投资总承包和专业承包企业资产构成

单位：万元

地区	资产合计	#流动资产合计	#存货
全省	**7081.1**	**6697.8**	**2047.8**
太原市	7081.1	6697.8	2047.8
大同市			
阳泉市			
长治市			
晋城市			
朔州市			
晋中市			
运城市			
忻州市			
临汾市			
吕梁市			

2-B-2.95 各地区港澳台商投资总承包和专业承包企业固定资产情况

单位：万元

地区	固定资产原价	固定资产折旧	#本年折旧	在建工程
全省	**3557.7**	**3278.2**	**5.5**	**103.8**
太原市	3557.7	3278.2	5.5	103.8
大同市				
阳泉市				
长治市				
晋城市				
朔州市				
晋中市				
运城市				
忻州市				
临汾市				
吕梁市				

2-B-2.96 各地区港澳台商投资总承包和专业承包企业负债及所有者权益

单位：万元

地 区	负债合计	#流动负债	#应付账款	所有者权益	#实收资本
全 省	**6150.2**	**6006.2**	**2505.9**	**930.9**	**3799.0**
太原市	6150.2	6006.2	2505.9	930.9	3799.0
大同市					
阳泉市					
长治市					
晋城市					
朔州市					
晋中市					
运城市					
忻州市					
临汾市					
吕梁市					

2-B-2.97 各地区港澳台商投资总承包和专业承包企业实收资本

单位：万元

地 区	合计	国家资本	集体资本	法人资本	个人资本	港澳台资本	外商资本
全 省	**3799.0**			**3699.0**		**100.0**	
太原市	3799.0			3699.0		100.0	
大同市							
阳泉市							
长治市							
晋城市							
朔州市							
晋中市							
运城市							
忻州市							
临汾市							
吕梁市							

2-B-2.98 各地区港澳台商投资总承包和专业承包企业收入情况

单位：万元

地　区	主营业务收　入	#主营业务成　本	#主营业务税金及附加	其他业务收　入	#其他业务利　润
全　省	**4527.0**	**4390.8**	**25.1**	**7.1**	
太原市	4527.0	4390.8	25.1	7.1	
大同市					
阳泉市					
长治市					
晋城市					
朔州市					
晋中市					
运城市					
忻州市					
临汾市					
吕梁市					

2-B-2.99 各地区港澳台商投资总承包和专业承包企业费用情况

单位：万元

地　区	管理费用	销售费用	财务费用	#利息收入	#利息支出
全　省	**170.4**		**25.4**	**-0.1**	**25.5**
太原市	170.4		25.4	-0.1	25.5
大同市					
阳泉市					
长治市					
晋城市					
朔州市					
晋中市					
运城市					
忻州市					
临汾市					
吕梁市					

2-B-2.100　各地区港澳台商投资总承包和专业承包企业利润及税金情况

单位：万元

地　区	利润总额	#应交所得税	税金总额	主营业务税金及附加	应交增值税
全　省	**-68.5**	**3.8**	**249.2**	**25.1**	**224.1**
太原市	-68.5	3.8	249.2	25.1	224.1
大同市					
阳泉市					
长治市					
晋城市					
朔州市					
晋中市					
运城市					
忻州市					
临汾市					
吕梁市					

2-B-2.101　各地区港澳台商投资总承包和专业承包企业应收工程款及企业亏损情况

地　区	应收工程款（万元）	企业个数（个）	#亏损企业个数	亏损企业的比重（%）
全　省	**3557.6**	**2**	**1**	**50.0**
太原市	3557.6	2	1	50.0
大同市				
阳泉市				
长治市				
晋城市				
朔州市				
晋中市				
运城市				
忻州市				
临汾市				
吕梁市				

2-B-2.102 各地区港澳台商投资总承包和专业承包企业主要经济效益指标

地区	产值利润率(%)	产值利税率(%)	资本利润率(%)	资本利税率(%)	人均利润(元/人)	人均利税(元/人)	资产负债率(%)
全省	**-1.0**	**2.7**	**-1.8**	**4.8**	**-2697**	**7114**	**86.9**
太原市	-1.0	2.7	-1.8	4.8	-2697	7114	86.9
大同市							
阳泉市							
长治市							
晋城市							
朔州市							
晋中市							
运城市							
忻州市							
临汾市							
吕梁市							

3. 按行业分组

2-B-3.1 各行业总承包和专业承包企业签订合同情况

单位：万元

行业	合同总额	上年结转合同额	本年新签合同额
合计	**90992249.2**	**40177352.0**	**50814897.2**
房屋建筑业	36860509.0	14762708.6	22097800.4
土木工程建筑业	48580589.3	24477587.3	24103002.0
铁路、道路、隧道和桥梁工程建筑	38430947.8	20590353.7	17840594.1
水利和水运工程建筑	641493.9	188828.1	452665.8
海洋工程建筑			
工矿工程建筑	5299600.6	1770022.3	3529578.3
架线和管道工程建筑	2950461.4	1162224.2	1788237.2
其他土木工程建筑	254016.7	85236.4	168780.3
建筑安装业	3958480.8	674151.6	3284329.2
建筑装饰、装修和其他建筑业	1592670.1	262904.5	1329765.6

2-B-3.2　各行业总承包和专业承包企业承包工程完成情况

单位：万元

行业	直接从建设单位承揽工程完成的产值	自行完成施工产值	分包出去工程的产值	从建设单位以外承揽工程完成的产值
合　计	**40441884.5**	**40193437.1**	**248447.4**	**777107.2**
房屋建筑业	18424346.3	18391674.6	32671.7	489193.3
土木工程建筑业	18931596.3	18732887.7	198708.6	164381.4
铁路、道路、隧道和桥梁工程建筑	13465349.4	13359195.2	106154.2	46874.0
水利和水运工程建筑	445037.7	445037.7		7296.5
海洋工程建筑				
工矿工程建筑	2856554.6	2820103.0	36451.6	39978.4
架线和管道工程建筑	1628859.6	1625672.6	3187.0	50751.1
其他土木工程建筑	217353.6	216953.2	400.4	1822.0
建筑安装业	1834015.1	1824391.9	9623.2	97221.9
建筑装饰、装修和其他建筑业	1251926.8	1244482.9	7443.9	26310.6

2-B-3.3　各行业总承包和专业承包企业建筑业总产值和竣工产值

单位：万元

行业	建筑业总产值	#装饰装修产值	#在外省完成的产值	按构成分组			竣工产值
				建筑工程产值	安装工程产值	其他产值	
合　计	**40970544.3**	**1128721.7**	**14471513.5**	**35645062.9**	**4265985.0**	**1059496.4**	**15073803.2**
房屋建筑业	18880867.9	770342.2	4852794.8	17009489.8	1502296.7	369081.4	8043120.2
土木工程建筑业	18897269.1	17041.8	9020026.9	16896821.7	1544976.6	455470.8	5452287.9
铁路、道路、隧道和桥梁工程建筑	13406069.2	6193.4	7598857.7	13176131.7	105106.4	124831.1	2728171.8
水利和水运工程建筑	452334.2		81465.5	447472.7	3102.1	1759.4	73354.4
海洋工程建筑							
工矿工程建筑	2860081.4	9605.2	669191.1	1964151.4	678992.7	216937.3	1545499.0
架线和管道工程建筑	1676423.7	678.2	528839.7	1003797.9	603174.1	69451.7	942045.3
其他土木工程建筑	218775.2	45.0	31358.1	181569.5	22220.8	14984.9	107377.9
建筑安装业	1921613.8	41427.4	261969.4	714701.7	1105145.5	101766.6	900974.8
建筑装饰、装修和其他建筑业	1270793.5	299910.3	336722.4	1024049.7	113566.2	133177.6	677420.3

2-B-3.4 各行业总承包和专业承包企业房屋建筑面积

行业	房屋建筑施工面积（万平方米）	#本年新开工	房屋建筑竣工面积（万平方米）	房屋建筑面积竣工率（%）
合计	**16640.4**	**5660.0**	**3754.9**	**22.6**
房屋建筑业	14496.9	5187.0	3435.6	23.7
土木工程建筑业	1983.8	378.3	244.0	12.3
铁路、道路、隧道和桥梁工程建筑	1488.9	148.1	42.4	2.8
水利和水运工程建筑	0.2	0.2	0.1	50.0
海洋工程建筑				
工矿工程建筑	453.9	225.4	186.9	41.2
架线和管道工程建筑	7.5	0.4	8.1	108.0
其他土木工程建筑	6.0	4.1	3.1	51.7
建筑安装业	144.1	87.1	64.1	44.5
建筑装饰、装修和其他建筑业	15.6	7.6	11.2	71.8

2-B-3.5 各行业总承包和专业承包企业机械设备情况

行业	年末自有施工机械设备总台数（台）	年末自有施工机械设备总功率（千瓦）	年末自有施工机械设备净值（万元）	技术装备率（元/人）	动力装备率（千瓦/人）
合计	**210382**	**7333466**	**1479179.9**	**18810**	**9.3**
房屋建筑业	88993	1785363	413128.4	11663	5.0
土木工程建筑业	84313	5069982	963680.9	119419	61.1
铁路、道路、隧道和桥梁工程建筑	49538	3971058	803239.7	36380	18.0
水利和水运工程建筑	5616	127536	38897.3	34070	11.2
海洋工程建筑					
工矿工程建筑	16771	705813	73708.6	10944	10.5
架线和管道工程建筑	8062	167348	28788.0	7977	4.6
其他土木工程建筑	1212	39434	8297.5	11968	5.7
建筑安装业	13089	289474	51307.8	9804	5.5
建筑装饰、装修和其他建筑业	23987	188647	51062.8	17254	6.4

2-B-3.6　按主要用途分的各行业总承包和专业承包企业房屋建筑竣工面积

单位：万平方米

行　业	合计	住宅房屋	商业及服务用房屋	办公用房屋	科研、教育和医疗用房屋	文化、体育和娱乐用房屋	厂房及建筑物	仓库	其他未列明的房屋建筑物
合　计	**3754.9**	**2614.5**	**223.8**	**165.7**	**176.3**	**30.5**	**374.6**	**9.8**	**159.6**
房屋建筑业	3435.6	2499.5	214.7	153.8	151.7	30.4	225.4	8.0	152.1
土木工程建筑业	244.0	101.8	8.1	11.9	23.6		90.4	1.7	6.6
铁路、道路、隧道和桥梁工程建筑	42.4	24.0		8.0	1.1		4.2		5.2
水利和水运工程建筑	0.1	0.1							
海洋工程建筑									
工矿工程建筑	186.9	68.6	8.1	3.2	22.5		82.8	1.7	
架线和管道工程建筑	8.1	7.1		0.4					0.7
其他土木工程建筑	3.1	2.0		0.4					0.7
建筑安装业	64.1	9.0	0.8			0.1	53.8	0.1	0.3
建筑装饰、装修和其他建筑业	11.2	4.3	0.1		1.1		5.1		0.7

2-B-3.7　按主要用途分的各行业总承包和专业承包企业房屋建筑竣工价值

单位：万元

行　业	合计	住宅房屋	商业及服务用房屋	办公用房屋	科研、教育和医疗用房屋	文化、体育和娱乐用房屋	厂房及建筑物	仓库	其他未列明的房屋建筑物
合　计	**6781690.1**	**4543777.0**	**442650.3**	**394318.4**	**415121.1**	**89008.5**	**537897.6**	**18302.7**	**340614.5**
房屋建筑业	6248143.8	4351278.0	427733.6	361988.0	340893.3	88958.5	334708.0	16204.5	326379.9
土木工程建筑业	481575.2	176104.8	14464.1	32314.7	72957.7		170896.9	2055.0	12782.0
铁路、道路、隧道和桥梁工程建筑	90819.2	48443.8		23611.5	1957.7		5282.0		11524.2
水利和水运工程建筑	135.0	135.0							
海洋工程建筑									
工矿工程建筑	365031.3	117453.2	14464.1	6279.5	71000.0		153779.5	2055.0	
架线和管道工程建筑	7566.1	5699.9		1373.7					492.5
其他土木工程建筑	6188.2	4372.9		1050.0					765.3
建筑安装业	36673.4	9032.4	287.2			50.0	27116.9	43.2	143.7
建筑装饰、装修和其他建筑业	15297.7	7361.8	165.4	15.7	1270.1		5175.8		1308.9

2-B-3.8 按主要用途分的各行业总承包和专业承包企业主要生产效益指标

行业	建筑业企业个数（个）	从事建筑业活动的平均人数（人）	按总产值计算的劳动生产率（元/人）	人均竣工产值（元/人）	人均施工面积（平方米/人）	人均竣工面积（平方米/人）
合　计	**2692**	**1090433**	**375727**	**138237**	**152.6**	**34.4**
房屋建筑业	938	533481	353918	150767	271.7	64.4
土木工程建筑业	751	452169	2462840	855487	149.6	33.8
铁路、道路、隧道和桥梁工程建筑	316	284811	470701	95789	52.3	1.5
水利和水运工程建筑	63	12554	360311	58431		
海洋工程建筑						
工矿工程建筑	91	90362	316514	171034	50.2	20.7
架线和管道工程建筑	198	48329	346877	194923	1.5	1.7
其他土木工程建筑	56	8140	268766	131914	7.4	3.8
建筑安装业	475	61349	313227	146861	23.5	10.5
建筑装饰、装修和其他建筑业	528	43434	292580	155965	3.6	2.6

2-B-3.9 按主要用途分的各行业总承包和专业承包企业营业收入

单位：万元

行业	营业收入	#在境外完成的营业收入	企业总产值	#建筑业总产值
合　计	**41347676.2**	**645906.9**	**41962951.5**	**40970544.3**
房屋建筑业	17734046.7	133677.3	19229974.8	18880867.9
土木工程建筑业	20269961.4	479992.0	19435050.9	18897269.1
铁路、道路、隧道和桥梁工程建筑	14595141.9	392015.8	13701093.7	13406069.2
水利和水运工程建筑	440085.8	67.1	463307.3	452334.2
海洋工程建筑				
工矿工程建筑	2976095.8	40774.9	2952975.2	2860081.4
架线和管道工程建筑	1675837.3	2738.0	1724024.7	1676423.7
其他土木工程建筑	208224.7		228910.3	218775.2
建筑安装业	2068056.9	30558.3	1985783.8	1921613.8
建筑装饰、装修和其他建筑业	1275611.2	1679.3	1312142.0	1270793.5

2-B-3.10　各行业总承包和专业承包企业资产构成

单位：万元

行　　业	资产合计	#流动资产合计	#存货
合　计	**59473476.7**	**47384450.5**	**5753148.2**
房屋建筑业	19305355.9	16252146.8	2649705.0
土木工程建筑业	35639988.9	27326998.1	2502980.9
铁路、道路、隧道和桥梁工程建筑	26843195.1	19716172.5	1387673.2
水利和水运工程建筑	631716.4	542271.0	63574.8
海洋工程建筑			
工矿工程建筑	4785720.4	4188670.0	655801.5
架线和管道工程建筑	2341256.2	2058280.6	219344.3
其他土木工程建筑	355582.3	288190.1	51714.0
建筑安装业	2699433.6	2231715.1	309414.1
建筑装饰、装修和其他建筑业	1828698.3	1573590.5	291048.2

2-B-3.11　各行业总承包和专业承包企业固定资产情况

单位：万元

行　　业	固定资产原价	累计折旧	#本年折旧	在建工程
合　计	**6711033.7**	**3417648.1**	**561486.5**	**513146.8**
房屋建筑业	1491194.0	611503.5	89910.8	265398.7
土木工程建筑业	4636404.9	2546731.9	434825.5	139584.3
铁路、道路、隧道和桥梁工程建筑	3679252.1	2032337.2	381027.3	74928.7
水利和水运工程建筑	130223.3	64168.5	7705.2	2270.4
海洋工程建筑				
工矿工程建筑	413136.8	221754.4	19116.7	47623.9
架线和管道工程建筑	314810.7	168549.3	22308.2	10301.3
其他土木工程建筑	46311.5	24615.9	2661.2	3246.8
建筑安装业	345534.5	139389.5	23178.8	69208.0
建筑装饰、装修和其他建筑业	237900.3	120023.2	13571.4	38955.8

2-B-3.12 各行业总承包和专业承包企业负债及所有者权益

单位：万元

行业	负债合计	#流动负债	#应付账款	所有者权益	#实收资本
合计	**45422701.8**	**42024659.5**	**19616757.6**	**14050774.9**	**9575115.3**
房屋建筑业	14551473.0	13501942.8	6390742.2	4753882.9	3235809.8
土木工程建筑业	28079616.8	26038873.4	12006434.4	7560372.1	5016019.3
铁路、道路、隧道和桥梁工程建筑	21026612.6	19191191.8	8341991.3	5816582.5	3643402.8
水利和水运工程建筑	514313.4	503884.0	171655.4	117403.0	102393.1
海洋工程建筑					
工矿工程建筑	4053830.3	3976691.2	2226089.5	731890.1	605531.2
架线和管道工程建筑	1635358.3	1608378.7	904212.4	705897.9	471475.8
其他土木工程建筑	244331.1	192856.0	57468.2	111251.2	99067.2
建筑安装业	1705163.8	1522743.8	752762.7	994269.8	761857.6
建筑装饰、装修和其他建筑业	1086448.2	961099.5	466818.3	742250.1	561428.6

2-B-3.13 各行业总承包和专业承包企业实收资本

单位：万元

行业	合计	国家资本	集体资本	法人资本	个人资本	港澳台资本	外商资本
合计	**9575115.3**	**2983223.5**	**240969.5**	**3095734.5**	**3254685.8**	**101.0**	**401.0**
房屋建筑业	3235809.8	428070.9	142003.6	1210324.3	1455411.0		
土木工程建筑业	5016019.3	2468871.7	77779.4	1364958.7	1103909.5	100.0	400.0
铁路、道路、隧道和桥梁工程建筑	3643402.8	2055763.1	20201.2	896645.8	670292.7	100.0	400.0
水利和水运工程建筑	102393.1	44194.5	1012.4	28875.6	28310.6		
海洋工程建筑							
工矿工程建筑	605531.2	255794.5	2759.4	221942.7	125034.6		
架线和管道工程建筑	471475.8	74810.0	50975.6	121750.8	223939.4		
其他土木工程建筑	99067.2	22465.6	2230.8	34396.8	39974.0		
建筑安装业	761857.6	55605.4	17319.0	283618.8	405312.4	1.0	1.0
建筑装饰、装修和其他建筑业	561428.6	30675.5	3867.5	236832.7	290052.9		

2-B-3.14　各行业总承包和专业承包企业收入情况

单位：万元

行　　业	主营业务收　　入	#主营业务成　　本	#主营业务税金及附加	其他业务收入	#其他业务利润
合　计	**40660453.1**	**37462738.6**	**197610.7**	**687223.1**	**49463.9**
房屋建筑业	17385835.4	16107714.3	116603.8	348211.3	29309.9
土木工程建筑业	19994039.7	18466491.8	64953.5	275921.7	14628.2
铁路、道路、隧道和桥梁工程建筑	14534410.9	13571535.1	40559.7	60731.0	1299.4
水利和水运工程建筑	429265.7	397800.5	5263.5	10820.1	334.0
海洋工程建筑					
工矿工程建筑	2859408.0	2612463.7	9020.8	116687.8	5795.2
架线和管道工程建筑	1602816.6	1389515.9	7344.6	73020.7	6130.9
其他土木工程建筑	202411.6	168481.6	1842.7	5813.1	124.1
建筑安装业	2038900.6	1812883.3	9408.7	29156.3	4793.5
建筑装饰、装修和其他建筑业	1241677.4	1075649.2	6644.7	33933.8	732.3

2-B-3.15　各行业总承包和专业承包企业费用情况

单位：万元

行　　业	管理费用	销售费用	财务费用	#利息收入	#利息支出
合　计	**1764889.1**	**75317.5**	**269434.9**	**144359.3**	**341607.7**
房屋建筑业	696172.4	24963.8	81058.4	47171.2	97415.9
土木工程建筑业	821601.5	23899.6	167767.3	95796.3	229468.0
铁路、道路、隧道和桥梁工程建筑	476482.8	9761.3	132923.6	83505.7	192750.7
水利和水运工程建筑	20644.7	1436.1	733.6	328.9	646.7
海洋工程建筑					
工矿工程建筑	130642.0	3239.5	31407.6	6682.9	31749.8
架线和管道工程建筑	140148.6	6849.8	-1625.3	3112.0	881.4
其他土木工程建筑	14549.7	1601.0	2727.2	1791.6	956.6
建筑安装业	145758.7	9986.2	14708.9	1125.4	11397.2
建筑装饰、装修和其他建筑业	101356.5	16467.9	5900.3	266.4	3326.6

2-B-3.16 各行业总承包和专业承包企业利润及税金情况

单位：万元

行业	利润总额	税金总额		
			主营业务税金及附加	应交增值税
合计	**961048.6**	**1033761.2**	**197610.7**	**836150.5**
房屋建筑业	400521.4	564608.2	116603.8	448004.4
土木工程建筑业	476012.8	352250.4	64953.5	287296.9
铁路、道路、隧道和桥梁工程建筑	338023.2	217299.2	40559.7	176739.5
水利和水运工程建筑	5115.2	17158.1	5263.5	11894.6
海洋工程建筑				
工矿工程建筑	40104.2	66298.7	9020.8	57277.9
架线和管道工程建筑	72917.8	37869.1	7344.6	30524.5
其他土木工程建筑	14761.4	10475.7	1842.7	8633.0
建筑安装业	54330.4	78593.8	9408.7	69185.1
建筑装饰、装修和其他建筑业	30184.0	38308.8	6644.7	31664.1

2-B-3.17 各行业总承包和专业承包企业应收工程款及企业亏损情况

行业	应收工程款（万元）	企业个数（个）		亏损企业的比重(%)
			#亏损企业个数	
合计	**17237620.7**	**2692**	**604**	**22.4**
房屋建筑业	6763589.1	938	223	23.8
土木工程建筑业	8959265.5	751	146	19.4
铁路、道路、隧道和桥梁工程建筑	5449718.4	316	56	17.7
水利和水运工程建筑	108726.8	63	8	12.7
海洋工程建筑				
工矿工程建筑	2349290.7	91	23	25.3
架线和管道工程建筑	831064.1	198	32	16.2
其他土木工程建筑	90959.3	56	16	28.6
建筑安装业	911153.8	475	106	22.3
建筑装饰、装修和其他建筑业	603612.3	528	129	24.4

2-B-3.18 各行业总承包和专业承包企业主要经济效益指标

行业	产值利润率(%)	产值利税率(%)	资本利润率(%)	资本利税率(%)	人均利润(元/人)	人均利税(元/人)	资本负债率(%)
合计	**2.3**	**4.9**	**10.0**	**20.8**	**8813**	**18294**	**76.4**
房屋建筑业	2.1	5.1	12.4	29.8	7508	18091	75.4
土木工程建筑业	2.5	4.4	9.5	16.5	10527	18318	78.8
铁路、道路、隧道和桥梁工程建筑	2.5	4.1	9.3	15.2	11868	19498	78.3
水利和水运工程建筑	1.1	4.9	5.0	21.8	4075	17742	81.4
海洋工程建筑							
工矿工程建筑	1.4	3.7	6.6	17.6	4438	11775	84.7
架线和管道工程建筑	4.3	6.6	15.5	23.5	15088	22923	69.8
其他土木工程建筑	6.7	11.5	14.9	25.5	18134	31004	68.7
建筑安装业	2.8	6.9	7.1	17.4	8856	21667	63.2
建筑装饰、装修和其他建筑业	2.4	5.4	5.4	12.2	6949	15769	59.4

4. 按中央、地方分组

2-B-4.1 各地区中央总承包和专业承包企业签订合同情况

单位：万元

地区	签订合同额	上年结转合同额	本年新签合同额
全省	**46080262.1**	**26472782.8**	**19607479.3**
太原市	41027766.0	23519330.0	17508436.0
大同市	201050.6	63005.0	138045.6
阳泉市			
长治市	1.8		1.8
晋城市			
朔州市	2775.5	2437.0	338.5
晋中市	4785364.1	2879091.7	1906272.4
运城市	35055.1	8919.1	26136.0
忻州市	28249.0		28249.0
临汾市			
吕梁市			

2-B-4.2 各地区中央总承包和专业承包企业承包工程完成情况

单位：万元

地 区	直接从建设单位承揽工程完成的产值			从建设单位以外承揽工程完成的产值
		自行完成施工产值	分包出去工程的产值	
全 省	**13269735.7**	**13218449.9**	**51285.8**	**84399.2**
太原市	11576383.0	11555852.8	20530.2	84373.7
大同市	102047.8	71292.2	30755.6	
阳泉市				
长治市	1.8	1.8		
晋城市				
朔州市	4232.9	4232.9		25.5
晋中市	1521563.6	1521563.6		
运城市	25824.5	25824.5		
忻州市	39682.1	39682.1		
临汾市				
吕梁市				

2-B-4.3 各地区中央总承包和专业承包企业总产值和竣工产值

单位：万元

地 区	建筑业总产值			按构成分组			竣工产值
		#装饰装修产 值	#在外省完成的产值	建筑工程产值	安装工程产值	其他产值	
全 省	**13302849.1**	**87120.2**	**10197181.8**	**12360579.8**	**815065.7**	**127203.6**	**2290599.8**
太原市	11640226.5	87120.2	8860866.5	10811999.7	741175.0	87051.8	2242642.0
大同市	71292.2		10535.9	55767.5	15123.3	401.4	4830.3
阳泉市							
长治市	1.8			1.8			
晋城市							
朔州市	4258.4		410.8	4230.9	27.5		4258.4
晋中市	1521563.6		1324211.0	1474018.7	47544.9		14584.3
运城市	25824.5		1157.6	13041.2	11195.0	1588.3	22764.8
忻州市	39682.1			1520.0		38162.1	1520.0
临汾市							
吕梁市							

2-B-4.4　各地区中央总承包和专业承包企业房屋建筑面积

地　区	房屋施工面积（万平方米）	#本年新开工	房屋竣工面积（万平方米）	房屋竣工率（%）
全　省	**3955.6**	**1248.5**	**444.3**	**11.2**
太原市	3955.5	1248.4	444.2	11.2
大同市	0.1	0.1	0.1	98.0
阳泉市				
长治市				
晋城市				
朔州市				
晋中市				
运城市				
忻州市				
临汾市				
吕梁市				

2-B-4.5　各地区按主要用途分的中央总承包和专业承包企业房屋竣工面积

单位：万平方米

地　区	合计	住宅房屋	商业及服务用房屋	办公用房　屋	科研、教育和医疗用房屋	文化、体育和娱乐用房屋	厂房及建筑物	仓库	其他未列明的房屋建筑物
全　省	**444.3**	**249.1**	**13.7**	**30.2**	**46.6**	**18.5**	**58.3**	**1.6**	**26.3**
太原市	444.2	249.1	13.7	30.2	46.6	18.5	58.2	1.6	26.3
大同市	0.1						0.1		
阳泉市									
长治市									
晋城市									
朔州市									
晋中市									
运城市									
忻州市									
临汾市									
吕梁市									

2-B-4.6 各地区按主要用途分的中央总承包和专业承包企业房屋竣工价值

单位：万元

地区	合计	住宅房屋	商业及服务用房屋	办公用房屋	科研、教育和医疗用房屋	文化、体育和娱乐用房屋	厂房及建筑物	仓库	其他未列明的房屋建筑物
全省	**1171356.3**	**460386.3**	**54143.0**	**146784.7**	**135502.0**	**64583.9**	**147709.3**	**1931.7**	**160315.4**
太原市	1171137.1	460386.3	54143.0	146784.7	135502.0	64583.9	147490.1	1931.7	160315.4
大同市	219.2						219.2		
阳泉市									
长治市									
晋城市									
朔州市									
晋中市									
运城市									
忻州市									
临汾市									
吕梁市									

2-B-4.7 各地区中央总承包和专业承包企业施工机械设备情况

地区	年末自有施工机械设备总台数（台）	年末自有施工机械设备总功率（千瓦）	年末自有施工机械设备净值（万元）	技术装备率（元/人）	动力装备率（千瓦/人）
全省	**40055**	**3382574**	**634539.2**	**28559**	**15.2**
太原市	35921	3142894	589892.8	28563	15.2
大同市	490	16861	3069.9	22859	12.6
阳泉市					
长治市					
晋城市					
朔州市	1279	43775	1483.4	14909	44.0
晋中市	1749	164645	38088.7	34139	14.8
运城市	284	7894	566.0	3083	4.3
忻州市	332	6505	1438.4	43325	19.6
临汾市					
吕梁市					

2-B-4.8　各地区中央总承包和专业承包企业主要生产效益指标

地　区	建筑业企业个数（个）	从事建筑业活动的平均人数（人）	按总产值计算的劳动生产率（元/人）	人均竣工产值（元/人）	人均施工面积（平方米/人）	人均竣工面积（平方米/人）
全　省	**51**	**299524**	**444133**	**76475**	**132.1**	**14.8**
太原市	36	271546	428665	82588	145.7	16.4
大同市	3	1487	479436	32484	0.7	0.7
阳泉市						
长治市	1	8	2250			
晋城市						
朔州市	2	1021	41708	41708		
晋中市	5	23196	655959	6287		
运城市	2	1929	133875	118013		
忻州市	2	337	1177510	45104		
临汾市						
吕梁市						

2-B-4.9　各地区中央总承包和专业承包企业营业收入

单位：万元

地　区	营业收入	#在境外完成的营业收入	企业总产值	#建筑业总产值
全　省	**14440688.1**	**491353.8**	**13608673.6**	**13302849.1**
太原市	12851800.5	483175.6	11913721.7	11640226.5
大同市	92173.1		101047.8	71292.2
阳泉市				
长治市	39.4		39.5	1.8
晋城市				
朔州市	5867.8		5867.8	4258.4
晋中市	1425300.7		1522490.2	1521563.6
运城市	25824.5	8178.2	25824.5	25824.5
忻州市	39682.1		39682.1	39682.1
临汾市				
吕梁市				

2-B-4.10 各地区中央总承包和专业承包企业资产构成

单位：万元

地　区	资产合计	#流动资产合计	#存货
全　省	**21806518.7**	**17743219.4**	**1112660.4**
太原市	20209039.7	16299764.1	1070001.3
大同市	182746.3	149895.3	7441.4
阳泉市			
长治市			
晋城市			
朔州市	39137.6	35411.0	191.0
晋中市	1316405.7	1203522.1	27040.4
运城市	36375.5	34159.0	7424.8
忻州市	22813.9	20467.9	561.5
临汾市			
吕梁市			

2-B-4.11 各地区中央总承包和专业承包企业固定资产情况

单位：万元

地　区	固定资产原价	固定资产折旧	#本年折旧	在建工程
全　省	**2929045.4**	**1830704.7**	**367054.2**	**50306.8**
太原市	2791054.5	1750395.5	363019.5	43633.8
大同市	12815.1	9154.9	698.5	
阳泉市				
长治市				
晋城市				
朔州市	21036.7	17340.0	471.6	3259.9
晋中市	98652.4	52190.5	2750.2	3247.1
运城市	3096.6	1315.2	98.7	166.0
忻州市	2390.1	308.6	15.7	
临汾市				
吕梁市				

2-B-4.12　各地区中央总承包和专业承包企业负债及所有者权益

单位：万元

地区	负债合计	#流动负债	#应付账款	所有者权益	#实收资本
全　省	**18048130.2**	**17610937.1**	**9259903.9**	**3758388.5**	**2299735.5**
太原市	16530660.3	16162216.7	8397945.8	3678379.4	2103852.4
大同市	166015.5	150673.2	93564.1	16730.8	22335.6
阳泉市					
长治市					
晋城市					
朔州市	158334.5	119663.8	57250.8	-119196.9	12403.2
晋中市	1142971.8	1133235.3	688991.1	173433.9	151718.1
运城市	30634.9	30634.9	17042.3	5740.6	6226.2
忻州市	19513.2	14513.2	5109.8	3300.7	3200.0
临汾市					
吕梁市					

2-B-4.13　各地区中央总承包和专业承包企业实收资本

单位：万元

地区	合计	国家资本	集体资本	法人资本	个人资本	港澳台资本	外商资本
全　省	**2299735.5**	**1312892.6**	**8105.2**	**977437.7**	**1300.0**		
太原市	2103852.4	1147108.1	8105.2	948639.1			
大同市	22335.6	8967.0		12868.6	500.0		
阳泉市							
长治市							
晋城市							
朔州市	12403.2	2400.0		10003.2			
晋中市	151718.1	151217.5		500.6			
运城市	6226.2			5426.2	800.0		
忻州市	3200.0	3200.0					
临汾市							
吕梁市							

2-B-4.14 各地区中央总承包和专业承包企业收入情况

单位：万元

地　区	主营业务收　　入	#主营业务成　　本	#主营业务税金及附加	其他业务收　　入	#其他业务利　　润
全　省	**14333738.0**	**13410546.1**	**29372.5**	**106950.1**	**7552.2**
太原市	12790311.4	11957774.1	27344.8	61489.1	6596.7
大同市	88757.7	81024.9	321.9	3415.4	416.8
阳泉市					
长治市	1.8	1.1		37.6	
晋城市					
朔州市	4632.9	3029.7	-67.3	1234.9	458.6
晋中市	1422848.1	1343562.2	1393.6	2452.6	80.1
运城市	25666.1	23864.0	190.6	158.4	
忻州市	1520.0	1290.1	188.9	38162.1	
临汾市					
吕梁市					

2-B-4.15 各地区中央总承包和专业承包企业费用情况

单位：万元

地　区	管理费用	销售费用	财务费用	#利息收入	#利息支出
全　省	**494545.5**	**3950.9**	**47331.2**	**78273.1**	**114726.8**
太原市	423503.0	3950.9	42782.7	78059.6	111851.0
大同市	9523.6		-166.6	-96.8	8.1
阳泉市					
长治市	27.7		-0.2		
晋城市					
朔州市	4219.4		16.2	25.6	40.4
晋中市	54465.8		4064.3	277.7	2820.2
运城市	1053.7		17.2	7.0	7.1
忻州市	1752.3		617.6		
临汾市					
吕梁市					

2-B-4.16　各地区中央总承包和专业承包企业利润及税金情况

单位：万元

地　区	利润总额	#应交所得税	税金总额	主营业务税金及附加	应交增值税
全　省	**339902.9**	**31316.8**	**139776.8**	**29372.5**	**110404.3**
太原市	314641.4	27191.1	117127.6	27344.8	89782.8
大同市	1542.1	383.3	1342.6	321.9	1020.7
阳泉市					
长治市	0.3	0.1	4.7		4.7
晋城市					
朔州市	4782.3	101.4	221.0	-67.3	288.3
晋中市	18621.5	3688.2	18724.7	1393.6	17331.1
运城市	304.2	-48.1	1829.6	190.6	1639.0
忻州市	11.1	0.8	526.6	188.9	337.7
临汾市					
吕梁市					

2-B-4.17　各地区中央总承包和专业承包企业应收工程款及企业亏损情况

地　区	应收工程款（万元）	企业个数（个）	#亏损企业个数	亏损企业的比重（%）
全　省	**5636552.7**	**51**	**4**	**7.8**
太原市	5474341.1	36	2	5.6
大同市	46096.2	3	1	33.3
阳泉市				
长治市		1		
晋城市				
朔州市	7163.0	2		
晋中市	83353.9	5	1	20.0
运城市	11824.7	2		
忻州市	13773.8	2		
临汾市				
吕梁市				

2-B-4.18 各地区中央总承包和专业承包企业主要经济效益指标

地 区	产值利润率 (%)	产值利税率 (%)	资本利润率 (%)	资本利税率 (%)	人均利润 (元/人)	人均利税 (元/人)	资产负债率 (%)
全 省	**2.6**	**3.6**	**14.8**	**20.9**	**11348**	**16015**	**82.8**
太原市	2.7	3.7	15.0	20.5	11587	15900	81.8
大同市	2.2	4.0	6.9	12.9	10371	19399	90.8
阳泉市							
长治市	16.7	277.8			375	6250	
晋城市							
朔州市	112.3	117.5	38.6	40.3	46839	49004	404.6
晋中市	1.2	2.5	12.3	24.6	8028	16100	86.8
运城市	1.2	8.3	4.9	34.3	1577	11062	84.2
忻州市		1.4	0.3	16.8	329	15955	85.5
临汾市							
吕梁市							

2-B-4.19 各地区地方总承包和专业承包企业签订合同情况

单位：万元

地 区	签订合同额		
		上年结转合同额	本年新签合同额
全 省	**44911987.1**	**13704569.2**	**31207417.9**
太原市	27567323.2	8520219.7	19047103.5
大同市	2204905.9	558729.4	1646176.5
阳泉市	1750751.0	513212.2	1237538.8
长治市	3376615.7	804459.0	2572156.7
晋城市	1486869.4	798058.6	688810.8
朔州市	721039.9	190597.2	530442.7
晋中市	2113981.0	744184.5	1369796.5
运城市	2032430.2	581179.3	1451250.9
忻州市	1205070.2	303395.8	901674.4
临汾市	1456853.6	423154.2	1033699.4
吕梁市	996147.0	267379.3	728767.7

2-B-4.20 各地区地方总承包和专业承包企业承包工程完成情况

单位：万元

地 区	直接从建设单位承揽工程完成的产值			从建设单位以外承揽工程完成的产值
		自行完成施工产值	分包出去工程的产值	
全 省	**27172148.8**	**26974987.2**	**197161.6**	**692708.0**
太原市	15640916.1	15511091.8	129824.3	520025.2
大同市	1830456.8	1828976.1	1480.7	8900.5
阳泉市	956506.4	956506.4		14691.5
长治市	2161910.0	2123599.8	38310.2	45270.9
晋城市	769467.6	766571.0	2896.6	22255.5
朔州市	583528.8	580642.2	2886.6	34273.7
晋中市	1173825.1	1164898.9	8926.2	6657.4
运城市	1420814.5	1420285.4	529.1	7372.2
忻州市	928087.4	923280.9	4806.5	14410.3
临汾市	974478.5	973478.5	1000.0	538.4
吕梁市	732157.6	725656.2	6501.4	18312.4

2-B-4.21 各地区地方企业总承包和专业承包总产值和竣工产值

单位：万元

地 区	建筑业总产值			按构成分组			竣工产值
		#装饰装修产 值	#在外省完成的产值	建筑工程产值	安装工程产值	其他产值	
全 省	**27667695.2**	**1041601.5**	**4274331.7**	**23284483.1**	**3450919.3**	**932292.8**	**12783203.4**
太原市	16031117.0	738567.9	3862542.1	13208549.7	2294968.0	527599.3	6356369.7
大同市	1837876.6	60194.8	54571.8	1504707.2	221882.5	111286.9	1080600.7
阳泉市	971197.9	26501.9	19913.7	819681.7	140526.8	10989.4	599786.2
长治市	2168870.7	40607.8	145187.6	1945639.4	203253.7	19977.6	1090805.7
晋城市	788826.5	8031.1	12918.9	701534.4	76016.5	11275.6	574618.4
朔州市	614915.9	19217.9	22526.4	440096.9	132328.9	42490.1	297420.3
晋中市	1171556.3	18004.1	30636.3	1074445.3	82007.5	15103.5	595380.4
运城市	1427657.6	67613.2	65329.9	1261577.0	105699.6	60381.0	780733.6
忻州市	937691.2	35335.1	14604.3	772176.5	99574.5	65940.2	547090.6
临汾市	974016.9	24105.8	35907.8	910930.4	53776.9	9309.6	401073.7
吕梁市	743968.6	3421.9	10192.9	645144.6	40884.4	57939.6	459324.1

2-B-4.22 各地区地方总承包和专业承包企业房屋建筑面积

地 区	房屋施工面积（万平方米）	#本年新开工	房屋竣工面积（万平方米）	房屋竣工率（%）
全 省	**12684.8**	**4411.5**	**3310.6**	**26.1**
太原市	7045.5	2132.3	1502.9	21.3
大同市	790.3	417.8	329.8	41.7
阳泉市	257.3	52.2	67.1	26.1
长治市	1506.6	395.7	307.7	20.4
晋城市	385.9	102.4	120.9	31.3
朔州市	121.0	49.1	38.5	31.8
晋中市	895.0	313.8	156.0	17.4
运城市	753.3	387.4	286.8	38.1
忻州市	358.5	210.3	235.7	65.8
临汾市	210.4	145.9	72.5	34.4
吕梁市	360.9	204.6	192.7	53.4

2-B-4.23 各地区按主要用途分的地方总承包和专业承包企业房屋竣工面积

单位：万平方米

地 区	合计	住宅房屋	商业及服务用房屋	办公用房 屋	科研、教育和医疗用房屋	文化、体育和娱乐用房屋	厂房及建筑物	仓 库	其他未列明的房屋建筑物
全 省	**3310.6**	**2365.4**	**210.1**	**135.6**	**129.7**	**12.0**	**316.3**	**8.2**	**133.3**
太原市	1502.9	1055.5	147.8	61.3	83.4	7.0	85.7	5.8	56.5
大同市	329.8	298.4	6.1	2.6	3.2	0.1	9.6	0.6	9.0
阳泉市	67.1	55.2	4.2	0.2	0.4	0.1	3.7		3.3
长治市	307.7	227.8	6.3	30.5	4.7	0.1	28.6	0.2	9.6
晋城市	120.9	94.7	2.0	1.0	1.4		21.6	0.1	
朔州市	38.5	31.5	0.1		2.5		0.8		3.5
晋中市	156.0	94.4	3.7	3.3	6.6		37.5	0.5	10.0
运城市	286.8	220.4	16.4	9.7	14.5	1.8	21.4	0.2	2.2
忻州市	235.7	188.8	17.6	9.3	4.0	0.1	7.7	0.2	8.0
临汾市	72.5	37.2	1.5	14.7	3.8		8.6		6.7
吕梁市	192.7	61.4	4.4	3.1	5.0	2.7	91.0	0.6	24.4

2-B-4.24　各地区按主要用途分的地方总承包和专业承包企业房屋竣工价值

单位：万元

地　区	总计	住宅房屋	商业及服务用房屋	办公用房　屋	科研、教育和医疗用房屋	文化、体育和娱乐用房屋	厂房及建筑物	仓库	其他未列明的房屋建筑物
全　省	**5610333.8**	**4083390.7**	**388507.3**	**247533.7**	**279619.1**	**24424.6**	**390188.3**	**16371.0**	**180299.1**
太原市	2874963.8	1992707.6	291964.6	129365.9	197646.9	16876.1	146802.9	13093.1	86506.7
大同市	585094.0	539767.4	8750.5	4577.3	7843.5	168.0	10444.5	889.6	12653.2
阳泉市	120194.1	94018.0	7757.4	100.0	594.4	175.0	9842.9		7706.4
长治市	456338.2	344736.4	8344.1	57853.6	9308.8	336.7	29269.7	588.2	5900.7
晋城市	189158.4	150008.5	4596.4	1289.1	2191.0		30930.1	123.3	20.0
朔州市	56386.2	43907.3	289.1	82.7	5734.1		1604.9		4768.1
晋中市	242381.5	165818.4	7062.3	8344.9	8903.6		24868.7	345.0	27038.6
运城市	473735.6	366163.7	32401.4	13957.1	29249.6	2310.2	26266.4	276.7	3110.5
忻州市	302415.9	243419.6	18975.4	11948.8	7775.8	219.0	8128.0	554.0	11395.3
临汾市	89375.3	54070.9	1265.5	16969.3	3887.8	44.8	6535.9		6601.1
吕梁市	220290.8	88772.9	7100.6	3045.0	6483.6	4294.8	95494.3	501.1	14598.5

2-B-4.25　各地区地方总承包和专业承包企业施工机械设备情况

地　区	年末自有施工机械设备总台数（台）	年末自有施工机械设备总功率（千瓦）	年末自有施工机械设备净值（万元）	技术装备率（元/人）	动力装备率（千瓦/人）
全　省	**170327**	**3950892**	**844640.7**	**14971**	**7.0**
太原市	56283	1661014	272190.1	11668	7.1
大同市	8853	156004	43914.2	11584	4.1
阳泉市	7232	195474	18316.1	6585	7.0
长治市	7608	201537	46721.3	11141	4.8
晋城市	8543	176808	41761.0	17149	7.3
朔州市	5106	163741	50663.1	22736	7.3
晋中市	23820	318148	82359.2	21795	8.4
运城市	14345	272275	92643.3	16497	4.8
忻州市	13677	202486	55976.2	17829	6.4
临汾市	12463	257504	73171.2	23364	8.2
吕梁市	12397	345901	66925.0	33550	17.3

2-B-4.26 各地区地方总承包和专业承包企业主要生产效益指标

地　区	建筑业企业个数（个）	从事建筑业活动的平均人数（人）	按总产值计算的劳动生产率（元/人）	人均竣工产值（元/人）	人均施工面积（平方米/人）	人均竣工面积（平方米/人）
全　省	**2641**	**790909**	**349821**	**161627**	**160.4**	**41.9**
太原市	1121	411275	389791	154553	171.3	36.5
大同市	194	57746	318269	187130	136.9	57.1
阳泉市	92	29386	330497	204106	87.6	22.8
长治市	204	60729	357139	179619	248.1	50.7
晋城市	117	26740	294999	214891	144.3	45.2
朔州市	132	24615	249813	120829	49.2	15.6
晋中市	191	37308	314023	159585	239.9	41.8
运城市	191	56166	254185	139005	134.1	51.1
忻州市	129	32150	291661	170168	111.5	73.3
临汾市	160	32405	300576	123769	64.9	22.4
吕梁市	110	22389	332292	205156	161.2	86.1

2-B-4.27 各地区地方总承包和专业承包企业营业收入

单位：万元

地　区	营业收入	#在境外完成的营业收入	企业总产值	#建筑业总产值
全　省	**26906988.1**	**154553.1**	**28354277.9**	**27667695.2**
太原市	15437557.4	110380.2	16264362.3	16031117.0
大同市	1775168.0	6783.5	1877704.0	1837876.6
阳泉市	922846.2	4170.1	1149387.9	971197.9
长治市	2084533.5	118.1	2213420.4	2168870.7
晋城市	718840.5	597.1	815367.2	788826.5
朔州市	613630.3	3793.0	625185.7	614915.9
晋中市	1131088.0	3408.6	1194377.2	1171556.3
运城市	1314112.2	10658.1	1449303.3	1427657.6
忻州市	922734.2	111.8	962056.3	937691.2
临汾市	974894.1	11557.5	1033330.4	974016.9
吕梁市	1011583.7	2975.1	769783.2	743968.6

2-B-4.28　各地区地方总承包和专业承包企业资产构成

单位：万元

地　区	资产总计	#流动资产合计	#存货
全　省	**37666958.0**	**29641231.1**	**4640487.8**
太原市	21403405.8	15975322.6	2232668.8
大同市	1963773.6	1746736.7	326461.9
阳泉市	2692212.9	2240839.4	240689.5
长治市	2670872.1	2285305.4	440776.9
晋城市	1492550.3	1267057.9	159159.1
朔州市	924887.8	760852.2	139833.1
晋中市	1705640.0	1404276.3	291172.6
运城市	1449323.9	1183050.1	327363.8
忻州市	894143.3	759193.7	131153.8
临汾市	1205697.4	994174.6	152294.4
吕梁市	1264450.9	1024422.2	198913.9

2-B-4.29　各地区地方总承包和专业承包企业固定资产情况

单位：万元

地　区	固定资产原价	固定资产折旧	#本年折旧	在建工程
全　省	**3781988.3**	**1586943.4**	**194432.3**	**462840.0**
太原市	1634409.1	613134.8	81476.3	296018.2
大同市	184626.7	88012.2	7585.9	22927.9
阳泉市	194412.2	112164.6	9454.2	23194.3
长治市	248754.1	98457.7	18562.3	36127.3
晋城市	166858.3	80606.5	7593.1	4152.9
朔州市	156387.5	58248.9	7449.0	4306.4
晋中市	330570.5	163955.0	19038.2	21869.1
运城市	254782.1	112616.5	11936.7	6011.7
忻州市	169117.1	71448.9	9761.1	3172.4
临汾市	236597.5	111164.4	12362.7	18115.8
吕梁市	205473.2	77133.9	9212.8	26944.0

2-B-4.30 各地区地方总承包和专业承包企业负债及所有者权益

单位：万元

地 区	负债合计	#流动负债	#应付账款	所有者权益	#实收资本
全 省	**27374571.6**	**24413722.4**	**10356853.7**	**10292386.4**	**7275379.8**
太原市	16068679.5	13601416.5	6228401.2	5334726.3	3682735.2
大同市	1432118.1	1378950.9	546928.9	531655.5	423863.3
阳泉市	2360747.8	2300365.5	597176.3	331465.1	384127.0
长治市	1805934.3	1738159.8	886188.2	864937.8	602283.9
晋城市	1081818.7	1022172.7	412973.6	410731.6	273841.1
朔州市	544842.2	491555.9	260680.2	380045.6	231588.5
晋中市	1047955.8	1019565.1	382687.8	657684.2	398251.2
运城市	910922.8	820300.6	194126.7	538401.1	375407.1
忻州市	578759.6	558238.4	190593.3	315383.7	250431.9
临汾市	697070.5	686640.2	345584.1	508626.9	372146.4
吕梁市	845722.3	796356.8	311513.4	418728.6	280704.2

2-B-4.31 各地区地方总承包和专业承包企业实收资本

单位：万元

地 区	合计	国家资本	集体资本	法人资本	个人资本	港澳台资本	外商资本
全 省	**7275379.8**	**1670330.9**	**232864.3**	**2118296.8**	**3253385.8**	**101.0**	**401.0**
太原市	3682735.2	1095038.7	62356.2	1095925.4	1429312.9	101.0	1.0
大同市	423863.3	100230.5	17530.9	100200.3	205901.6		
阳泉市	384127.0	71792.0	20849.9	59804.0	231681.1		
长治市	602283.9	62319.4	14163.8	208357.3	317443.4		
晋城市	273841.1	101044.8	19912.5	62358.6	90525.2		
朔州市	231588.5	25904.0	6732.9	92343.7	106607.9		
晋中市	398251.2	48670.8	27695.1	128973.7	192511.6		400.0
运城市	375407.1	33315.9	18245.5	154657.5	169188.2		
忻州市	250431.9	20670.3	20623.8	84236.3	124901.5		
临汾市	372146.4	70581.6	16438.9	55937.0	229188.9		
吕梁市	280704.2	40762.9	8314.8	75503.0	156123.5		

2-B-4.32 各地区地方总承包和专业承包企业收入情况

单位：万元

地区	主营业务收入	#主营业务成本	#主营业务税金及附加	其他业务收入	#其他业务利润
全省	**26326715.1**	**24052192.5**	**168238.2**	**580273.0**	**41911.7**
太原市	15147462.4	13909850.7	72050.1	290095.0	24391.1
大同市	1754341.8	1605419.2	16492.8	20826.2	4326.5
阳泉市	886746.8	812555.9	5437.6	36099.4	982.3
长治市	2046967.9	1841297.5	13528.8	37565.6	1459.0
晋城市	702187.3	627765.7	5023.9	16653.2	3869.9
朔州市	586848.6	531042.6	7059.8	26781.7	594.8
晋中市	1100684.1	1001430.1	6355.8	30403.9	1303.6
运城市	1292865.5	1183334.5	9308.3	21246.7	928.9
忻州市	911419.9	837595.7	11473.8	11314.3	80.2
临汾市	919783.4	816630.4	7880.8	55110.7	3777.5
吕梁市	977407.4	885270.2	13626.5	34176.3	197.9

2-B-4.33 各地区地方总承包和专业承包企业费用情况

单位：万元

地区	管理费用	销售费用	财务费用	#利息收入	#利息支出
全省	**1270343.6**	**71366.6**	**222103.7**	**66086.2**	**226880.9**
太原市	748800.5	29270.7	142531.3	51168.5	170306.9
大同市	88862.5	10918.6	5842.1	642.6	4624.8
阳泉市	36568.8	632.6	23685.1	490.0	10911.5
长治市	91363.9	3433.5	15447.2	8925.5	4130.4
晋城市	46348.0	3466.2	4794.5	2775.2	4325.2
朔州市	37274.6	5445.2	1505.2	70.3	808.1
晋中市	44715.7	2599.9	12674.8	364.3	10006.7
运城市	60348.1	6338.2	5684.2	-13.6	3653.5
忻州市	30036.6	4785.8	2058.7	168.4	1439.4
临汾市	59238.6	3038.6	2399.7	1033.3	1843.7
吕梁市	26786.3	1437.3	5480.9	461.7	14830.7

2-B-4.34 各地区地方总承包和专业承包企业利润及税金情况

单位：万元

地 区	利润总额	#应交所得税	税金总额	主营业务税金及附加	应交增值税
全 省	**621145.7**	**141642.5**	**893984.4**	**168238.2**	**725746.2**
太原市	282632.3	45151.6	466389.5	72050.1	394339.4
大同市	22452.2	9425.0	69081.1	16492.8	52588.3
阳泉市	10573.2	7975.9	43410.7	5437.6	37973.1
长治市	80072.9	18982.8	57761.9	13528.8	44233.1
晋城市	30282.8	4471.8	19823.4	5023.9	14799.5
朔州市	12445.2	4836.4	31592.7	7059.8	24532.9
晋中市	45480.9	13121.7	31795.6	6355.8	25439.8
运城市	30663.1	6600.7	49546.5	9308.3	40238.2
忻州市	24539.9	10892.3	48773.9	11473.8	37300.1
临汾市	36077.4	6077.7	34785.7	7880.8	26904.9
吕梁市	45925.8	14106.6	41023.4	13626.5	27396.9

2-B-4.35 各地区地方总承包和专业承包企业应收工程款及企业亏损情况

地 区	应收工程款（万元）	企业个数（个）	#亏损企业个数	亏损企业的比重（%）
全 省	**11601068.0**	**2641**	**600**	**22.7**
太原市	6154310.3	1121	264	23.6
大同市	459292.3	194	45	23.2
阳泉市	848401.5	92	28	30.4
长治市	1140464.3	204	34	16.7
晋城市	475825.4	117	32	27.4
朔州市	338737.7	132	43	32.6
晋中市	564301.3	191	38	19.9
运城市	387969.1	191	31	16.2
忻州市	311761.9	129	13	10.1
临汾市	401217.2	160	44	27.5
吕梁市	518787.0	110	28	25.5

2-B-4.36　各地区地方总承包和专业承包企业主要经济效益指标

地　区	产值利润率(%)	产值利税率(%)	资本利润率(%)	资本利税率(%)	人均利润(元/人)	人均利税(元/人)	资产负债率(%)
全　省	**2.2**	**5.5**	**8.5**	**20.8**	**7854**	**19157**	**72.7**
太原市	1.8	4.7	7.7	20.3	6872	18212	75.1
大同市	1.2	5.0	5.3	21.6	3888	15851	72.9
阳泉市	1.1	5.6	2.8	14.1	3598	18371	87.7
长治市	3.7	6.4	13.3	22.9	13185	22697	67.6
晋城市	3.8	6.4	11.1	18.3	11325	18738	72.5
朔州市	2.0	7.2	5.4	19.0	5056	17891	58.9
晋中市	3.9	6.6	11.4	19.4	12191	20713	61.4
运城市	2.1	5.6	8.2	21.4	5459	14281	62.9
忻州市	2.6	7.8	9.8	29.3	7633	22804	64.7
临汾市	3.7	7.3	9.7	19.0	11133	21868	57.8
吕梁市	6.2	11.7	16.4	31.0	20513	38836	66.9

C. 总承包建筑业企业

2-C-1　各地区总承包建筑业企业签订合同情况

单位：万元

地　区	签订合同额		
		上年结转合同额	本年新签合同额
全　省	**85630751.2**	**38229884.1**	**47400867.1**
太原市	65212044.4	30891464.6	34320579.8
大同市	2227696.8	532773.5	1694923.3
阳泉市	1669760.6	495773.8	1173986.8
长治市	3193060.3	789453.2	2403607.1
晋城市	1437159.0	788369.2	648789.8
朔州市	654872.3	180845.9	474026.4
晋中市	5847614.7	3034280.4	2813334.3
运城市	1987352.3	574561.1	1412791.2
忻州市	1149634.0	286946.9	862687.1
临汾市	1329620.8	394681.1	934939.7
吕梁市	921936.0	260734.4	661201.6

2-C-2 各地区总承包建筑业企业承包工程完成情况

单位：万元

地　区	直接从建设单位承揽工程完成的产值			从建设单位以外承揽工程完成的产值
		自行完成施工产值	分包出去工程的产值	
全　省	**37143331.8**	**36912343.5**	**230988.3**	**636090.0**
太原市	25128691.8	24987889.0	140802.8	494896.7
大同市	1763629.7	1732405.8	31223.9	6433.3
阳泉市	872596.0	872596.0		13737.1
长治市	2037720.1	1999945.3	37774.8	42654.8
晋城市	731868.1	728971.5	2896.6	20311.9
朔州市	517104.6	514218.0	2886.6	19747.3
晋中市	2281319.7	2274104.7	7215.0	3161.4
运城市	1378229.5	1377710.4	519.1	4555.6
忻州市	892217.2	892049.1	168.1	12386.1
临汾市	875483.3	874483.3	1000.0	538.4
吕梁市	664471.8	657970.4	6501.4	17667.4

2-C-3 各地区总承包企业建筑业总产值和竣工产值

单位：万元

地　区	建筑业总产值			按构成分组			竣工产值
		#装饰装修产　值	#在外省完成的产值	建筑工程产值	安装工程产值	其他产值	
全　省	**37548433.5**	**812650.2**	**13581884.5**	**33194660.9**	**3526040.4**	**827732.2**	**13368870.8**
太原市	25482785.7	596399.6	12080469.2	22420126.0	2629008.2	433651.5	7543601.9
大同市	1738839.1	44506.2	56651.9	1422415.8	218394.2	98029.1	1016220.2
阳泉市	886333.1	19821.3	19821.6	798268.6	78443.5	9621.0	550179.1
长治市	2042600.1	24985.9	142451.2	1856636.3	170562.2	15401.6	985065.2
晋城市	749283.4	7885.0	12918.9	667784.9	71242.9	10255.6	552209.2
朔州市	533965.3	18138.8	18848.8	423994.6	71618.3	38352.4	230771.2
晋中市	2277266.1	1601.7	1139092.5	2225906.0	44405.6	6954.5	450098.0
运城市	1382266.0	51252.7	62898.6	1227056.7	100546.9	54662.4	754547.0
忻州市	904435.2	31752.2	14103.5	725719.2	79280.5	99435.5	508912.4
临汾市	875021.7	13000.9	26864.4	839761.0	27623.0	7637.7	340727.6
吕梁市	675637.8	3305.9	7763.9	586991.8	34915.1	53730.9	436539.0

2-C-4　各地区总承包建筑业企业房屋建筑面积

地　区	房屋施工面积(万平方米)	#本年新开工	房屋竣工面积(万平方米)	房屋竣工率(%)
全　省	**16466.0**	**5541.5**	**3639.8**	**22.1**
太原市	10945.2	3334.2	1912.3	17.5
大同市	781.6	411.6	320.5	41.0
阳泉市	257.3	52.2	67.1	26.1
长治市	1493.9	385.2	298.2	20.0
晋城市	364.4	87.7	111.7	30.7
朔州市	120.8	48.9	38.4	31.8
晋中市	838.5	282.9	124.3	14.8
运城市	742.4	384.9	277.9	37.4
忻州市	355.6	208.2	232.8	65.5
临汾市	206.0	141.6	64.7	31.4
吕梁市	360.3	204.1	192.1	53.3

2-C-5　各地区按主要用途分的总承包建筑业企业房屋竣工面积

单位：万平方米

地　区	合计	住宅房屋	商业及服务用房屋	办公用房　屋	科研、教育和医疗用房屋	文化、体育和娱乐用房屋	厂房及建筑物	仓库	其他未列明的房屋建筑物
全　省	**3639.8**	**2608.9**	**206.0**	**164.4**	**175.0**	**30.4**	**296.0**	**9.7**	**149.3**
太原市	1912.3	1302.4	144.9	90.7	129.1	25.4	137.8	7.4	74.4
大同市	320.5	295.9	6.1	2.0	3.2	0.1	3.5	0.6	9.0
阳泉市	67.1	55.2	4.2	0.2	0.4	0.1	3.7		3.3
长治市	298.2	227.1	6.0	30.5	4.7	0.1	20.1	0.2	9.6
晋城市	111.7	94.7	2.0	1.0	1.4		12.4	0.1	
朔州市	38.4	31.5	0.1		2.5		0.8		3.5
晋中市	124.3	94.4	3.7	3.3	6.6		5.9	0.5	9.8
运城市	277.9	220.3	16.4	9.7	14.5	1.7	13.7	0.1	1.4
忻州市	232.8	188.8	16.8	9.3	4.0	0.1	6.4	0.2	7.2
临汾市	64.7	37.2	1.5	14.7	3.4		1.2		6.6
吕梁市	192.1	61.4	4.4	3.1	5.0	2.7	90.4	0.6	24.4

2-C-6 各地区按主要用途分的总承包建筑业企业房屋竣工价值

单位：万元

地　区	合计	住宅房屋	商业及服务用房屋	办公用房　屋	科研、教育和医疗用房屋	文化、体育和娱乐用房屋	厂房及建筑物	仓　库	其他未列明的房屋建筑物
全　省	**6689475.3**	**4516099.1**	**435618.8**	**392216.6**	**413645.2**	**88958.5**	**496421.4**	**18260.0**	**328255.7**
太原市	4025046.5	2451574.4	339429.6	274864.4	332173.0	81460.0	291706.6	15024.8	238813.7
大同市	556368.5	514340.2	8750.5	3761.7	7843.5	168.0	7961.8	889.6	12653.2
阳泉市	120194.1	94018.0	7757.4	100.0	594.4	175.0	9842.9		7706.4
长治市	452647.5	344300.9	8216.1	57853.6	9308.8	336.7	26142.5	588.2	5900.7
晋城市	180214.8	150008.5	4596.4	1289.1	2191.0		21986.5	123.3	20.0
朔州市	56251.2	43772.3	289.1	82.7	5734.1		1604.9		4768.1
晋中市	225696.2	165818.4	7062.3	8344.9	8903.6		8558.3	345.0	26663.7
运城市	468577.4	366003.0	32401.4	13957.1	29249.6	2260.2	22702.8	234.0	1769.3
忻州市	299113.5	243419.6	18749.9	11948.8	7775.8	219.0	7652.7	554.0	8793.7
临汾市	85481.7	54070.9	1265.5	16969.3	3387.8	44.8	3175.0		6568.4
吕梁市	219883.9	88772.9	7100.6	3045.0	6483.6	4294.8	95087.4	501.1	14598.5

2-C-7 各地区总承包建筑业企业施工机械设备情况

地　区	年末自有施工机械设备总台数（台）	年末自有施工机械设备总功率（千瓦）	年末自有施工机械设备净值（万元）	技术装备率（元/人）	动力装备率（千瓦/人）
全　省	**173578**	**6852198**	**1350837.2**	**19420**	**9.9**
太原市	77263	4560337	796008.7	20641	11.8
大同市	8358	146909	42319.3	12042	4.2
阳泉市	6250	191886	17316.1	6695	7.4
长治市	6618	186239	40914.0	11009	5.0
晋城市	8417	172902	40471.9	17703	7.6
朔州市	5456	179008	45530.6	22616	8.9
晋中市	13150	422601	102683.4	26366	10.9
运城市	13516	257736	83798.4	15412	4.7
忻州市	11766	189467	55288.7	18309	6.3
临汾市	11283	214399	64937.4	23747	7.8
吕梁市	11501	330714	61568.7	34312	18.4

2-C-8　各地区总承包建筑业企业主要生产效益指标

地　区	建筑业企业个数（个）	从事建筑业活动的平均人数（人）	按总产值计算的劳动生产率（元/人）	人均竣工产值（元/人）	人均施工面积（平方米/人）	人均竣工面积（平方米/人）
全　省	**1502**	**975673**	**384846**	**137022**	**168.8**	**37.3**
太原市	468	608560	418739	123958	179.9	31.4
大同市	133	54016	321912	188133	144.7	59.3
阳泉市	56	27414	323314	200693	93.9	24.5
长治市	129	55474	368209	177572	269.3	53.8
晋城市	92	25002	299689	220866	145.7	44.7
朔州市	89	22009	242612	104853	54.9	17.5
晋中市	127	50002	455435	90016	167.7	24.9
运城市	128	54569	253306	138274	136.0	50.9
忻州市	102	30383	297678	167499	117.0	76.6
临汾市	95	28117	311207	121182	73.3	23.0
吕梁市	83	20127	335687	216892	179.0	95.4

2-C-9　各地区总承包建筑业企业营业收入

单位：万元

地　区	营业收入	#在境外完成的营业收入	企业总产值	#建筑业总产值
全　省	**37836308.3**	**621341.6**	**38405871.7**	**37548433.5**
太原市	26026518.0	576515.4	25923816.8	25482785.7
大同市	1706751.9	1582.3	1804885.0	1738839.1
阳泉市	861049.2	4170.1	1064523.1	886333.1
长治市	1950021.2	118.1	2077123.2	2042600.1
晋城市	653603.6	597.1	760780.9	749283.4
朔州市	535813.0	1919.3	542310.0	533965.3
晋中市	2172080.4	3408.6	2293097.5	2277266.1
运城市	1254844.5	18386.3	1392146.2	1382266.0
忻州市	880052.6	111.8	928170.2	904435.2
临汾市	855285.6	11557.5	917566.4	875021.7
吕梁市	940288.3	2975.1	701452.4	675637.8

2-C-10 各地区总承包建筑业企业资产构成

单位：万元

地 区	资产总计	#流动资产合计	#存货
全 省	**54070356.5**	**42692350.8**	**5213756.0**
太原市	38152534.5	29198763.4	2955620.6
大同市	1956360.0	1722381.7	284976.1
阳泉市	2532356.2	2108395.8	233568.0
长治市	2445142.7	2106761.5	425117.3
晋城市	1386599.9	1173674.1	143084.7
朔州市	840600.2	706691.5	129210.7
晋中市	2493377.7	2156815.4	290057.4
运城市	1372397.6	1127904.1	320187.8
忻州市	775855.0	648821.4	127296.8
临汾市	989588.9	821209.9	130400.8
吕梁市	1125543.8	920932.0	174235.8

2-C-11 各地区总承包建筑业企业固定资产情况

单位：万元

地 区	固定资产原价	固定资产折旧	#本年折旧	在建工程
全 省	**6026814.0**	**3069991.4**	**520375.3**	**451888.0**
太原市	4070892.6	2173383.0	422329.8	299710.5
大同市	182008.3	88112.7	7161.4	21656.6
阳泉市	174413.1	101654.6	8741.8	23041.5
长治市	207242.0	80842.5	16058.6	32703.6
晋城市	151772.3	73368.1	6576.4	4079.7
朔州市	149725.1	64202.1	6285.6	7466.1
晋中市	336249.5	168109.0	17201.5	20782.0
运城市	229858.5	102132.9	10526.8	4152.0
忻州市	157701.9	64816.9	8535.7	2556.2
临汾市	190023.2	90195.1	10252.3	9069.6
吕梁市	176927.5	63174.5	6705.4	26670.2

2-C-12　各地区总承包建筑业企业负债及所有者权益

单位：万元

地　区	负债合计	#流动负债	#应付账款	所有者权益	#实收资本
全　省	**42138196.0**	**38918254.2**	**18084877.8**	**11932160.5**	**8091826.4**
太原市	30526909.9	27827212.3	13613485.1	7625624.6	4867246.6
大同市	1479409.1	1417141.1	594436.8	476950.9	387491.5
阳泉市	2235721.6	2178443.3	554353.9	296634.6	357075.6
长治市	1693159.9	1630107.1	832509.9	751982.8	509880.0
晋城市	1013510.4	953903.6	381981.8	373089.5	246517.8
朔州市	633540.9	550048.9	292642.9	207059.3	199931.6
晋中市	1821771.1	1797260.2	852540.3	671606.6	429551.4
运城市	884284.3	797029.1	195105.6	488113.3	334178.7
忻州市	488569.2	463178.2	167838.6	287285.8	230786.6
临汾市	590106.9	579710.6	318188.1	399482.0	280618.1
吕梁市	771212.7	724219.8	281794.8	354331.1	248548.5

2-C-13　各地区总承包建筑业企业实收资本

单位：万元

地　区	合计	国家资本	集体资本	法人资本	个人资本	港澳台资本	外商资本
全　省	**8091826.4**	**2819067.5**	**204999.2**	**2555655.1**	**2512002.6**	**101.0**	**1.0**
太原市	4867246.6	2134284.8	52279.4	1660510.4	1020070.0	101.0	1.0
大同市	387491.5	108109.5	17327.4	84175.6	177879.0		
阳泉市	357075.6	71792.0	14984.9	52869.8	217428.9		
长治市	509880.0	62319.4	14163.8	184178.1	249218.7		
晋城市	246517.8	98044.8	19352.5	52280.7	76839.8		
朔州市	199931.6	25204.1	2489.0	80661.4	91577.1		
晋中市	429551.4	158888.3	24807.5	110482.4	135373.2		
运城市	334178.7	28815.9	17951.5	140669.8	146741.5		
忻州市	230786.6	21865.7	20623.8	76861.2	111435.9		
临汾市	280618.1	69381.6	16438.9	45430.0	149367.6		
吕梁市	248548.5	40361.4	4580.5	67535.7	136070.9		

2-C-14 各地区总承包建筑业企业收入情况

单位：万元

地 区	主营业务收入	#主营业务成本	#主营业务税金及附加	其他业务收入	#其他业务利润
全 省	**37262044.9**	**34509060.1**	**178669.9**	**574263.4**	**41968.6**
太原市	25744459.4	23967410.6	89701.1	282058.6	27453.8
大同市	1683988.4	1542407.2	15847.2	22763.5	3700.2
阳泉市	825358.8	758591.6	4730.6	35690.4	845.5
长治市	1915883.8	1734269.7	12008.4	34137.4	1337.9
晋城市	647342.3	582447.3	4781.3	6261.3	2241.2
朔州市	509383.7	464102.7	6385.6	26429.3	1053.4
晋中市	2147430.1	2010342.2	6268.6	24650.3	1479.7
运城市	1242650.1	1140946.8	8729.0	12194.4	913.8
忻州市	833127.8	767417.1	9823.9	46924.8	43.5
临汾市	804871.0	717560.0	7064.0	50414.6	2953.3
吕梁市	907549.5	823564.9	13330.2	32738.8	-53.7

2-C-15 各地区总承包建筑业企业费用情况

单位：万元

地 区	管理费用	销售费用	财务费用	#利息收入	#利息支出
全 省	**1501741.3**	**42676.3**	**258050.9**	**141063.6**	**332977.2**
太原市	996078.4	12255.5	181207.1	126325.0	279048.2
大同市	90524.0	8834.1	4621.7	578.1	3582.3
阳泉市	32439.6	559.6	22911.6	433.3	10385.2
长治市	77649.2	2191.0	14220.9	9010.0	2922.2
晋城市	41094.2	1424.3	4352.0	2774.3	4193.4
朔州市	32140.9	4171.4	1452.0	38.1	833.5
晋中市	75939.3	1445.2	14466.5	505.9	11252.8
运城市	56527.9	4866.9	5309.4	-5.2	3446.9
忻州市	27914.6	4410.7	2407.7	165.4	1156.7
临汾市	50269.1	1746.2	1494.7	1026.1	1349.2
吕梁市	21164.1	771.4	5607.3	212.6	14806.8

2-C-16　各地区总承包建筑业企业利润及税金情况

单位：万元

地　区	利润总额	#应交所得税	税金总额	主营业务税金及附加	应交增值税
全　省	**830657.1**	**142967.4**	**938000.7**	**178669.9**	**759330.8**
太原市	516823.7	55331.2	525887.8	89701.1	436186.7
大同市	20685.4	7722.0	64934.2	15847.2	49087.0
阳泉市	9109.8	7352.1	39819.3	4730.6	35088.7
长治市	72847.3	17051.8	52883.3	12008.4	40874.9
晋城市	27700.3	3810.6	17918.6	4781.3	13137.3
朔州市	16837.3	4649.0	28842.4	6385.6	22456.8
晋中市	39861.8	11834.9	45655.8	6268.6	39387.2
运城市	28430.2	6146.9	47624.3	8729.0	38895.3
忻州市	22102.2	10358.7	45437.7	9823.9	35613.8
临汾市	31373.7	5108.0	29598.1	7064.0	22534.1
吕梁市	44885.4	13602.2	39399.2	13330.2	26069.0

2-C-17　各地区总承包建筑业企业应收工程款及企业亏损情况

地　区	应收工程款（万元）	企业个数（个）	#亏损企业个数	亏损企业的比重（%）
全　省	**15484417.7**	**1502**	**329**	**21.9**
太原市	10466858.2	468	105	22.4
大同市	452650.8	133	38	28.6
阳泉市	776148.7	56	17	30.4
长治市	1066632.6	129	19	14.7
晋城市	444916.6	92	25	27.2
朔州市	299898.1	89	27	30.3
晋中市	518716.3	127	27	21.3
运城市	367524.2	128	16	12.5
忻州市	272423.9	102	11	10.8
临汾市	335655.8	95	26	27.4
吕梁市	482992.5	83	18	21.7

2-C-18 各地区总承包建筑业企业主要经济效益指标

地区	产值利润率(%)	产值利税率(%)	资本利润率(%)	资本利税率(%)	人均利润(元/人)	人均利税(元/人)	资产负债率(%)
全省	**2.2**	**4.7**	**10.3**	**21.9**	**8514**	**18128**	**77.9**
太原市	2.0	4.1	10.6	21.4	8493	17134	80.0
大同市	1.2	4.9	5.3	22.1	3829	15851	75.6
阳泉市	1.0	5.5	2.6	13.7	3323	17848	88.3
长治市	3.6	6.2	14.3	24.7	13132	22665	69.2
晋城市	3.7	6.1	11.2	18.5	11079	18246	73.1
朔州市	3.2	8.6	8.4	22.8	7650	20755	75.4
晋中市	1.8	3.8	9.3	19.9	7972	17103	73.1
运城市	2.1	5.5	8.5	22.8	5210	13937	64.4
忻州市	2.4	7.5	9.6	29.3	7275	22230	63.0
临汾市	3.6	7.0	11.2	21.7	11158	21685	59.6
吕梁市	6.6	12.5	18.1	33.9	22301	41876	68.5

2-C-19 各地区按资质等级划分的总承包建筑业企业单位数

单位：个

地区	合计	特级	一级	二级	三级及以下
全省	**1502**	**19**	**100**	**399**	**984**
太原市	468	18	45	137	268
大同市	133		9	32	92
阳泉市	56		10	11	35
长治市	129	1	5	37	86
晋城市	92		5	19	68
朔州市	89		3	12	74
晋中市	127		6	34	87
运城市	128		10	40	78
忻州市	102		1	30	71
临汾市	95		4	21	70
吕梁市	83		2	26	55

2-C-20　各地区按资质等级划分的总承包建筑业企业期末人数

单位：人

地　区	合计	特级	一级	二级	三级及以下
全　省	**695608**	**187690**	**231420**	**160962**	**115536**
太原市	385640	184217	124433	49307	27683
大同市	35144		11860	12225	11059
阳泉市	25863		16784	6350	2729
长治市	37163	3473	12158	13250	8282
晋城市	22862		8746	6689	7427
朔州市	20132		1914	3065	15153
晋中市	38946		11903	17487	9556
运城市	54371		30558	16320	7493
忻州市	30198		860	18904	10434
临汾市	27345		9612	8801	8932
吕梁市	17944		2592	8564	6788

2-C-21　各地区按资质等级划分的总承包企业建筑业总产值

单位：万元

地　区	合计	特级	一级	二级	三级及以下
全　省	**37548433.5**	**14028595.7**	**14181933.2**	**5319505.0**	**4018399.6**
太原市	25482785.7	13427365.8	8667348.9	1891517.6	1496553.4
大同市	1738839.1		863257.9	481123.6	394457.6
阳泉市	886333.1		675678.9	111088.4	99565.8
长治市	2042600.1	601229.9	655047.1	504887.0	281436.1
晋城市	749283.4		409780.4	176006.8	163496.2
朔州市	533965.3		94768.0	94738.1	344459.2
晋中市	2277266.1		1634229.4	425858.4	217178.3
运城市	1382266.0		734551.9	419625.0	228089.1
忻州市	904435.2		9611.5	573792.7	321031.0
临汾市	875021.7		346746.0	303865.0	224410.7
吕梁市	675637.8		90913.2	337002.4	247722.2

2-C-22 各地区按资质等级划分的总承包建筑业企业签订合同额

单位：万元

地　　区	合计	特级	一级	二级	三级及以下
全　省	**85630751.2**	**43076414.5**	**28758967.9**	**8067812.9**	**5727555.9**
太原市	65212044.4	41730425.5	17851125.3	3138104.0	2492389.6
大同市	2227696.8		1268833.5	528825.3	430038.0
阳泉市	1669760.6		1347352.1	178495.9	143912.6
长治市	3193060.3	1345989.0	858791.8	668215.6	320063.9
晋城市	1437159.0		859678.5	321100.3	256380.2
朔州市	654872.3		161633.6	114519.9	378718.8
晋中市	5847614.7		4726351.6	787145.7	334117.4
运城市	1987352.3		1086922.3	598652.7	301777.3
忻州市	1149634.0		38865.3	678779.0	431989.7
临汾市	1329620.8		450912.4	532467.6	346240.8
吕梁市	921936.0		108501.5	521506.9	291927.6

2-C-23 各地区按资质等级划分的总承包建筑业企业竣工产值

单位：万元

地　　区	合计	特级	一级	二级	三级及以下
全　省	**13368870.8**	**3674298.2**	**4522325.0**	**2903339.3**	**2268908.3**
太原市	7543601.9	3459328.1	2171815.2	1111674.8	800783.8
大同市	1016220.2		528761.9	233726.6	253731.7
阳泉市	550179.1		428991.9	56858.5	64328.7
长治市	985065.2	214970.1	401694.6	248047.1	120353.4
晋城市	552209.2		331998.9	122288.4	97921.9
朔州市	230771.2		8231.4	59213.8	163326.0
晋中市	450098.0		150918.1	162760.5	136419.4
运城市	754547.0		355812.9	250492.8	148241.3
忻州市	508912.4		3700.0	301860.3	203352.1
临汾市	340727.6		100156.6	100848.7	139722.3
吕梁市	436539.0		40243.5	255567.8	140727.7

2-C-24 各地区按资质等级划分的总承包建筑业企业房屋施工面积

单位：万平方米

地 区	合计	特级	一级	二级	三级及以下
全 省	**16466.0**	**9280.3**	**3713.0**	**2324.2**	**1148.5**
太原市	10945.2	8408.6	1911.1	400.6	224.9
大同市	781.6		433.3	209.4	138.8
阳泉市	257.3		198.2	30.7	28.4
长治市	1493.9	871.7	232.5	313.6	76.1
晋城市	364.4		131.9	135.2	97.2
朔州市	120.8		44.4	45.6	30.9
晋中市	838.5		305.9	373.0	159.6
运城市	742.4		400.4	245.4	96.5
忻州市	355.6			256.4	99.2
临汾市	206.0		25.4	94.6	86.1
吕梁市	360.3		29.9	219.7	110.7

2-C-25 各地区按资质等级划分的总承包建筑业企业房屋竣工面积

单位：万平方米

地 区	合计	特级	一级	二级	三级及以下
全 省	**3639.8**	**1311.2**	**960.0**	**820.8**	**547.8**
太原市	1912.3	1186.2	410.5	181.3	134.3
大同市	320.5		191.2	74.8	54.5
阳泉市	67.1		48.1	3.9	15.1
长治市	298.2	125.0	64.1	63.5	45.6
晋城市	111.7		54.9	34.5	22.3
朔州市	38.4			19.1	19.3
晋中市	124.3		27.5	64.3	32.4
运城市	277.9		136.8	87.7	53.4
忻州市	232.8			162.5	70.3
临汾市	64.7			18.2	46.4
吕梁市	192.1		26.9	111.0	54.2

2-C-26 各地区按资质等级划分的总承包企业自有施工机械设备台数

单位：台

地　区	合计	特级	一级	二级	三级及以下
全　省	**173578**	**30972**	**53147**	**53915**	**35544**
太原市	77263	30865	28147	14625	3626
大同市	8358		2848	2646	2864
阳泉市	6250		4675	717	858
长治市	6618	107	1671	2399	2441
晋城市	8417		2254	3589	2574
朔州市	5456		1587	1481	2388
晋中市	13150		3659	6276	3215
运城市	13516		4403	6847	2266
忻州市	11766		97	5944	5725
临汾市	11283		2179	4472	4632
吕梁市	11501		1627	4919	4955

2-C-27 各地区按资质等级划分的总承包企业自有施工机械设备总功率

单位：万千瓦

地　区	合计	特级	一级	二级	三级及以下
全　省	**685.2**	**266.8**	**226.0**	**116.9**	**75.5**
太原市	456.0	266.4	148.4	28.2	13.0
大同市	14.7		6.1	4.2	4.4
阳泉市	19.2		15.5	3.3	0.4
长治市	18.6	0.4	4.9	9.7	3.6
晋城市	17.3		9.0	4.8	3.4
朔州市	17.9		5.8	5.1	7.0
晋中市	42.3		20.0	14.6	7.7
运城市	25.8		8.3	10.8	6.7
忻州市	18.9		0.2	8.1	10.7
临汾市	21.4		4.7	8.4	8.3
吕梁市	33.1		3.0	19.7	10.3

2-C-28　各地区按资质等级划分的总承包建筑业企业实收资本

单位：万元

地　区	合计	特级	一级	二级	三级及以下
全　省	**8091826.4**	**2762389.0**	**1885787.4**	**1740486.5**	**1703163.5**
太原市	4867246.6	2720758.1	874318.5	655838.3	616331.7
大同市	387491.5		153616.0	111829.9	122045.6
阳泉市	357075.6		240277.1	58220.2	58578.3
长治市	509880.0	41630.9	115005.0	204112.5	149131.6
晋城市	246517.8		93332.1	59493.5	93692.2
朔州市	199931.6		29304.4	58200.6	112426.6
晋中市	429551.4		168800.1	149625.5	111125.8
运城市	334178.7		82856.0	156950.8	94371.9
忻州市	230786.6		15000.0	105502.6	110284.0
临汾市	280618.1		86249.2	75700.5	118668.4
吕梁市	248548.5		27029.0	105012.1	116507.4

2-C-29　各地区按资质等级划分的总承包建筑业企业资产

单位：万元

地　区	合计	特级	一级	二级	三级及以下
全　省	**54070356.5**	**25033353.4**	**17581781.7**	**6406168.0**	**5049053.4**
太原市	38152534.5	24593725.0	9849360.5	2125917.2	1583531.8
大同市	1956360.0		897318.1	525551.0	533490.9
阳泉市	2532356.2		2063878.4	222487.6	245990.2
长治市	2445142.7	439628.4	1025409.5	546723.1	433381.7
晋城市	1386599.9		733301.6	366139.9	287158.4
朔州市	840600.2		180632.4	160217.9	499749.9
晋中市	2493377.7		1496017.8	649438.7	347921.2
运城市	1372397.6		553070.3	590506.2	228821.1
忻州市	775855.0		19950.4	440787.7	315116.9
临汾市	989588.9		331994.8	407086.8	250507.3
吕梁市	1125543.8		430847.9	371311.9	323384.0

2-C-30 各地区按资质等级划分的总承包建筑业企业所有者权益

单位：万元

地 区	合计	特级	一级	二级	三级及以下
全 省	**11932160.5**	**4786674.3**	**2717378.0**	**2338995.7**	**2089112.5**
太原市	7625624.6	4726569.4	1358492.0	826301.0	714262.2
大同市	476950.9		198918.6	130060.4	147971.9
阳泉市	296634.6		189169.2	43324.4	64141.0
长治市	751982.8	60104.9	199401.3	287656.1	204820.5
晋城市	373089.5		173096.2	93292.7	106700.6
朔州市	207059.3		-25519.6	72368.9	160210.0
晋中市	671606.6		289943.5	230989.6	150673.5
运城市	488113.3		148361.0	227111.8	112640.5
忻州市	287285.8		15850.6	147869.8	123565.4
临汾市	399482.0		133103.0	119873.3	146505.7
吕梁市	354331.1		36562.2	160147.7	157621.2

2-C-31 各地区按资质等级划分的总承包建筑业企业负债

单位：万元

地 区	合计	特级	一级	二级	三级及以下
全 省	**42138196.0**	**20246679.1**	**14864403.7**	**4067172.3**	**2959940.9**
太原市	30526909.9	19867155.6	8490868.5	1299616.2	869269.6
大同市	1479409.1		698399.5	395490.6	385519.0
阳泉市	2235721.6		1874709.2	179163.2	181849.2
长治市	1693159.9	379523.5	826008.2	259067.0	228561.2
晋城市	1013510.4		560205.4	272847.2	180457.8
朔州市	633540.9		206152.0	87849.0	339539.9
晋中市	1821771.1		1206074.3	418449.1	197247.7
运城市	884284.3		404709.3	363394.4	116180.6
忻州市	488569.2		4099.8	292917.9	191551.5
临汾市	590106.9		198891.8	287213.5	104001.6
吕梁市	771212.7		394285.7	211164.2	165762.8

2-C-32 各地区按资质等级划分的总承包建筑业企业营业收入

单位：万元

地　区	合计	特级	一级	二级	三级及以下
全　省	**37836308.3**	**14823215.6**	**13555959.5**	**5359538.9**	**4097594.3**
太原市	26026518.0	14342516.9	8262685.2	1803896.7	1617419.2
大同市	1706751.9		928735.0	405451.3	372565.6
阳泉市	861049.2		643366.7	115414.8	102267.7
长治市	1950021.2	480698.7	696852.9	469986.8	302482.8
晋城市	653603.6		358421.4	171872.2	123310.0
朔州市	535813.0		80039.5	92355.3	363418.2
晋中市	2172080.4		1564256.0	403343.8	204480.6
运城市	1254844.5		606666.4	456854.9	191323.2
忻州市	880052.6		10250.0	548559.3	321243.3
临汾市	855285.6		304299.1	310874.6	240111.9
吕梁市	940288.3		100387.3	580929.2	258971.8

2-C-33 各地区按资质等级划分的总承包建筑业企业利税总额

单位：万元

地　区	合计	特级	一级	二级	三级及以下
全　省	**1768657.8**	**602473.9**	**534064.8**	**361168.0**	**270951.1**
太原市	1042711.5	580544.6	294029.1	93861.6	74276.2
大同市	85619.6		41389.2	21342.2	22888.2
阳泉市	48929.1		35013.1	5077.8	8838.2
长治市	125730.6	21929.3	36694.5	43387.5	23719.3
晋城市	45618.9		23757.3	11133.1	10728.5
朔州市	45679.7		8438.0	9922.5	27319.2
晋中市	85517.6		44228.4	31808.8	9480.4
运城市	76054.5		31374.6	31815.5	12864.4
忻州市	67539.9		173.3	37291.3	30075.3
临汾市	60971.8		20642.9	20453.7	19875.2
吕梁市	84284.6		-1675.6	55074.0	30886.2

2-C-34 各地区按资质等级划分的总承包建筑业企业利润总额

单位：万元

地　区	合计	特级	一级	二级	三级及以下
全　省	**830657.1**	**343240.0**	**220600.0**	**155877.1**	**110940.0**
太原市	516823.7	336898.6	111511.2	35428.1	32985.8
大同市	20685.4		9816.0	3801.7	7067.7
阳泉市	9109.8		6282.0	-70.3	2898.1
长治市	72847.3	6341.4	26110.1	27388.9	13006.9
晋城市	27700.3		17473.2	4480.0	5747.1
朔州市	16837.3		4773.4	4170.6	7893.3
晋中市	39861.8		22099.4	14973.0	2789.4
运城市	28430.2		9551.9	13141.5	5736.8
忻州市	22102.2		101.0	11525.8	10475.4
临汾市	31373.7		15040.1	10477.5	5856.1
吕梁市	44885.4		-2158.3	30560.3	16483.4

2-C-35 各地区按资质等级划分的总承包建筑业企业税金总额

单位：万元

地　区	合计	特级	一级	二级	三级及以下
全　省	**938000.7**	**259233.9**	**313464.8**	**205290.9**	**160011.1**
太原市	525887.8	243646.0	182517.9	58433.5	41290.4
大同市	64934.2		31573.2	17540.5	15820.5
阳泉市	39819.3		28731.1	5148.1	5940.1
长治市	52883.3	15587.9	10584.4	15998.6	10712.4
晋城市	17918.6		6284.1	6653.1	4981.4
朔州市	28842.4		3664.6	5751.9	19425.9
晋中市	45655.8		22129.0	16835.8	6691.0
运城市	47624.3		21822.7	18674.0	7127.6
忻州市	45437.7		72.3	25765.5	19599.9
临汾市	29598.1		5602.8	9976.2	14019.1
吕梁市	39399.2		482.7	24513.7	14402.8

2-C-36　各地区按资质等级划分的总承包建筑业企业主营业务收入

单位：万元

地　区	合计	特级	一级	二级	三级及以下
全　省	**37262044.9**	**14742991.5**	**13413395.5**	**5190080.5**	**3915577.4**
太原市	25744459.4	14263796.7	8177497.4	1758747.3	1544418.0
大同市	1683988.4		919124.3	396642.1	368222.0
阳泉市	825358.8		611968.2	114628.5	98762.1
长治市	1915883.8	479194.8	695439.7	467990.8	273258.5
晋城市	647342.3		356142.6	170037.5	121162.2
朔州市	509383.7		79508.2	92355.3	337520.2
晋中市	2147430.1		1562628.4	395216.3	189585.4
运城市	1242650.1		605766.1	445616.7	191267.3
忻州市	833127.8		10250.0	501874.5	321003.3
临汾市	804871.0		304299.1	279913.8	220658.1
吕梁市	907549.5		90771.5	567057.7	249720.3

2-C-37　各地区按资质等级划分的总承包建筑业企业管理费用

单位：万元

地　区	合计	特级	一级	二级	三级及以下
全　省	**1501741.3**	**498175.9**	**599902.4**	**224464.0**	**179199.0**
太原市	996078.4	486198.4	377859.5	76951.5	55069.0
大同市	90524.0		43024.7	19886.6	27612.7
阳泉市	32439.6		21251.0	5541.9	5646.7
长治市	77649.2	11977.5	27611.1	27083.7	10976.9
晋城市	41094.2		18742.4	13144.8	9207.0
朔州市	32140.9		8072.8	6256.6	17811.5
晋中市	75939.3		50072.7	14783.4	11083.2
运城市	56527.9		27627.5	21228.6	7671.8
忻州市	27914.6		722.9	11367.3	15824.4
临汾市	50269.1		18904.2	21936.9	9428.0
吕梁市	21164.1		6013.6	6282.7	8867.8

2-C-38 各地区按资质等级划分的总承包建筑业企业财务费用

单位：万元

地 区	合计	特级	一级	二级	三级及以下
全 省	**258050.9**	**159202.0**	**65786.4**	**22488.0**	**10574.5**
太原市	181207.1	152790.1	21160.1	5150.8	2106.1
大同市	4621.7		3401.4	1432.4	-212.1
阳泉市	22911.6		19477.3	2221.4	1212.9
长治市	14220.9	6411.9	4006.0	2449.5	1353.5
晋城市	4352.0		3299.7	580.1	472.2
朔州市	1452.0		74.9	803.9	573.2
晋中市	14466.5		6736.7	5258.5	2471.3
运城市	5309.4		3514.9	1326.7	467.8
忻州市	2407.7		35.5	1644.0	728.2
临汾市	1494.7		-271.3	946.6	819.4
吕梁市	5607.3		4351.2	674.1	582.0

2-C-39 各地区按资质等级划分的总承包建筑业企业应收工程款

单位：万元

地 区	合计	特级	一级	二级	三级及以下
全 省	**15484417.7**	**6792020.6**	**4945328.2**	**2139079.0**	**1607989.9**
太原市	10466858.2	6580138.4	2578478.7	756199.0	552042.1
大同市	452650.8		139287.3	150670.8	162692.7
阳泉市	776148.7		592813.4	115274.3	68061.0
长治市	1066632.6	211882.2	570167.1	148018.3	136565.0
晋城市	444916.6		255971.0	139869.6	49076.0
朔州市	299898.1		46401.4	36341.2	217155.5
晋中市	518716.3		231020.3	197017.5	90678.5
运城市	367524.2		151873.2	156956.3	58694.7
忻州市	272423.9		2331.5	174701.7	95390.7
临汾市	335655.8		128925.6	132850.6	73879.6
吕梁市	482992.5		248058.7	131179.7	103754.1

D. 专业承包建筑业企业

2-D-1　各地区专业承包建筑业企业签订合同情况

单位：万元

地　区	签订合同额		
		上年结转合同额	本年新签合同额
全　省	**5361498.0**	**1947467.9**	**3414030.1**
太原市	3383044.8	1148085.1	2234959.7
大同市	178259.7	88960.9	89298.8
阳泉市	80990.4	17438.4	63552.0
长治市	183557.2	15005.8	168551.4
晋城市	49710.4	9689.4	40021.0
朔州市	68943.1	12188.3	56754.8
晋中市	1051730.4	588995.8	462734.6
运城市	80133.0	15537.3	64595.7
忻州市	83685.2	16448.9	67236.3
临汾市	127232.8	28473.1	98759.7
吕梁市	74211.0	6644.9	67566.1

2-D-2　各地区专业承包建筑业企业承包工程完成情况

单位：万元

地　区	直接从建设单位承揽工程完成的产值			从建设单位以外承揽工程完成的产值
		自行完成施工产值	分包出去工程的产值	
全　省	**3298552.7**	**3281093.6**	**17459.1**	**141017.2**
太原市	2088607.3	2079055.6	9551.7	109502.2
大同市	168874.9	167862.5	1012.4	2467.2
阳泉市	83910.4	83910.4		954.4
长治市	124191.7	123656.3	535.4	2616.1
晋城市	37599.5	37599.5		1943.6
朔州市	70657.1	70657.1		14551.9
晋中市	414069.0	412357.8	1711.2	3496.0
运城市	68409.5	68399.5	10.0	2816.6
忻州市	75552.3	70913.9	4638.4	2024.2
临汾市	98995.2	98995.2		
吕梁市	67685.8	67685.8		645.0

2-D-3 各地区专业承包企业建筑业总产值和竣工产值

单位：万元

地 区	建筑业总产值	#装饰装修产 值	#在外省完成的产值	按构成分组			竣工产值
				建筑工程产值	安装工程产值	其他产值	
全 省	**3422110.8**	**316071.5**	**889629.0**	**2450402.0**	**739944.6**	**231764.2**	**1704932.4**
太原市	2188557.8	229288.5	642939.4	1600423.4	407134.8	180999.6	1055409.8
大同市	170329.7	15688.6	8455.8	138058.9	18611.6	13659.2	69210.8
阳泉市	84864.8	6680.6	92.1	21413.1	62083.3	1368.4	49607.1
长治市	126272.4	15621.9	2736.4	89004.9	32691.5	4576.0	105740.5
晋城市	39543.1	146.1		33749.5	4773.6	1020.0	22409.2
朔州市	85209.0	1079.1	4088.4	20333.2	60738.1	4137.7	70907.5
晋中市	415853.8	16402.4	215754.8	322558.0	85146.8	8149.0	159866.7
运城市	71216.1	16360.5	3588.9	47561.5	16347.7	7306.9	48951.4
忻州市	72938.1	3582.9	500.8	47977.3	20294.0	4666.8	39698.2
临汾市	98995.2	11104.9	9043.4	71169.4	26153.9	1671.9	60346.1
吕梁市	68330.8	116.0	2429.0	58152.8	5969.3	4208.7	22785.1

2-D-4 各地区专业承包建筑业企业房屋建筑面积

地 区	房屋施工面积（万平方米）	#本年新开工	房屋竣工面积（万平方米）	房屋竣工率（%）
全 省	**174.5**	**118.4**	**115.1**	**66.0**
太原市	55.8	46.5	34.9	62.5
大同市	8.9	6.3	9.5	106.7
阳泉市				
长治市	12.7	10.4	9.5	75.3
晋城市	21.5	14.7	9.2	42.8
朔州市	0.2	0.2	0.1	27.4
晋中市	56.5	30.9	31.7	56.2
运城市	10.9	2.4	8.9	81.3
忻州市	2.9	2.1	2.9	100.0
临汾市	4.4	4.3	7.8	176.5
吕梁市	0.6	0.5	0.6	100.0

2-D-5　各地区按主要用途分的专业承包建筑业企业房屋竣工面积

单位：万平方米

地　区	合计	住宅房屋	商业及服务用房屋	办公用房　屋	科研、教育和医疗用房屋	文化、体育和娱乐用房屋	厂房及建筑物	仓　库	其他未列明的房屋建筑物
全　省	**115.1**	**5.6**	**17.8**	**1.3**	**1.3**	**0.1**	**78.6**	**0.1**	**10.3**
太原市	34.9	2.2	16.6	0.7	0.9		6.1		8.4
大同市	9.5	2.5		0.7			6.3		
阳泉市									
长治市	9.5	0.7	0.4				8.5		
晋城市	9.2						9.2		
朔州市	0.1	0.1							
晋中市	31.7						31.6		0.1
运城市	8.9	0.1				0.1	7.7	0.1	0.9
忻州市	2.9		0.8				1.3		0.9
临汾市	7.8				0.4		7.4		0.1
吕梁市	0.6						0.6		

2-D-6　各地区按主要用途分的专业承包建筑业企业房屋竣工价值

单位：万元

地　区	合计	住宅房屋	商业及服务用房屋	办公用房　屋	科研、教育和医疗用房屋	文化、体育和娱乐用房屋	厂房及建筑物	仓　库	其他未列明的房屋建筑物
全　省	**92214.8**	**27677.9**	**7031.5**	**2101.8**	**1475.9**	**50.0**	**41476.2**	**42.7**	**12358.8**
太原市	21054.4	1519.5	6678.0	1286.2	975.9		2586.4		8008.4
大同市	28944.7	25427.2		815.6			2701.9		
阳泉市									
长治市	3690.7	435.5	128.0				3127.2		
晋城市	8943.6						8943.6		
朔州市	135.0	135.0							
晋中市	16685.3						16310.4		374.9
运城市	5158.2	160.7				50.0	3563.6	42.7	1341.2
忻州市	3302.4		225.5				475.3		2601.6
临汾市	3893.6				500.0		3360.9		32.7
吕梁市	406.9						406.9		

2-D-7 各地区专业承包建筑业企业施工机械设备情况

地　区	年末自有施工机械设备总台数(台)	年末自有施工机械设备总功率(千瓦)	年末自有施工机械设备净值(万元)	技术装备率(元/人)	动力装备率(千瓦/人)
全　省	**36804**	**481268**	**128342.7**	**14141**	**5.3**
太原市	14941	243571	66074.2	12199	4.5
大同市	985	25956	4664.8	11355	6.3
阳泉市	982	3588	1000.0	5126	1.8
长治市	990	15298	5807.3	12162	3.2
晋城市	126	3906	1289.1	8652	2.6
朔州市	929	28508	6615.9	21030	9.1
晋中市	12419	60192	17764.5	17766	6.0
运城市	1113	22433	9410.9	25990	6.2
忻州市	2243	19524	2125.9	13895	12.8
临汾市	1180	43105	8233.8	20724	10.8
吕梁市	896	15187	5356.3	26728	7.6

2-D-8 各地区专业承包建筑业企业主要生产效益指标

地　区	建筑业企业个数(个)	从事建筑业活动的平均人数(人)	按总产值计算的劳动生产率(元/人)	人均竣工产值(元/人)	人均施工面积(平方米/人)	人均竣工面积(平方米/人)
全　省	**1190**	**114760**	**298197**	**148565**	**15.2**	**10.0**
太原市	689	74261	294712	142122	7.5	4.7
大同市	64	5217	326490	132664	17.0	18.2
阳泉市	36	1972	430349	251557		
长治市	76	5263	239925	200913	24.1	18.1
晋城市	25	1738	227521	128937	123.8	53.0
朔州市	45	3627	234930	195499	0.6	
晋中市	69	10502	395976	152225	53.8	30.2
运城市	65	3526	201974	138830	30.9	25.2
忻州市	29	2104	346664	188680	13.8	13.8
临汾市	65	4288	230866	140733	10.3	18.3
吕梁市	27	2262	302081	100730	2.7	2.7

2-D-9　各地区专业承包建筑业企业营业收入

单位：万元

地　区	营业收入	#在境外完成的营业收入	企业总产值	#建筑业总产值
全　省	**3511367.9**	**24565.3**	**3557079.8**	**3422110.8**
太原市	2262839.9	17040.4	2254267.2	2188557.8
大同市	160589.2	5201.2	173866.8	170329.7
阳泉市	61797.0		84864.8	84864.8
长治市	134551.7		136336.7	126272.4
晋城市	65236.9		54586.3	39543.1
朔州市	83685.1	1873.7	88743.5	85209.0
晋中市	384308.3		423769.9	415853.8
运城市	85092.2	450.0	82981.6	71216.1
忻州市	82363.7		73568.2	72938.1
临汾市	119608.5		115764.0	98995.2
吕梁市	71295.4		68330.8	68330.8

2-D-10　各地区专业承包建筑业企业资产构成

单位：万元

地　区	资产总计	#流动资产合计	#存货
全　省	**5403120.2**	**4692099.7**	**539392.2**
太原市	3459911.0	3076323.3	347049.5
大同市	190159.9	174250.3	48927.2
阳泉市	159856.7	132443.6	7121.5
长治市	225729.4	178543.9	15659.6
晋城市	105950.4	93383.8	16074.4
朔州市	123425.2	89571.7	10813.4
晋中市	528668.0	450983.0	28155.6
运城市	113301.8	89305.0	14600.8
忻州市	141102.2	130840.2	4418.5
临汾市	216108.5	172964.7	21893.6
吕梁市	138907.1	103490.2	24678.1

2-D-11 各地区专业承包建筑业企业固定资产情况

单位：万元

地 区	固定资产原价	固定资产折旧	#本年折旧	在建工程
全 省	**684219.7**	**347656.7**	**41111.2**	**61258.8**
太原市	354571.0	190147.3	22166.0	39941.5
大同市	15433.5	9054.4	1123.0	1271.3
阳泉市	19999.1	10510.0	712.4	152.8
长治市	41512.1	17615.2	2503.7	3423.7
晋城市	15086.0	7238.4	1016.7	73.2
朔州市	27699.1	11386.8	1635.0	100.2
晋中市	92973.4	48036.5	4586.9	4334.2
运城市	28020.2	11798.8	1508.6	2025.7
忻州市	13805.3	6940.6	1241.1	616.2
临汾市	46574.3	20969.3	2110.4	9046.2
吕梁市	28545.7	13959.4	2507.4	273.8

2-D-12 各地区专业承包建筑业企业负债及所有者权益

单位：万元

地 区	负债合计	#流动负债	#应付账款	所有者权益	#实收资本
全 省	**3284505.8**	**3106405.3**	**1531879.8**	**2118614.4**	**1483288.9**
太原市	2072429.9	1936420.9	1012861.9	1387481.1	919341.0
大同市	118724.5	112483.0	46056.2	71435.4	58707.4
阳泉市	125026.2	121922.2	42822.4	34830.5	27051.4
长治市	112774.4	108052.7	53678.3	112955.0	92403.9
晋城市	68308.3	68269.1	30991.8	37642.1	27323.3
朔州市	69635.8	61170.8	25288.1	53789.4	44060.1
晋中市	369156.5	355540.2	219138.6	159511.5	120417.9
运城市	57273.4	53906.4	16063.4	56028.4	47454.6
忻州市	109703.6	109573.4	27864.5	31398.6	22845.3
临汾市	106963.6	106929.6	27396.0	109144.9	91528.3
吕梁市	74509.6	72137.0	29718.6	64397.5	32155.7

2-D-13　各地区专业承包建筑业企业实收资本

单位：万元

地　区	合计	国家资本	集体资本	法人资本	个人资本	港澳台资本	外商资本
全　省	**1483288.9**	**164156.0**	**35970.3**	**540079.4**	**742683.2**		**400.0**
太原市	919341.0	107862.0	18182.0	384054.1	409242.9		
大同市	58707.4	1088.0	203.5	28893.3	28522.6		
阳泉市	27051.4		5865.0	6934.2	14252.2		
长治市	92403.9			24179.2	68224.7		
晋城市	27323.3	3000.0	560.0	10077.9	13685.4		
朔州市	44060.1	3099.9	4243.9	21685.5	15030.8		
晋中市	120417.9	41000.0	2887.6	18991.9	57138.4		400.0
运城市	47454.6	4500.0	294.0	19413.9	23246.7		
忻州市	22845.3	2004.6		7375.1	13465.6		
临汾市	91528.3	1200.0		10507.0	79821.3		
吕梁市	32155.7	401.5	3734.3	7967.3	20052.6		

2-D-14　各地区专业承包建筑业企业收入情况

单位：万元

地　区	主营业务收　入	#主营业务成　本	#主营业务税金及附加	其他业务收　入	#其他业务利　润
全　省	**3398408.2**	**2953678.5**	**18940.8**	**112959.7**	**7495.3**
太原市	2193314.4	1900214.2	9693.8	69525.5	3534.0
大同市	159111.1	144036.9	967.5	1478.1	1043.1
阳泉市	61388.0	53964.3	707.0	409.0	136.8
长治市	131085.9	107028.9	1520.4	3465.8	121.1
晋城市	54845.0	45318.4	242.6	10391.9	1628.7
朔州市	82097.8	69969.6	606.9	1587.3	
晋中市	376102.1	334650.1	1480.8	8206.2	-96.0
运城市	75881.5	66251.7	769.9	9210.7	15.1
忻州市	79812.1	71468.7	1838.8	2551.6	36.7
临汾市	114912.4	99070.4	816.8	4696.1	824.2
吕梁市	69857.9	61705.3	296.3	1437.5	251.6

2-D-15 各地区专业承包建筑业企业费用情况

单位：万元

地区	管理费用	销售费用	财务费用		
				#利息收入	#利息支出
全 省	**263147.8**	**32641.2**	**11384.0**	**3295.7**	**8630.5**
太原市	176225.1	20966.1	4106.9	2903.1	3109.7
大同市	7862.1	2084.5	1053.8	-32.3	1050.6
阳泉市	4129.2	73.0	773.5	56.7	526.3
长治市	13742.4	1242.5	1226.1	-84.5	1208.2
晋城市	5253.8	2041.9	442.5	0.9	131.8
朔州市	9353.1	1273.8	69.4	57.8	15.0
晋中市	23242.2	1154.7	2272.6	136.1	1574.1
运城市	4873.9	1471.3	392.0	-1.4	213.7
忻州市	3874.3	375.1	268.6	3.0	282.7
临汾市	8969.5	1292.4	905.0	7.2	494.5
吕梁市	5622.2	665.9	-126.4	249.1	23.9

2-D-16 各地区专业承包建筑业企业利润及税金情况

单位：万元

地区	利润总额		税金总额		
		#应交所得税		主营业务税金及附加	应交增值税
全 省	**130391.5**	**29991.9**	**95760.5**	**18940.8**	**76819.7**
太原市	80450.0	17011.5	57629.3	9693.8	47935.5
大同市	3308.9	2086.3	5489.5	967.5	4522.0
阳泉市	1463.4	623.8	3591.4	707.0	2884.4
长治市	7225.9	1931.1	4883.3	1520.4	3362.9
晋城市	2582.5	661.2	1904.8	242.6	1662.2
朔州市	390.2	288.8	2971.3	606.9	2364.4
晋中市	24240.6	4975.0	4864.5	1480.8	3383.7
运城市	2537.1	405.7	3751.8	769.9	2981.9
忻州市	2448.8	534.4	3862.8	1838.8	2024.0
临汾市	4703.7	969.7	5187.6	816.8	4370.8
吕梁市	1040.4	504.4	1624.2	296.3	1327.9

2-D-17 各地区专业承包建筑业企业应收工程款及企业亏损情况

地 区	应收工程款(万元)	企业个数(个)	#亏损企业个数	亏损企业的比重(%)
全 省	**1753203.0**	**1190**	**275**	**23.1**
太原市	1161793.2	689	161	23.4
大同市	52737.7	64	8	12.5
阳泉市	72252.8	36	11	30.6
长治市	73831.7	76	15	19.7
晋城市	30908.8	25	7	28.0
朔州市	46002.6	45	16	35.6
晋中市	128938.9	69	12	17.4
运城市	32269.6	65	15	23.1
忻州市	53111.8	29	2	6.9
临汾市	65561.4	65	18	27.7
吕梁市	35794.5	27	10	37.0

2-D-18 各地区专业承包建筑业企业主要经济效益指标

地 区	产值利润率(%)	产值利税率(%)	资本利润率(%)	资本利税率(%)	人均利润(元/人)	人均利税(元/人)	资产负债率(%)
全 省	**3.8**	**6.6**	**8.8**	**15.2**	**11362**	**19707**	**60.8**
太原市	3.7	6.3	8.8	15.0	10833	18594	59.9
大同市	1.9	5.2	5.6	15.0	6343	16865	62.4
阳泉市	1.7	6.0	5.4	18.7	7421	25633	78.2
长治市	5.7	9.6	7.8	13.1	13730	23008	50.0
晋城市	6.5	11.3	9.5	16.4	14859	25819	64.5
朔州市	0.5	3.9	0.9	7.6	1076	9268	56.4
晋中市	5.8	7.0	20.1	24.2	23082	27714	69.8
运城市	3.6	8.8	5.3	13.3	7195	17836	50.5
忻州市	3.4	8.7	10.7	27.6	11639	29998	77.7
临汾市	4.8	10.0	5.1	10.8	10969	23067	49.5
吕梁市	1.5	3.9	3.2	8.3	4599	11780	53.6

2-D-19 各地区按资质等级划分的专业承包建筑业企业单位数

单位：个

地区	合计	一级	二级	三级及以下
全省	**1190**	**90**	**438**	**662**
太原市	689	75	283	331
大同市	64	1	16	47
阳泉市	36	1	15	20
长治市	76	1	33	42
晋城市	25	1	6	18
朔州市	45	1	4	40
晋中市	69	5	26	38
运城市	65	4	25	36
忻州市	29		4	25
临汾市	65		20	45
吕梁市	27	1	6	20

2-D-20 各地区按资质等级划分的专业承包建筑业企业期末人数

单位：人

地区	合计	一级	二级	三级及以下
全省	**90762**	**24711**	**29518**	**36533**
太原市	54165	18448	19515	16202
大同市	4108	680	543	2885
阳泉市	1951	90	883	978
长治市	4775	230	2102	2443
晋城市	1490	267	343	880
朔州市	3146	100	108	2938
晋中市	9999	4003	2156	3840
运城市	3621	603	927	2091
忻州市	1530		525	1005
临汾市	3973		1986	1987
吕梁市	2004	290	430	1284

2-D-21　各地区按资质等级划分的专业承包企业建筑业总产值

单位：万元

地　区	合计	一级	二级	三级及以下
全　省	**3422110.8**	**1231228.3**	**1053522.9**	**1137359.6**
太原市	2188557.8	838518.6	771866.0	578173.2
大同市	170329.7	68885.0	12526.2	88918.5
阳泉市	84864.8	2312.6	53201.4	29350.8
长治市	126272.4	19630.0	29907.4	76735.0
晋城市	39543.1	9261.0	10189.3	20092.8
朔州市	85209.0	1446.9	1983.8	81778.3
晋中市	415853.8	267316.4	48813.8	99723.6
运城市	71216.1	13460.1	25872.7	31883.3
忻州市	72938.1		35941.7	36996.4
临汾市	98995.2		47080.4	51914.8
吕梁市	68330.8	10397.7	16140.2	41792.9

2-D-22　各地区按资质等级划分的专业承包建筑业企业签订合同额

单位：万元

地　区	合计	一级	二级	三级及以下
全　省	**5361498.0**	**2614445.6**	**1468711.1**	**1278341.3**
太原市	3383044.8	1531242.7	1146258.8	705543.3
大同市	178259.7	70530.0	11272.3	96457.4
阳泉市	80990.4	2850.4	56135.3	22004.7
长治市	183557.2	63462.4	36335.5	83759.3
晋城市	49710.4	9261.0	13190.5	27258.9
朔州市	68943.1	1446.9	1115.0	66381.2
晋中市	1051730.4	904293.6	56790.3	90646.5
运城市	80133.0	17450.9	26181.0	36501.1
忻州市	83685.2		42808.1	40877.1
临汾市	127232.8		61527.9	65704.9
吕梁市	74211.0	13907.7	17096.4	43206.9

2-D-23 各地区按资质等级划分的专业承包建筑业企业竣工产值

单位：万元

地　区	合计	一级	二级	三级及以下
全　省	**1704932.4**	**482669.7**	**482615.1**	**739647.6**
太原市	1055409.8	407481.0	312558.5	335370.3
大同市	69210.8		8869.8	60341.0
阳泉市	49607.1	2010.0	21487.8	26109.3
长治市	105740.5	19630.0	25503.6	60606.9
晋城市	22409.2		7746.7	14662.5
朔州市	70907.5	1446.9	374.2	69086.4
晋中市	159866.7	44506.9	26078.8	89281.0
运城市	48951.4	7594.9	14961.9	26394.6
忻州市	39698.2		15651.3	24046.9
临汾市	60346.1		33260.1	27086.0
吕梁市	22785.1		16122.4	6662.7

2-D-24 各地区按资质等级划分的专业承包建筑业企业房屋施工面积

单位：万平方米

地　区	合计	一级	二级	三级及以下
全　省	**174.5**	**24.0**	**97.1**	**53.4**
太原市	55.8	24.0	17.8	14.1
大同市	8.9		6.3	2.5
阳泉市				
长治市	12.7		6.5	6.1
晋城市	21.5		15.2	6.3
朔州市	0.2			0.2
晋中市	56.5		46.7	9.8
运城市	10.9		4.6	6.3
忻州市	2.9			2.9
临汾市	4.4			4.4
吕梁市	0.6			0.6

2-D-25　各地区按资质等级划分的专业承包建筑业企业房屋竣工面积

单位：万平方米

地　区	合计	一级	二级	三级及以下
全　省	**115.1**	**5.8**	**61.3**	**48.0**
太原市	34.9	5.8	15.9	13.2
大同市	9.5		6.3	3.2
阳泉市				
长治市	9.5		4.8	4.8
晋城市	9.2		6.9	2.3
朔州市	0.1			0.1
晋中市	31.7		22.8	8.9
运城市	8.9		4.6	4.3
忻州市	2.9			2.9
临汾市	7.8			7.8
吕梁市	0.6			0.6

2-D-26　各地区按资质等级划分的专业承包企业自有施工机械设备台数

单位：台

地　区	合计	一级	二级	三级及以下
全　省	**36804**	**17394**	**7943**	**11467**
太原市	14941	5840	4488	4613
大同市	985	15	165	805
阳泉市	982	4	49	929
长治市	990		496	494
晋城市	126	1	2	123
朔州市	929	6	3	920
晋中市	12419	10968	944	507
运城市	1113	178	337	598
忻州市	2243		634	1609
临汾市	1180		542	638
吕梁市	896	382	283	231

2-D-27　各地区按资质等级划分的专业承包企业自有施工机械设备总功率

单位：万千瓦

地　区	合计	一级	二级	三级及以下
全　省	**48.1**	**9.2**	**19.0**	**19.9**
太原市	24.4	4.0	10.9	9.5
大同市	2.6	1.0	0.9	0.7
阳泉市	0.4		0.2	0.1
长治市	1.5		0.6	1.0
晋城市	0.4			0.4
朔州市	2.9			2.8
晋中市	6.0	3.2	1.5	1.3
运城市	2.2	1.0	0.7	0.6
忻州市	2.0		0.5	1.5
临汾市	4.3		3.2	1.1
吕梁市	1.5	0.1	0.6	0.9

2-D-28　各地区按资质等级划分的专业承包建筑业企业实收资本

单位：万元

地　区	合计	一级	二级	三级及以下
全　省	**1483288.9**	**259974.7**	**489483.6**	**733830.6**
太原市	919341.0	182980.2	350839.9	385520.9
大同市	58707.4	5000.0	9512.2	44195.2
阳泉市	27051.4		9766.8	17284.6
长治市	92403.9	5066.0	24435.7	62902.2
晋城市	27323.3	2000.0	9001.0	16322.3
朔州市	44060.1	60.0	4646.2	39353.9
晋中市	120417.9	54930.0	27721.9	37766.0
运城市	47454.6	8278.5	18536.6	20639.5
忻州市	22845.3		4850.0	17995.3
临汾市	91528.3		24211.8	67316.5
吕梁市	32155.7	1660.0	5961.5	24534.2

2-D-29　各地区按资质等级划分的专业承包建筑业企业资产

单位：万元

地　区	合计	一级	二级	三级及以下
全　省	**5403120.2**	**1645444.9**	**1761290.6**	**1996384.7**
太原市	3459911.0	1224617.4	1213585.1	1021708.5
大同市	190159.9	49924.8	39720.8	100514.3
阳泉市	159856.7	10504.7	74424.9	74927.1
长治市	225729.4	16437.7	80112.2	129179.5
晋城市	105950.4	12196.3	21066.0	72688.1
朔州市	123425.2	928.9	5913.3	116583.0
晋中市	528668.0	289829.7	69913.8	168924.5
运城市	113301.8	33179.4	33836.4	46286.0
忻州市	141102.2		99794.2	41308.0
临汾市	216108.5		105273.2	110835.3
吕梁市	138907.1	7826.0	17650.7	113430.4

2-D-30　各地区按资质等级划分的专业承包建筑业企业所有者权益

单位：万元

地　区	合计	一级	二级	三级及以下
全　省	**2118614.4**	**526660.7**	**599813.5**	**992140.2**
太原市	1387481.1	425562.8	417172.7	544745.6
大同市	71435.4	11351.9	11333.4	48750.1
阳泉市	34830.5	688.7	13552.3	20589.5
长治市	112955.0	10800.4	31887.9	70266.7
晋城市	37642.1	2411.0	9464.3	25766.8
朔州市	53789.4	-1120.8	5272.0	49638.2
晋中市	159511.5	61789.7	33961.4	63760.4
运城市	56028.4	11856.0	20902.7	23269.7
忻州市	31398.6		9185.5	22213.1
临汾市	109144.9		39789.1	69355.8
吕梁市	64397.5	3321.0	7292.2	53784.3

2-D-31 各地区按资质等级划分的专业承包建筑业企业负债

单位：万元

地 区	合计	一级	二级	三级及以下
全 省	**3284505.8**	**1118784.2**	**1161477.1**	**1004244.5**
太原市	2072429.9	799054.6	796412.4	476962.9
大同市	118724.5	38572.9	28387.4	51764.2
阳泉市	125026.2	9816.0	60872.6	54337.6
长治市	112774.4	5637.3	48224.3	58912.8
晋城市	68308.3	9785.3	11601.7	46921.3
朔州市	69635.8	2049.7	641.3	66944.8
晋中市	369156.5	228040.0	35952.4	105164.1
运城市	57273.4	21323.4	12933.7	23016.3
忻州市	109703.6		90608.7	19094.9
临汾市	106963.6		65484.1	41479.5
吕梁市	74509.6	4505.0	10358.5	59646.1

2-D-32 各地区按资质等级划分的专业承包建筑业企业营业收入

单位：万元

地 区	合计	一级	二级	三级及以下
全 省	**3511367.9**	**1177985.4**	**1111442.2**	**1221940.3**
太原市	2262839.9	817574.6	817092.7	628172.6
大同市	160589.2	46964.1	18426.3	95198.8
阳泉市	61797.0	2312.6	30274.8	29209.6
长治市	134551.7	19630.0	39153.2	75768.5
晋城市	65236.9	9261.0	11832.8	44143.1
朔州市	83685.1	1446.9	1115.0	81123.2
晋中市	384308.3	251764.5	48611.2	83932.6
运城市	85092.2	19341.8	26511.6	39238.8
忻州市	82363.7		40798.2	41565.5
临汾市	119608.5		61483.5	58125.0
吕梁市	71295.4	9689.9	16142.9	45462.6

2-D-33　各地区按资质等级划分的专业承包建筑业企业利税总额

单位：万元

地　区	合计	一级	二级	三级及以下
全　省	**226152.0**	**70688.4**	**64767.4**	**90696.2**
太原市	138079.3	47006.7	44320.0	46752.6
大同市	8798.4	7978.3	1706.1	-886.0
阳泉市	5054.8	125.0	2511.8	2418.0
长治市	12109.2	3926.6	3567.2	4615.4
晋城市	4487.3	353.5	-142.4	4276.2
朔州市	3361.5	-208.5	190.9	3379.1
晋中市	29105.1	8787.8	1916.2	18401.1
运城市	6288.9	2503.0	2273.7	1512.2
忻州市	6311.6		2799.0	3512.6
临汾市	9891.3		5246.5	4644.8
吕梁市	2664.6	216.0	378.4	2070.2

2-D-34　各地区按资质等级划分的专业承包建筑业企业利润总额

单位：万元

地　区	合计	一级	二级	三级及以下
全　省	**130391.5**	**47198.3**	**29627.0**	**53566.2**
太原市	80450.0	30854.4	22622.8	26972.8
大同市	3308.9	5870.6	756.1	-3317.8
阳泉市	1463.4	32.1	237.4	1193.9
长治市	7225.9	2846.0	1695.2	2684.7
晋城市	2582.5	198.9	-418.3	2801.9
朔州市	390.2	-227.3	-22.1	639.6
晋中市	24240.6	6795.1	534.1	16911.4
运城市	2537.1	740.9	1202.3	593.9
忻州市	2448.8		483.4	1965.4
临汾市	4703.7		2430.2	2273.5
吕梁市	1040.4	87.6	105.9	846.9

2-D-35 各地区按资质等级划分的专业承包建筑业企业税金总额

单位：万元

地　区	合计	一级	二级	三级及以下
全　省	**95760.5**	**23490.1**	**35140.4**	**37130.0**
太原市	57629.3	16152.3	21697.2	19779.8
大同市	5489.5	2107.7	950.0	2431.8
阳泉市	3591.4	92.9	2274.4	1224.1
长治市	4883.3	1080.6	1872.0	1930.7
晋城市	1904.8	154.6	275.9	1474.3
朔州市	2971.3	18.8	213.0	2739.5
晋中市	4864.5	1992.7	1382.1	1489.7
运城市	3751.8	1762.1	1071.4	918.3
忻州市	3862.8		2315.6	1547.2
临汾市	5187.6		2816.3	2371.3
吕梁市	1624.2	128.4	272.5	1223.3

2-D-36 各地区按资质等级划分的专业承包建筑业企业主营业务收入

单位：万元

地　区	合计	一级	二级	三级及以下
全　省	**3398408.2**	**1138754.8**	**1081564.9**	**1178088.5**
太原市	2193314.4	779674.2	798361.9	615278.3
大同市	159111.1	46964.1	18241.7	93905.3
阳泉市	61388.0	2312.6	30274.8	28800.6
长治市	131085.9	19630.0	35808.5	75647.4
晋城市	54845.0	9261.0	11749.1	33834.9
朔州市	82097.8	1446.9	1115.0	79535.9
晋中市	376102.1	250434.3	41747.1	83920.7
运城市	75881.5	19341.8	26449.7	30090.0
忻州市	79812.1		40798.2	39013.9
临汾市	114912.4		61418.2	53494.2
吕梁市	69857.9	9689.9	15600.7	44567.3

2-D-37　各地区按资质等级划分的专业承包建筑业企业管理费用

单位：万元

地　区	合计	一级	二级	三级及以下
全　省	**263147.8**	**75358.8**	**87417.7**	**100371.3**
太原市	176225.1	53284.3	67446.7	55494.1
大同市	7862.1	898.8	1169.1	5794.2
阳泉市	4129.2	488.5	2201.8	1438.9
长治市	13742.4	4281.0	4022.4	5439.0
晋城市	5253.8	785.7	1095.9	3372.2
朔州市	9353.1	556.1	124.9	8672.1
晋中市	23242.2	13651.9	3213.0	6377.3
运城市	4873.9	1075.2	1804.2	1994.5
忻州市	3874.3		1637.4	2236.9
临汾市	8969.5		4275.5	4694.0
吕梁市	5622.2	337.3	426.8	4858.1

2-D-38　各地区按资质等级划分的专业承包建筑业企业财务费用

单位：万元

地　区	合计	一级	二级	三级及以下
全　省	**11384.0**	**3604.0**	**2913.7**	**4866.3**
太原市	4106.9	1427.2	707.9	1971.8
大同市	1053.8	593.4	321.5	138.9
阳泉市	773.5	280.0	-37.0	530.5
长治市	1226.1	3.4	240.6	982.1
晋城市	442.5	-0.3	397.6	45.2
朔州市	69.4	-0.6	18.0	52.0
晋中市	2272.6	1261.4	888.6	122.6
运城市	392.0	11.3	112.6	268.1
忻州市	268.6		86.2	182.4
临汾市	905.0		162.8	742.2
吕梁市	-126.4	28.2	14.9	-169.5

2-D-39 各地区按资质等级划分的专业承包建筑业企业应收工程款

单位：万元

地　区	合计	一级	二级	三级及以下
全　省	**1753203.0**	**461826.9**	**619359.0**	**672017.1**
太原市	1161793.2	393045.9	428160.6	340586.7
大同市	52737.7	4635.6	10608.0	37494.1
阳泉市	72252.8		36094.4	36158.4
长治市	73831.7	2993.8	28654.5	42183.4
晋城市	30908.8	9858.0	6059.6	14991.2
朔州市	46002.6	401.8	1384.3	44216.5
晋中市	128938.9	43044.1	21052.0	64842.8
运城市	32269.6	7788.3	10969.1	13512.2
忻州市	53111.8		34968.4	18143.4
临汾市	65561.4		37917.8	27643.6
吕梁市	35794.5	59.4	3490.3	32244.8

E. 劳务分包建筑业企业

2-E-1 各地区劳务分包建筑业企业生产经营情况

单位：万元

地　区	建筑业总产值	营业收入	主营业务税金及附加	利润总额	应付职工薪酬
全　省	**1437387.2**	**1658373.2**	**7240.5**	**12272.2**	**104449.4**
太原市	1334122.8	1523295.6	6330.5	11251.1	87713.2
大同市	3756.1	3731.8	16.0	-123.2	879.1
阳泉市	1568.8	1568.8	33.4	-48.3	603.8
长治市	18625.1	50578.8	249.3	841.6	6120.0
晋城市					
朔州市	1100.0	1104.0	92.0	-3.0	280.0
晋中市	15880.5	15122.8	170.1	-330.4	3698.2
运城市	7308.0	7271.8	68.1	219.8	1254.3
忻州市	34.6	666.0	2.5	156.8	12.6
临汾市	54991.3	55033.6	278.6	307.8	3888.2
吕梁市					

2-E-2　各地区劳务分包建筑业企业个数和人员情况

地　区	企业个数（个）	从事主营业务活动的从业人员平均人数（人）	从业人员期末人数（人）		
				#工程技术人员	#现场施工工人
全　省	**139**	**43359**	**45968**	**2874**	**42473**
太原市	88	39441	42098	2416	39310
大同市	6	548	870	151	790
阳泉市	6	160	141	21	84
长治市	7	200	200	3	113
晋城市					
朔州市	1	80	80	5	75
晋中市	14	1424	1438	66	1272
运城市	11	608	886	177	665
忻州市	1	10	10		10
临汾市	5	888	245	35	154
吕梁市					

附　录

主要指标解释

主要指标解释

研究与试验发展（R&D）　指在科学技术领域，为增加知识总量，以及运用这些知识去创造新的应用进行的系统的创造性的活动，包括基础研究、应用研究、试验发展三类活动。国际上通常采用 R&D 活动的规模和强度指标反映一国的科技实力和核心竞争力。

R&D 人员　指参与研究与试验发展项目研究、管理和辅助工作的人员，包括项目（课题）组人员，企业科技行政管理人员和直接为项目（课题）活动提供服务的辅助人员。反映投入从事拥有自主知识产权的研究开发活动的人力规模。

R&D 人员全时当量　指全时人员数加非全时人员按工作量折算为全时人员数的总和。例如：有两个全时人员和三个非全时人员（工作时间分别为 20%、30%和 70%），则全时当量为 2+0.2+0.3+0.7=3.2 人年。为国际上比较科技人力投入而制定的可比指标。

R&D 经费内部支出　指调查单位用于内部开展 R&D 活动（基础研究、应用研究和试验发展）的实际支出。包括用于 R&D 项目（课题）活动的直接支出，以及间接用于 R&D 活动的管理费、服务费、与 R&D 有关的基本建设支出以及外协加工费等。不包括生产性活动支出、归还贷款支出以及与外单位合作或委托外单位进行 R&D 活动而转拨给对方的经费支出。

R&D 经费支出中政府资金　指 R&D 经费内部支出中来自各级政府部门的各类资金，包括财政科学技术拨款、科学基金、教育等部门事业费以及政府部门预算外资金的实际支出。

R&D 经费支出中企业资金　指 R&D 经费内部支出中来自本企业的自有资金和接受其他企业委托而获得的经费，以及科研院所、高校等事业单位从企业获得的资金的实际支出。

R&D 项目数　指在当年立项并开展研究工作、以前年份立项仍继续进行研究的研发项目（课题）数，包括当年完成和年内研究工作已告失败的研发项目（课题），但不包括委托外单位进行的研发项目（课题）数。

R&D 项目人员全时当量　指实际参加研发项目（课题）活动人员折合的全时当量。

R&D 项目经费支出　指调查单位内部在报告年度进行研发项目（课题）研究和试制等的实际支出。包括劳务费、其他日常支出、固定资产购建费、外协加工费等，不包括委托或与外单位合作进行项目（课题）研究而拨付给对方使用的经费。

新产品销售收入　指报告期企业销售新产品实现的销售收入。新产品是指采用新技术原理、新设计构思研制、生产的全新产品，或在结构、材质、工艺等某一方面比原有产品有明显改进，从而显著提高了产品性能或扩大了使用功能的产品。既包括经政府有关部门认定并在有效期内的新产品，也包括企业自行研制开发，未经政府有关部门认定，从投产之日起一年之内的新产品。

技术改造经费支出　指报告期内企业进行技术改造而发生的费用支出。技术改造指企业在坚持科技进步的前提下，将科技成果应用于生产的各个领域（产品、设备、工艺等），用先进工艺、设备代替落后工艺、设备，实现以内涵为主的扩大再生产，从而提高产品质量、促进产品更新换代、节约能源、降低消耗，全面提高综合经济效益。

购买境内技术经费支出　指报告期内企业购买境内其他单位科技成果的经费支出。包括购买产品设计、工艺流程、图纸、配方、专利、技术诀窍及设备的费用支出。

引进境外技术经费支出　指报告期内企业用于购买国外或港澳台技术的费用支出，包括产品设计、工艺流程、图纸、配方、专利等技术资料的费用支出，以及购买设备、仪器、样机和样件等的费用支出。

引进境外技术的消化吸收经费支出　指报告期内企业引进国外或港澳台技术的消化吸收经费支出。引进技术的消化吸收指对引进技术的掌握、应用、复制而开展的工作，以及在此基础上的创新。引进技术的消化吸收经费支出包括：人员培训费、测绘费、参加消化吸收人员的工资、工装、工艺开发费、必备的配套设备费、翻版费等。

签订的合同额　指建筑业企业在报告期直接同建设单位签订的各种国内工程合同的总价款和以前年度同建设单位签定的各种国内工程合同的未完工程跨入本年度继续施工工程合同的总价款余额。

本年新签合同额　指建筑业企业在报告期内同建设单位直接新签订的各种国内工程合同的总价款，不包括与其他建筑业企业新签的分包合同额。

上年结转合同额　指以前年度同建设单位签订合同的未完工程跨入本年度继续施工工程合同的总价款余额。

建筑业总产值　指以货币表现的建筑业企业在一定时期内生产的建筑业产品和服务的总和。建筑业总产值包括建筑工程产值、安装工程产值和其他产值三部分内容。

直接从建设单位承揽工程完成的产值　指总承包企业或专业承包企业直接与建设单位（业主）签订的承包合同（包括报告期及以往年度签订的合同，不包括无效合同和中途解除的合同），在报告期内完成的工程总值。包括企业向其他专业承包企业或劳务分包企业分包出去的工程所完成产值，还包括分包企业缴纳的管理费。

自行完成施工产值　指总承包企业或专业承包企业直接与建设单位（业主）签订的总承包合同或专业承包合同中，自行完成的工程总值。包括总承包企业和专业承包企业自行完成的工作量和分包企业缴纳的管理费。

分包出去工程的产值 指专业承包企业或劳务分包企业与总承包企业或专业承包企业签订的专业承包或劳务分包合同中在报告期所完成的产值。分包企业如果是一个独立核算的经济实体，其完成的产量产值，不包括在总承包企业或专业承包企业自行完成产值中。

从建设单位以外承揽工程完成的产值 指总承包企业或专业承包企业从其他总承包企业或专业承包企业处承揽工程而完成的产值。不包括总承包企业或专业承包企业从建设单位承揽工程中自行完成的产值和分包企业缴纳的管理费。

装饰装修产值 包括装饰、装修两部分产值。装修装饰指对新旧房屋及建筑物进行的内外装修装饰；对新建房屋及建筑物经过施工后，尚未完全达到使用标准，而进行的二次装修装饰；以及对原有房屋经使用若干年后进行的二次内外装饰。包括抹灰、门窗、玻璃、吊顶、隔断、饰面板（砖）、涂料、裱糊、刷浆、花饰等。

企业总产值 指建筑业企业在报告期内全部经济活动的最终成果的货币表现。在企业总产值中除包括建筑业总产值外，还包括建筑业企业从事其他经济活动所创造的价值（如工业产值、交通运输产值、商业服务业产值、其他产值收入和劳务收入等）。

竣工产值 一般是以单位工程为对象，当该工程按照设计所规定的工程内容全部完成，达到了设计规定的交工条件，经有关部门检查验收鉴定合格的单位工程价值，即为竣工产值。竣工产值包括范围应是报告期内竣工单位工程从开工到竣工的全部自行完成的价值，竣工产值不包括附属辅助企业或内部核算的其他单位为外单位生产和服务的价值。

房屋施工面积 指报告期内施工的全部房屋建筑面积，包括本期新开工的房屋建筑面积、上期跨入本期继续施工的房屋建筑面积、上期停缓建在本期恢复施工的房屋建筑面积、本期竣工的房屋面积以及本期施工后又停缓建的房屋建筑面积。

房屋竣工面积 指在报告期内房屋建筑按照设计要求已全部完工，达到住人和使用条件，经验收鉴定合格或达到竣工验收标准，可正式移交使用的各栋房屋建筑面积总和。

房屋竣工价值 指报告期内按规定已经上报竣工的房屋本身的建造价值。一般按房屋设计和预算规定的内容计算。一般按结算价格（或中标价）计算。

年末自有施工机械设备净值 指本企业（或单位）自有施工机械设备经过使用、磨损后实际存在的价值，即原值减去折旧后的净额。

年末自有施工机械设备总台数 指年末本企业（或单位）自有的直接用于工程施工的各种机械设备的台数。但不包括附属辅助生产机械设备、运输机械设备、生产试验机械设备的台数。

年末自有施工机械设备总功率 指年末本企业（或单位）自有的直接用于工程施工的各种机械设备年末总功率，按设定能力或查定能力计算。包括施工机械本身的动力和为该机械服务的单独动力设备，如电动机等。但不包括附属辅助生产机械设备、运输机械设备、生产试验机械设备的功率。计量单位用千瓦，动力换算可按 1 马力＝0.735 千瓦折合成千瓦数。电焊机、变压器、锅炉不计算动力。

从事建筑业活动的从业人员平均人数 指建筑业企业（或单位）报告期实际拥有的、与建筑施工活动有关的人员的平均人数，包括参加本企业（或单位）建筑施工活动的非本企业（或单位）人员，但不包括企业内部社会服务性机构的人员以及由本企业支付工资但所从事的工作与本企业生产基本无关的人员。